U0908932

中国青铜文化

郭军林 编著

时事出版社

前 言

纵观人类历史发展的长河，我们不难发现，每一项重大发明与创新都不同程度地推动了历史的发展进程。试问，世界上有哪个国家不是因为有了发明和创新才得以发展壮大的？就我国而言，从最初的原始社会，历经夏商周三代、秦汉隋唐，直至宋元明清，这几千年甚至百万年的历史行程中都有发明与创新贯穿始终。在历史上，文字、铜器和城市的出现标志着人类彻底摆脱了原始生活，人类社会已发展到一个崭新的阶段。其中，青铜器作为人类最早发明的金属器，是人类学家公认的三大文明起源之一，与文字、城市并肩齐名。如果说文字的出现代表着人类智力发达和文化发展的水平，城市的兴起意味着社会政治与经济发展的高度，那么青铜器的发明则象征着人类技术创新的一次巨大飞跃，预示着中国古代文明已经发展到一个让全世界为之震撼的巅峰。古往今来，中国青铜以其无比灿烂辉煌的文化之光，在世界铜器之林独树一帜，让西方文明不断投以羡慕的目光。

从历史上看，我国是世界上最早进入青铜时代的国家之一。早在3000多年前，当世界上的许多民族还处于野蛮时代时，我国就已昂首跨入了殷商的青铜文明之门。不但如此，中国青铜器的发展历史之长，在世界上也是罕见的。仅就青铜容器来说，其在相当于夏代的二里头文化时期已经出现，后经过商、西周、春秋、战国，直至汉代而不断发展繁荣。

在以自然经济为主的古代中国，带动某个时代经济革命的动因往往是对生产用具的改革，青铜器当然也起到这种作用。那时，青铜质生产工具的出现不仅在一定程度上提高了生产效率，增加了产业收获，还促进了各行各业的发展：对农林家而言，坚固了他们所使用的刀、犁、铲；对渔猎家而言，尖锐了他们所使用的矛、箭等。依靠它，先民的物质生活有了保障，并逐步趋于安定，社会秩序也得到了一定程度的稳定，并由此改写了中华民族的历史。也正因为如此，青铜时代的两大主角——商、周两代，发展成为当时最强盛的王国。史学家王贵民在一篇题为《商文明在古代世界的位置》中提到：商代和同一时期的几个世界文明区域其实处于同一发展阶段，只是互有高低、各有特点。但商文明与其他文明相比具有几个显著的优越之处：首先是青铜文化创造出全国统一性和地方特殊性相结合的整体文化类型。这种文化类型所拥有的辽阔疆域，在古代世界是独一无二的，体现了青铜文化的多样化。其次，商文明持续了500多年，其历史长久、发展稳定也是举世仅见的。最后，不管是青铜铭文，还是与其有很大关联的甲骨文，都说明了古文字的进步性及其使用时间之长和空间之广，这是商文明的又一优异之点。

毋庸置疑，青铜器自产生之时就被赋予了丰富的时代内涵，更承载着灿烂的中国青铜文化。这既成为中华民族文化的重要组成部分，也是中华民族文化传统的体现。在我国众多物质文化中，尽管不乏玉器、瓷器、书画、丝绸、家具等具有中国特色的文化载体，但它们都无法与自成谱系的青铜器相比。

在中国古代青铜器中，青铜礼器占有很大的比例，其担任着绝无仅有的角色。作为为奴隶制统治服务的器具，青铜礼器在每一个奴隶制王朝都被统治阶级用来祭天祀祖、宴飨宾客、歌功颂德，待奴隶主死后则与其同葬于墓中。对于一个奴隶制国家来说，青铜礼器尤其是鼎之类的重器多被人们看作是社稷的象征、权威的体现。古书就记有“桀有昏德，鼎迁于商”、“商纣暴虐，鼎迁于周”的说法，所以我们不难想象鼎在当时具有多么重要的意义，它甚至关系到一个国家的存亡。对于一个奴隶主贵族及其家族来说，青铜礼器已转换了角色，成为他们身份与地位的象征。据文献记载：天子用九鼎、诸侯七鼎、卿大夫五鼎、士三鼎，必须恪守法度，不能逾越。生前如此，死后埋葬也是如此。特别是西周时期，很多器物的形制、纹饰都表明青铜礼器已非一般的实用器，不适于在生活中使用，其形象已被先民们制度化、神秘化和权力化。各级奴隶主贵族把他们的信条与期望都铸刻在青铜礼器上，以此来反映他们的思想观念。由此看来，我国

古代的青铜器既是物质的，同时又是精神的，这恰是中国青铜器的奇妙之处。

中国青铜器如此奇妙，那么它究竟有多少呢？没有人做过精确的统计，原因就在于它的数量太庞大，到处都有，难以确知。单就陕西一省而言，从1949年到1979年的30年间，先后出土的商周青铜器就达3000余件。在1976年12月陕西扶风县出土的微氏家族铜器群中，一个窖就藏有103件精美的青铜制品。而且，像这样成百件青铜器一次出土的现象，在清末及民国时期并不鲜见。据统计，从汉代至今出土的青铜器中，仅有铭文的就在一万件以上。实际上，有铭文的青铜器仅是少数，加上没有铭文的青铜器，其数量之多就可想而知了，再加上传世的青铜器，这个数字更是无法估量。

然而，中国古代青铜器享有盛誉并非以数量取胜，关键还在于它的品质。其不但种类繁多、形制瑰丽，而且花纹繁缛、制作精湛。一般而言，中国古代的青铜器可以分为酒器、食器、水器、乐器、兵器、农具与工具、车马器、生活用具、货币、玺印等。单从酒器类来说，就有爵、角、觯、斝、尊、壶、卣、方彝、觥、罍、盉、勺等20多个器种，而且每一个器种在每个时代都呈现出不同的风采，甚至同一时代的同一器种的样式也多姿多彩，犹如百花齐放，具有很高的艺术欣赏价值。著名考古学家夏鼐认为：我国“形状奇伟、花纹瑰丽”的商朝青铜器，是“上古文明世界技术方面最突出的成就之一”。在商末周初，中国青铜器制造处于顶峰阶段，其器以制作精湛、形制瑰异、花纹繁缛而为收藏家们所钟爱。虎食人卣就是其中一件不可多得的艺术珍品。它以虎的两后爪与尾为器的三个支撑点，作虎踞坐形；虎的前爪有力地攫着一断发跣足的人，作噬食状，给人一种威胁的紧迫气势，造型相当逼真生动。其提梁至三个支点间布满了花纹，铸造精致，给人以美的享受。但这些优点从文物鉴定的角度来说，无疑增加了难度，而鉴定难度大，反过来又使研究、赏析更富情趣，进而使得青铜器更具吸引力了。

青铜器的艺术魅力除了表现在构思巧妙的形态、富丽精致的纹饰上之外，还有非常重要的一点，那就是风格多样的铭文书体。中国古代青铜器上铸刻的文字，就是我们通常所说的金文。这是与世界上其他国家青铜器一个最明显的不同之处。在古代中国，统治阶级在青铜器形制与纹饰仍无法完全表达自己想法以及期盼时，便想到了将其诉之于文字，这就是中国青铜器铭文为数众多的原因之一。青铜器铸刻铭文是从商代中期开始的，从最初开始的一两个字，即郭沫若先生称之为“族徽”的文字，至商代晚期逐渐增多，但最长也超不过50字。西周时期是铭文大发展时期，不仅数量多，还有不少长篇巨制，如著名的毛公鼎铭文达499字，是我国青铜铭文中最长的。春秋以后的铭文慢慢呈现衰弱的趋势。到了战国时期，铭文往往是“物勒工名”，长篇铭文极为罕见。总之，青铜器上的这些铭文书体或粗犷或瘦劲，或工细或秀美，本身就具有很高的书法欣赏价值。

归根到底，这些精美的青铜器还是与高超的铸造技术分不开的。外国铸造青铜器多用失蜡法，特别是印度用此法做出很多细巧的东西。失蜡法的范可以用几次，由此可生产出一批形状花纹完全一样的青铜制品来。中国青铜器在铸造工艺方面有着自己的特殊传统，除铜镜常用失蜡法外，其余大都用合范法。合范法的特点是一范只做一件，所以在青铜礼器中找不出两个完全相同的器物，每一件青铜礼器都是独一无二的，这在许多考古发掘出土的文物中屡见不鲜。这种铸造技术无疑增加了中国青铜礼器的艺术观赏价值，拓宽了艺术欣赏的视野，使其精品迭出，令人叹为观止。著名的商代四羊方尊，就是中国高超铸造技术的物证。四羊方尊是现存商器中最大的方尊，高58.3厘米，重34.5公斤，全器通体以细雷纹为地，线条光洁刚劲。尊的颈部铸有体部为夔形纹、底部饰有兽面纹的蕉叶；肩部有四条龙蟠缠在四周；腹部分别铸有四只大角羊，卷曲地突出于尊外；羊的背部和胸部饰有鱼鳞花纹，连铸在一起的两只前腿和尊的底部上也都铸满夔形花纹。为了遮蔽合范时可能产生对合不正的纹饰，方尊的边角及每一面中间合范的地方都铸有棱脊，使得造型在气势上增强了不少，整体形象在宁静中透出威严感。羊角是事先铸成后配置在羊头的陶范内，再合范浇铸的。如果没有高超的合范技术，整个器物浑然一体的效果是很难达到的。

由于青铜铸造技术的不断成熟，青铜器在我国分布的地域广泛，从东北到广东，从西藏到东海渔岛上都发现了青铜器或青铜遗址。其中，中原地区是中国青铜器的集中地，即我们通常所说的华夏族的居住地区，比如陕西、河南、山东、山西等地区。由于文化差异的影响，有些地区的青铜器体现出不同于中原地区的艺术风格，如分布在晋北、陕北及内蒙古河套地区、属于“鄂尔多斯文化”的青铜器就是其中一种。除了以羊首、马首、鹿首之类的动物头像作为装饰器物外，还有别具一格带有异域风格的短剑、短刀和饰牌等，体现了中国青铜文化的多样性。

为了让更多的读者了解中国的青铜文化，了解中国和世界的经典文化，我们特别编撰了这套经典文化丛书，以飨读者。本书作为其中的重要组成部分，运用丰富的文献资料、考古发掘资料以及大量有关中国青铜器的研究资料，对中国古代青铜器做了全景式介绍，展现了我国古代青铜文化的优良品质。全书以古代青铜器的艺术风格为线索，将青铜器置身于它们所产生的文化背景中进行深入浅出的剖析，从青铜的文化历史、器型纹饰、鉴赏收藏三个大方面介绍了我国各个历史时期青铜文化的发展、艺术魅力、种类和艺术价值，收集了从夏、商、周时期至清代晚期的相关青铜器精品图，以求读者更系统、全面地了解和接受我国的青铜文化。

由于本书编写时间仓促，加上编者水平有限，书中的错漏之处在所难免，希望广大读者朋友和专家批评指正。

编　者

2008 年 9 月

目录

第一篇

青铜器与中国文化

第二篇

中国青铜器的发展历程

第三篇

中国青铜器的器型

第四篇

中国青铜器的纹饰

第五篇

中国青铜器的鉴赏

第一篇

青铜器与中国文化

青铜器在我国历史悠久，为我国灿烂的古代文明立下了汗马功劳。我国大约在公元前 2000 年左右进入了青铜器时代，气势雄伟的司母戊鼎、精美绝伦的四羊方尊就是那个时代伟大的杰作。此外，我国青铜器上有许多花纹与铭文，而铭文作为了解青铜器和远古人类生活的一把钥匙，是我国独有的。虽然世界各文明古国都经历过青铜时代，但是只有中国赋予了青铜器以重大的社会意义、深厚的精神内涵，以及高度完美的艺术形式，使之成为杰出的艺术典范。

第一章

中国青铜器概况与青铜时代

第一节 中国青铜器概况

中国有着五千年辉煌的文明史，与古埃及、古印度、古巴比伦并称为世界四大文明古国。就世界范围而言，从印度河流域到巴尔干半岛，从米诺斯文明到迈锡尼文明，其青铜器的代表作大多为武器，如戈、矛、刀、箭、剑、戟、镞等，而中国在世界青铜文化中独树一帜。中国出土了大宗形态各异的青铜礼器，它们在当时社会精神文明中发挥着至关重要的作用，所以我国青铜器的发展与当时社会的文化艺术、科学技术、政治、经济等社会生活的方方面面都密切相关。礼器在当时社会的政治生活中起着非常重要的作用，它是古代贵族身份和地位的重要标志，是贵族的专利，它作为维护奴隶社会宗法礼制的工具被当时的统治者神圣化了，这是中国古代青铜文化区别于其他国家青铜文化的显著特点。

青铜器的铭文是考古人士关注的另一个热点，世界各地古青铜器绝大多数没有铭文，只有印度出土的少量青铜器铸有很短的铭文。中国古铜器有铭文者仅出土的就达一万余件，且铭文长篇巨制不少，如毛公鼎铭文长达499字。这些铭文字体，或粗犷放达，或苍劲有力，具有很高的书法欣赏价值，是中国文物宝库中的瑰宝，也是世界人类文化遗产中一颗璀璨的明珠。中国的青铜文化在发展过程中，还与周围地区存在接触，如曾与北方蒙古大草原和西伯利亚的青铜文化进行过交流，晚期与东南亚青铜文化有过密切联系。

中国的青铜文化起源于黄河流域，始于公元前21世纪，止于公元前5世纪，经历了约1600年，大体上与文献记载的夏、商、西周至春秋时期的时间相当。中国青铜器源远流长，以夏、商、周三代的为代表，其种类丰富、数量较大、分布地区广，另外青铜器造型雄伟、文饰精美、铸造精良，如勾践剑、双羊尊、大克鼎、毛公鼎、莲鹤方壶、双雄宝剑、司母戊方鼎、长信宫灯、嵌绿松石卧鹿等。此外，各类青铜器物铸造者根据不同的硬度要求，准确把握铜锡比例，使器皿质量优良，这是国外青铜器铸品望尘莫及的。

中国青铜器所达到的艺术境界，堪称空前绝后，佳妙至极，所以世界各地博物馆和美术馆，无不把中国青铜器作为馆藏重器，历代收藏家更是把青铜器作为镇宅之宝，世代相传。对于我国而言，早期文明中的青铜文明意义重大，对后期华夏文明发展起到不可估量的作用。

一、中国青铜器的出现

青铜器是中国青铜文化的精华，自产生之初就被赋予了那个时代的鲜明特征。因此，不管是物质上还是精神上，中国青铜器的发明都是一个划时代的创举。在我国的青铜时代，青铜器的生产对社会生活的各个方面起到至关重要、不可替代的作用，同时也是最主要的文化因素。追根溯源，青铜器的出现有着历史必然性。

通俗地讲青铜器主要是指先秦时期用铜锡制作的器物，包括工具、用具、礼器、兵器、饰物等。考古学上的青铜器则特指先秦时期质地以铜为主，加入少量锡、铅浇铸而成，表面呈青绿色或青灰色的器物。

大自然是我们人类赖以生存和生活的物质宝库。一直以来，自然界就存在大量铜矿石。孔雀石是其中比较常见的一种，颜色呈翠绿色，因上面有像孔雀尾羽的花纹而得名孔雀石。从很早的时候起，人们就非常喜爱这种矿石，把它采集来制成项链等装饰品。在以后的使用中，人们又在无意中发现孔雀石如果掉在炭火中经高温燃烧会熔化成铜液，且冷却凝固时还可随意成形。这种现象在日常生活中不知重复发生了多少次，开始并没有引起人们的重视。终于，到了新石器时代晚期，人们发现并掌握了用孔雀石加木炭来冶炼并铸造红铜的技术。从此，红铜器普及开来，人类最早的铜器由此产生了。所以，这个时代又被称为红铜时代或铜石并用时代。目前，世界上发现最早的用红铜制成的铜器，是在土耳其南部发现的、制作于公元前七八千年的铜针和铜锥。而且据考古资料证明，埃及也在公元前3500—前3100年的格尔塞文化时

期有了冶铸的红铜刀、匕首、斧和锛等。中国最早出土的铜器则是在山西襄汾寺龙山文化遗址的墓葬中被发掘的、约公元前 2085 年冶铸的红铜铃。

那么红铜与青铜有什么不一样呢？一般来讲，红铜硬度低，不适于制作生产工具，在生产中发挥的作用不大。后来，人们在长期的生产实践中又发现了锡矿石，并学会了用它加木炭冶炼出锡。在此基础上，人们又进一步发明了用红铜加锡熔炼成青铜合金的技术，并认识到青铜比红铜具有更大的优越性。青铜是红铜和其他化学元素的合金，具有熔点低、硬度大、化学性能稳定的特点。例如：铜与铅的合金为铅青铜，铜与锡的合金为锡青铜，其他还有铅锡青铜、镍青铜、磷青铜等等。青铜的优越性首先体现在硬度大上。红铜的硬度为布氏硬度计的 35 度。如果在它里面加锡 5%，其硬度就提高为 68 度；加锡 10%，即提高为 88 度。而且经锤锻后，它的硬度还可进一步提高。例如：加锡 20%的青铜，经锻锤后硬度可增至 228 度。其次，青铜溶液具有很好的流动性，凝固时铸造收缩率也很小。因此，青铜能够铸造出刃部锋利、轮廓分明、花纹纤细的器物。第三，青铜的化学性能稳定、耐腐蚀，可以长期使用与保存。第四，青铜合金的熔点较低，青铜器损坏以后还可以回炉重新铸造。

由于青铜具有以上优点，所以适合于制作生产工具、武器以及生活用器。因此，古代人在发明了青铜冶铸术以后，就开始广泛地使用青铜来制作各种生产工具、武器以及生活用器等，使人类社会与生活的各个方面都发生了重大而深刻的变化。主要体现在：首先，青铜冶铸业的高度发展给农业及其他各种手工业提供了前所未有的锐利工具，大大提高了劳动生产率，使农业和手工业获得了空前的发展，以致整个社会的生产力都有了提高；第二，生产力的快速发展带动了社会生产关系及社会生活各个方面的进步，政治、军事、文化等都发生了深刻的变化，整个社会的面貌大为改观。可以说，青铜器的广泛使用使人类社会的物质文化和精神文化都产生了一次质的飞跃，即从石器时代飞跃发展到了一个新的时代——青铜时代。

二、中国青铜器的特点

我国古代青铜器的突出特征之一就是源远流长。我国已经发现的最早青铜器，是 1975 年在甘肃东乡林家一处房屋遗址中出土的约为公元前 3000 年的青铜小刀和一些铜器残片，其属于甘肃仰韶文化马家窑类型。在较晚一些的山东龙山文化和河北、辽宁、内蒙古的夏家店下层文化遗址中，考古工作者也普遍发现了青铜制造的工具、兵器、装饰品等。从以上叙述中我们可知，虽然中国的原始文化发展不平衡，各地区有着很大区别，但不少地区的先民还是在长期的生产实践中熟知了铜的特性，初步掌握了青铜冶炼和铸造技术，并表现出相应的装饰技巧。

中国古代青铜器的第二个突出特征是制作工艺的精巧绝伦。它不仅显示出古代工匠巧夺天工的创造才能，而且体现出独特的艺术特色和风格，并以雄伟的造型、精湛的铸造工艺、古朴的纹饰和丰富多彩的铭文著称于世，堪称中国文化宝库的艺术瑰宝，更是世界艺术史上一颗璀璨的明珠。从制作工艺上来说，中国的古代青铜器更是取得了辉煌的成就。首先，用陶质的复合范浇铸制作青铜器的合范法，在中国古代就得到充分的发展。陶范的选料塑模翻范、花纹刻制均极为考究，浑铸、分铸、铸接、叠铸技术也非常成熟。而随后发展出来的不需分铸的失蜡法工艺，更是显示出我国青铜工匠们的高超技艺。另外，在很早的时候，青铜器上还出现了为增加美观度而镶嵌的装饰。至于镶嵌的材料，第一种是绿松石，这种宝石至今仍应用在首饰上；第二种是玉，有玉援戈、玉叶的矛、玉刃的斧钺等；第三种是陨铁，如铁刃铜钺、铁援铜刃等，经鉴定铁刃均为陨铁所铸成；第四种是红铜，即用红铜来组成兽形花纹；第五是用金、银来做镶嵌，出现于春秋战国时期。

中国青铜器的第三个显著特点是铸刻有文字，即铭文（也就通常所说的金文），这是中国青铜器所独有的。我国的青铜器铸刻铭文是从商代中期开始的，起初只有1—2个字，到商代晚期逐渐增多，但最长也不过48个字。西周时在青铜器上铸刻铭文进入大发展时期，但到了春秋时期这种做法开始逐渐减少，至战国已经罕见长篇铭文。我国青铜铭文的书体或粗犷或瘦劲、或工细或秀美，本身具有很高的书法欣赏价值，同时也是我们研究青铜器的历史，及为其断代与鉴别的重要依据。

三、中国青铜器的发展阶段

任何一种事物都有其发展轨迹，青铜器也不例外。总的来说，我国青铜器的发展经历了一个产生→发展→高峰→转折停滞→再出现高峰→衰退的过程。这一过程又可细分为萌芽期、育成期、高峰期、转变期、更新期五个时期，存在于大约在夏、商、西周、春秋和战国时期。

夏代时，青铜制品数量不断增多，尤其是形制复杂的青铜容器，并逐渐形成了一套比较完整的青铜礼器组合，反映出夏王朝的国家制度已经成熟。

商代早期，青铜文化全面繁荣，青铜铸造工艺相当成熟，青铜器类别及数量不断增多，以青铜器为核心的礼器在商王朝统治阶层的生活中被广泛使用，并随着商王朝势力的扩张而出现在其周边及更远的地区，致使周边青铜文化与商代青铜文化交互影响、不断发展。到了商代晚期，中国青铜文化进入鼎盛阶段，出现了精美的青铜礼器、武器和工具等。商代之后的西周，继承了商代青铜文化的繁盛，创造出发达的西周礼乐文明。到了春秋晚期，铁器得到一定的发展，它开启了中国冶金史的大门，却没有立即导致青铜工业的衰退；相反，由于战国时代生产技术的普遍提高，青铜器的铸造技术有了新的发展。大约到了战国晚期，高水平的青铜铸造业因冶铁工业技术的突飞猛进和社会形势的逐渐稳定，最终完成了历史赋予它的使命。但人们所偏爱的青铜器并没有从人们的视野中消失，在某些特定产品领域，如铜镜、铜币等，它继续发挥着不可替代的作用。

第二节　中国青铜时代的到来

青铜时代是人类使用以青铜为制作材料生产工具、武器和生活用器等器物的时代，虽然我国目前发现最早的青铜为 1975 年于甘肃马家窑文化遗址出土的青铜刀，其时间约为公元前 3000 年，但是普遍认为公元前约 2000 年时的夏代之前铜器冶铸技术较原始，规模也很小，铜器数量少而且多为红铜器，同时石器还在大量使用，所以我国当时还没有进入青铜时代，只是处于铜石并用时期，也可以说是我国青铜时代或青铜文化的萌芽时期。我国的青铜时代开始于公元前 2000 年左右终止于公元前 5 世纪，大体上相当于文献上记载的夏、商、周到春秋时期，前后共经历了 1600 年左右。

前面讲了红铜的发现和使用经历了一个漫长的时期，其实青铜器的出现也不是一朝一夕的事情，我国在进入青铜时代之前也经历了一个漫长的技术和经验积累过程。在西安半坡和临潼清退寨距今约 6000 年的仰韶文化遗址中，考古人员发现了成分不纯的黄铜片，但考古学界却对其年代和真实度有过不小争议。无独有偶，山东胶县三里河距今约 4000 年的龙山文化遗址中也出土了两件铜锥，据分析其成分为铜锌合金，并且探明这一地区存在铜锌矿或铜锌铅共生矿，先人们用一种简单易行的特殊方法即能冶炼出黄铜。从不经意的黄铜冶炼到提取较高纯度的红铜，再到有需求的青铜生产，古人对青铜性质的认识，从偶然到必然，从懵懂到熟识应用，经过了一个漫长的过程。

大约在公元前 2000 年，中国进入青铜时代的初期。在这一阶段，器物以青铜、红铜、黄铜为铸料，同时存在热铸和冷铸两种冶铸方法。根据文献记载及考古发现：早在第一个奴隶制王朝——夏，我国就开始进入青铜时代，如夏“铸九鼎”的传说在《汉书·郊祀志》中有载：“禹收九牧之金，铸九鼎，象九洲。皆尝鬺亨上帝鬼神。”新中国建立以后，考古工作者在据文献中记载的“禹都阳城”所在地——河南登封王城岗遗址，发现了公元前 1900 年（夏代初期）的青铜容器残片，从而有力地证明了资料的真实性。这里所发现的青铜容器残片高 5 厘米，宽 5.5 厘米，厚 0.11—0.15 厘米，重 35 克，表面有绿色及黑褐色锈，呈弧状，下部有弯折，可能是铜鬶的腹底部残片。经过北京科技大学中国冶金史研究室进行金相及扫描电子显微镜等分析证明：这是一种含锡 7%的青铜制品。并且，在河南临汝煤山夏初期的遗址中还发现了已使用多次的熔铜坩埚残片，这就说明我国青铜器的铸造在夏时已不偶然。尤其重要的是，考古工作者在相当于夏代晚期及商代初期的河南偃师二里头遗址的发掘工作中，发现了青铜鼎、爵、斝等多件器具以及青铜冶铸作坊遗址，这种作坊生产的形式说明当时青铜器的生产已经有了一定的规模。以上这些考古发现均有力地说明：我国在夏代已进入青铜时代。

商代·司母辛鼎

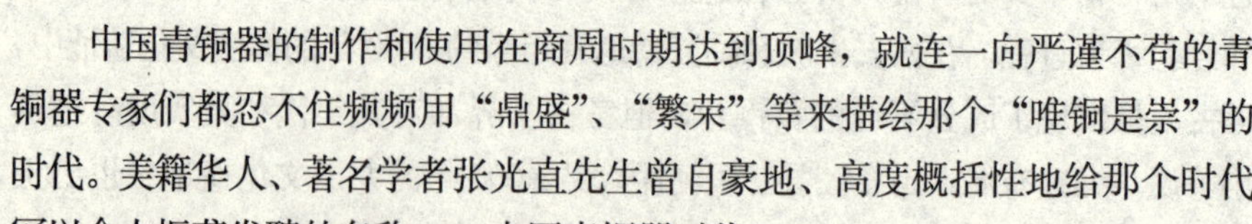

中国青铜器的制作和使用在商周时期达到顶峰，就连一向严谨不苟的青铜器专家们都忍不住频频用“鼎盛”、“繁荣”等来描绘那个“唯铜是崇”的时代。美籍华人、著名学者张光直先生曾自豪地、高度概括性地给那个时代冠以令人振聋发聩的名称——中国青铜器时代。

第二章

青铜器的分类与功能

第一节　古代青铜器分类及命名

青铜器已经是从质地和审美观点上划分出来的一类器皿，本身没有从质地上再进一步细化的必要，因此我们现在研究青铜器的分类主要是为了清楚区别它的性质和作用。

一般来讲，青铜器的主要类别有工具类、武器类、食器类、酒器类、水器类、乐器类以及装饰类等。尽管如此，仍然无法涵盖全部青铜器品种，如居家使用的灯、炉、车马器等，商品交易中所使用的铸币以及铜版地图、象棋、铜碑等。

商代晚期·司母康方鼎

这样以源自器物实际用途的分类系统，既要充分考虑到由于时代性和阶段性而导致的青铜器在功能、数量、使用效率等方面的差异，又

要顾及各类青铜器身上所映照的社会背景。

在对青铜器的各种繁杂的分类中，器物的命名是一个关键问题。

大多数情况下，“名从主人”是青铜器研究中约定俗成的原则，即器物名称的确定要依照器物原称，也就是从器物铭文本身来考虑。宋代的王黼在《宣和博古图》中所定的青铜器名称，实际上许多都是按照这一原则进行的，如鼎、簋、钟、壶、盘、甗等名称都是如此，一直为现代人沿用。但青铜器中没有铭文的也占据了相当大的比例。处理该种情况时，常常采用类比的方法将器物归类到已经定名的器物种类里，如果没有同类器物可以参照归并分类，便暂定一个名称。暂定名的确定通常是根据器物形态特点以及与现实生活中的某种器物类似之处，借名称之。如“舟”，原器上并没有舟名，但由于它的形状像一叶小舟，故称舟。后来又发现了形状类似并带铭文的器物，铭文中称其为“铆”，所以考古学家舍弃“舟”，而改之为“铆”了。这样的问题还远远没有下面的复杂。有些青铜器的用途历时不变，其名称却随着时代更迭而不断变更。如方形壶，战国自铭为“壶”，汉代就改称“钫”或“枋”了。再比如青铜的灯具，战国时无自铭，汉代开始自铭“锭”或“镫”，到南北朝以后一般诗文则写成了现代人通用的名称“灯”。还有些两周时代的短剑，秦时就直接以匕首相称。有些器物虽然用途不同，名字却一样。举个例子，周代青铜乐器有的称为“钟”的，而汉代的青铜制圆形壶也称为“钟”。诸如此类的青铜器名称问题，都需要在分类时加以认真考虑。对想要学好青铜器鉴定的人士而言，较好地掌握一些青铜器分类和命名原则是有很大帮助的。

第二节　古代青铜器的功能

目前比较通行的青铜器分类方法是按照青铜器的不同用途，把青铜器物划分为工具类、武器类、饪食器类、酒器类、水器类、乐器类、杂器类等。但这样的分类很明显地存在不少误区和盲点，有辩证和补缺的必要。

首先来介绍一下工具类青铜器。“工具”概念本身范畴很大，但在中国青铜器中却又算不上是一个很大的门类。原因是我们的先人们不舍得浪费过多的贵重稀有的铜用来铸造工具，考古所发现的数量自然而然也就多不到哪里去。过去，很多考古研究即使提到青铜工具，也主要是指商周时代直接用于生产的农业工具，如砍伐工具中的斧、斤，翻耕工具中的耒、耜，锄草工具中的铲、锄，收割工具中的镰等，其他工具则极少言及，商周以后的工具更是被忽略到了几乎不计的地步。其实仅就商周时代的工具来看，除了上述一些用于农业的以外，还有一定数量的工具用于手工业。最有说服力的要数陕西省凤翔县战国秦墓的一个车马随葬坑，坑内出土了一整套备以修车用的工具，如铜钳、斧、凿、锛等，另外还有铸铜时刻画范模的刻刀、切割时使用的锯、称量用的度量衡等，以上这些都是当时各种生产和生活中无法替代的工具。汉代以后，虽然工具多转为铁质器，铜质工具逐渐减少，但仍有一些铜制工具被人们使用或收藏，如常见的有钻、锥、钉、镊、针、鱼钩、顶针、耳勺、锉、取火用的阳燧、文房用的铜砚滴和书刀、碾药用的铜杵臼、熨斗、柄刷等。有些工具还有着向机械化或大型化方向发展的态势，如计时用具漏壶、天文仪器、圭表、地震仪等。

商代后期·父乙铜簋

其次，我们再来看一看兵器类青铜器。兵器是自进入商周以后历代都不可缺少的重要装备。先秦时代，青铜质兵器是仅次于容器类的礼器青铜器的主要铸造对象之一。人们过去一直认为兵器是作战武器的认知传统是不全面的，实际上兵器还在不少场合使用，如祭祀礼仪、日常生活和捕获野兽等。如今我们所能看到的各种青铜质武器中主要以冷兵器为主，包括勾杀用的戈、戟、殳，刺杀用的矛、

春秋中期·人形定敦

剑，砍杀用的钺、刀，射杀用的弓弩和箭镞等。值得注意的是，在这些兵器中，箭镞明显地属于一种消耗性的武器，基本上是放出去没有收回来的可能。所以，一场战争所消耗的箭镞多少是和战争国双方的财力有着密切关系的。在先秦时代，铜是贵重金属，只有拥有大量财富的国家才能维持战争的胜利。与以上攻杀性冷兵器相配套的还有防御性兵器，如胄、甲等。

接下来，我们再来看一下中国青铜器中最重要的一个类项——容器类器皿，中国秦汉时代以前的最高工艺设计能力和技术发展水平，都在它们身上展现得淋漓尽致。容器类器皿包括：鼎、鬲、甗、甑、釜、锅、鍪等烹饪器；簋、盨、簠、豆、敦、盂、碗、钵等盛食器；爵、尊、觚、觥、瓿、蚕、觯、角、壶、罍、卣、彝、盉、耳杯等酒器；鉴、洗、盆、盘、匜、缶、瓶、缸等水器；禁、俎案、匙匕、箸筷、斗、勺、盆架等与日常生活用具相配套使用的工具类。

商周时期的礼器种类很多，主要存在于中原地区，周边地区不单数量少而且品种单一。青铜质礼器持续的时间较长，有些甚至到了明清时期还在生产和使用，这里主要为日常生活用品。

比较有趣的是，个别器物还具有一器多用的功能。春秋时期出现的形似大盆的鉴，其用途达到了三项：一是盛水当镜照容；二是盛冰以防食物腐坏；三是洗漱沐浴之用。出现这种情况的原因是多方面的，例如：盘是与匜配套使用的盛水器，后来逐步向大器型方向发展，用作澡盆，供人们洗去污垢，功能与鉴相似，后来盘发展到唐宋时期多做托盘之用，已经失去了盛水这项基本功能。再比如：鼎最初是

春秋早期·垂鳞纹铜方彝

烹煮肉食的炊器，到了商周时期多用于祭祀和宴享时盛肉，成为一些重大活动中必不可少的礼器，甚至还象征着立国建邦和统治者的权力。“一言九鼎”、“问鼎中原”等成语就是说明鼎在人们的心中是与权力威信相提并论的。秦汉以后，历代仍有铸鼎的习俗，延续至今而不衰。现代，鼎多用于宗教寺观，或作为某些重大事件的象征性纪念物。1997 年我国向联合国赠送过这种具有中国特色的世纪宝鼎，以纪念联合国成立五十周年。近年来由于城市建设的大发展，街头广场上竖立的大鼎小鼎也逐渐多了起来，这时的鼎所起的多半是装饰功能。因此，可以说鼎是青铜器中使用时间最长、造型变化最大、所兼功能最多的一种容器。青铜器中发展比较晚的缸，是近现代仍在使用的少数几种实用器之一，如清代为防火在故宫庭院中置放了贮水用的巨型大缸，重达 2000 多公斤，外表鎏金，尽显皇家气派。

与匜造型相似的还有一种叫“虎子”的铜器，流行于汉代。它呈伏虎形，上有提梁，虎嘴圆张，虎内中空。关于这种器物究竟是做什么用的，已争论了几十年，至今尚无定论。在山东沂南汉墓画像石中，有一幅厕间浣洗图，一仆人执帚扫地，旁边就放有一件虎子。大多数人认为这是一种亵器，可也有的专家认为是水器，或者是茶具。

春秋·编钟

青铜乐器也是青铜器中一个大的类项。较常见的有秦汉以前的青铜乐器，如铃、鼓、磬、铙、钲、傅、编钟、勾、镎于等礼仪用乐器，而且编钟还分傅钟、钮钟和甬钟之别。属于军旅用的乐器有铃、鼓、铙、钲、铎等。钟常用于寺庙。锣、钹、唢呐、喇叭、号等功能更是多样化，广泛地用于梨园戏剧、迎亲送葬、军战攻防、娱乐游戏、礼宾游行等各种场合。勾和镎于盛行于春秋战国时期，在南方地区使用较为普遍。作为敲击乐器的鼓有中原和南方之别。中原产的青铜鼓仅见于商代，多横放在支架上，可两面敲击；西南地区的没有可以放置的支架，只立置于地上，所以只能一面敲击。

青铜器中的装饰品，在青铜器发展至鼎盛的商周时代少有发现，在以前的著录和研究中也很少提及。但古往今来，不少出土和传世的青铜装饰品不断出现在大型文物展览会、古玩市场或是拍卖会现场上，其数量及质量是不可小视的。这些饰品中既有普通百姓的日用品，也有王公贵族的随葬珍品。身份高贵的人佩带贵重的饰品，像铜丝网冠、铜缕玉衣，而普通人则佩带簪、钗、环、戒、钏、镯、坠链等等。除了人体佩带的服饰、头饰等装饰品外，也有与人们起居生活、社会活动等息息相关的室内外装饰用品。青铜雕塑是这类装饰品的主角，造型有人像、动植物像和几何形等。人像以可移动的鎏金佛造像为主。另外还有形态各异的青铜面具，如四川广汉三星堆发掘的青铜面具，引发人们对那个时代及当时人们审美观的猜测，其中的植物铜雕枝形灯、摇钱树更是精美绝伦。动物雕像早在商代就已出现，后来历代皆有制作，如西安南郊的唐代铜鎏金羊和鎏金铁心铜龙，甘肃天水出土的明代铜牦牛，清代的各种鹿、龙、凤、鹤、龟、狮等供欣赏把玩的艺术品。到了近现代，随着人文历史气息的浓郁，铜雕人像较为多见，几何形的铜造像更是扮演着带领时尚的角色。

目前，考古学家们又把杂项类的青铜器归纳为生活用具、车马器、货币、度量衡、符印等几个亚项。其中，生活用具因器物用途的多样化而比其他杂项还要繁复，可以再被分解为镜、带钩、灯、炉、洗、耳杯、樽等项。这里有着明显的分类不均的现象，其实一些类项是可以归并的。最明显的就是作为称量用具的度量衡，完全可以归入到工具类当中，而不必因其出现较晚、数量较少而成为独立的一项。洗、耳杯、樽等也是如此，它们或为水器、或为酒器、或为炊器，自应并项。其他的诸如车马器、货币、符印等，因用途专一、数量大、沿用时间长、已成专门之学等原因，应独立出来另立新的大类。这样，杂器所剩的种类就不是太多了，基本上只是一些数量不多的日常小器物。

汉代·汉鐎斗壶

第三章

中国青铜文化的发展

第一节 中国青铜文化的出现

青铜器的出现是人类进入文明社会的标志之一。青铜器以其雄浑古朴的造型、绚丽精美的纹饰，弥漫着远古的气息，给人以深沉凝重的历史感。而青铜文化主要是指通过考古发掘和研究工作揭示的青铜时代人们创造的物质文化。这包括两个大的方面：一方面是青铜时代的遗物，主要是指青铜器，此外还有陶、瓷器、木漆器以及玉器、石器等等；另一个方面是当时人们活动留下的遗迹，包括房屋、村落、城址及墓葬等等。除物质文化以外，也包括当时人们创造的精神文化，例如文字和艺术等。中国青铜文化是中华民族文化的重要组成部分，也是中华民族传统文化中的瑰宝。

第二节 中国青铜文化的特点

世界各国及各地区进入青铜时代的时间不仅不尽相同，而且各地的冶炼铸造技术水平发展并不平衡，有的很先进，有的很落后。曾是世界文明最早发祥地的伊朗南部、土耳其和美索不达米亚一带最早使用青铜器，距今约有 5000 多年的历史。其次是欧洲地区，公元前 10 世纪前后，欧洲人已用失蜡法铸造铜器。再次是与中国的青铜器制造年代相仿的、约有4000多年历史的古代印度。在印度河流域，青铜铸造技术显示出了高超的技艺，匠人们熟练运用热加工、冷加工和焊接技术制造青铜器具。非洲地区稍晚，比中国晚了1000多年。埃及在公元前1567—前1085年之间已发明了较为先进的冶炼设备——脚踏风箱。美洲的青铜史大约是公元以后的事了，虽然目前还没有明确的结论。所以中国的青铜器制造在世界各国中是比较早的，而且中国的青铜冶炼技术始终走在世界的前列。

与世界其他国家及地区的相比，中国的青铜文化还有其他两方面的显著特点：

第一，具有“藏礼”作用的青铜礼器体系。

在我国出土的青铜中有大宗的礼器，这在世界青铜器家族中是绝无仅有的，这是我国青铜不同于世界其他国家和地区的一个重要特征。在奴隶制社会中，青铜礼器被统治者用来祭天祀祖、歌功颂德、宴飨宾客，同时它也是一种十分重要的陪葬品等。可见，青铜礼器在我国早已被权力化、制度化、神秘化了，它早已不是一般的实用器了。

在中国历史上，“以礼治国”是古代政治独特的领导艺术。以“周礼”为代表的礼仪体系，贯彻于政治、经济、军事、文化等社会生活的各个方面，影响了中国数千年。

在中国，把奴隶主贵族制度以物质化形式来体现的青铜礼器，鲜明地以器的多寡与不同的组合形式来区分不同的地位、身份和价值，如天子九鼎之类。“九鼎”就是指青铜礼器在使用与陪葬时相互之间的组合关系。商代盛行以一觚和一爵配对组合。奴隶主贵族墓葬中发掘出的“觚与爵”组合的，套数越多就代表身份越高。西周盛行鼎和簋的组合，尤其盛行“列鼎”制度。天子是九鼎八簋，诸侯是七鼎六簋，卿大夫是五鼎四簋，士是三鼎二簋，由高到低，由多到少，都有一定的规矩。这种青铜器组合形式体现了一定的等级功能，了解这一点对于分析青铜器本身及其文化背景都有重要意义。

第二，大量青铜器上铸刻铭文。

这就是中国青铜文化有别于世界其他民族青铜文化的另一个突出的特征。世界各地的古青铜器绝大部分都没有铸刻铭文。只有印度河流域等古代文明发达的地区曾发现有少量刻有铭文的青铜器，这与中国有大批铸刻铭文的青铜器形成了鲜明的对比。可以说，青铜器的历史价值主要由铭文来体现。众所周知，商周时代距今已很遥远，由于历史的变迁，那个时代遗留下来的文献极少，只有《尚书》、《诗经》和《春秋》等几部。就是这仅有的一些书籍，经过历代传抄，也早已不再是原有的面貌。因此，要想根据这些书籍资料对上古历史有一个比较真切的认识，是很困难的事情。而青铜器铭文，特别是篇幅比较长的铭文，是当时人们现实生活的真实反映。它们没有经过后世的修改，保留了当时真实的面貌，具有极高的研究价值。正如郭沫若在《两周金文辞大系图录考释》序中所言："说者每谓足抵《尚书》一篇，然其史料价值殆有过之而无不及。"著录先秦有铭青铜器近12000件的《殷周金文集成》一书，是目前收录古今中外金文资料较为详备的著作。据1985年版《金文编》统计：先秦的金文单字3772个，已识字2420个，未识字1352个。

第三节 中国青铜文化的分期

一般把中国青铜文化的发展划分为三大阶段，即：萌芽期、鼎盛期和转变期。萌芽期是指龙山时代，距今有4500—4000年；鼎盛期即中国青铜时代，包括夏、商、西周、春秋及战国早期，延续时间约为1600余年；转变时期指战国末期至秦汉初期，青铜器已逐步被铁器取代，不仅数量大减，而且也由原来的礼乐兵器而演变成日常用具，其相应的器别种类、构造特征、装饰艺术也发生了转折性的变化。

一、萌芽期

中国青铜文化起源于史前时期，这个时代相当于尧舜禹传说时期。传说自黄帝以来，相继有颛顼、帝喾、尧、舜等人为天下共主，这就是后人盛赞的五个圣主，即五帝。据现在的研究，五帝时代就是中国古史上的英雄时代，诸如黄帝、炎帝和蚩尤等，其实并非实指具体的个人，而是当时一些族或族团的名称，有关文献记载实际上反映的是那个时代的族团及其互动关系。其中黄帝、炎帝属于华夏族团，蚩尤则是东夷族团的代表。

据古文献记载，当时人们已开始冶铸青铜器。在黄河、长江中下游地区龙山文化时期的几十处遗址里，考古人员都发现并挖掘出了青铜器制品。

根据现有的材料来看，萌芽期的铜器主要有以下特点：

第一，红铜与青铜并存。发现铜质制品数量最多的是甘肃、青海、宁夏一带的齐家文化，有好几处墓地出土了刀、锥、钻、环和铜镜，有些是青铜，有些是红铜。在制作技术方面，有的是煅烧的，有的是用范铸造的，都比较先进。甘肃省东乡林家遗址出土了一件范铸的青铜刀；河北省唐山大城山遗址发现了两件带孔红铜牌饰；山西省襄汾陶寺墓地内出土了一件完整铜铃，系红铜；山东省栖霞杨家圈出土了黄铜残片等。

第二，日常工具和生活类用品占多数。这一时期的青铜器类别较少，多属于日常工具和生活类用品，如刀、锥、钻、环、铜镜、装饰品等。但是不可否认，当时的人们已能够制造容器。此外，在龙山文化中常见红色或黄色陶鬶，且流口，腹裆部常有仿金属柳钉。如果可以认定这时的铜鬶容器与夏商铜鬶及爵、斝容器功能一样的话，那么当时的青铜器已经正在或开始转向礼器了。

第三，青铜器还没有等级之分。这时期的一般小遗址也出土铜制品，可见当时普通居民也用青铜制品。此外，这个时期的青铜制品多朴实无饰，就是有纹饰的铜镜也仅为星条纹、三角纹等几何纹饰，绝无夏、商、周三代青铜器纹饰的神秘感。

二、鼎盛期

鼎盛期包括夏、商、西周、春秋及战国早期，也就是中国青铜时代，延续时间约 1600 余年。这个时期的青铜器主要分为礼乐器、兵器及杂器。礼乐器可以代表中国青铜器制作工艺的最高水平。在所有青铜器中，礼乐器数量最多，制作也最精美，纹饰种类也较多。这些青铜礼乐器是不能在一般生活场合使用的，而是或陈于庙堂，或用于宴饮、盥洗，带有一定的神圣性。礼器种类包括烹炊器、食器、酒器、水器和神像类。

1. 夏代的青铜文化

大约在公元前 21 世纪时，居住在黄河中下游地区的夏族首领大禹，因领导各族人民疏导治理洪水获得成功，被推戴为天下的共主。禹废止“禅让”制度，死后传位于其子启，建立了中国历史上第一个奴隶制王朝——夏，中国古代社会从此进入文明时代。

“器以藏礼”就是把形制有别、大小各异的青铜器皿通过不同的组合与搭配，用来规范不同人物在社会中的地位，显现贵族的权威和等级规则。这时，作为财富象征的青铜器，既是社会等级和身份的象征，被广泛地用于祭祀、征伐、宴享、婚冠、丧葬等活动，又成为夏代礼制形成的标志。夏代礼制的形成，开创了中国夏、商、周时期的礼制文化。

2. 商代的青铜文化

在公元前 16 世纪，夏代的最后一个王——夏桀十分暴虐，居住在黄河下游的商族首领汤乘机起兵灭了夏，建立了中国历史上第二个奴隶制王朝——商。商代经济有了一定的发展，城市规模逐渐扩大，中国的青铜文化于商代晚期攀越了中国古代青铜文化的第一个高峰。奴隶主贵族的葬墓中随葬了大批青铜器，主要的器物种类有了一定发展，其中礼器的发展显得尤为突出：造型浑厚、纹饰繁缛，酒器更是让世人刮目相看。

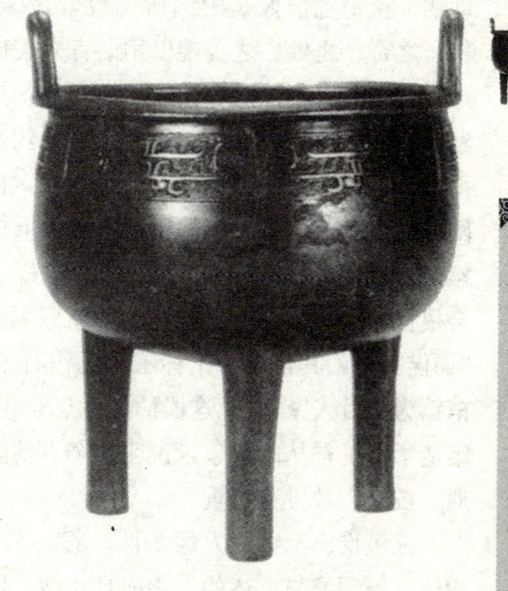

商·青铜螭龙圆鼎

虽然农业和手工业依然用石制工具，但是青铜制工具得到广泛的应用，促使商代的农业和手工业生产有了很大发展。商代的青铜生产工具主要包括斧、锛、凿、锯、刀、锥和钻等。斧：一般为长方形，下端为双面刃，上端为长方形銎，用以装直木柄，然后再在直木柄上安装横木柄，木柄与刃向一致。它为砍伐工具，使用方法和现在的斧子相似。锛：古代又称为斤，体呈窄长方形，下端多作单面刃，上端为銎，用以装曲折形木柄，特点是木柄与刃向垂直。它用于砍削木料，起到类似于现在的刨子的作用。渔猎在商代经济生活中仍占有一定的地位，考古发现用青铜制作的渔猎工具主要有鱼钩及镞。

商代的青铜器能达到如此高的水平，与高度发展的青铜冶铸业是分不开的。在安阳苗圃北地发现的商代晚期的铸铜作坊遗址，面积广阔，达 1 万平方米以上，出土的熔铜炉直径已达 0.83 米。此外，还出土了 1.9 万余块的陶范及陶，主要是做青铜礼器的范，其中一件鼎壁范长达 1.14 米，

比著名的司母戊鼎还要大。

商代的青铜文化还远不止上述的情况。在距离遥远的巴蜀地区，三星堆遗址的发现向人们诉说了一个古老而神秘的青铜文明。三星堆遗址位于广汉市西10公里。三星堆遗址中出土文物总数达数千件，其中各种人物、动物、植物青铜像是中国所见数量最多、形体最大的青铜雕像群。物之精、之奇、之妙、之美难以用语言来表现，现仅介绍其中之一二。

三星堆出土巨型青铜面具共3件，其中2件略小。比较大的一件堪称经典，其宽1.38米，高0.65米，重约80千克。人物面具略带微笑，显得很神秘。粗粗的眉毛，大大的眼睛，睛部横着向外突出，高耸的鼻梁，阔宽的嘴唇，轮廓分明的唇形，微微上扬的嘴角，离奇的大耳朵，在正中额部、两侧部均有长方形穿孔。在这样一个睛部突出的巨型面具，研究者会很自然地将其与蜀王蚕丛的形象联系起来。据《华阳国志·蜀志》说："蜀侯蚕丛，其目纵，始称王，死作石棺，石椁，国人从之。故俗以为石棺椁为纵目人家也。"这段话的意思是说，此面具的制作是以夸张的手法塑造了蜀王蚕丛的形象，说明这个古蜀国的开国之王死后有着神一样的待遇，被人们敬畏和尊重。

三星堆出土铜立人像1件，通高2.62米，约重180千克，真人高低相仿。该铜像与上述的人物面具相似，同样是浓眉大眼、高鼻阔嘴，但未刻眼珠，只用黑彩绘出瞳孔。他头戴高冠，双手举于胸前，呈持物状，身穿华丽的左衽长衣，赤足。对此人像的身份认定，学术界尚不一致，或认为是蜀王、或以为是巫师、或以为兼而有之。三星堆还出土了比例近似的数十件铜人头像，或戴冠、或露发辫、或平顶、或秃顶，还有的脸部戴金面罩，部分可见彩绘，尚残留深蓝色的眉和眼眶、宽而长的朱唇。个个是浓眉大眼、大耳，神情肃穆。头像颈下中空，原当插于木质或其他质料的柱、柄之上，由此说明这些原本都是陈设于庙堂之上的神像。

三星堆还出土铜神树2株。一株残高3.9米，枝分3层，每层3枝。树下有圆形底座，树干挺直，上爬一个头向下而尾朝上的龙，枝上各立一鸟，树上还挂有被研究认为是文献记载的扶桑或若木的象征：铜铃、铜花、铜贝、金叶等物。比如：《山海经·海外东经》就记载了扶桑的形状："有大木，九日居下枝，一日居上枝"，"柱三百里，其叶如芥，一日方至，一日方出，皆载于乌"。《淮南子·坠形训》说若木是"赤树，青叶赤华"，"末有十日，其华照下地"。扶桑在长沙马王堆汉墓帛画中的神话画像里也出现过。帛画右上角树枝柔蔓的扶桑，间有或隐或现的小太阳，顶上则有一个内栖金乌的大太阳，树间缠绕巨龙一条。三星堆的扶桑竟会与相隔千里、时差1000多年的长沙马王堆汉墓帛画中的如此相似，真是让人费解。那么这些扶桑或若木有何用呢？考古学家研究认为，它就是古代巫师通天的工具或阶梯，即沟通天地的媒介。

三星堆窖藏坑的这些造像展示了一个神的世界，说明当时的青铜冶铸业已经比较发达，其艺术造诣及人们的观赏能力已上升到了很高的水平。

3. 周代的青铜文化

周灭商及东征胜利后，大规模将封地连同居民分赏给王室子弟和功臣。此后，分封制度逐步规范和完善，成为巩固周王朝政权的重要举措。这项制度也深深影响了青铜器的制作。

关于西周分封诸侯的史实，在青铜器铭文中也有详细的记载。出土于江苏丹徒的西周早期宜侯夨簋上的铭文就记录了宜侯受封的情况："佳（惟）四月辰在丁未，王省武王、成王伐商图，遂省东国图。王卜于宜，人土（社），南乡（向）。王令虞侯夨曰：迁侯于宜。……锡在宜王人又七生（姓），锡奠（甸）七伯；厥卢千又五十夫，锡宜庶人六百又十六夫。"这条铭文不仅介绍当时该侯分封的经过，还验证了诸侯可以改封的事实。除前已提及的宜侯夨簋、康侯簋外，还有燕侯旨鼎、燕侯盂、鲁侯熙扁、邢侯簋、苗公鼎等等。数十年来，考古工作者发现了周代众多诸侯国的遗存，如河南浚县辛村的卫国贵族墓地、河南三门峡的上村岭貌国贵族墓地、山东曲阜鲁国都城及其贵族墓地、北京房山琉璃河的燕国都城及贵族墓地、陕西宝鸡弧国贵族墓地、山西翼城、曲沃交界的天马—曲村晋国都邑及贵族墓地、河南平顶山注阳岭的应国贵族墓地等遗存，尤以上村藐国公族墓地、天马—曲村的晋国墓地所描述的情况最为清楚。

伯晨鼎的铭文则清楚地纪录了新诸侯的即位也要与官吏一样得到周王的重新册命和赏赐。铭文说某年八月丙午，周王册命伯晨继承其祖、父的侯位，并赏赐有相应的物品。《诗·大雅·韩奕》篇也记载了继任的韩侯被重新册命的情况，周王让他"缕戎祖考，无废联命，夙夜匪懈"，并赏赐有介圭，以及"淑旅绥章，覃茹错衡，玄衰赤岛，……修革金厄"。

4. 春秋时期的青铜文化

西周末代君王幽王是个暴君。公元前771年，申侯、吕侯、曾侯联合少数民族犬戎灭了西周，立太子宜臼为周平王。第二年，周平王迁都洛邑，史称东周。东周又分春秋、战国两个时期。现主要讲一讲春秋时期的青铜文化。

春秋晚期的铁器开始逐步得到广泛应用，不仅为发展迅速的农业提供了锐利的农具，还为各种手工业，包括此时已经发展成熟的青铜冶铸业提供了坚韧的工具，促使各种手工业迅速发展，青铜冶铸业也借此东风有了新的飞跃。

青铜器的纹饰发展到春秋时期，尤其是春秋中、晚期，已发生了重大变化。商代经常见到的兽面纹等纹饰此时已很少见到，西周中、晚期流行的窃曲纹等也被蟠螭纹和蟠虺纹取而代之。春秋晚期至战国初期出现了以人们现实生活为题材的青铜器纹饰，有宴乐舞蹈、水陆攻战、狩猎、采桑等纹饰。春秋时期青铜器上的纹饰已经不再给人以神秘悠远的遐想，其简约、明快，或纪事、或抽象，成为一类纯粹的图案性的装饰。比如：蟠螭纹和蟠虺纹，这两种纹饰是分别由两条或多条螭或虺相互缠绕而组成一个纹样单位，然后作二方连续或四方连续来为器皿做整体的布局造型，增添美感。

据现有的考古资料显示，我国金属货币的起源可以追溯到商代。在山西省保德林遮峪商代后期的墓葬中，曾发现铜贝 109 枚。中原地区使用铜币是在春秋后期。侯马晋国铸铜遗址不仅发现了铜币空首布的成品，而且发现了大批空首布内范。河南汲县彪镇第一号大墓中曾发现这种空首布 674 枚。侯马上马村第十三号墓发现铜贝 1600 枚，包金铜贝 32 枚。辉县琉璃阁甲墓和第六十号墓也各发现包金铜贝 1000 多枚。在古文献中，公元前 524 年周景王“铸大钱”的记载，也证明了这点。以上情况都说明铜币已经代替了贝的使用，并于春秋晚期在经济生活中较为广泛地流通了。

5. 战国时期的青铜文化

战国时期是我国历史上一个诸侯割据的时代，社会局面已发生了很大变化，中小诸侯国家被吞并，比较强大的秦、楚、燕、韩、赵、魏、齐七国成为战国时期的主要诸侯国家，被后人称为“战国七雄”。

在这个兵荒马乱的年代，能够拥有与战争紧密联系的大量兵器成为各国占据军事优势的有力保证。此时的青铜器依然保持着春秋时期的稳健步伐并不断向前发展。同时，冶铁业也有了很大的进步。在战国中、晚期的生产和生活中，人们已经较为广泛地应用铁质工具，促使社会生产力有了进一步的提高。

三、转变期

战国末期至秦汉初期是中国青铜文化的转变期。战国末期各国的革新派进行了一系列的变法。经过几百年的兼并战争及以富国强兵为目的的政治、经济、文化改革，社会各领域均发生了翻天覆地的变化，传统的礼仪制度已经彻底瓦解，铁制品得到了广泛的应用。

虽然形势不利于青铜器的发展，但人们仍未减退对青铜器的热爱之情，青铜冶铸业仍有一定的发展和进步。青铜冶铸业继续发展的原因有三：第一，虽然此时的铁制品有了长足的进步，铁质兵器也有了一定的发展，但武器仍然是以青铜质武器为主，并且由于此时战争的频繁与激烈，不仅青铜武器的数量激增，而且出现了杀伤力很强的木弩，其主要构件的材质为青铜；第二，由于社会经济活动的发展，青铜货币与度量衡器迅速发展起来并广泛流通与使用；第三，铜镜、带钩、铜灯、玺印与符节等日常生活用品有了一定发展，并且出现了镶玉嵌琉璃及漆绘等工艺高超、十分精美的产品。具体到青铜器，也有许多精美的作品，但大多数礼器已经是素面且没有纹饰。此时青铜器上的铭文大多简短，其内容多为制作年月、地点、督造官、工官及制造者的姓名，或是标明器物的重量与容积等，目的是“物勒工名，以考其诚”（《吕氏春秋·孟冬纪》）。

第四节 历代关于青铜器的著述

一、宋代以前关于青铜器的著述

商周青铜器铭文的研究起源很早。早在汉代，人们就把青铜器的出土视为祥瑞，青铜器上的铭文也理所当然地吸引了人们的视线。西汉初期，随着大量古文经书的重新出现，这种在当时已不通行的“文章”逐渐被一些学者拿来研究。如《史记·封禅书》中记载：武帝时，“上有故铜器，问少君。少君曰：‘此器齐桓公十年陈于柏寝。’已而案其刻，果齐桓公器。一宫尽骇，以为少君神，数百岁人也”。《汉书·郊祀志》还记载了汉宣帝时，美阳县（今陕西省扶风县法门镇附近）出土了一件铜鼎，献给皇上以后，王公大臣一直为其如何安置而苦恼，大臣们有的认为应该把它好好地供养于宗庙。但当时研究青铜铭文的专家、时任京兆尹的张敞释出了鼎上的铭文，其中几句是“王命尸臣：‘官此□邑，赐尔旗鸾黼黻王周戈’臣尸拜手稽首曰：‘敢对扬于天子丕显休命。’”张敞认为该鼎出于歧东周人旧居之地，并且断定此鼎记录了周王褒赐大臣的内容，大臣的子孙便刻铭颂扬祖先功烈，所以此鼎不宜存之于宗庙，而应该藏于家庙之中。可惜此鼎后来失传，现已无法核校。但张敞释读了铭文，而且据铭文内容研究铜器的过程却载入了史册，可以说是我国古代第一位研究商周青铜器铭文的专家。

《后汉书·艺文志》杂家类中记有“孔甲盘盂”铭文二十六篇，可见班固也是比较重视古铜器的。《后汉书·窦宪传》还记载了和帝永元元年九月，窦宪伐匈奴，南单于漠北“遗宪古鼎”，该鼎上的铭文为“仲山甫鼎，其万年子子孙孙永宝用”。东汉古文字学家许慎很重视前代的青铜器铭文，他所著的《说文解字》收有四五百个古字，并且在这本书的自序中说：“郡国往往于山川得鼎彝，其铭即前代之古文，皆自相似。”东汉时期的又一位学者郑玄著有《三礼图》，现在已经失传，这本书也应当有一部分是有关先秦青铜器的。北宋初年，聂崇义根据郑玄等六家旧图，加以集注的新定《三礼图》中所绘商周铜器多与实物不合，是否与东汉郑玄的《三礼图》有很大的出入已经不得而知。

因为南朝梁武帝时倡导学术，一些学者在这样的形势下对当时的古文字和古青铜器有了较为深入的研究。《梁书·刘显传》载：“时魏人献古器，有隐起字，无能识者，显案文读之，无有滞凝，考校年月，一字不差。”《梁书·刘杳传》记载了刘杳和沈约讨论宗庙牺樽问题，沈约用郑玄旧说认为现无此种牺樽上刻画凤凰尾的器物。刘杳却认为：“古者尊彝皆刻木为鸟兽，凿顶及背以出内酒。顷魏世鲁郡地中，得齐大夫子尾送女器，有牺樽，作牺牛形。晋永嘉贼曹嶷于青州发齐景公冢，又得二樽，形亦为牛象。二处皆古之遗物，知非虚也。”刘杳根据出土的先秦古青铜器驳郑玄之说。梁虞荔的《鼎录》和陶弘景的《古今刀剑录》辑录了有关铜器的一些文献记载及传说材料。

到了唐代，我国封建社会发展呈现出鼎盛的局面，不仅经济上有了很大程度的发展，史学、经学等文化艺术方面也出现了令人满意的成就。其中，与经学组成部分——古文字有不可分割联系的古铜器及其铭文，更是引起了学者们的关注。玄宗时的史学家和经学家韦述在其《信州录事参军

常曾古鼎歌》中云：“江南铸器多铸银，罢官无物唯古鼎。雕螭刻篆相错蟠，地中岁久青苔寒。”诗中所述纹饰与东周铜器的螭纹大致吻合。《新唐书·杨收传》载：“涔阳耕者得古钟，高尺余。收扣之，曰：‘此姑喜角也。’即试，布刻在案两栾，果然。”杨收先是从音乐的角度来研究古钟上的铭文再验证其推测“果然”。

总结来看，自汉唐以来，不断有人对先秦青铜器进行一些初步研究，所涉及的内容不外乎以下几个方面：一为铭文的载录，如《后汉书》所载仲山甫鼎铭；二为铭文的考释，如张敞对尸臣鼎铭文较高水平的考释；三为古铜时代的考证，李少君曾以铜器所载的铭文考定到了“齐恒公十年”之器，张敞则从器物出土地和历史背景两个方面考定了尸臣鼎为用器；四为对古器纹饰的描述。除了以上四点，可能个别学者，比如说郑玄，已利用古青铜器来研究礼制。但我们还是要对这段最为接近夏、商、周的历史年代抱有一种遗憾：在这段时期，文献中涉及古青铜器研究的记载是零星的，只是个别学者偶做研究，没有人系统地搜集和整理古青铜器，也没有系统、专门的研究方法。即使是在汉唐，古青铜器的研究也没有成为一门独立、系统的学问。清代学者阮元将汉代以前古人对古铜镜的认识态度总结为：“三代时，钟鼎为最重之器，故有立国以鼎彝为分器者”；“自唐至汉，罕见古器，偶得古鼎，或改元，称神瑞，书之史册，俄臣节能辨之者，世惊为奇”。这种三代时认为是“重器”、汉唐（尤其是汉）认为是“神瑞”的看法，势必影响到人们对古铜器的研究，使研究难以科学化。

二、宋代关于青铜器的著述

宋代的统治者提倡理学、尊孔读经，全国上下实行礼制，大大促进了对与古代礼制有关的金石实物的研究。当时上层社会对精神文化有着较大的需求，朝廷士大夫都热衷于对古代礼乐器物的搜集、整理和研究。宋代的造纸、印刷、墨拓等科技的创新，也使得金石学兴起并风行起来。在上述因素的综合影响下，“明上下，别等列”的礼制工具、象征统治权力的青铜器与古文字的研究也蔚然成风，并取得了不小的成就，产生了“金石学”。有一部分学者对古青铜器的研究投入了大量的精力，形成了一套较为科学的研究青铜器的方法，出现了一批有学术价值的、有关青铜器的著作。宋代为后世的金石学以及近代古器物学和古文字学的发展打下了基础。

宋真宗时的文献记载了宋人研究青铜器的情况。记载最为常见的就是青铜器上的铭文，如咸平三年（公元1000年），乾州上献古铜器，其形状大约呈方形，并配四足，上刻铭文21个字，其铭为“维六月初吉，史信父作鬲甗，斯万年子子孙孙永宝用”，真宗下命儒臣考证，认为是为史信父甗。宋人陈思《书小史》卷九“颜昭甫”条记载其人“为天皇曹王侍读。曹王属有献古鼎，篆字二十余字，举朝莫能读，昭甫尽能读之”。“举朝莫能读”我们可以推断古鼎应为先秦时的铜器。宋代学者王应麟《玉海》卷八八“器用鼎鼐”类载：“开元十三年十月壬申，万年人工庆筑坦掘地，获宝鼎五，献之。四鼎皆有铭，铭曰：‘垂作尊鼎，万福无疆，子孙永宝用。’”此鼎的内容似与周代铜器一致。

据翟耆年《籀史》记载，天禧元年（公元1017年）僧湛著的《周秦古器铭碑》是宋代有关青铜器最早的著作。文献还记载了皇祐三年（公元1051年），宋仁宗为太乐制作礼乐器的参考而诏令秘阁与太常出所藏三代钟鼎，又诏墨器款以赐宰相，这成为的彝器墨拓最早的例证。嘉祐八年（公元1063年），刘敞开了私人著录及收藏青铜器的风气。刘敞在他所著书中提出从三个方面研究古铜器，即“礼家明其制度，小学正其文字，谥牒次其世谥”，并著有《先秦古器图》，共收青铜器十一件，还注明器物得于何处。从后代人所著的《公是集》和《历代钟鼎彝器款识法帖》引用其书中的几件器物来看，此书应该是图文并茂，其中的铭文还有简略的铭文内容考释。约在神宗年间，李公麟编纂了《考古图》，此书有器物图、铭言语和一定的考释。此书“天下传之”，且“士大夫知留意三代鼎彝之学实始于伯时（李公麟字伯时）”。另外，宋代有关古青铜器但已佚的书还有李公麟的《周鉴图》、董伯思的《博古图说》、赵明诚的《古器物铭碑》、晏溥的《晏氏鼎彝谱》、王楚的《钟鼎篆韵》、薛尚功的《广钟鼎篆韵》、佚名的《绍兴稽古录》等。

现仍存的宋代有关古青铜器的著作，主要有以下几类：

第一，图铭类。此类书不仅有器物图且著录铭文，如吕大临的《考古图》、赵九成的《续考古图》和宋徽宗敕编、王黼主编的《宣和博古图》。《考古图》是现存年代最早且有系统的古器物图录。此书所著录的是当时宫廷及私人收藏的古青铜器，还有一定量的玉器，目列共224器。作者吕大临按形制和器用把“三代器”和秦汉器分开，并进行了一些分类。他根据每器摹绘器形、款识，记录尺寸、容量和重量，不仅对部分器物的铭文和时代作了一定的考证，而且对收藏处和出产地也加以说明。虽然此书有很多错误，但因为其书在著述的体例上相对完备、成熟，后世的许多青铜器著录书都沿袭了该书的编纂体例。

《宣和博古图》著录了皇室所藏的自商到唐的铜器，是宋代铜器著录书中的集大成者。该书把839件铜器按照时代排列为20类57种，通过摹绘图像，勾勒铭文，记录器物的尺寸、容量、重量等，用考证、花纹的说明等方式论述器物形制、名称、纹饰、用途及渊源。此书最大的贡献是对古青铜器的分类和定名，其精细之处在于所绘图旁器名下注“依元样制”或“减小样制”等以标明图像比例。虽然此书也有不少错误，但此书在著录铜器方法上比《考古图》大有提高。

第二，字典类。我国有关金文最早的一部工具书是吕大临撰写的《考古图释文》。此书从名字上来看是释文与图编类的书，其实质内容为字典。该书采用《考古图》所收青铜器铭文，据《广韵》四声隶字，每字有隶定和反切，后列疑字、象形、无所从三部分，共收录了821字。

第三，铭文集录类。此类书有别于图铭类的是它摹录原铭，写出释文，并加以考证说明，但不附器物图，如薛尚功的《历代钟鼎彝器款识法帖》、王俅的《啸堂集古录》和王厚之的《钟鼎款识》。宋代所见彝器铭言语大多见于《历代钟鼎彝器款识法帖》，它收录的器物主要取自《考古图》和《宣和博古图》，又旁及它书广为取资而成，古器共收511件。此书在编排上有如下特点：第一次把时间分为夏、商、周、秦、汉五代，各代又含有器类分排，并附有字形字义的一些考证。《啸堂集古录》著录商、周、秦、汉、唐的青铜彝器及印、镜共345器的铭文，并注明出自何器和附加释文。《钟鼎款识》大致与《啸堂集古录》相同，也著录商、周、汉代青铜器的铭文，共59件。

第四，专论和跋语类。此类书与铭文集录类的区别是：基本不摹铭文，只作器铭及器形考释，如欧阳修的《集古录跋尾》、赵明诚的《金石录》、张抡的《绍兴内府古器评》和黄伯思的《东观余论》。从这些著作可以看出，两宋时期的士大夫和文人对于商周青铜器铭文的搜集、整理和研究取得了一定的成绩。在铭文的考释方面，他们有许多新的见解。他们考证辨识了数百个文字，并发现了一些金文构形规律。欧阳修首创的考订和著录金石文字的形式——跋尾，没有按时代先后编排的次序，而是随题随录。他的《集古录跋尾》收录了周、秦、汉至五代金石文字跋尾四百多篇，其中铜器铭文有二十多篇，是对家藏金石铭刻拓本所作题跋的汇集，每铭皆录释文，考证其要旨。欧阳修说他著书目的是为“可与史传正其阙谬者，以传后学”。《金石录》前十卷按时代先后顺序排列了铜器和石刻目录，后二十卷是对部分青铜器铭文以及碑刻所做的题跋共502条。此书学术价值较高，赵氏治学严谨、精于鉴别，他仿《集古录跋尾》，且又有其独到之处，即注意到排序的时代先后。赵明诚说：“若夫岁月、地理、官爵、世次，以金石考之，其抵牾十常三四。盖史牒出于后人之手，不能无失。而刻词当时所立，可信无疑。”《绍兴内府古器评》未通过分类和必要的排序考评了南宋内府所藏古铜器195件器物。《东观余论》上卷“法帖刊误”中有些考订颇有见地；下卷“铜戈辨”研究了铜戈的形制，包括戈的援、内、胡各部位名称，并且驳斥了郑玄的说法，认为古戈戟是横刃击兵，不可直刺。

除以上所列四类书外，还有许多其他种类关于青铜器研究的书。如赵希鹄的《洞天清录集》，不单单谈到了古代蜡模法铸铜器的过程，而且包括二十余条鉴别古钟鼎彝器赝真的方法，是一本记录鉴定古物的经验之书。张世南的《游宦纪闻》一书中有古铜器的辨别，款识、制作的介绍，对铜器的分类、定名有一些正确的意见。另外，沈括的《梦溪笔谈》、洪迈的《容斋随笔》中也谈到了古铜器。

总之，引用一下著名金石学者阮元的两句话：“北宋以后，高原古冢搜获甚多，始不以古器为神奇祥瑞，而或以玩赏加之。学者考古释文，日益精核。”正是由于人们摆脱了迷信先秦古铜器的态度，把金石刻铭作为历史资料来做趋于科学化的研究，所以才在青铜器的研究中取得了较大的成就。宋代学者研究古青铜器的方法主要是著录及考订器物的类、名。他们开创了一整套以《考古图》和《宣和博古图》为代表的至今仍有重要参考价值的较为科学的著录体例。宋人在古青铜器的分类上根据器物的用途，将所谓“相类相须”之器放在一起。在定名上正如王国维所说：“凡传世古礼器之名，皆宋人所定也，曰钟，曰鼎，曰鬲，曰甗，曰敦……，皆古器自载其名，而宋人因以名之者也。曰爵，曰觚，曰觯，曰角，曰斝，古器铭辞中均无明文，宋人但以大小之差定之，然至今日，仍无以易舂说。知宋代考古之学，其说虽疏，其识则不可及也。”据翟耆年《籀史》记载，北宋到南宋初年金石书籍很多，达到了34种之多，但流传到现在的已是所见甚少。由于历史条件的限制及著作者主观上的原因，宋代人在对古青铜器的年代考订、文字的考释、铭文内容的论证以及一些器物的定名上也存在着错误和缺陷。两宋时期只是青铜器铭文研究的初期阶段，也就是识字阶段，但我们仍要感叹宋代人为古代青铜器的研究所做出的成绩——古青铜器研究的基础是在宋代奠定的。

三、宋代以后关于青铜器的著述

清乾隆钦定将皇家收藏的青铜器编辑整理，于是出现了《西清古鉴》、《宁寿鉴古》、《西清续鉴甲编》、《西清续鉴乙编》等四部青铜器的著述。清代中期到辛亥革命，铜器铭文的研究进入新阶段，即文字学研究阶段。晚清时期的乾嘉经学考据风行全国，使关于青铜器的研究得到更大发展，学者们编辑纂写了《积古斋钟鼎彝器款识》、《愙寥斋集古录》、《捃古录金文》、《缀遗斋彝器款识考释》、《奇觚室吉金文述》、《古籀拾遗》、《古籀余论》、《三代吉金文存》等青铜器书籍。在研究金文的方法上，此时注意和《说文解字》的研究结合起来，并参考铜器铭文和玺印文、兵器文、钱币文，通过相互推勘、综合比较来发现古文字的演变规律。而且这个时期铜器铭文研究不仅进行单个文字的考释，还很注重研究全文的组成结构和形音义之间的关系。在辨释古文字方面有颇多创见的是《古籀拾遗》和《古籀余论》两书，罗振玉编辑出版《三代吉金文存》也是集商周金文之大成者。

辛亥革命以后，许多学者研究铜器铭文的目的、观点和方法更加科学，开始运用马克思主义的科学理论分析研究铜器铭文资料，解决历史问题。自此之后，铜器铭文的研究进入了综合研究阶段。这时，我国古器物及古文字学由于受到西学东渐的影响有了很大进步，铭文用拓本，图像用照片，资料详实完备。如《周金文存》、《小校经阁金文拓本》、《善斋吉金录》、《梦草堂吉金图》、《双剑侈吉金图录》、《武英殿彝器图录》等一些青铜器书籍。

那时也出现了不少研究有关青铜器方面的著名学者。如王国维，他重视对古器物和古文字的研究，并且提出了著名史学理论——“两重证法”，对金文断代和一批青铜铭、物的考证具有开创性意义。他的主要著作多收入在《观堂集林》。王国维弟子容庚也系统地总结了古青铜器物与古文字学的研究成果，著有《金文编》、《商周彝器通考》、《殷周青铜器通论》等书。在近代学者中，善于借助古文献考释古文字和用古文字整理和考证古籍的于省吾先生是卓有成就的，其所著《尚书新证》、《诗经新证》、《诸子新证》等在学术界曾产生过较大影响。《古文字学导论》是我国近代第一部古文字学理论著作，其作者唐兰运用金文研究西周史的著作《西周青铜铭文断代史征》，也是众多研究著述中不可多得的好作品。我国著名学者郭沫若先生在许多金文研究的著作中，从生产方式、阶级关系、社会制度等方面对商周社会做了唯物主义的解释，以科学的态度来分析铜器铭文。他的态度和方法对后来金文的研究有很大影响。《两周金文辞大系图录考释》就是他所著，书中开创性地主张“西周断代、东周分国”的研究体例，使分散的铭文资料通过这个系统联系起来，从而整理成互相关联的史料，是一部具有重要学术价值的巨著。他还撰写了其他金文专著和论文，如《殷周青铜器铭文研究》、《金文丛考》，它们都体现了把金文的语言研究与先秦史研究有机结合起来的特色。此外，我国许多贵重青铜器由于早期的保护或战乱而流落到海外，现代的青铜器研究学者也关注到这方面，如陈梦家先生，他的《美帝国主义劫掠的我国殷周铜器集录》收集了流散在美国的珍贵铜器资料。他注意对器物分型分式、成坑成组的研究，把考古学的方法运用到古器物、古文字研究中去，为所著的《两周金文辞大系图录考释》实是对《两周金文辞大系考程》一书的补充。

近年来，随着青铜器资料或实物的大量出土和现代的考古学、古文字学的研究方法日渐完善，青铜器发展史上的绝大部分缺漏几乎都被填补了。古器物与古文字之学已成为“当世显学”。今天的学者们一方面从这些现有的资料中全面展开金文的研究，来做一些基础性的工作；一方面在前代学者的著述中追踪探源，进行深入的开拓进展。除了学科本身的诸多问题得到解决外，一系列有关古史研究和古代文化史研究的问题也得到了有效解决。

第四章

中国古代青铜器的冶铸与装饰技巧

中国青铜文化起源和发展的阶段，正是夏、商、周文明兴起并不断发展取得辉煌成就的阶段。这些成果的取得都是前人对青铜制作技艺不懈钻研的结晶，其不仅突破了青铜冶铸技术的种种重大技术难关，而且为攻克更高的技术难题打下了坚实的基础，更有《考工记》这样总结长期重要成果的著作，为后人留下一个又一个惊叹号。在倡导“科学技术是第一生产力”的今天，我们徜徉在中国早期金属冶铸技术发展的大河中，似乎更能感受到古代青铜工匠非凡的智慧和勇气。

第一节　青铜器的早期采冶

根据考古发现与文献记载，中国古代制造青铜器主要分为采冶与铸造两个大的工艺过程。本节就先谈一谈早期青铜的采冶问题。

采冶，即首先通过铜矿石冶炼成纯铜，通过锡矿石冶炼成锡，然后把铜和锡按不同的比例冶炼成铜锭。

我国广袤的土地上蕴藏着丰富的铜矿，其作为冶铜的重要原料很早就被记录在中国古代文献中。据战国时的《管子·地数篇》记载：“出铜之山，四百六十七山，……上有慈石者，下有铅锡赤铜。”又据战国时期的

《周礼·地官》记载，当时还设有管理矿山的矿人。新中国建立以后，在湖北大冶铜绿山，湖南麻阳九曲湾，内蒙古赤峰市林西，江西瑞昌铜岭，安徽南陵、铜陵等地发现了古代采冶铜矿遗址。在铜矿开采遗址附近一般都发现有冶炼遗址，这说明当时铜矿冶炼环节是就地进行的。

夏、商、周三代王朝迁都的次数，在中国历史上是绝无仅有的。夏有八次，商有十二次，周算最少的，但也有四次。三代王都之所以这样频繁地迁徙，其中一个重要目的便是对主要政治资本——铜锡矿的战略性追求。所以，那些王都大多分布在以豫北和晋南为中心、铜锡矿集中的华北大平原边缘的山地。《山海经》中记载的铜产地约有30处，几乎全部集中在黄河流域以北地区。考古学家通过对皖南矿冶遗址出土的铜锭和炼渣的检验和研究，证明了至少在西周时期，古代的匠人们已经掌握了硫化矿炼铜技术，以及当时的青铜生产可能具有开采深层原生矿床的能力。这样就解决了矿冶生产的持续发展问题：生产出更加充足的铜料来为铜的冶铸业长盛不衰提供技术和原材料的保证。

到了春秋时期，铜的采掘、冶炼技术有了很大发展。1974年湖北大冶铜绿山古矿井的发现，为我们提供了宝贵的实物证据。铜绿山有两处古矿井，春秋晚期一处，战国一处。矿床的开采采取了竖井与斜井、斜巷与平巷相结合的采掘方式，并且用各种技术手段解决了井下通风、排水、矿石提供和巷道支护等一系列复杂的技术问题。在铜绿山矿区先后发现的六座属于春秋时期的炼铜竖炉之中有三座炉基的通风沟、炉缸、金门（铜液和铜渣放置口）和通风口保存完好。炉高1.2—1.4米，有石块支撑在炉缸底部，用以保温防湿，防止炉缸冻结；炉缸壁上有呈喇叭形的、口径5厘米的鼓风口；炉旁设有工作台，用于加料和安放鼓风设置。还有利用封闭已经废弃的巷道的办法，控制因不同井口的空气压差而自然形成的气流，使之到达工作面的最深处。另外，他们还采取了将矿石在井下进行初选，然后将贫矿和废石填充采空区，以及将品位高的矿石通过设在各层平巷上的辘轳逐级接力提运到井上等方式。这些迹象都说明春秋时期铜的采掘和冶炼技术已经达到相当高的水平。

第二节 古代青铜器合金成分

所谓合金，就是用两种或两种以上的金属，经过高温使它们熔合在一起而成为另一种金属，并具备了新的物理性质和化学性能。合金在铸造方面是属于再创造，而青铜就是合金的首创。

青铜在一般意义上都是铜与锡的合金，又称为锡青铜。但中国古代许多锡青铜中常常含有少量的铅，这是商周青铜冶铸的一个特点，即降底青铜的熔点。当然，意义不单单在于降低熔点，更重要的一层还在于对合金硬度的需求。中国古代青铜器合金成分的比例，最早见于《考工记》。书中对先秦时代的劳动人民生产实践和经验知识有着独一无二的详细记录，是一本生产技术的档案。《考工记》中记载六种青铜器物中不同含锡量，称之为“六齐”，这六种不同合金的比例是：

钟鼎之齐六分其金而锡居一；

斧斤之齐五分其金而锡居一；

戈戟之齐四分其金而锡居一；

大刃之齐三分其金而锡居一；

削杀矢之齐五分其金而锡居二；

鉴燧之齐金锡半。

古时候，人们把铜称之为金，所以《考工记》所记载的金指的就是纯铜。六齐中金和锡的化合，就是锡青铜，同时标明了六类铜器的铜和锡熔合比例。由于科学技术的不发达，古代工匠们对熔融之中的青铜合金不能取样化验，因此金、锡之比是指熔铸之前、下料时的比例，而不是铸成后的成分比例。在熔铸的过程中，铜、锡都会发生一定的氧化反应，而锡氧化的速度尤其快。因此，冷却后青铜的成分比例就很难与下料时的相同了。

中国古代的青铜合金配比技术十分复杂，反映了青铜器铸造技术的不断发展与完善，体现了对金属硬度及韧度的双重追求。商周时期，青铜器的合金配比很有讲究，其早期和晚期青铜器的合金变化差别较大。商代早期的容器主要为锡青铜，这类青铜器含锡量较夏代有所增长，但含量仍属中等；商代后期的容器以含锡量中等偏高、高含量者居多。另外，从这个时期少量的铅铜器来看，其含铅量大多较高。商代后期的武器主要成分为锡青铜。至于这个时期的各类生产工具，已经很少再有用锡青铜制造的了，就算有的话，其含锡量也较高。西周时期锡青铜的含锡量以中等者最为普遍，铅青铜则比较少见了，极少数铅青铜器的含铅量也较高。此外，在这个时期的青铜容器中，锡青铜类已占有一定的比例。

在青铜时代，由于人们掌握的金属只有铜、锡、铅、金、银等数种，在配制合金时没有新的金属可超出青铜所特有的优越性能，因此只能不断寻求不同的铜锡比例来铸造各种青铜器。

第三节 青铜器的铸造

中国古代青铜器的铸造有块范法和失蜡法两种基本的方法，此外还有分铸法、焊接法等工艺。

一、块范法

块范法或称土范法，是商周先民最先采用的，是整个青铜时代中应用最广泛的青铜器铸造法。其法步骤如下：

1. 制模

模也称为母范、作模。其原料可选用陶、木、竹、骨、石等质料，而已经铸好的青铜器也可用作模型。具体选用何种质料要由铸件的几何形状而定，并要考虑花纹雕刻与拨塑的方便。一般说来，形状细长扁平的刀、削的模，可以用竹、木削制而成；较小的鸟兽动物形体可以用骨、石雕刻为模；对于形状厚重、比较大的鼎、彝诸器，则可以选用陶土为模，以便拨塑。

2. 制范

制范要选用和制备适当的泥料，其主要成分是泥土和沙。用泥料敷在模型外面，脱出用来形成铸件外廓的铸型组成部分，在铸造工艺上称为外范，外范要分割成数块，以便从模上脱下；除了外范，还要用泥料制一个体积与容器内腔相当的范，通常称为芯，或者称为心型、内范；然后使内外范套合，中间的空隙叫做型腔，其间隔距离就是所铸器物的厚度。

一般说来，用来做外范的泥料中，泥土（最好选择粘土）含量大些，用来做芯的泥料则要含砂量大些，颗粒较粗些。范的泥土备制极细致。采集好的泥土要经过晾晒、破碎、分筛、混匀，并加入符合一定比例的水分，将之和成软硬适度的泥土，再经过反复摔打、揉搓，其间还要经过较长时间的浸润，使之定性。这样做好的泥料在翻范时才能得心应手。

制范的过程中，在掌握好调配泥料含水量的同时，还必须混有其他的东西，比如草木屑、草料、烧土粉、炭末或者其他有机物之类，这是为什么呢？范在成形以后是要经过高温焙烧的，如果在这个过程中，范因不耐烧变了形状，那么范所塑造的青铜器物也会走了形，而这些在高温下不容易走形的材料加进去之后，可大大减少收缩率来保持器物的原形，并利于透气，避免在塑成后因干燥、焙烧而发生龟裂现象。

从出土发掘情况来看，陶范最为常见。陶范的泥料泥土的含量可以多一些，其表面还必须细致、坚实，以便在其上雕刻纹饰。泥模在塑成后，要在室温中慢慢干燥，纹饰要在干度适当时雕刻。对于布局严谨、规范整齐的纹饰，一般先在素胎上用色笔起稿之后再进行细致的雕刻，高出器表的花纹则用泥在表面堆塑成形，再在其上雕刻花纹。泥模制成后，必须置入窑内焙烧成陶模才能用来翻范。

从模上翻范块是范铸造技术的中心环节，要求必须有很高的技艺。对于像刀、戈、镞等较简单的实心器物，二合范就能够应付自如，即只需由模型翻制两个外范。与上述的器物的简单制作相比，制造空心容器的范就显得复杂多了。在翻范以前，一定要先明确了外范的数量及分布状况。现简单地将其制法介绍如下：第一步骤是做外壁。模的表面用范泥堆贴且不留空隙，再用力压紧以求紧密不松散。接下来是做内壁。内壁的做法有三种：第一种是从模型上翻制好外范后，将模型的表面加以刮削，模型即为内芯，所以刮削模型上的厚度即是所铸铜器的厚度；第二种方法用于大型器物，是将模型做成空心的，以其内部为模型制出内芯，并使脱出的芯和底范连成一块，再在底范上铸上器耳；最后一种是利用外范制芯。

3. 浇注

将已完成焙烧且组合好的范趁热浇注，不然就须在临浇注前进行预热。预热的温度以摄氏度 400—500℃为佳。预热时要将范芯装配成套，捆紧后用以泥砂或草拌泥糊严实，再入窑高温焙烧。为了防止铜液压力将范涨开和高温引起的范崩，所以焙烧好的型范需埋置于沙（湿沙）坑中并在外加木条箍紧。

范预热准备好后，将熔化的铜液（1100—1200℃为宜）注入浇口。器物要倒着浇，是为了将气孔与铜液中的杂质集中于器底，使器物中上部致密，花纹清晰。浇入铜液时应该掌握好速度，以快而平为宜，直到浇口气孔（范上留有的通气孔）皆充满铜液为止。待铜液凝固冷却后，即可去范、芯，取出铸件。

一次浇注成完整器形的方法叫“浑铸”、“一次浑铸”或是“整体浇铸”。商周器物多是以此方法铸成的。凡以此方法铸成之器，其表面所遗留的线条是连续的，即每条范线均互相连接。

4. 修整

去掉陶范后的铸件还要经过锤击、锯挫、錾凿等多道工序来进行修整，以消去多余的铜块、毛刺、飞边。只有当一件光润整齐的青铜制品出现时，才算制造完毕。

二、失蜡法

失蜡法指用容易熔化的材料，比如用黄蜡（蜂蜡）、动物油（牛油）等制成所铸器物的蜡模。用细泥浆在蜡模表面浇淋一遍，使蜡模表面形成一层泥壳。然后在泥壳表面涂上耐火材料，待其慢慢硬化就做成了铸型。最后再用高温烘烤此型模，使蜡油不耐高温熔化流出铸型，从而形成空的型腔，趁其型腔是高温状态，再向型腔内浇铸铜液，凝固冷却后出器。失蜡法也称熔模法。这样制得的器物无范痕，光洁精密。

从我国考古发掘情况上来看，最早使用失蜡法的铸件是1978年5月河南省淅川楚王子午墓所出土的青铜禁。该禁四周围着龙，纹饰结构复杂的框边是用失蜡法铸造的框边立体的错综结构的内部支条，尚可见蜡条支撑的浇铸痕迹。王子午即楚王的令尹子庚。这件令尹王子午墓的禁已经把失蜡铸造的技巧发挥得相当纯熟完美，已能成功地铸造出最复杂的器件。

其实失蜡法在我国有着悠久的历史，只是见于文献的记载比较晚。有关熔模法的最早记载是宋人王溥《唐会要·卷八十九·泉货》引郑虔《会粹》中的说法：唐初铸开元通宝，（欧阳）询初进呈“蠟”，自文德皇后在“蠟样”上掐一甲迹，因此钱上留有掐痕。“蠟”是蜡的古写，“蠟样”其实就是蜡模。但有些文献中对此也有不同看法，认为钱上所留的痕迹是凸痕。宋代赵希鹄《洞天清禄集》中最早叙述了失蜡法的工艺过程。明代的宋濂等人所撰写的《元史·卷八十五·百官志第三十五·百官一》还有“出蜡局提举司”，即有专司铜器铸造的部门。明宋应星《天工开物》详细记载了万钧钟的失蜡铸造工艺并载有蜡料配方。

三、分铸法和焊接法

青铜工匠们在长期劳动实践中创造了分铸法。分铸法是先将器物的小件如提梁、把手等浇铸成，再将小的铸件嵌放在器的主体范上加以固定，与待铸青铜器固定部件或活动部件的空腔套嵌在一起，中间杂用范料隔开。这样，先铸的部件和器体就能固定或套铸在一起了。但有的器物铸造不是这样的，而是完全相反的步骤，即先铸器体，再合铸附件或附饰。这种将分铸好的器身和耳、足等附件联接起来的方法就称为焊接法，其实焊接法是分铸法中极其重要的一环。有时也称分铸焊接法。

在商代，出现了最早的分铸法，但比较繁复讲究，只在铸造形制较为复杂的青铜器时才使用。到了西周，绝大部分青铜器的附件都采用了分铸法，制范时仍然把器身和附件合在一起做一个整模，再从整模上翻出分范，这样做出来的器物比起后来的分铸法显得有一点拘束。到了春秋中、晚期，不但器身和附件分别单独做模，而且器身也按着形制的弧度做出许多模，器型也因这样的方法而变得精美细致。这个时期的焊接技术仍采用商、西周以来的嵌入法，即把预先铸好的附件嵌入器身范上，进行一次浑铸，而且比以前使用得更普遍了。还有使用方块印模法印铸花纹，最早见于河南辉县甲乙墓出土的属于春秋中期偏晚扁圆形壶。

第四节　青铜器的装饰技巧

一、古代青铜器的金银错工艺

今天我们所说的青铜器错金、错银之称，古代叫金错、银错。如西汉桓宽的《盐铁论·散不足》记载：“金错蜀杯。”又如《汉书·食货志》记载：“错刀以黄金错其文。”西汉张衡《四愁诗》：“美人赠我金错刀，何以报之英琼瑶。”秦汉古籍所记古代金银错器物也都是称为金错、银错或金银错，所以本文在论述古代青铜金银错工艺时也遵循古称。简单来说，金银错工艺是我国古代在青铜器上刻画金银图案纹饰的方法。

金银错工艺是我国青铜时代一项精细工艺。现代的考古资料证明，它出现得比其他工艺更晚，在青铜工艺发展了1000多年以后，也就是春秋中晚期才被人们所接受和重视，是我国古代科学技术发展到一定阶段的产物。战国、两汉时期，金银错青铜器已被广泛应用于人们生活的各个领域，目前考古工作者所发现的金银错青铜器已数以千计。我国古代在青铜器上做金银错图案纹饰的方法主要有两种：

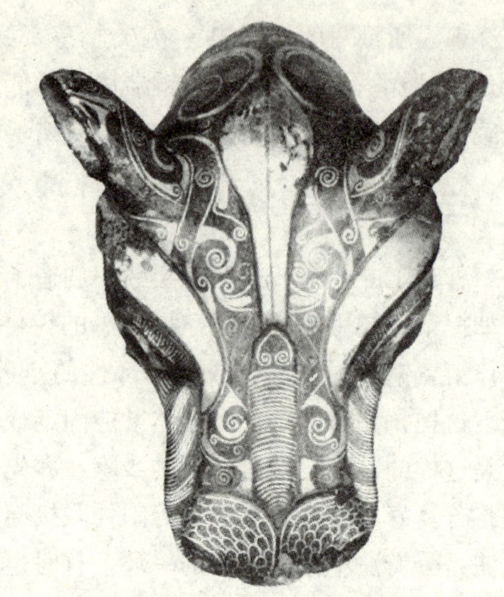

战国中期·错金银马首辕饰

1. 镶嵌法

我国古代金银错青铜器，有相当一部分采用镶嵌的装饰方法，又叫镂金装饰法。其制作过程分四个环节：第一步是做事先刻好凹槽的母范，先刻好凹槽的目的是以便器铸成后，在其内嵌金银。第二步是錾槽，也就是凹槽在整个的铜器铸成之后，还需要加工錾凿出更加精致细微的纹饰。这种做法也叫做刻镂、镂金，即青铜工匠们在器物表面用墨笔绘成纹样图案来錾刻浅槽。第三步是镶嵌，即把金丝或金片镶嵌在刻镂好的凹槽中。第四步是磨错，镶嵌后的青铜器表面还不够光洁平整，为了使金丝或金片与铜器表面自然平滑，就必须用错石磨错，起到严丝合缝和美观的作用。

2. 涂画法

汉时人们对“错”字的解释为“错，金涂也”，由此大家不难看出来，当时涂画法已经代替了镶嵌法成为金银错的主要装饰手法。其实不止在汉代，战国和秦朝的金银错铜器中也有很多是用这种“金银涂”方法制成的。有不少被考古和文物专家称颂的精美金银错青铜器，金银错纹饰脱落的地方，没有任何凹痕，由此可以明显地看出这种金银错纹饰不是嵌上去的，而是涂上去的。如1987年河北省平山县中山王墓出土的金银错虎吞鹿器座，是件举世公认的金银错代表作品。唯一美中不足的地方是器物上虎尾部分的金错纹饰脱落了一小块，而脱落处没有丝毫凹痕，因此是用“涂画法”完成的。又如现收藏于美国沙可乐美术馆的鸟纹壶，也是一件公认的使用“涂画法”的金银错青铜器精品。

我国古代金银错的装饰题材和内容，主要有下面几种：铭文、几何纹图案、动物纹、狩猎纹，以及各种动物造型青铜器上的眼、眉、鼻、嘴、爪、毛、羽等纹饰。春秋后期开始的青铜兵器上也广泛地使用了金银错工艺，主要是金错铭文，字体以鸟篆文最多见。剑上的金错铭文，一般在剑面上，个别错在剑脊上。

二、复合金属铸造工艺和表面合金化技术

中国青铜兵器发展到东周时期，出于诸侯争霸的需要，兵器的形制和制作技术获得重大进步。同时，王公贵族的佩剑之风亦促使了青铜兵器的装饰技术获得重大发展，在青铜兵器上出现了剑首同心圆、错金银、鎏金、镶嵌宝石、亮斑、虎皮斑、精细透雕、火焰纹、菱形纹等多种装饰技术和纹饰，同时还出现了复合金属铸造工艺和表面合金化技术。所谓复合金属铸造工艺，它是不同于二次铸造或三次铸造的一种新工艺，是我国古代劳动人民在合金冶炼技术方面的重要创造，其工艺过程大致是先浇铸含铜量高的剑脊，然后再浇铸含锡量高的剑刃。因为铜的熔点高于锡，按熔点高低依次浇铸，既不会使先浇铸部分熔掉，又可将两部分复合为一体，使剑刚柔相济，既坚韧有加又锋利无比。表面合金化，则是一种通过扩散改变基体金属表面层的成分和组织的材料保护技术。在现代机械制造中主要应用铝、铬、硅、钒、锌等表面合金化层或渗层等技术在基体表面形成一种保护层，防止基体金属被腐蚀的一种技术。

被誉为“中国古代兵器之王”的越王勾践剑，于1965年12月出土于湖北望山一号楚墓，出土时插在木质剑鞘里，出鞘时寒光四射，耀人眼目，锋利无比，令人赞叹不已。越王勾践剑就是一把采用复合金属铸造工艺制作的青铜剑，它的主要成分有铜、锡以及少量的铝、铁、镍、硫组成的青铜合金。而剑刃的精磨技艺水平可同现代在精密磨床上生产出的产品相媲美。由于其剑身的各个部位作用不同，使铜和锡的比例也不一样。剑脊含铜较多，能使青铜剑韧性良好，不易折断；而刃部含锡量高，硬度大，则会使青铜剑更为锋利。此外，这把剑的含铜量约为80％－83％、含锡量约为16％－17％，还有少量的铅和铁，这可能是原料中本来就含有的杂质。

此外，考古学家还证明在湖北地区出土的春秋战国时期的青铜剑，像越王勾践剑这样千古不锈、湛亮如新的还有多把；但奇怪的是，与青铜剑相比，钢铁剑却更容易锈蚀。迄今出土的、比越王勾践剑时代晚上几百年的西汉铁剑，全部是锈迹斑斑的。越王勾践剑在地下埋藏了2000多年为什么没有生锈呢？专业人士通过对东周时期一块菱形纹饰剑残段进行分析测试发现：在剑的表面规则地分布着一层厚几十微米的细晶层，该层的成分和组织与基体完全不同，有较好的耐蚀性，能保护基体不受腐蚀。据此，经过工艺筛选，模拟古代可能有的工艺——膏剂涂覆法，成功地复制出了有细晶区的菱形纹饰剑，并参照埋藏条件作加速腐蚀试验，使菱形纹饰由黄白相间变成与古剑相似的黑灰相间的色泽，其成分、结构等亦与古物相似，从而不仅解开了“千古不锈”之谜，同时这也表明我国早在约2500年前已经掌握了一种特殊而精湛的表面合金化技术，使得青铜器表面既产生装饰效果，又具备防腐蚀功能。

第五章

中国青铜器的铭文

青铜器铭文又称金文、钟鼎文，与甲骨文同样为中国的一种古老文字，是华夏文明的瑰宝。它不单单是判断青铜器年代的最重要标准，更是器物形制及纹饰方面的标准。青铜器铭文在商周时期已经是一种很成熟的书法艺术，为历代研究书法的人们所重视。从史料学的角度来看，青铜器的铭文因为具有极其丰富而确凿可信的史料价值，而显得十分珍贵。古人往往将国家或宗族的大事铭刻其上，并且表现形式多样化。

第一节　青铜器铭文的产生与演变

铭文的产生和发展不仅与文字的产生和发展有着密切的关系，而且与青铜器铸造技术的进步也有很大的关联。中国文字在夏代的晚期就已产生，但这个时候还没有出现铭文。考古发掘的二里冈遗址、盘龙城墓葬，以及同一时期的其他遗址和墓葬，出土了许多没有带铭文的青铜器。这可能是中国的文字尚处在早期阶段，青铜器铸造技术也较原始的缘由。铭文是按照墨书先刻出模型再翻范铸造出来的。由于商周时期青铜铸造技术的精湛，铭文字迹一般都能够在相当程度上体现出墨书的笔意，因此我们所讲的青铜器铭文的书体演变和书法艺术，实际上也是商周时期墨书的书体演变和书法艺术。总的来讲，我国青铜器铭文的发展经历了简铭期、长铭期以及衰退期。

一、铭文的简铭期

铭文产生的商代早期，只有个别传世青铜器上有铭文发现。商代中期，随着盘庚迁殷之后社会局面的稳定，青铜器铸造业和甲骨卜辞的书契迅速发展起来，青铜器铭文的铸造在以上两个有利的条件下逐渐兴盛起来。虽然这个时候的铸铭青铜器增多，但青铜器上所铸的铭文字数不多，一般为一字、两字，四、五字算得上是少见的。这种态势发展到殷末，字数还没有超过五十字，数十字的也仅有几例，所以这一时期被称为“简铭期”。

商代铜器铭文的内容也较简单，一般不含重要意义。铸铭的目的主要是标记器主的族氏，器物的名称、用途、使用的地点等，一般都铸在器物不显著的部位。如“戈”、“天”、“子渔”是标记铸器的氏族或铸器人；“父乙”、“母丙”是表明器为祭祀父乙或母丙而作；“寝小室盂”则是标识存放地点和使用场所。但更多的内容是表明礼器制作者的族氏以及被祭祖先在宗庙里的称号。例如：“[illegible]（子）父乙”，“子”是作器者族氏，“父乙”是被察者（其父）的庙号。铭都铸在如爵、斝的鋬阴，尊、觚的外底，鼎、甗的内壁，簋、卣的腹底等隐蔽之处。

商代晚期，金文书体的特点是笔道刚劲有力，首尾出锋，波磔明显，被称为“波磔体”，而且这个时期开始出现了较长的记事性铭文，在目前发现共十几篇。例如小臣俞犀尊，内底有 27 个字的铭文：“丁子（巳），王省夔[illegible]，王易（赐）小臣俞夔贝，惟王来正（征）人方，惟王十祀又五，彡日。”这篇铭文讲的是商王在丁巳那天巡视夔地，在途中用夔地的贝赏赐小臣俞。“丁巳”大概是在商王（帝乙）十五年征伐人（夷）方举行彡祭的时候，所以这段内容讲的应该是帝乙（纣的父亲）十五年征伐夷方的史实的一部分，为研究商人和东夷的关系提供了重要史料。

总的说来，商代青铜器铭文大体可以分为两种风格：一种是形体丰腴，笔势雄健，笔划的起止多显锋露芒，间用肥笔，其代表作品是司缋戊鼎铭和小臣俞尊铭，为以后的书法演变趋势奠定了基础；另一种则是运笔有力，形体虽瘦，但笔划多挺直劲美，不露或少露锋芒，肥笔甚少，与第一种风格形成了鲜明的对比，书体显得遒美挺拔，代表作品有戍嗣子鼎铭。

二、铭文的长铭期

西周是青铜器铭文大发展的时期。由于周人比商人更加重视礼制，随着铸铭之器骤然增多，铭文的内容也变得丰富多彩。不仅商代晚期青铜器铭文的书体风格得到了继承和发展，铭文的性质、内容、形式、数量等方面，都较前有了很大的变化。在大量的青铜器铭文中，有着反映当时社会政治、经济、军事、法制、礼仪情况的重要资料，如王室的政治谋划、历代君王事迹、祭典训诰、宴飨、田猎、征伐方国、政治动乱、赏赐册命、奴隶买卖、土地转让、刑事诉讼、盟誓契约，以及家史、婚媾等等内容，具有明确的书史性质。这些可贵的资料可以起到证信古史、补苴史书缺佚的作用，而且促进了书法艺术的发展，也对我们研究古代历史及上古语言文字有着重要的意义。其中最为突出的一点是长篇书史铭文的增加，所以这个时期称为铭文的长铭期。

周代青铜器铭文为什么会有如此大的变化？这是和周初时巩固统治地位和加强礼制建设的政治目的相关联的。作器铸铭，说到底其本质上也是礼的体现。他们利用大量铸以长篇铭文的青铜礼器，来颂扬祖德，刻纪功烈，记述周王赐命，传遗子孙后代。出土的青铜器中，用何尊、大盂鼎等记述贵族们接受周王的训诰和册命典礼的长篇巨制，屡见不鲜。这样做的目的一是强调奴隶主贵族权威的形成，二是宗法制度的加强。西周早期的贵族大多因为是辅助文、武王伐商灭纣而有功于王室，随着周朝的建立，他们也被封侯授爵成为周的大权贵。他们为了长时间地拥有这种能显示其地位和职务的优势，于是就把自己的功劳或祖父辈对王室的贡献以及周王的赐命铭文，铸刻在青铜礼器上。另外，宗法制度是周礼的重要组成部分，是周人维护其内部稳定、巩固和加强统治的一种手段。西周时代，王臣都是世官，靠祖先的荫庇获得地位和特权。他们在青铜器铭文和祭祀活动中，追述祖先的功烈，告祭自己的荣誉，都是为了加强自己在其宗族体系中的地位。正如《礼记·祭统》上说的“夫鼎有铭，铭者自名也。自铭以称扬其先祖之美，而明著之后世者也”。

为了便于阅读，铭文多铸在容易看见的器物内底等明显部位；出现了比较固定的语句体例和用辞，颇为一致的格式和写法；在铭文读法和阅序上，已形成了从右向左或顺时针的读览定规。

从铭文书体上看，商代晚期和周初的书体常用“波磔体”：笔画粗大，间用肥笔，起止锋芒尽显。字体结构方面也有其特点，如宝、宗、室、家的“宀”头两边斜行方折，或作形如侧视的屋顶的四笔书写；“贝”字的下两划在内部，相对向上或相连；“障”字所从的双手奉酉形，酉字上两竖划不出头；“其”字上两划与两侧划垂直；“于”字一般作繁体“亐”；“保”字上从“玉”；“文”字中间有心形；而文王、武王的专用字“文、武”多从“王”旁。

西周早期的书体可细分为三种不同的风格。

第一种风格是瑰异凝重。书法凝炼奇古、雄伟挺拔，结体使用肥笔，起止不露锋芒，字的大小因体而施，显得非常得体。以成王时期的何尊、康侯簋和康王时期的旗鼎、大盂鼎铭文为代表。大盂鼎铭共 19 行，291 字，其铭文大字，端庄卓伟，瑰丽通奇，是成康之世铜器铭文中书法造诣最高的一品，它的拓本、摹本至今尚为书法大家所珍视。它记载了康王追述文武受命去克殷建邦，以及殷人朝野酗酒酿成丧师亡国的教训。

第二种风格是雄奇恣放。有的遒劲中略带华丽，行气比较自由；有的则书写随意，不受通常严谨格局的束缚。从人形或以人、卩、斤、夨、页等为偏旁的字，以及有人肢体形状的象形字，都用肥笔突出描绘其形态，波磔现象也非常明显，故书法家称其为“波磔体”，是继承商代末期书体风格发展而成的。其他像王、炎、十等字也用肥笔。在一篇铭文中相同的字写法多不雷同，在其提捺轻重、形体大小等方面着意进行变化。这种铭文典型的作品有成王之世的保卣、康王之世的作册大方鼎、昭王之世的召卣和令簋铭文。

第三种风格相对前两种来说是质相平实。字体平易古朴，结体不用肥笔，不露或甚少露锋。在西周早期这种书体为数不多，但它朴素大方、书写便捷的特点更容易为人们所接受，从一定意义上来说代表了书法演变的方向。器上的铭文以武王时期的利簋和天亡簋为代表。

西周中期的铭文与西周早期有着很大的区别：流行无波磔、两端平齐似圆柱的玉柱体，亦称“玉箸体”。这种铭文字体规整，横竖成行、行款舒展、纤细柔美。有的还在范上划好方格，再在格内填字。

西周中期铜器铭文向书写方向发展。穆王时期的许多铭文还保留着肥笔首尾出锋的现象，比较接近“波磔体”。共王以后完全脱离了早期的端严谨持的作风和凝重通奇的气氛，而慢慢形成了一种笔道柔和、字划圆浑的风格。字体结构方面，中期前段的穆王时期，“王”字下部显肥大；

“宀”头两侧略有弧度地作锐顶耸肩；数字一至四的横笔前粗后细；“其”字头上仍作平笔；“障”字的酉字上部的两竖笔多出头；“贝”字下两笔或在内或移在左右两笔的顶头；“于”字不再有“玗”形。共王时期的“公”字上两笔有的与口字分离。中期后段的“王”字下部肥笔不明显，甚至是没有；“宀”头均作弧肩圆折；“贝”字下两笔移到外边，或封口或不封口；“其”字顶上的两笔向两边斜杀；“障”字所从的酉字上两笔由出头变成八字形，与口字分离，口字变圆或扁圆。

西周中期铭文的书体风格也可分为三类。

第一类存有西周早期的特点，即肥笔在字迹中依稀可见，运笔舒展，字体间架亦较自然，但早期那种瑰异雄奇的风格已经消失。以穆王之世的𢦚鼎、𢦚簋、登尊、登卣和庚赢卣铭文最为典型。

第二类就是书法家所称的“玉箸体”，是西周中期最流行的铭文书体。其风格质朴端庄，笔划无波捺，两端平齐似圆箸，它出现在共王时期，一直沿用到春秋中期。共王之世的墙盘、永盂、卫盉，懿王之世的师虎簋，孝王之世的大克鼎等铭文，都是这类铭文的卓越者。墙盘是共王时史官的礼器，铭文古奥典雅，字体朴实遒美，行款疏朗而整齐，笔势圆润而厚实。卫盉铭文运笔刚柔得宜，行款错落有致。大克鼎铭文字形长方，纵横有界格，每格一字，共28行290字。

第三类书写草率，结构松散。具有代表性的作品有穆王之世的強伯鼎、強伯簋，共王十五年趞曹鼎等铭文。趞曹鼎铭文不但字体草率、行款疏放，而且不到60字的铭文竟有3个衍文。

西周晚期铜器铭文的字体趋于规范，“王”字横笔划粗细均匀；“其”字头上的两笔斜杀，且出现了“丌”的写法；“宀”头行笔圆滑；“贝”字下部封口。

西周晚期铜器铭文的书体亦可分为三类。

第一类字迹工整，书写便捷，笔道圆润，结构和谐。这种书体是中期第二类铭文风格的延续和发展，是大篆最成熟的形态。以厉王㝬簋、㝬钟和宣王之世的毛公鼎铭文最为著称。㝬簋是王室重器，铭文字形是西周晚期王室所使用的标准书体，比大克鼎的铭文更加厚实壮美。

第二类书法刚劲，笔势匀称，纵横成行，求工有意，字迹遹通茂隽，颇具崭新的艺术风格，即书法爱好者所说的籀文。春秋时期的秦公簋、秦公镈铭文，以及石鼓文等都与这种书体有着直接的渊源关系。以宣王之世

的虢季子白盘铭文为代表。

第三类与西周中期的书写风格相似，可以断定是从那时演变而来，其间架松散、书写草率，代表器物铭文是1975年陕西岐山出土的“此簋”铭文。

春秋时期，由于周室东迁，五霸兴起，各自为政，周王朝的中央集权逐渐分散到列国诸侯之手，铭文因此也表现出了明显的区域性。其内容一般多为联谊婚姻、夸耀祖先之类。

西方秦国的文书体有着浓厚的宗周色彩，是因其在周人故土上的发迹，直接继承了周文化。春秋早期秦人即在宣王时的籀文基础上创造了一种既富有观赏性，又有实用价值的新字体，其特点是方正瘦劲，书写方便。该书体的典型作品为宗妇鼎、秦公钟和秦公簋铭文。关东诸国则沿用西周晚期的大篆书体，变化较少。

南方诸国的青铜器铭文流行一种与东方不同的修长书体，系当时的书法高手所为，绝非一般书吏的手笔。有的笔画故作弧曲，书写松舒，如曾侯乙钟铭文；有的笔画纤瘦、书写随便，渐开草篆之端，如王孙诰钟、吴王光鉴铭文；有的字体修长、笔道刚劲、纵横成行、工整隽秀，如蔡侯尊、蔡侯盘铭文。春秋末年还出现了以鸟兽虫作为装饰的美术字，即所谓的鸟虫书。这种书体一直流行到战国前期，奇诡多变，极难辨释。代表作品有王子午鼎、越王勾践剑、王子于戈等铭文。

到了春秋晚期到战国早期，出现了百家争鸣的局面。此时青铜器铭文异体朋兴，千姿百态，蔚为大观。黄河下游的齐、鲁、中山、徐、许等国盛行细长之体，文字繁简并用，书法清新秀丽，代表作品有素命镈、许子妆簠、王孙遗者钟等铭文；有笔划两端纤锐如针者，如陈曼簠铭文；有字形加装饰性肥笔者，如者沪钟铭文；有的犀利隽美，继承了素面镈铭文的优美形体，又吸收了陈曼簠铭文两端纤锐的特点，以及鸟篆的装饰艺术，如中山王䜌鼎、壶铭文。

三、青铜器铭文的衰退期

战国时期奴隶制社会衰落，礼制开始崩溃，封建地主阶级兴起，人们的思想意识发生了很大的变化。战国中期以后，铭刻的目的终于转到“物勒工名，以考其诚”的作用上去了。这个时期的青铜器铭文中长篇大作不多，书史性质的铭文就更是少见。铭文的格式、内容，以至于刻铸方法、书法艺术等方面都起了很大的变化。由于文字应用日渐广泛和携带方便的需求，铸刻青铜器上的铭文也最终被当时通行的简册书帛所取代。

第二节　青铜器铭文的格式

根据考古资料表明，青铜器铭文最早出现在商代早期，以后经过了千余年的发展变化，在不同的时代、不同的地区，形成了各自的风格和模式。商代中期和晚期的铭文格式一般比较单调和固定；西周早期铭文没有统一规范的格式；西周中晚期，程式化成了铭文布局的特征之一；到了春秋战国时期铭文有了一定体式比较自由的记述。把青铜器铭文的格式归纳起来约有 12 种，现分别叙述于下：

1. 徽记

青铜器上铸造铭文的最初格式就是徽记，其作用是为标识器主。徽记分为繁与简两种形式。简式只刻画有作器者的族徽，或记录作器者的族名、官名、私名，如“妇好”，多见于商代，周初发现渐少；繁式出现在商代晚期，主要流行于西周时期和春秋早期。繁式既有作器者的称谓，又有叙述语，以标明器名、用途、存放地点等，如“伯作鼎”、“吏从作壶”、“中作旅簋”、“帝小室盂”等，有的还有传遗子孙后代的期冀吉语，如“虢叔作施旅鬃，其万年永宝”等。繁式里还有省掉作器者称谓的，如“作旅鼎”、“作宝用簋”等。

2. 祭辞

祭辞是指纪录祭祀的格式，也有繁简之分。简式记被祭对象的名字，如“父甲”、“母戊”、“祖己”等，流行于商代晚期到周初，繁式流行于西周早期到西周中期。繁式记录得比较多一些，如祭祀者族名、私名、官名、祭祀对象及器名等。有族或族名者如“戈父己”（鼎铭），有私名者如子申鼎铭“子申父己”、卫簋铭“卫作父庚宝尊彝”，有官名者如小臣壶铭“小臣作父乙宝彝”。作器者私名、族名、器名和被祭对象具体者如陵罍铭：“陵作父日乙宝罍。单。”

3. 册命

册命制度最早见于西周初期，穆王时期以后逐渐形成了一套固定的典礼仪式。册命这套仪式在青铜器铭文中已经成为一定的礼制。册命铭文的格式主要包括时间、地点、受册命者、册命辞、称扬辞、作器、祝愿辞等内容。西周晚期册命格式最为完备，除了上述基本部分外，还有记录王位、授册、宣命、受册等部分，在册命辞里还有命官、赏赐、勉励三个内容。

4. 训诰

春秋时期金文未见有纯粹的训诰词，战国时期仅见中山王礕鼎等器，西周时训诰才成为铜器铭文中常见的格式。典型的训诰文格式包括时间、地点、受诰者、诰辞、赏赐、作器等部分。毛公鼎铭所记载的诰命，最后部分还有称扬辞和祝愿辞，但没有时间和地点。

5. 追孝

商周时期，奴隶主贵族都非常重视祭祀祖先，尤其周人更多地在青铜器上铸刻铭文来夸耀自己祖先的业绩，颂扬自己祖先的美德，以此来行孝道，表现祭祀祖先的热情。《诗·大雅·文王有声》上所说的“聿追来孝”，说的就是要保持其世家的尊荣地位，永世享受其特权。西周至春秋早期有很多的追孝铭文，但相当一部分是在册命、获赏作器铭文之后连缀上一段追孝辞和祈福辞。也有例外，单独为追孝作器的铭文，比如墙盘铭就分两部分，前一部分颂扬周王朝诸先王和当代天子的功烈；后半部记述其祖考的业绩：高祖为微国君主，武王灭商后归周，始受周封，乙祖辅佐成康，受到重用，亚祖在周廷任要职，参与王的政务活动，父亲善法孝友，继承其祖辈事业；最后是自赞和求福之辞。

6. 约剂

约剂，即古代用作凭据的文书、契券。

《周礼·秋官·司约》：“凡大约剂书于宗彝，小约剂书于丹图。”于是有所谓“治民之约”和“治地之约”。这些事情都是与个人和家族的财产权利有关的大事。“治民之约”是有关税收、贸易、讼事等内容；“治地之约”是有关土地的使用、拥有、分配和转移等内容。

7. 律令

律令是属于约剂的一种，但它是政府的法律条令，而不是个人之间的。兮甲盘铭记：关市之征，对南淮夷和诸侯百姓都有相应的规定。

8. 记事

记事类铭文数量最多、题材丰富、格式随便，有记功、获赏、从征、出使等，盛行于西周。

9. 符、节、诏版

属于非彝器的铸铭有兵符、节、传、诏版等等。虎符是古代国君遣将调兵的信物；安徽寿县出土的鄂君启节，是楚怀王颁给鄂君启运输货物的免税证件；秦诏版是秦始皇统一度量衡的诏书。

10. 媵辞

青铜器中除礼器外，还有一部分充当陪嫁品的媵器，流行于西周晚期到春秋时期的诸侯国中。当时诸侯大夫们往往通过联姻，来增进他们之间的关系，维护彼此的政治地位和利益。另外，小国为求得大国的保护，组成一定的政治集团，也往往采取这种形式，故媵器大量出现。媵辞格式简单，一般由时间、某人为某人作媵器及祝愿辞三部分组成。

11. 乐律

西周时期，乐律名称的内容被记载到部分钟上，如南宫乎钟铭有“兹钟名曰无敦（无射）钟”。宋代著录的楚王章钟有标音铭文“穆商”。最著名的要算1978年湖北省随州市曾侯乙墓出土的战国初期曾侯乙钟，其音律铭文可分为标音铭文和乐律铭文两部分，共2800余字。标音铭文，简称音铭，它标明了每钟所击鼓部和鼓侧的音名，如宫、商、角、徵、羽、宫曾、羽曾等。乐律铭文就是列举了春秋战国之际楚、晋、周、齐等国以及本国本地的各种律名、音名、变化音名之间的对照关系，是研究我国先秦乐律和音乐史的重要材料。

12. 物勒工名

战国秦汉时期青铜器铭文的特点是“物勒工名，以考其诚”。物勒工名的铭文格式常见的包括器主，铸造作坊的职官、工师、工匠，一少部分还有器物置放地点、容量和重量等情况。

第三节　青铜器铭文的内容

青铜器铭文之所以为许多的史学家、经济学家所重视，是因为其中还有许多重要的史料，可以为研究历史、发展科学所用。著名考古学家郭沫若先生的《两周金文辞大系图录考释》初序中写到：“传世两周彝器，其有铭者已在三四千具以上，铭辞之长有几及五百字者，说者每谓足抵《尚书》一篇，然其史料价值殆有过之而无不及”，“而彝器除少数伪器触目可辨者外，则虽一字一句均古人之真迹也，是其可贵，似未可同例而论”。青铜器铭文主要有如下几方面内容：

1. 政治事件

记录重大政治事件是青铜器铭文的内容之一。周人灭商，无疑是重大的历史事件，利簋铭文仅用 32 字就记录了甲子日伐商纣以及当天的天象。

2. 军事活动

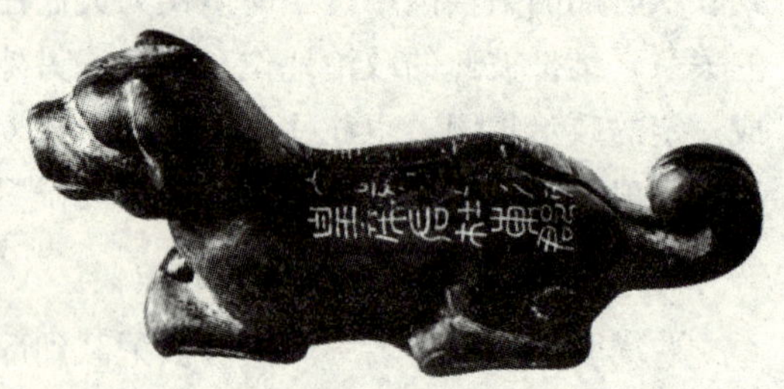

东郡虎符

铭文也有很多是反映军事方面内容的，常见的有对鬼方、东夷、南淮夷、楚荆、虎方的征伐等内容。《易·既济》所载：“高宗伐鬼方，三年克之。”鬼方早在商代已存在，是活动在陕北高原一带的方国。这句话的内容就是关于商王武丁时期对鬼方的战争。不仅是商朝，其实在西周早期，与鬼方也发生过战争。从陕西眉县李村出土的康王二十五年所作小盂鼎就可以看出来。小盂鼎的铭文上清楚地写着与鬼方战斗后的情景：在征伐的过程中，第一次就抓获鬼方首领 3 人，杀死 4800 人，俘虏 13000 多人，缴获战车 30 辆，获牛 355 头，羊 38 只，第二次又取得了收获颇多的辉煌战果。班师回朝之后的他们还在宗庙进行献俘、燎祭等仪式以谛祭文王、武王、成王。此外，铭文中也有对叛乱的诸侯国如噩（鄂）国的征伐描述。

3. 经济活动

在岐山董家村发现一座西周窖藏，出土青铜器 37 件。其中的卫盉铭文记载了西周中期有关土地转让和买卖的情况，这为研究西周中期的土地制度提供了难得的资料。

4. 王朝职官

《周礼》中有很多周代官制的内容，书中描述的周代职官系统已经很繁杂。但因《周礼》成书于战国晚期，其中官制可能不一定与周代尤其是西周时期的情况相符，大量周代铜器铭文十分详细地记载了封侯封王以赏赐个人功勋等情况，因而成为探讨周代职官制度的第一手资料。

5. 礼仪活动

与礼仪方面有关的铭文很多，如记载册命礼的铭文，也就是记录王即位、分封诸侯、任命官职等要举行的典礼。盠方彝器铭文就记载了册命的全过程。

6. 婚姻制度

青铜器铭文中有婚姻方面的记载，最常见的就是媵器上的铭文了。媵器，即为女子出嫁而作的铜器。媵起源很早，文献记载帝尧妻舜二女，虞思也妻少康二姚。《易·归妹》：“归妹以娣”，“帝乙归妹，其君之袂，不如其娣之袂良。”周代还流行一种媵制，即一女出嫁，又以其娣或侄女陪嫁；一国诸侯嫁女，还可以其他同姓甚至异姓的两个诸侯国的娣或侄女陪嫁。

附：中国出土青铜器之最

1. 最整齐的全套铜编钟

1978 年在湖北省随州市擂鼓墩发掘的曾侯乙墓内，出土了非常完整的全套铜编钟。这是我国目前出土的数量最多、重量最大、音律最齐的一套编钟，是我国文化艺术的瑰宝。这套编钟名叫曾侯乙编钟，全套编钟的总重量 2567 千克，共 65 件，出土时分 3 层悬挂在钟架上，最大的一件甬钟高 152.3 厘米，重 203.6 千克。编钟上刻有关于记事、标音、律名关系的错金铭文。每件钟有两个发音，并呈和谐的大小 3 度关系，其音阶相当于现代国际上通用的 C 大调。中层编钟共有 3 个半八度，12 个半音齐备，音域宽广，音色优美，且有变化音，能旋宫转调，演奏中外歌曲。它的出现，将我国音乐史上七声音节的发现至少提前了 400 年。

2. 现存最大的青铜器

我国现存的最大的一件青铜器是司母戊鼎。它是 1939 年 3 月在河南省安阳县武官村出土的。

战国早期·湖北随州曾侯乙编钟

它自鼎足至立耳通高 1.33 米，器口长 1.1 米，宽 78 厘米，重达 875 千克。方唇，上有一对立耳，深腹，下部微收，平底，四柱足，足内空。腹面四周边框饰古代（商周时期）习见的兽面纹。上下边框中间有短扉棱。鼎足上部也饰兽面纹，并有扉棱。整个形体雄浑凝重，结构严谨，造型大方、精致。在鼎腹一侧内壁铸有“司母戊”三字，排列成品字形，笔势劲健，因此称之为司母戊鼎。但古文字学家多认为“司”字应释读“后”字，所以也有人称之为后母戊鼎。

1939 年，司母戊鼎被当地村民挖掘出土后，恐其被外人掠走，又重埋于地下，直到 1949 年 6 月第二次安全出土，可惜出土时已失去了一个立耳。现在中国历史博物馆所陈列的司母戊鼎有一个立耳是修复时照着另一个立耳铸成安装上去的。据考古学家考证，这是一件武丁之子商王祖庚时期的彝器，距今已有 3000 多年了。它不仅是我国现存最大的一件青铜器，也是世界各地青铜时代文化中少见的大器物。

其实像这样大型的青铜重器在我国出土的远远不止此一件。1976 年，河南安阳小屯村殷墟遗址内还发掘了商王武丁的妻子妇好墓，墓内出土了一对司母辛方鼎，通高 80 多厘米。这一对方鼎的形状和司母戊鼎十分相近，前者仅仅小了一点，鼎内所铸铭文的字体也很接近。

3. 唯一的商代人面铜方鼎

1959 年，长沙宁乡出土了一件商代人面铜方鼎。该人面方鼎通高 38.5 厘米，器身高 16.6 厘米，作长方形，底口唇卷边略小于口，内唇沿斜削。竖耳，耳高 7.3 厘米。圆柱足，足高 14.6 厘米。器身装饰为浮雕的四个人面，前后两侧的较大，宽 16.4 厘米，高 13.6 厘米；左右两侧的较窄小，宽是 13.8 厘米。该鼎的耳上部有一云勾纹，耳下部有一弯曲的手爪形纹饰。除了耳较粗大，张扬于两侧，人面五官比例和布局与现在一般面部并无差别，十分准确。面部表情严肃，面宽而方，嘴大而宽，唇部突起，颧骨高耸。专家根据方鼎的造型、纹饰和鼎内侧面中部口处有篆体铭文“大禾”两字等特点，确定其反映出浓厚的商代青铜器风格，大约是商晚期制造的。

早从新石器时代起，这种用人面或以人面为主作装饰的青铜器就有不少。而人面方鼎是用四个人面作为主要装饰的铜器，是目前见到的唯一一件，在历代商周金石图录中都没有类似的著录，足见这是一件稀有的珍贵文物，现由湖南省博物馆收藏。

4. 现存仅有的商代铜象尊

1975 年 2 月，在湖南省醴陵县仙霞乡狮形山的山坡上，人们挖土植树时发现了一件铜器。经专家鉴定，这是一件商代晚期的铜象尊，是现在所见到的唯一的一件商代象尊。铜尊是古代祭祀用的礼器之一，盛酒。这件铜象尊出土在距山顶 10 米多的山坡上，埋在离地面 15 厘米左右土内。经实地调查，周围没有再发现其他器物。根据象尊出土的位置和有关情况分析，这件铜象尊，很有可能是当时统治者祭祀名山、湖泊、河川时掩埋的祭器。

这件铜象尊，通高 22.8 厘米，宽 14.4 厘米，长 26.5 厘米，重 2.775 千克。出土时已经没有盖子，右耳也是残缺的。尊上象的前额扁平，嘴部向前突出，象牙露出口外，短颈，眼、眉都突起，大耳，长鼻。鼻有向前上方伸的趋势，鼻下端有作为装饰或者别的用途的嵌铜痕迹。鼻端有孔，与腹部相通。背部有椭圆形孔，躯体肥大，臀部出棱，尾下垂。四肢粗壮，足有五趾。象尊的花纹装饰精致且繁缛，就拿长鼻上的纹饰举个例子，象尊的鼻子整个装饰得宛如凤鸟：鼻端作凤首形，凤冠上伏一虎，虎口又衔蟠虺，鼻下端构成倒悬的蟠虺，形态生动逼真且不失华丽。

5. 现存铭文最长的青铜器

现存铭文最长的青铜器是毛公鼎，它是清代道光末年在陕西岐山出土的。毛公鼎是西周青铜器中赫赫有名的重器之一，存生于西周晚期的宣王时期。其内壁铸有多达499字的长篇铭文，是现存商周两代七千多件有铭文的青铜器中铭文最长的一件。

毛公鼎是一件不大的圆鼎。它的形制是立耳、深腹、圆底、蹄足，其口沿下饰以一道重环纹，下加一道弦纹。学术界大多数学者认为此鼎是西周晚期的器物。它具有当时流行的朴素无华的风格，和晚商到周初的繁缛风格完全不同。

鼎的壁内铸有长篇铭文，共32行，计499字。仔细观察，每字间都有方格相隔，这是因为当时的工匠们为使得全文行笔从整体上来看都十分规整漂亮，便先在范上刻划出格子，再写文字。其书法是成熟的西周金文风格，结构匀称准确、线条遒劲稳健、布局妥贴，充满了理性色彩和文化氛围，显示出金文已发展到极其成熟的境地。铭文主要记载周王对毛公册命的内容。首先简短介绍了周宣王追述周文王、武王创业功绩；其次讲到当时周朝遇到的祸患，于是周宣王在局面混乱的情况下对毛公委以重任，命他管理王朝重大事务；最后详记了周宣王对毛公的各项赏赐，及世世代代将此永记不忘以传后人。清咸丰二年由山东潍县著名收藏家陈介祺收藏，以后辗转流传，现藏在台湾故宫博物院内。

6. 现存唯一完整的战国铜人像

1964年12月，河北省易县武阳乡高陌村在村东的燕下都遗址中，发现了一件铜人像。这件铜人像保存完好，全身布满一层浅绿色薄锈，身高25.8厘米，通宽13.05厘米，前后通宽11.9厘米，重4.9千克。该铜人面部丰满，修目阔鼻，口角向上，颜面微扬，颧骨较高。头顶一巾，前窄后宽垂于脑后，自头顶以带压住系与颏下，有红色八字形带结，前额头上发分左右向后梳，发纹尚清晰可辨。人身直立，两臂前伸拱持一筒状物。根据造型，可知这件铜人像不是作为随葬品墓佣之类，而是实用器物上的一种构件。铜人手持的筒状物，可能是用来插入物件的。最有研究价值的是铜人的服饰。他身着右衽尖领窄袖长袍，下垂至地面而不见足部，衣纹生动自然。后领口作方形，后颈及背上部袒露于外，衣领、衣边角均涂朱色，身围腰带也作朱红，腰带间有长条形圆头带钩连接腰带两端。

7. 最大的一件铜犀尊

1963年在陕西省兴平县豆马村北断崖上，距离地面深约1米左右发现了一个灰色的大陶瓮，瓮内出铜器、铁器、陶器、石器等24件。其中有一件嵌金铜犀尊相当引人注目，是迄今所见到的最大的一件铜犀尊。我国古代用动物形象来铸造铜器的种类很多，但是以犀牛形象制作的青铜器是很少见的。这件铜犀尊的造型、纹饰和制作技艺与战国末期遗物相似，应是秦文化的遗物，距今已有2200多年。

这件嵌金铜犀尊是一件精美酒器，高34.4厘米，长57.8厘米。口的长径为11厘米，口短径10厘米。该铜犀尊遍体嵌金作流云纹，犀牛整体造型肥壮，观其形象似属非洲犀一类。犀有一前一后两只牛角，为鼻角和额角，鼻角长而额角短。两耳短小而耸立，嵌以黑色料珠的双目炯炯有神。尾尖稍翘，短腿三瓣蹄，显出几分精致可爱。合口，左侧伸出细管做流。犀背部有椭圆形的尊口，上覆的铜盖有活环可以打开或关闭尊口。

8. 现存最早的铜鼓

1975年，在云南省楚雄市万家坝古墓群中的第一号和第二十三号墓内，出土了五件铜鼓。这是迄今为止科学发掘中出土的年代最早的五件铜鼓，也可以说是目前见到的最早的铜鼓了。根据学术界的研究，这些铜鼓应是战国时期的器物，距今已有2300多年。该铜鼓器身像釜，表面都有烟痕，说明这批铜鼓曾作炊事之用。而且一号墓内同时又出土了利用铜鼓改制的铜釜，足以证明本地的铜鼓不但是从釜发展而来，并且尚停留在乐器、炊器分工不十分严格的初期阶段，这对于研究铜鼓的起源是非常重要的实物资料。

这套铜鼓，每一件都胴、腰、足三段分明，胴部突出，内收成腰，再外扩成足。胴、腰交接处有4个对称的条形耳，鼓面较胴部为小，中央有突起的光体。五件铜鼓都是用两道合范铸成，其中最大的一件，面径有48厘米，胴径64.5厘米，足径68厘米，通高39.5厘米，腰部有16根垂直凸棱，腰与足相接处有一圈斜角重环纹，鼓内壁有两组双连云纹。

9. 最奇特的古代铜鼓葬具

1972年，在广西西林县发现了一座形制非常特殊的古墓。在距地面深约 0.6 米处，有一块圆形的石板盖住墓口，掀开石板，下面平铺着 12 块大小不等的石条。石条下面是略作圆形的墓室，直径 1.5—1.7 米不等，深约 2 米。室内放着互相套合的四件铜鼓。这是一种奇特的葬式，考古工作者称为“铜鼓葬”。到目前为止，这样的葬式还没有发现第二起。据考古工作者的鉴定，认为其形制和纹饰都同西汉早期铜鼓一样，应是西汉初期的器物，距今已有 2000 多年。铜鼓内的骨骸，经过鉴定，死者是男性，25 岁左右。从骨骸堆放情况来判断，这是“二次葬”。二次葬是大葬，入葬仪式比初葬时还要隆重。这种特殊的用四件铜鼓互相套合的葬具，是研究我国西南地区民族古代习俗的十分珍贵的实物资料。

这四件铜鼓两大两小，互相套合有序。最下面仰放的是一件完整的大铜鼓，面径 72 厘米，高 50 厘米，足径 82 厘米。在大铜鼓里，又仰放着一件小铜鼓，面径 41 厘米，足径 56 厘米。这件小铜鼓里盛放人骨，人骨的四周穿线早朽，珠子全散在鼓底，由此可知人骨原本是用珠襦包裹的，因为年代久远而腐朽了。在仰放的小铜鼓上顺盖着一件同样大小，但锯掉下半部分的只剩鼓面和胸部的小铜鼓。在整个三件铜鼓外面，套扣着一件已锯成两截的大铜鼓，其面径 78 厘米，高 51 厘米。这样，在墓葬考古中的棺具椁室之分就轮廓分明了：在大铜鼓里面的上下盖合的铜鼓似作棺具，外面套合的两件大铜鼓似作椁室。这种内棺外椁的葬制，在古代是较为讲究的。作为椁顶的那件大铜鼓被锯成两截，估计先套合时，因里面相盖的两件小铜鼓高度超过了外套的大铜鼓本身高度，套不到底，便被锯成了两截。等锯成两截后，又发现下半截虽能套到墓底，可是与上半截之间还有空隙，露出里面的小铜鼓，才又将作为棺盖的小铜鼓锯去下半部，在套扣时就严密了。该铜鼓现陈列于广西自治区博物馆内。

10. 中国发现年代最早的青铜器

中国使用铜的历史年代久远。我们的祖先在六七千年以前就发现并开始使用铜。1975 年甘肃东乡林家马家窑文化遗址（约公元前 3000 年）出土一件青铜刀，这是目前在中国发现的最早的青铜器，专家认为这是中国进入青铜时代的标志。

11. 中国最早的古铜镜

铜镜起源于齐家文化时期，距今有 4000 多年，是人们的照容生活用具。早期的铜镜形式简朴，很少的一部分有简单几何纹饰，大部分为素镜，并且这样的铜镜为少数贵族所专用，存世量少，所以具有较高的历史价值和研究价值。我国已发现最早的铜镜为“齐家文化复式多角星纹镜”，圆形，直径 14.6 厘米，弓形钮，无钮座，镜面微凸，有纹饰，现藏于中国历史博物馆。

12. 我国最早的人工铸造金属取火铜具

陕西省扶风县周原遗址黄堆的一座西周中期古墓中，考古学家清理出一件已生满翠绿铜锈，呈圆形的青铜凹面镜，距今已有约 3000 年。其直径 8.8 厘米，厚 0.19 厘米，形状与现在的圆形太阳能灶相仿。文物考古专家鉴定后认为，这就是古人用以取火的“阳燧”。经西北光学仪器厂测定：其曲率半径为 20 厘米，是标准的球面镜。它是迄今为止国内发现最早的人工铸造金属取火用具，是我们祖先能够较早利用太阳能的最好例证。在太阳的强光下，最快只需三、五秒即可将放置在其焦点处的易燃物引燃而产生明火。

西周·虢季子白盘

13. 被考古界誉为“金文之最”的青铜器

这件被考古界誉为“金文之最”的有长篇铭文的西周遂公须皿经国内文物专家鉴定，是西周中期某代国君遂公所作的青铜礼器，距今已有 2850 年历史。它是被保利艺术博物馆专家在香港古董市场上偶然发现的。当时盖已失，只存器身，其大半为土锈所掩，显露出的部分铭文字体优美，行款疏朗，深奥难懂。礼器的表面装饰一圈凤鸟纹带及瓦绫纹，口两侧设一对兽首形耳，装饰简洁而典雅，具有西周中晚期青铜器的典型风格。其内底上铸铭文 10 行，共 98 字。我国的文物专家表示，该件国宝之谜的破解是新世纪以来青铜器铭文中最重大的成果。在中国已出土的万篇先秦青铜器铭文中，大多是标识器主、纪述功战婚嫁等事件，而这件国宝的铭文既非记名，亦非记事，而是一篇专门论述“德治”的政论。铭文开篇即写道：“天命禹敷土，随（隓）山，浚川……”，记述了大禹治水和为政以德的故事，随后又以大段文字阐述德与德政，并教诲民众以德行事。实乃前所未见，闻所未闻。

14. 商周时期最大的水器

清代道光年间，在陕西宝鸡出土的虢季子白盘，在兵燹中遗失。后来，淮军著名将领刘铭传发现其因形体巨大的长方形特殊造型而被当作马槽安放在马厩里，即将此器运回老家安徽合肥收藏，虢季子白盘从此在世上销声匿迹了100多年。新中国成立后，刘铭传的后人将这件国宝捐献给国家，现收藏于中国历史博物馆。这件商周时期最大的水器，长达137厘米，铸有111字铭文，铭文的内容记录了周人抗击匈奴的一段史实。

15. 动物形卣最特殊的虎乳人卣

商晚期·虎食人卣

虎食人卣是动物形卣中最特殊的，这种卣目前仅发现两件：一件现在法国巴黎池努奇博物馆，成为该馆的镇馆之宝，1998年曾在上海举办交流特展；另一件被日本泉屋博古馆收藏。虎食人卣全器似猛虎踞蹲形，以虎尾和一对前爪为器物的支撑点。令人惊奇的是：该器乍看上去虎面狰狞，张开的大口内含人首，强劲的前爪攫一断发跣足的人。正是由于该器似乎令人怵目惊心地表现了虎口吞人之像，一直被不少名家定名为虎食人卣。但有的学者就把该器定名为虎乳人卣或乳虎卣，认为该器是虎正蹲踞着哺乳小孩的造型和意境。虎乳人卣与虎食人卣尽管只有一字之差，却完全表达了相反的意思：一是虎吃人，一是虎养人。《庄子》讲到虎与人的关系时说如果人善待老虎，老虎也就会顺从人意。意思就是人无害物之心，物无

伤人之意，描绘了一幅和谐相处的人兽关系图，表达了人们美好的愿望。《左传》中提到了楚国的子文，在小的时候曾被其外祖母遗弃于云梦泽，后来因为受到老虎的哺乳而未死，后来还当上了楚国的令尹。其实这样的事件屡见不鲜，我国历代都有人虎异类生情的故事。比如宋代洪迈在《夷坚志》中写道：一个妇人从福建罗源鹳坑村岭上路过，见一虎蹲踞草丛，就停下来对虎说："斑哥，我今天省亲回娘家，我与你无冤仇，你快离开。"虎听后马上拖着尾巴往险要处走开了。到底是虎乳人卣还是虎食人卣呢？那就要从以后的考古发现中索取答案了。

16. 世界铜鼓之王

广西博物馆收藏了一件被誉为"世界铜鼓之王"的巨型大鼓。铜鼓早在春秋时代既已出现，此后延续到明清时期以至现如今。这个铜鼓面直径最大的地方达到了165厘米。这种鼓是平置于地上敲击的，它的使用范畴很广，可用于祭祀、赏赐、贡纳、娱乐等活动。

17. 我国先秦时代最高的铜质造像

四川广汉三星堆出土的大型立人铜像，是我国先秦时代最高的铜质造像。它通高2.62米，重约180千克。该铜质造像体态优美，庄重严肃；头戴高冠，丰目大眼，鼻棱突出，嘴角下勾，方颈大耳；身着长袖，双手平举起，作持物状，赤足站在方座上。有人说他手握的该是有沟通人神天地意义的琮。

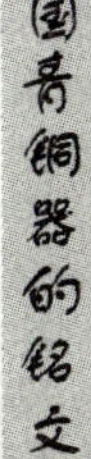

18. 我国现存最古老的洪钟

我国现存最古老的洪钟是已流入日本的陈太建十年（575年）钟。该钟的钟体为圆筒形，上部略收缩，口沿平直。外壁中部偏下铸出两个饰以莲瓣的撞座，以撞座为中心用凸起的阳线隔成十字形方格纹，十字形之外的空间再用短横线加以分割。这种纵横有序的方格近似僧人所着袈裟上的图案，故名袈裟纹。钟顶部则有两端饰龙首的确钮，名蒲牢。

19. 熏炉中品类最高的宣德炉

宣德炉是明朝宣德年间的官铸铜器。因其铸造于明朝宣德年间，顾名思义，称为"宣德炉"，亦称"宣炉"，是当时宫廷焚香祭祀的专用器物。宣德炉之所以作为明代著名的工艺品，是因为它是以历代各类名器形制为蓝本仿照制成的，而非出于臆造。据《宣德鼎彝器谱》的记载，宣德皇帝曾命吕震等人参照《宣和博古图》和《考古图》诸书以及宫内所藏的哥、汝、官、均、定、柴等各名窑瓷器器皿款式中典雅的器型，来设计宣德炉的形制，并绘成了117种图谱以供参考，然后由工部侍郎吴邦佑参照图例于宣德三年（1428年）开炉铸造，并在炉底铸有“大明宣德年制”的楷书阳文方印形款识。宣德炉多是用极为难得的风磨铜铸造，因而色泽晶莹温润。它的冶铸工艺也极为考究，在熔炼过程中要掺入金、银等30多种贵重金属，然后再经过十几次精细提炼，才能达到铸造要求。同时，宣德炉又是深藏宫禁的御用品，仅在宣德三年铸造过一次便停工了，因而数量极少。现在藏于首都博物馆的一件有此年款的桥耳铜炉，做工极为精细，是极为难得的标准品，也是熏炉中品类最高的。

20. 现存世界上最大的鎏金铜佛

现存世界上最大的鎏金铜佛是西藏日喀则札什伦布寺的强巴佛。该佛高达26.5米，耳朵长2.2米，中指长1.2米，脚板长4.2米。1914年铸建该佛时，花费了黄金235千克、黄铜12万千克。这还不算，光是强巴佛的眉间，便镶嵌了大小钻石32颗，珍珠、琥珀、松耳石1400颗，其他饰品更是不计其数。

21. 流传下来的最早的权

古代的铜权相当于现代的秤砣。权与衡（秤杆）相佐，可以知物轻重。

战国时期流传较广的秦权和楚权是我国最早的权。秦权为馒头状，顶钮系球形，也伴有觚棱形；而楚权则多作圜形，铸有半圆形环钮，常由十个组成一套，供天平上使用。自建国以来，湖南省总共清理发掘的近2000座楚墓中有101座出土有天平和砝码，谓之称钱天平，使用时要以钱权作砝码，这种砝码刻有标明重“四铢”或若干两。

第二篇

中国青铜器的发展历程

在世界金属冶炼史中，中国古代青铜史是其中重要的一部分。我国并不是从夏代开始才有的青铜器制品。近年来的考古发现，早在原始社会我国的原始先民们就已经能铸造工具和装饰品等小件青铜制品。如1975年甘肃东乡林家马家窑遗址发现了青铜制的刀，这表明我国早在公元前3000年左右已经有了青铜器物。夏、商、周是青铜器的发展期，其间经历了中国青铜器的萌芽期、育成期、高峰期、转变期、更新期。直到东汉末年，陶瓷器和铁器的生产得到了快速的发展，在社会生活中占据了日益重要的地位，才把青铜制日用品从生活中排挤出去，在兵器、农具等方面，铁器也占据了主导地位。此后，青铜器除了用于铸铜镜和佛像外，基本上就不再有什么发展了。

第一章

中国古代青铜器的断代与分期

第一节 中国青铜器的断代

中国古代青铜器都具有鲜明的时代特征，在一定程度上反映了奴隶社会和封建社会初期的政治、经济、文化等各方面特点，是研究中国古代社会和文化艺术的重要资料。

所谓“断代”，就是指用科学的方法确定某器或某一器群所属的固有时代。在青铜器的研究中，断代的“代”是指世代的“代”，而不是指朝代。朝代在时间概念上涵盖的意义过大，如一个王朝有数百年的世系延续，以这样长的间距来判断一件青铜器的年代，其准确性是非常差的。

一件青铜器的研究价值包括三个方面的因素：造型、纹饰和铭文。上述三个因素都是在一定的社会条件下的产物，断代的任务就是把一件青铜器还原到它本来应当所属的时代，使它可以在原来的历史条件下来考察。因此，青铜器被作为实物史料运用的先决条件就是青铜器的准确断代。

目前存在着这样一种情况，青铜器在哪里出土的，就会被认为是哪个地方的器物，但实际情况却有许多误断。如传世和出土的周初青铜器，情况就比较复杂，因为这里面混杂着相当一部分的商器，有的甚至是商代中期的青铜器。周灭商后，把商朝的奴隶主及其他们所占有的奴隶赐给周朝的大贵族，商人的许多宝器也分赐给周朝的奴隶主贵族，同时，通过征服战争，种种掠夺，大量商人的青铜器，也落到了周人的手中。这也是周朝初期的墓中仍然可以发现一部分商器的原因所在。灵太白草坡西周早期墓出土的 23 件青铜礼器，所铸族氏的名字多达 9 种，如果不是掠夺品，不可能以九族之器来凑全一套礼器。

对于一些没有铭文的青铜器的断代，也应当如此。如湖南洞庭湖以南的宁乡、湘潭至衡阳的广大地区内曾出土了极为精美的商代青铜器——四羊方尊、豕尊、牛觥、人面方鼎等，这些器物的工艺水准与殷商出土的最精美的青铜器相比，有的也是有过之而无不及。这类特殊的青铜器还散见于江西、浙江等地。以上这些器物大多是单独埋在土层中，未发现组合使用过的现象，但是从其卓越的工艺水平来看，决不是当地人所能铸造出来的。这些器物中有的还铸有族名，并且某些族名还和中原商代青铜器上的内容完全相同，但商代的这些名门豪族们是不可能跑到这么远的地方，来发展他们的经济和文化的。如果说这些精美的青铜器代表着当地高度发展的青铜文化，那么古代的史学家对史迹的记载再疏忽，也不至于对如此辉煌的青铜文化没有一点记录。通过种种推断只能说明：这些器物并不能说明是商人生活的遗迹，也不是商文化的独立现象，而是与祭祀神灵的礼仪活动有关，或当作古代流散的器物来认识。

第二节　青铜器断代中的绝对年代和相对年代

青铜器的断代与其他出土文物一样，通常是参照田野考古层位叠压次序的状况，来推断出其年代的前后，其中包括对各层位相对年代的分析，以及与青铜器同层位出土物年代的分析和比较。同一历史时期墓葬的叠压关系，通常是判断各墓出土青铜器年代前后的重要指标。同时，建立各种青铜器形态发展的标准和序列，为青铜器断代提供了重要标尺，其中不仅有器物形制方面的标准，也有纹饰方面的标准。青铜器的断代只有巧妙地把上述所说的两种方法结合起来，才能作出比较准确的结论。

断代的时间幅度，可分为绝对年代和相对年代。绝对年代是青铜铸造的年代，或非常接近于铸造的年代，即标明青铜器铸造的时间，又可分为两种：一种是具体标明年、月和日期；另一种是标明所属的王世。能断定具体年、月、日的青铜器，需有铭文记载，且大多数要有明显的证据。可

是对于判断绝对年代的直接证据，理想条件的器物并不多见，因而要想判断青铜器的年代常需用间接取证的方法。此种方法是选择两件铭文内容彼此有关联的器物，把记载的事件和人名作为钮带联结为或大或小的群体，这个群体中至少应当有一件是时间明确的标准器，然后对有关的人名进行分析。分析的结果如果属于横向的关系，则有关联的器物与标准器物应当属于同一时代；如果有关联的器物是纵向的父子祖孙关系，分析其正确性后，也能断定器物的绝对年代。另一种是根据铭文的内容无法确定的年代属于某一个王世，需要放置于相邻王世的两可之间。习惯上可标出两个王世，如《西周铜器断代》把礼器的方鼎、方彝、方岱根据铭文的内容分别定为成王、康王或成末康初之器。在某些器物不容易判断的条件，采取这种方法也不失为一种科学的态度。

相对年代是指用一定的时间幅度彼此对比而藉以确定的期限。青铜器的研究中利用放射性碳－14 测定年代，可以提供遗址和墓葬的年代数据，这一方法对青铜器断代来讲，虽然不是一种直接的方法，但是测定出的遗址或墓葬的年代，对同地层或墓葬共存铜器时代的确定，也提供了可靠的依据。但是青铜器相对年代的范围仍然较广，具有某些共同特性，因此青铜器的相对年代实属一个分期的问题。

第三节　青铜器的分期

夏、商、周三代青铜礼器体制的发展，经历了 1500 年以上的历史，情况十分复杂。每一个朝代的青铜器，由于其历史、礼制、文化等的发展，都有其自身演变的过程。

分期是判断古代青铜器相对年代的一种方法，研究和标明各个时期青铜器发展、演进和变化的大致进程及其主要特征。青铜器的分期方法是对其自身历史的综合研究。所依据的标准主要是器型、纹饰、铭文以及器物组合等若干方面。

分期工作的基础是田野考古发掘的成果和青铜器铭辞学研究的成果。科学的发掘首先能够确定出土物的层位与共存关系，其次能够利用器物形态学的研究，提供器物形式的类别或某种演变的序列。但是我们对于这方面的研究是有限的。中国古代青铜器，特别是礼器有大量的铭文，许多铭

商代晚期·三星堆青铜人面具

文的内容是历史事件或人物活动的真实记录，因此研究铭文，可以确定它的铸造时期或所属的王世，并可以排列出发展顺序。铭文方面的研究对分期工作的重要性显得尤为突出。因为铭文的研究不是孤立的，必须结合器物的形态和纹饰来进行。如郭沫若先生的《两周金文辞大系图录考释》一书，就是根据这几个方面的特征来进行研究的，使这本书成为科学研究这一问题的开山之作。

传世青铜器与近几年发现的大量青铜器表明，青铜器自身有一个完整的发展演变系统。历史本身的发展是错综复杂的，因而青铜器的发展也不可能有整齐划一的界标。所谓的分期也就是相对意义上的、能够分出的、大致几个可以区别的阶段。在一定时间范围内，青铜器的发展具有容易区别的要素或特征，使它们能与其他时期比较明显地区别开来。

综上所述，自夏、商、周至秦、汉青铜器的发展史，大约可以分为十几个期：夏为二里头文化期，商、西周、春秋各为早、中、晚三期，战国分作早期和中晚期两期，秦、汉各为一期，是青铜器发展史的余辉。

第二章

夏代青铜器的发展

中国的夏朝上承五帝时代，下接商、周。考古学上的夏文化，至今仍然在探讨之中。学术界普遍认为，河南偃师二里头文化遗址代表了夏文化，它们的绝对年代为公元前1900—前1600年左右，这个时间基本上符合夏朝的年代。

第一节　夏代青铜器概述

我国的青铜器时代开始于夏代，根据偃师二里头夏代遗址发掘所发现的夏代铸铜作坊和青铜器物来看，这一时期的青铜器已经出现了礼器、兵器、生产工具、乐器和装饰器等五大类型，而在贵族墓出土的青铜器主要是礼器和兵器。从历史的角度来看，夏代贵族墓中出现的礼器和兵器，奠定了中国青铜器以礼器和兵器为主的构架模式。

二里头文化·铜牌饰

传说夏禹铸九鼎，史料也有夏禹之子夏启炼铜的记载。夏代青铜器铸造手工业作坊遗址和青铜器的出现是当时社会进入青铜器时代的重要标志，也证明夏代是我国青铜器发展的重要阶段。

夏代青铜器的纹饰，除了乳钉、圆饼和几何纹以外，就是牌饰上的兽面纹，它也是已知青铜器上最早的兽面纹。

第二节　夏代青铜器造型特征

夏代青铜制品的器类很少，主要以小件的工具和兵器为主，并且是仿照陶、木、蚌器而制作的。目前二里头发现的青铜器不多，都是一些小工具和兵器，如矢镞、戈、戚等，另外还发现了青铜礼器爵。爵的整个数量虽然还不足十件，但在铸造史上却有着极为重要的意义。从铸造简单的兵器、工具到铸造容器，都是技术上的飞跃。发掘出的二里头文化期的青铜礼器，至今仅限于饮酒器爵。其基本特点是：爵的流部狭而较平，尾短、无柱，或有柱状的雏形，底平。体较扁，下承三足。体型可分为长体束腰式、长体分段式及短体束模式等数种。足有长短两类，长足为三角尖锥形，短足为三角段形，有些短足可能是使用时因损坏或腐蚀所导致。有的錾做成镂空状，体现了二里头文化期的特点。

第三节　夏代青铜器花纹与装饰

二里头文化的青铜器一般没有纹饰，但有些爵的杯体正面有一排或两排圆钉状纹饰，一些器物上也出现了简朴的云纹、弦纹和网纹。除此以外，值得重视的就是镶嵌绿松石的牌饰了，牌上的兽面纹除两眼之外，其他部分都是抽象而不写实的。它也是目前已知的青铜器上最早的兽面纹。如1975年在二里头遗址发现的镶嵌圆铜器，此器直径17厘米，厚0.5厘米，器物的边缘镶嵌61块呈长方形的绿松石；再如1981年在二里头一座墓葬中发现的长圆形兽面纹铜牌饰，牌饰凸起的一面以绿松石粘嵌成异常精致的兽面纹图案。这两件器物是目前在中国所见到的最早的复合物质铜器，其熟练程度已经脱离了该种类技术的最初阶段，从中可以看出夏代的青铜铸造技术有了较大的突破。

虽然二里头文化青铜礼器上没有见到动物形纹饰，但是二里头出土的青铜戈内部已经有变形的动物纹饰，因此不能排除此时青铜礼器上出现动

物纹的可能。

第四节　夏代青铜器铸造技术

传说夏禹铸九鼎，史料中更有夏禹之子启炼铜的记载。考古工作者曾在偃师二里头和洛阳东干沟遗址中发掘出炼渣、炼铜坩埚残片、陶范碎片，这些也证明二里头文化已经有了冶炼和制作青铜器的作坊。

二里头文化处于青铜时代初期。一般来讲，铸造实体器远远不如铸造空体器难，实体口袋只需要单扇范即可；而空体器的铸成不但要有外范，还要有内范才可。从发现的铜爵的铸造痕迹来看，当时已能采用多合范法了，充分代表了当时青铜铸造工艺的水平。铜爵是我国目前发现最早的青铜容器，形体单薄，束腰，平底，细三足，流部和尾部都较长，个别的还在靠近流折处（即流与口的接合处）有两个矮小的柱。铜铃形体不大，一侧还有一个近似半圆形的扉棱。

二里头出土的青铜器形体都较小，粗糙、单薄，说明青铜器的制作正处于初级阶段。尽管发现的这一时期的青铜制品数量不多，但它代表了新的生产力，在生产、生活及战争中所表现出的优点，远远超过石、木、蚌、骨器，起到了划时代的作用。

第三章

商代青铜器的发展

商是夏朝之后的一个王朝，它的建立结束了夏末的纷乱局面，国家的力量进一步加强。据《诗·商颂·殷武》记载："昔有成汃，自彼氐羌，莫敢不来享，莫敢不来王，曰：商是常。"大意是说成汤之时，包括西方的氐、羌在内的四方各族臣服于商。商朝从公元前1600—前1046年，历时500多年，自汤至末代纣共17代，31王，其中以盘庚迁殷为界而分为早商、晚商两个阶段。我国对于商代文化的探索是分两步展开的，1928年通过对安阳殷墟的发掘确立了晚商文化，而1950年以来对郑州二里冈商代文化遗址的发掘确立了早商文化，到目前已经基本建立了完整的商代文化序列，同时也出土了大量精美青铜，随着研究的不断深入，我们对商代文化和历史等有了全新认识。

第一节　商代青铜器概述

商代是中国青铜器的核心时期，是青铜时代波澜壮阔、光彩夺目的一页。商代早期的青铜器在郑州出土很多，这是因为郑州商城是商代早期都邑的原因。这些青铜器大体分布在商城的南面和东南角，重要的墓葬或窖藏有二里冈、白家庄、张寨南街、杨庄，以及南关外、铭功路、二七路等地，此外商代早期青铜器在河南北部、湖北黄陂盘龙城、安徽嘉山泊岗、江西清江吴城等地也有重大的发现。从出土的青铜器来看，无论在造型设计、花纹装饰，还是在铸造技术上较前代都有明显的进步。此时期的礼器种类增多，器物纹饰主体已是兽面纹，并开始出现了铭文。

商代晚期是指盘庚迁都于殷之后的时期，即殷墟文化期。就青铜器的发展而言，在郑州二里冈文化与安阳殷墟文化之间，具有一定的广泛性，这就完全有必要在商代早期后和成熟的殷墟文化期前，划出一个称为商代中期的阶段，时间大约相当于中丁至小乙时期。商代中晚期的青铜器在冶炼、铸造技艺和艺术表现上都已经达到了高度成熟的地步，能够充分地发挥青铜材料的特点，作品被赋予某种社会意识形态的功能。到了商代晚期青铜制造业得到迅猛发展，为两周时期青铜器的发展奠定了良好的基础，并使中国的青铜文化达到高峰。商晚期青铜器纹饰最为发达，比之中期内容和种类丰富得多，以动物和神怪为主题的兽面纹得到了空前发展，成了古代装饰艺术的典范。商代的青铜器矗立于奴隶制时代文化的颠峰，它的创造经验不但直接影响了当时各个不同的艺术门类，而且直接为西周前期所继承。

第二节 商代青铜器的分期

一、早期（公元前16世纪—前15世纪中叶）

河南郑州二里冈文化的青铜器是商代早期的代表，其后河北藁城、江西吴城、湖北盘龙城、山东大辛庄、河南偃师等地也相继出土了同期青铜器。与“二里头文化”的青铜器相比，这一时期的青铜器发展到了一个全新的阶段，不论在造型设计、花纹镂刻，或是工艺技术上都有了飞跃性的进步。

1. 造型特征

此时青铜礼器占主导地位，成为青铜时代最主要的象征。其通常是成套的，表现了当时礼制的发展和国家机器的加强。商代早期的青铜工艺已经相当成熟，铸造水平较高，但传世品较少。

综合各地出土的器物来看，一般包括：鼎、大鼎、大方鼎、鬲、甗、簋、爵、管流爵、觚、斝、罍、提梁壶、瓠形提梁壶、中柱盘、盘等，涉及饪食器、酒器和水器等门类。较早的器类都比较简单，但是爵、觚、斝组合而成的一套酒器已被普遍使用。二里冈下层的青铜器，器壁普遍很薄，二里冈上层的青铜器，有的器壁已经相当厚重。此时期器物的体积也有所增大。

商代晚期·火蛇纹鼎

商代早期青铜器具有独特的造型。鼎、鬲等食器三足，必有一足与一耳成垂直状，在视觉上有不平衡感。鼎、斝等柱状足成锥状，足与器腹之所以相通，是因为当时还没有掌握对范芯的浇铸全封闭技巧。此时方鼎体形巨大，容器部分作正方深斗形，与殷墟时期长方槽形的方鼎完全不同。爵的形状继承了二里头文化式样，一律为扁体平底，流部狭而长。青铜斝除平底型的以外，还出现了袋足斝。觚、尊、瓿、罍等圈足器都有“十”字形大方孔，有的更在圈足的边沿，留有数道缺口，郑州和黄陂盘龙城都出土过这种实例。商代早期壶提梁类分为长颈小口鼓腹形和小口体呈悬瓠形两种，也有小口器颈不高且不设提梁的。

2. 花纹与装饰

一般胎质较薄、纹饰简单质朴，大多是宽线和细线组成的变形兽面纹，展现了二里冈时期青铜文化特点。此外这个时期纹饰的另一个特色就是多平雕，个别主纹出现了浮雕（如二里冈上层尊、罍等器肩上已有高浮雕的牺首装饰），所有的兽面纹或其他动物纹都不以雷纹为底。

商代早期的几何纹极其简单，有一些粗糙的雷纹，也有单列或多列的连珠纹，乳钉纹也在这时出现。商代早期青铜器纹饰的主体是兽面纹，以粗犷的勾曲回旋的线条构成，全是变形纹样。除兽目圆大，作为象征外，其余条纹并不具体表现物象的各个部位。兽面纹上、下常有圆圈纹作边框，方鼎左、右、下方有乳钉纹。

3. 铭文特征

铭文已有萌芽。郑州白家庄出土的一件铜罍，肩部饰有三个龟形图案，有学者认为是族徽文字。中国国家博物馆收藏的一件铜鬲上，有“亘”字，可认为是这一时期铜器上比较罕见的铭文之一。

二、中期（公元前 15 世纪中叶—前 13 世纪）

考古学上所观察到的商朝早期与晚期文化分布中心分别在郑州、安阳两地。但商朝中期考古文化的中心则较为分散，反映了当时政治的不稳定。“正中丁以来，废嫡而更立诸弟子，弟子或争相代立，比九世乱，于是诸侯莫朝。”（《史记·殷本纪》）

1. 造型特征

商中期青铜器除了生产工具和兵器外，容器的种类比早期有所增加，主要有鼎、鬲、斝、爵、觚、尊、盉、壶、瓿、卣、罍、盘、簋、豆等。爵尾虽然与早期相似，但流已放宽，出现的圆体爵是前所未见的。斝在空椎状足之外，出现了丁字形足，底多向下鼓出，平底已较少见。早期已出现的宽肩的大口尊在此时有较大的发展，出现像阜南的龙虎尊和兽面纹尊这样厚重雄伟的造型。早期体型较高的罍，在这时发展为高度较低而肩部宽阔的式样，故宫博物院所藏的巨型兽面纹罍为其典型。这时的圈足器上的“十”字形和方形的孔，与早期相比有所缩小。鼎、鬲类器比较突出的变化是一耳不再与一足对立，形成不平衡状，而是三足与两耳对立，成为以后所有鼎的固定格式，但这时浇铸芯范悬封的方法还没有完全解决，因而中空的鼎足还有与器腹相通的情形。商代早期从未出现的瓿这类器形，也是这个时期发展起来的，藁城的兽面纹瓿是其典型。

2. 花纹与装饰

此时出现用云雷纹衬底的复层纹饰，其设计和雕刻之复杂精细，是早期作品所无法比拟的。浮雕兽面纹也开始出现，但一般都比较圆浑，不似商晚期那般硬朗锐利。有的器体上开始用扉棱装饰，显得凝重雄伟。

纹饰分为两类：一类是二里冈期变形动物纹的改进，原来粗犷的线条变得细而密集。一般如平谷的兽面纹鼎和肥西的斝与爵，而阜南龙虎尊和嘉山泊岗的主纹兽面纹已经较为精细，圈足上的兽面纹仍保持了早期的结构和风格。第二类是出现了用繁密的雷纹和排列整齐的羽状纹构成的兽面纹。这类兽面纹往往双目突出。如果不是浮雕的话，无论是头像还是躯体都没有明显的区分。

3. 铭文特征

商代中期的铭文没有太大的发展，也是处于萌芽阶段，一般器物也没有铭文，但是在个别器上发现铸有作器者本人的族氏徽记，不过没有发现被祭祖考的日干之称。

三、晚期（公元前14世纪—前11世纪）

河南殷墟遗址、墓葬出土的青铜器是商代晚期的代表。从各地出土的青铜器来推断，青铜器冶铸业虽然是以王都为中心，但在各地奴隶主贵族统治下的都邑，也都设有大大小小不同的作坊。殷商后期是我国古代奴隶社会的鼎盛时期。此时手工业中的青铜铸造业有了更大的发展，从二里头文化上层青铜器基础上发展起来的殷墟青铜器，不仅品类较全、形式多样，而且在造型设计和铸造工艺等方面都有较大的突破和创新，达到了中国青铜器发展史上的一个新高峰。

商代晚期·兽面纹四足鬲

1. 造型特征

商代晚期从武丁后期至帝辛接近二百年的时期内，又可分为前、后两个阶段。

(1) 殷墟时期前段

殷墟时期前段以小屯238号墓、殷墟5号墓、小屯村北18号墓所出土的青铜器为代表，其他地区的以山西石楼二郎坡、桃花庄、后蓝家沟和湖南宁乡黄材等地出土的青铜器为代表。

新出的器形有方彝，高颈宽口椭扁体壶，敞口束颈椭扁扇体觯、觥等。方彝见于小屯 238 号墓。殷墟 5 号墓出土有“偶方彝”，偶方彝的外形似二方彝合体，内为一长方形槽。高颈宽口椭扁体壶见于殷墟 5 号墓，口宽而椭扁、颈较高、腹部膨大，颈两侧有贯耳，下有圈足，有的有盖，石楼桃花庄扁壶则有龙形提梁。此类扁壶风行于商代晚期的前段，到晚期后段就迅速消失。一种敞口束颈椭扁体觯见于殷墟 5 号墓，有的无盖，颈部收缩都不是很小，有宽狭不同的做法；器多小型，也有作中型的。另一种敞口束颈圆体似杯的觯，大约也在此时出现。上述两种觯在传世品中很多。觥有作鸟兽形和圈足的两类，全见于殷墟 5 号墓。鸟兽合体造型的觥，前足与后足不相同，如妇好觥前为虎后为枭的合体，司母辛觥前为怪兽后为怪鸟的合体。美国佛利尔美术博物馆有一前为虎头后为鸭形而平喙的兽禽合体觥。

春秋战国之交·鸟尊

新出的还有鸟兽形尊，如妇好鸟尊、湖南湘潭猪尊、醴陵象尊，都是前所未有的新形式。也有的设计成半容器半动物的式样，如双羊尊，中间是尊形，两侧为羊头，形状特殊。

春秋战国·鸭型尊

值得注意的是，方器在这时大为发展。殷墟 5 号墓出土的有方爵、方斝、方尊、方罍、方壶、方缶等等，而传世器中还有方觚、

方觯，几乎主要的酒器都有方形。从整体上来看，虽然方器是很小的一部分，但却是富有特征的器物。

中期的器类在本期内也有或多或少的变化，并且出现了一些新的式样。食器中鼎的变化较大，除了通常的式样外，新出现的形式有自器腰以上收缩、口唇外翻的鼎，这主要是中小型鼎；还有一种是容器部分很浅的柱足或扁足鼎。袋腹似鬲的柱足鼎，俗称分裆鼎，是此时期流行的新式样，前段的特点是袋腹较深。晚期前段的方鼎都是槽形的长方状鼎，柱足粗而偏短，也有扁足方鼎。柱足和扁足方鼎在殷墟5号墓中都有典型的式样。

甗在商早期黄陂盘龙城墓中发现有一例，之后再也没有见到过。晚期前段有较多的发现，均作甑鬲连铸形，甑体都大且深。口部的做法有两种：一种自口至腹都为直壁，口沿处有宽阔且加厚了的边条，如小屯188号墓出土的就有此种直壁甗；另一种口部侈大，殷墟5号墓有这类甗。前者大约主要流行于前段，后者成为固定的沿用式样。妇好三联甗分左、中、右置于一箱形的釜上，是一种比较特殊的形式，其他地方没有发现。

鬲这类器物不是特别流行，传世的有殷墟出土鬲，多为深袋足；安徽阜南月牙河出土的鬲，器颈处直而收缩，翻唇，亦深袋足。

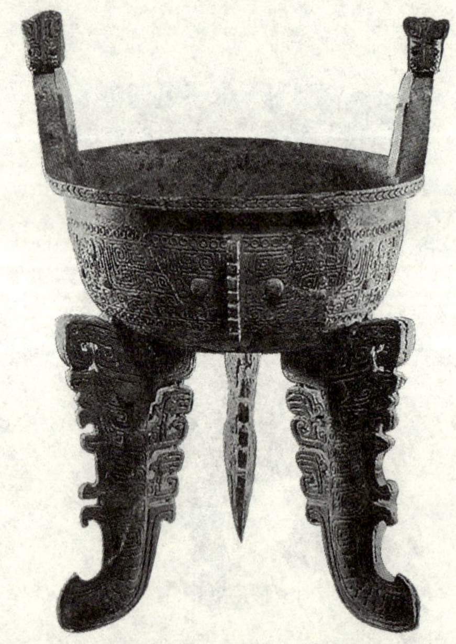
商代晚期·卧虎立耳扁足鼎

簋在早期的黄陂盘龙城墓中曾出土过一例，为圈足双耳。晚期前段出现了无耳簋，这种簋形体比例较宽，圈足直而往往有小方孔，口微敛而翻唇。殷墟5号墓及武官村大墓都出土有无耳簋，后者比前者上口翻唇的曲度还要大。无耳簋是在晚期前段较为盛行的式样，此时没有发现双耳簋。

爵、觚、斝仍是组合的酒器。扁体爵已大为减少，

圆体爵盛行。觚的造型为颈部向细长发展，喇叭口扩展。斝类器变化不太明显，比较突出的是斝鋬上开始有了较多的兽头装饰，三足有明显增高的趋势，同时出现了圆体和椭方体不分段的斝，前者如殷墟武官北地 1 号墓圆体斝，后者如小屯 238 号墓的椭方体斝。殷墟早期出现过的袋足斝，在晚期的前段又重新萌起。此时期内还出现了角，但很少，殷墟 5 号墓出土爵近 50 器，却未见有一角。

大型的酒器大口有肩尊和罍（瓿）的形体也有所变化。大口有肩尊，原来比例偏低的体型在这时有显著的增高趋势，有的圈足特别高，圆体的如殷墟 5 号墓出土的有司𣝧母尊，方体的如湖南宁乡出土的四羊方尊。但这种尊也只是流行于晚期前段，以后就逐渐减少。罍（瓿）这种器形可分为两类：短颈和无颈合口，后者主要是这一时期出现的，并且有的有盖。山西石楼后蓝家沟的百乳雷纹瓿、殷墟 5 号墓的妇好瓿及湖南宁乡出土的兽面纹瓿，都是极为典型的式样。但是罍（瓿）这种器类如同大口有肩尊一般，在商晚期后段基本上不再铸造了。袋足斜流半封口的盉仍有所发现，安阳侯家庄大墓出土的铸铭左、中、右三盉都是袋足方形盉，是一种形体较为庄重的祭器，但是袋足盉这类酒器也是愈来愈少了。

水器类盂是新出现的器形，如小屯西北冈墓出土附耳盂，上有铭云：“寝小室盂”，器壁侈斜，是为盥洗用器。殷墟 5 号墓有盂直口翻唇，有附耳，并有对称的两系。

(2) 殷墟时期后段

这一时期由于青铜器上的铭文有所发展，根据内容记载可确定一批标准器或非标准器。这些器有十五祀小臣俞尊、戍嗣子鼎、小子𢀛卣等，都属于帝乙、帝辛时期。

体似觚形的无肩尊和椭扁体卣是此时期新出现的典型器物。安阳大司空村 51 号墓的卣成组合出土；殷墟西区 43 号墓属于第四期，时代最晚，也出土有两觚形尊；小屯圆葬坑中有卣随葬。前段的宽肩大口尊和后段的觚形尊，前段的高颈宽口椭扁壶和后段的提梁壶卣似乎表现出了一种兴衰的交替。

双耳簋在这个时期很流行，但容器部分还是与以前的神似，形体基本上为敛口翻唇形和敞口似碗形两种，双耳在口沿处下方，且有垂珥。有一种粗大双耳发达近口部或高于口部，并有长垂珥的簋，出土更晚，无耳敞口簋仍继续使用。这一时期簋的圈足有增高的趋势，有的圈足下缘做出一道宽阔的边条以增加其高度。圈足上开孔的现象已基本消失。

2. 花纹与装饰

商代晚期·风纹牺觥

商代晚期的青铜器纹饰最为发达，样式和种类也比中期的丰富得多，在艺术装饰方面呈现出高峰，与青铜礼器的高度发展一致。

此时，器物纹饰丰富多彩、繁缛富丽，以兽面纹和夔纹为主，还有鸟纹、象纹、蚕纹、蝉纹等。兽面纹饰只是纹样结构规格化的形式，所表现的物象很多。此时的装饰特点是集群式，以多种物象或作主纹或作为附饰布满器身，甚至视线所不及的器物底部也有装饰，有的一件器物上有多达十几种动物纹。商代晚期前段兽面纹中间的鼻准线，有的不接触下阑底线，兽吻常连成整体而中间不隔开；后段的兽面纹往往由于兽鼻尖通到下阑底线而被分割为两部分。

就表现手法而言，商代中期纹饰的形体基本上还有象征性，除了炯炯有神的双目外，其余部分即使是较精细的图像，也是主干底纹不分、轮廓不清。商代晚期动物形象比较具体，有的甚至还带有写实感，纹饰主干和底纹明显地区分开来。底纹通常是繁密的细雷纹，与主纹构成了强烈的对比。

纹饰的主体采用浮雕的现象很普通，同时采用平雕和圆雕相结合的手法，层次更加细腻丰富。有的浮雕表现出几个层次，而且一个层次做成一面高的坡形，这种层叠式的浮雕被称为“三层花”。

3. 铭文特征

这一时期的铭文有鲜明的时代特色，表现在以下几个方面：表示人体、动物、植物、器物的字，在字形上有较浓的象形意味。以人体形象的文字为例，头部常作粗圆点，腿部呈下跪形状，这是一种美化手段，是郑重的表示；绝大多数笔画浑厚、首尾出锋，转折处多有波折。字形的大小不统一，铭文布局也不齐整，竖画虽然基本上成列，但横画却不成排。

这些铭文反映了当时社会的家族形态、家族制度与宗教观念等重要问题。虽然对此已经有很多人做过研究，但其中一些深刻的内涵仍是人们无法确知的，在今后的金文研究中仍然是非常重要的课题。殷代青铜器中也有少数有较长的铭文，但时间已到了殷代晚期。这些较长的铭文内容多涉及商朝晚期的重要事情、王室祭祀活动、王室与贵族关系等，其中铭文中一些字词的含义，以及所反映的一些当时制度的状况，迄今仍是研究的薄弱之处。

第四章

西周青铜器的发展

西周时期是中国古典文明的全盛时期，其国家政治形态和文化制度对中国历史的发展产生了广泛而深远的影响，因此众多周代的考古发现成为我们领略周代典章制度及其演进的桥梁。

第一节　西周青铜器概述

商朝的统治最终在社会矛盾的浪潮冲击下崩溃，被周朝所取代。青铜器工艺的中心也随之转移到西周建都的陕西关中地区。西周的青铜文化是在晚商青铜文化的基础上发展起来的。周人得到了殷商的工艺匠人和先进的冶铸技术，使青铜铸造业迅猛地发展起来。随着政权的巩固和礼制的不断加强，周人在全面继承殷商青铜工艺优良传统的基础上，在器类、器形、纹饰和铸造工艺等方面不断进行改造和更新，创造出精美的艺术瑰宝，把青铜文化推到了最鼎盛时期。

西周早期的器类、器形和花纹大都是沿袭商代晚期的风格。这是因为周灭商前，先周文化虽然已经跨入青铜时代，铸造技术达到一定水平，但还远不如殷商的青铜铸造业发达。到目前为止，周原和丰镐地区还没有发现一件艺术水平很高的先周青铜器。

从传世和出土的周初青铜器来看，情形比较复杂，这其中混杂有相当一部分商器，有的甚至是商代中期的青铜器。周灭了商朝之后，把商朝的奴隶主及其所占有的奴隶分赐给自己的大贵族，商人的许多宝器也被分赐给周朝的奴隶主贵族，因此有大量青铜器落到了周人的手中。至今周初墓中仍然可发现部分商器，其原因就在于此。灭商之后，周人接收了青铜铸造工业和工艺奴隶，生产为周人服务的手工业产品，在一段时期内还是原来的模式，因此出现了一批商制周铭的青铜器。因而在讨论周初的青铜器特征时，必须与铸有周初铭文的器物结合起来。对于时代界限模糊的器物，有些著作称之为“殷周式”，或定为商末周初。

青铜器经过近百年的发展，在西周中期已经达到一个全新的阶段，早期青铜器上商代特点逐渐被全新艺术所代替，这主要表现在青铜器的造型设计、纹饰构图等方面。在器型方面，西周中期酒器迅速衰落，爵、觚、觯、觥、瓿等逐步消失，鬲的种类不断增加，写实风格的鸟兽樽十分流行，而且式样活泼。在西周中期陪葬品特别是青铜器的组合有着严格的要求，如在贵族的礼器中鼎、簋成组成套。在纹饰方面，从西周中期青铜器的装饰艺术以朴实无华、简洁明快为趋势，商代流行的兽面纹已经不再作为主题花纹了，中期纹饰布局以条带状的二方连续为最多，通体满饰的情况极少，在纹饰的表现手法以平雕为主，浮雕较少。

西周晚期青铜器的种类与中期大体相同，礼乐器主要有鼎、簋、鬲、簠、壶、盘、盉、豆钟等，但是造型和纹饰十分简朴实用，而且逐渐发展为定型化、程式化。西周晚期的纹饰构图简洁，刻画刚劲有力，但是种类比中期有所减少。这时鸟纹已经消失，雷纹开始蜕化，波曲纹在所有纹饰中占有绝对优势。总的来说，西周晚期的纹饰相对呆板单调，艺术欣赏价值远远不如商末周初时期了。

总体来说，这段时间青铜器的特点为技术成熟，数量有所增大，但纹饰退化。早期常见的食器有鼎、鬲、簋、盂；酒器有觚、爵、觯、觥、尊、卣、方彝、壶；水器有盘、禁；乐器有钟。从中期开始，造型、纹饰、铸造略显得简单，一些器型大量减少或消失。晚期的种类和中期差不多。长篇铭文始于西周青铜器，如大盂鼎、大克鼎不仅器物形体宏大，而且铭文多达 290 余字，是研究古代历史的重要资料。在历史上，西周青铜器以长篇铭文、精湛铸工、华美风格，为华夏文明树立了丰碑。

第二节　西周青铜器分期

一、早期

西周早期是指武、成、康、昭四王大约70余年的时间，此期间的青铜器大都因袭商代晚期的风格，同时在器类和造型设计上有一些新的增损和改进。在铸造铭文上形成了西周自己的风格。周初铭文有着丰富的政治内容，体现了朝代更替的背景，同时也说明了周初文化的着眼点。

1. 造型特征

食器有鼎、簋、鬲、甗、豆；酒器有尊、卣、爵、觚、觯、觥、斝、方彝、壶、斗、禁；水器有盘、盉、壶、盂、盉（本为酒器，此时也演变为盥洗器，与盘配合使用）；乐器中铙消失，甬钟出现；兵器除有戈、矛、镞、胄，还有一些新出土的勾戟和短剑。总之，可以确定为西周早期的重要青铜器有很多，如武王时代的天亡簋、利簋等，成王时代的小臣单觯、何尊、保卣、保尊、德方鼎、献侯鼎、康侯鼎等，康王时代的盂鼎、小盂鼎、鲁侯狱鬲、旅鼎、厚越方鼎等，昭王时代的旂尊、旂觥、旂方彝、令簋、令方彝、召尊、召卣、小臣宅簋等。

西周早期几乎没有新器形，但在沿用的器物中也有一些值得重视的变化。

这个时期，圆鼎的造型均为柱足，但不如商代的粗壮，有的足根还附饰浮雕兽面。这种兽面柱足鼎最早见于商朝末年，西周早期它的形制更加成熟，特别是大型鼎，如大盂鼎就是其代表。早期后段，圆鼎的下腹开始向外倾垂，这种变化是一种时代风格，同期的尊、

西周早期·鲁侯熙鬲

卣、觯、簋许多器类都受其影响。方鼎腹变浅，双耳略侈，柱足较细，已经没有了商代晚期时的那种凝重的感觉。此外，早期还出现了附耳鼎。分裆鼎在此时更加流行，但分裆变浅，袋足流于形式。

鬲的形制以立耳束颈式为主，早期鬲腹趋向外鼓，柱足较矮，分裆较低或裆部变平分裆不明显。周初鬲腹较深，分裆明显，其后鬲腹变浅，柱足细。此外还有一些特殊形制，如附耳袋足鬲，斜沿立耳鬲和无耳平沿鬲。鬲的口沿一般等于或大于腹径。

甗以连体式为主，甑部较商代变浅，鬲部加高，甑、鬲宽度相近，整体趋于稳重。早期还出现了椭方形复合式甗，整体由上下两器组成，上器是侈口附耳或兽首耳的椭方形甑，下器是一个附耳方鼎，二者以子母口套合。

西周晚期·虢仲鬲

簋的变化比较大，数量增多、式样也有所翻新。侈口鼓腹双耳的商代晚期簋继续流行，但兽耳多变化。最具特色的高足簋、四耳簋、方座簋出现。所谓方座簋，就是将簋体和方禁连铸在一起，武王时期的天亡簋、利簋都是这一形制的代表。成康以后，乳钉纹无耳簋消失。

尊此时流行筒状、三段式的觚形尊，腹与圈足所占比例相当，口径略大于腹径，圈足下通常有宽边条。制作精美的通体铸有四条扉棱，纹饰华丽。商代晚期流行的宽肩大口尊这时已消失。早期后段，尊腹下移，圈足变矮。

卣的造型仍然沿用商代晚期的式样，盖钮全为花苞形，有的提梁作扭索状，梁的两端没有兽头。从成王开始，提梁两端铸有兽头的扁体卣大量流行，精美的通体也有四条扉棱。此期后段，盖钮大多变成圈状，兽的两端出现了“犄角”，器体逐渐趋于低矮。这时提梁卣往往是成对出现，一大一小，形制、花纹、铭文相同，这种大小相配的形式在商代从来没有出现过。

爵均为卵形腹，流窄而长，前端高于后端，一侧有鋬，流与柱口之间有柱。此期后段，爵鋬由扁平变为圆浑，平底浅腹式爵已消失。

觯以圆体型为主，此期前段觯颈较短，圆鼓腹；后段觯颈修长，腹变小而下垂，圈足外侈。

觚的式样有两种：一种沿袭了商代晚期的风格，但腰部变长，一般没有棱脊；另一种是新出现的，有很细的腰部，状似喇叭，纹饰只施在圈足。

平底斝、罐式斝均已消失，斝仅存高领分裆式一种。觥是方体的，折方彝腹壁变得较曲。

2. 花纹与装饰

西周早期的青铜器纹饰，绝大多数是商晚期的式样。兽面纹没有什么变化，但角型中多内卷角、牛角，也有少数其他的角型。有一种长垂角的兽面纹，为晚商所未见。周初具有时代特征的纹饰是蜗体或卷体有触角的兽纹，武王时代的天亡簋、泾阳高家堡周初墓出土的一组青铜礼器都有这种奇异的纹饰。但是天亡簋上这类纹饰的图形已经发展得相当成熟，因此不能排除在先周或商晚期出现这类纹饰的可能。

凤鸟纹有所发展，如望方鼎、仲子觥等，都有西周早期典型的凤鸟纹饰。商代晚期已有一定数量的大鸷鸟或凤纹为装饰，但西周早期的凤纹显得更为华丽，数量也更多些，其他种类的鸟纹也比商代的鸟纹多。

3. 铭文特征

西周早期青铜器的发展最有特色，表现为大量长篇青铜器铭文的出现。一般铸有数十字铭文的青铜器均属常见，远远超过了商代晚期，体现了商周两代文化差异。商人的宗教意识很强，把青铜器作为单纯的祭器或礼器，只是到了末期才略有改变。周人却不同，他们也以青铜器作为庙堂的宝器，但却是凭借青铜器上的铭文来宣传作器者个人和家族的荣誉、地位，而这种荣誉和地位常常与政治事件紧密地联系在一起。西周早期青铜铭文内容多以灭商建邦、平乱、分封、方国征伐、巩固统治种种事件或政务活动为背景。考古发现说明，周人在灭商以前就已经有发达的文化。1976年陕西临潼出土利簋，此簋上为盆形，双耳有珥，深腹，下有方座，通高28厘米，口径22厘米。由上面的铭文可知，此簋铸于牧野之战后的

第八天，为武王的右史利为纪念受王赏赐而作，其上铭文为研究西周初年的历史提供珍贵的史料，是我国西周考古的重大收获。

二、中期

西周中期是指穆王至夷王阶段。穆王时期，青铜器各个方面出现了急剧的变化，和西周早期的情况形成了明显的分界，是一次革命性的转变。它打破了商代以来的陈旧模式，开辟了青铜文化的新天地。在器物的造型设计和纹饰结构方面有许多新突破，特别是它基本上放弃了青铜器纹样对称构图的规律，把形象图案变为抽象的纹样，大量采用比较自由的连续构图方法，使得装饰图案产生较为活泼的效果。这种变革是意识形态变化在青铜艺术上的一种反映，它为以后春秋战国青铜艺术的进一步发展，创造了良好的条件。

1. 造型特征

西周中期 · 墙盘

这一时期青铜器的形制和纹饰，出现了许多新的式样，但同时也保留着原有的传统式样。这个特点在穆王、共王时期尤其明显。懿王、孝王以后，青铜器的传统式样虽然渐渐淡化，但在一定程度上还保留一些旧时的痕迹。可确定为西周中期的青铜器很多，但具体到某一器物属于哪个王世的推断存在一定的争论，但从这些器的一般特征来看，应该处在中期范围之内这是不容质疑的。穆王时的重要青铜器有长由盉、通簋、刺鼎、班簋、静簋、丰尊、丰卣等。共王、懿王时的重要青铜器有三年卫盉、五祀卫鼎、九年卫鼎、墙盘、九年乖伯簋、十二年永盂、十五年趞曹鼎、廿年休盘、师遽簋、师遽方彝、效卣、元年师虎簋、二年王臣簋、二祀趩尊、二祀吴方彝、牧簋、望簋、史免器群等。孝王、夷王时有师晨簋、师兑簋、师俞簋、五年谏簋、大克鼎、小克鼎、大克盨等。

鼎类器的器形比较复杂，存在着新旧两种形制。如共王时代的两具趞曹鼎，其中七年趞曹鼎是器腹低垂的柱足鼎，这种鼎在西周前期是非常常

见的，昭王时代的师旂鼎就是这一形式；十五年趞曹鼎是器体宽大而浅的垂腹附耳鼎，是新的形式。此时柱足或兽蹄足的垂腹鼎，无论是大器或是小器，和西周早期相比，体宽而器腹较浅，这种情形大约出现在昭穆之际，以后成为盛行的式样。这个时期较晚时还出现了一种鼎：形如锅壮大敞口圜底兽蹄足鼎，称为盂鼎。

簋类器中，通簋做弇口扁圆体，环耳，圈足下又有三柱状足，全器作平行横条状，是新式样。弇口平行沟条纹的环耳簋，此后非常流行，如乖伯簋、豆闭簋和师虎簋等器体，都由通簋的基本形状发展而来。西周中期簋类器的形制显示了新旧交替中新的式样最终完全取代传统式样的过程。

西周中期・刖刑奴隶守门鬲

酒器中筒形长颈兽头环耳的大腹壶，出现于懿、孝时期，按这类圆壶基本形式设计的方壶，也出现在此时。这两类壶在以后很长的时间里一直盛行。另一种宽颈、垂腹的圆角方壶也有发现。

尊类器的形制基本也是旧式的。敞口深袋低圈足的尊主要流行于这一时期的前半段，效尊、丰尊、启尊、免尊等都属于这一类。具有时代特征的方尊，如日已尊和盠尊，后者如方彝一般，也有双耳。

饮酒器中爵的遗存很少，但欣喜的是这时出现了三种饮酒器，一种是形如无提梁的小卣形器，一种是腹圆似杯的小觯形器，另一种是深垂腹小尊形器，均铭为饮壶。罍没有根本的改变，不论是方罍还是圆罍，形体略为偏低。

水器中的盥器在西周早期以盘盉组合。盉可用于盛放水、酒等。共王时代始有匜这种水器出现，但铭称“旅盉”，所以有一部分盉的作用同于匜。曲阜鲁故城西周中期墓发现有仲齐盘匜组合，但另有一梨形大壶，小口有盖，体部上下有系，铭曰“戎壶”，实为汲水的大壶。

乐器在此时也有了很大的发展。扶风竹园沟西周早期墓葬中发现了三枚甬钟成编，这是迄今发现的最早的编钟。经过实际测验，现存的西周钟都没有商音，这是当时音律的特点。

2. 花纹与装饰

西周中期的青铜器纹饰与早期的相比变化很大，与晚期所使用的纹饰相比有一些相似之处。中期纹饰带有一些过渡的痕迹，是传统纹饰的变化、消失和新纹饰产生的并行时期。概括起来表现在三个方面：

（1）删繁就简，陆续地淘汰了不少西周早期的纹饰。

（2）保留的传统纹饰，在此期发生了剧烈的变形，如兽面纹、兽体变形纹之类。

（3）产生了一些新的纹饰，如波曲纹之类。

兽面纹逐渐衰退。班簋上的主纹兽面纹已经开始简单化，但基本上仍然属于西周早期的式样；卫簋、日已方彝、蔡姬尊等所饰是比较粗糙、稀疏、多少有些变形的大卷角兽面纹，这类纹饰多不施雷纹底。兽面纹进一步变形为更简略的对称构图，这时的目纹已蜕化，变得可有可无了。这样的变形是在同一时期内出现的，最后一种变形兽面纹在此后流行最广。

凤纹是西周中期具有特征性的纹饰，虽然西周早期已经有一定数量的凤纹，但在穆、共时代达到了高峰。效卣、丰卣、静簋、孟簋等许多重要青铜器，都饰有当时最为流行的大凤纹，都呈现对称回顾形排列，有长而华丽的冠或分冠，喙大部分作蜷曲形。此类大凤纹至懿、孝时期的青铜器上已经不多见。

长尾鸟纹也是西周中期鸟纹中使用较多的一类，鸟尾的长度常为鸟体的 2—3 倍，而且它延长的部分多与鸟体分离。一些簋类器皿常用这种分尾的长尾鸟纹作为主题，而且线条粗犷简单。

长冠或花冠的回顾龙纹，也是这时期的主要纹饰之一。这类纹饰较为具体的形象见于西周早期的匽侯盂，兽头有长的花冠，分尾，体似鸟而非鸟。

错位变形已经成为西周中期纹饰发展中极为重要的一个特点，其主要体现在以下三个方面：一是波曲纹，二是横行的“S”和“C”形结构的动物纹，三是鳞带纹。

3. 铭文特征

关于西周中期的铭文，除了穆王晚期一些作战的铭文以外，多为册命的记录，并渐成套子，内容上多为封官、世袭等事。贵族社会的一些现象，如换田的批准，诉讼的胜利，以及追祖考的追孝等都有反映。“子子孙孙万年永宝用”之类文辞始流行。只有极少数铭文后铭有族氏名号。

三、晚期

西周晚期指厉王、共和、宣王、幽王等100多年时间，此期间青铜器的种类和形式减少，造型和纹饰都比较简朴实用，且趋于定型化、程式化。经过西周中期新旧交替和转变的过程，西周晚期的青铜器无论从形制上还是从纹饰上都是中期的延续，但是已经没有中期那样交错复杂的情形了。这时出现少量新的器形，但整体的变化不大。

1. 造型特征

从总体上来看，西周晚期的青铜礼器，在形制上没有突出的变化，品种也很少，基本上处于停滞的状态，但仍然有一些小的改变。

西周晚期的鼎，流行样式有两种：一种是沿用中期的垂腹鼎，如禹鼎、史颂鼎等，其形制如同大、小克鼎；另一种是盂鼎。这两种鼎都是兽蹄鼎足。盂鼎在这一时期内发展得较快，是具有典型意义的器形。鼎腹还可分为深、中等、浅三类。

西周晚期的甗仍是圆体和方体两种。前者的甑部较低且宽大，后者逐渐流行起来，如伯硕父甗、叔硕父甗等都是方甗。

西周早期·荣簋

酒器中的壶仍如中期的长颈垂腹和方壶，方壶似乎有一定的发展，如颂壶、梁其壶壶盖均为莲瓣形，是西周晚期出现的新式样，到春秋时代很流行。还有一类款足盉，足肥而短，小口有盖而宽肩，有鋬可执，或自铭为鎣。

2. 花纹与装饰

西周晚期的纹饰构图简洁而又疏朗，刻画粗壮而有力，种类上较中期减少了一些，从艺术欣赏价值来说已经远超过商末周初。最常见的是波曲纹、横行“S”和“C”形的变形兽纹、鳞纹。有些重器素面不施加纹饰，但是器物的突出部分仍保持装饰的具体形象，如簋耳、匜鋬之类，这主要是因为主体的形象很难变形和做得抽象。这一时期的雷纹蜕化，鸟纹销声匿迹，立体动物附饰也不发达。此外还有弦纹、双头夔纹和蟠蛇纹等。龙体交叠的纹饰的出现仅限个别器物，如颂鼎的交龙纹。

3. 铭文特征

本时期内有较多的长篇铭文，内容上多为格式化的廷礼册命。有关战争、土地狱讼等方面的内容较多见。宣王时出现了最长的西周金文毛公鼎铭，长达499字的铭文，记述了宣王对毛公的诰命。除此之外，本时期的铭文末尾多有套辞，“万年无疆”之类的辞句较为盛行。本时期还有许多器铭属于韵文，也是非常有特色的。这时的铭文布局工整规范，横成行，竖成列，在少数器铭拓本上可看到清楚的长方格，这表明当时在制范时采用了先画格后按格作字的方式。本时期的字形特征较明显：一是普遍呈长方形，字形的大小相近；二是笔道绝大多数为细劲均匀的线条，仅个别字，如“天”字上一横，“旦”字下一横有呈圆点状的，“丁”字仍多写成圆点，即“玉箸体”。由于字形典雅，行列整齐，使得本时期的铭文总体上显得庄重、肃穆。如上文所说的“玉箸体”实际上起源于西周中期末叶，但在本时期才盛行开来。如夷王时的史颂鼎铭文，夷王或厉王时期的大克鼎铭文等。

第五章

春秋时期青铜器的发展

中国青铜文化

随着周平王的东迁，历史进入了东周时期，此时又分为春秋和战国两大阶段。东周时，周王室衰微，不再有力量来控制各个诸侯，这种政治力量对比的变化和诸侯各国经济文化的发展，直接影响了青铜铸造业的发展：列国铸器增多，但周王室铸器却数量减少且质量下降。春秋战国时期是我国历史上大变革、大动荡时期，思想活跃不仅带来了科学技术和生产力的巨大发展，也造成了文化艺术上百花齐放的繁荣景象。

第一节　春秋时期青铜器概述

周王室衰弱后，列国竞相发展自已的势力，出现了国内卿大夫室家逐渐兴盛的政治形势。代表各地区文化的青铜器在此基础上高度发展，它新颖的器型、精巧富丽的装饰风格和卓越的范铸技术，反映了当时中国青铜器新风格的崛起。

青铜工艺在春秋早期承袭了西周晚期的一些特点。到了中期以后，随着社会制度的剧烈变革，青铜工艺从内容到形式都发生了巨大的变化，变化表现为：原王室的器变为各诸侯自铸的器，诸侯国青铜器占据当时青铜器的主要地位，或成为社会的商品；原来的“礼器”变为了士大夫阶级生产享用的器，或成为象征个人财富的财物。为了满足社会新兴势力钟鸣鼎食的奢侈生活需要，青铜器的制造加强了实用性。在纹饰上，商、周以来的兽面纹、夔龙纹等纹样，变为华丽的、富有生活气息的图案；在造型上，由庄严厚重变为轻巧多样。春秋时期的青铜器主要是各诸侯国及各国内卿大夫所制，因此这一时期的金文多反映了诸侯、大夫的社会活动及其典章制度，无论是内容上还是形式上都表现出了浓厚的地域性特征，就此形成了前所未有的丰富多彩的局面。

第二节　春秋时期青铜器的分期

一、早期（公元前770—前7世纪上半叶）

春秋早期青铜器形制仍然是西周的体系，但是也有很多的变化。王室和王臣的青铜器急剧减少，诸侯国的青铜器占据主要地位。陕西宝鸡太公庙村发现的秦武公甬钟和钮钟（公元前697—前678年）是为标准器。河南三门峡上村岭虢国墓地的发掘较为重要，其中自七鼎至一、二鼎等四个级别的数十座墓葬出土的青铜礼器，有相当一部分是春秋早期时的器。陕县太仆乡出土的一批青铜器，也是典型的春秋早期的器。新郑的春秋墓葬很多。早期的曾国的墓葬个别有所发掘。山东曲阜鲁故城曾发现过几座春秋早期的墓葬。关中地区秦公园陵北的八旗屯秦墓，春秋早期的随葬器物与上村岭虢国墓地基本相同。迄今为止，这一时期所发掘的都是中小型墓。湖北随县所出土的曾伯文簋和曾伯大父簋等器，均为春秋早期的铜器。

春秋早期·蟠龙方壶

1. 造型特征

这一时期的青铜器的形制虽然是承袭西周晚期体系，但是也出现了几种新的器形。首先出现的是盆，传世的如曾大保盆。考古发现的有鲁故城201墓的一式盆、陕县太仆乡的日夭盆等，而在西周晚期的墓葬材料中，却没有见到有出土过这类青铜盆的明确记录。其次是椭杯的出现，这是一种横向两侧有耳的长圆形杯，其较深的有

的称其为铆，如蔡大师铆。称为舟（即尊彝的器座）的器，实际上是一种饮器，山东曲阜鲁故城春秋早期墓中都出土有数件此种器。一种很多见的狭颈、宽肩、深腹的平底扁壶，大约也出现在此时，大仆乡器群中就出土有这样的壶。春秋早期的罍和罏，大都颈短、宽肩而器体较低，与西周晚期器体偏高的有较大的区别。

2. 装饰与花纹

春秋早期的纹饰与西周晚期的较为相似，但是也存在微小的变化，即出现了龙类相交缠的纹饰。前文已经提到过，颂壶上已有交龙纹出现，上村岭虢国墓地也出土有这类纹饰的青铜器。春秋早期交龙纹与其他纹饰一样都显得粗糙稀疏，可能是春秋早期中较晚的新式样。

3. 铭文特征

春秋早期因与西周较接近，因此此时列国金文都在不同程度上保留有西周晚期金文的一些特征，在文字结构及书体上都有体现。其中，尤其一些重要的诸侯国的金文与西周晚期的金文更为形似，文字呈长方形，端庄凝重，布局较整齐、规范。如晋姜鼎、齐侯匜、鲁伯厚父盘、曾侯簠等等。春秋早期的秦国金文在字形结构、风格上与西周晚期虢季子白盘铭文非常相近，这可以从 1978 年宝鸡太公庙出土的春秋早期偏晚的秦公镈铭文与虢季子白盘铭文相比较得知，说明秦国文字继承了西周晚期王纤地区内西部区域的文字特征。但是此时期的列国金文也呈现出与西周晚期金文一定的差别。

春秋时期·蟠蛇纹簋

二、中期（公元前 7 世纪上半叶—前 6 世纪上半叶）

青铜艺术在春秋中期呈现出新的面貌，铸造技术精湛，出现了一些器皿上的观念更新。

1. 造型特征

传世的秦公簋，铭记其先世有十二公，此十二公是从秦仲算起，到十三世制作器的为秦康公（公元前 620—前 609 年），秦公簋的形制仍然是春秋早期式样，但是其纹饰已经是较为繁缛而重叠的卷龙纹或交龙纹了。

春秋中期的青铜器与西周中期的青铜器有某些类似的地方，即具有早期到晚期过渡的特点。

盂鼎类的器盛行时，除了沿用圆底的兽蹄足或垂腹的兽蹄足常见的式样外，还出现了浅腹平盖的盂鼎。双耳弇口的盖簋仍然继续流行使用，但是器体上的横列沟条纹有的已经不再采用了。盨已经不再出现，但簠仍然在继续流行使用，器形上有所变化，在口上另外竖一道宽阔的边。食器中敦的频繁出现是一个较大的变化，这时的敦有三小足和圈耳，盖可却置，还没有发展为上下对称的形式。敦这种器物是之前很少见到的。这一时期的壶类出现一种器口较宽的短颈壶，沂水刘家店子春秋墓的公铸壶、信阳平桥春秋墓的樊夫人壶等，都是这类器形。此外，甗形盉也有个别的发现。

在国君级的墓中出土过成组的甬钟，也出土过平口的钮钟和铃钟，在此时出现的还有錞于。

2. 花纹与装饰

春秋中期的青铜器纹饰也存在着新旧交替的情形。“∽”形与“U”形的变形动物纹、波曲纹等继续流行使用，但是已逐渐改变了粗犷的风格，显得愈益规矩和精丽。在上述纹饰的基础上进一步发展为重叠的或相交的环形交龙纹结构，并且由早期抽象的、甚至首尾不辨的动物纹，重新恢复龙或兽的具体形象。首、角、目等各部分越来越清楚。但是，变形的动物纹并没有完全消失。本时期新出现了较为复杂和繁密的四方连续动物纹，如秦公簋、黄君孟鑷等不少器上都布有这类复杂交缠的纹饰。春秋中期的纹饰在结构上虽然有新的式样，但在技巧上还不是精工细作，因而仍然具有某种粗犷的风格。

3. 铭文特征

此时期处于春秋早期与晚期的交替阶段，铭文与春秋早期的铭文差别不大，细节也可以参考春秋早期的铭文。

三、晚期（公元前6世纪下半叶—前476年）

春秋晚期已经进入了铁器时代，新兴地主阶级开始取代奴隶主阶级，他们的代表人物逐步取得政治优势，并进行了社会改革，新的生产关系适合于生产力的发展，从而促进了社会生产的高涨。从当时遗存的各种诸如玉雕、漆器、原始青瓷、纺织品等制造工艺的水平来看，的确有了很大的提高，青铜铸造业并没有由于青铜时代的终结而走向衰落，反而为整个生产发展的需要注入了新鲜的血液。春秋晚期的青铜铸造业在生产技术、艺术水平和器物种类等方面，都呈现出了崭新的面貌，在青铜器的发展史上形成了第二个高峰。

这一时期在山东地区的标准器物有齐洹子孟姜壶、邾公华钟；在江汉地区的有楚王领钟；在中原地区有句敌夫人簠；在安徽、江、浙地区有蔡侯申器群、蔡侯产剑、吴王光鉴、吴王光戈、吴王夫差御鉴、吴王夫差剑、越王勾践剑；在山西地区的有浑源李峪村器群、赵孟介壶等。

春秋晚期·虺纹簠

1. 造型特征

春秋晚期的青铜铸造业在生产技术、艺术水平及器物的种类等许多方面，都呈现出了崭新的面貌，在青铜器发展史上形成了第二个高峰。

鼎开始以组合的形式出现，在造型和器腹的大小比例方面有所变化。

食器中的簋，传统的式样已经非常少见了，但是在诸侯的礼器中还是可以看到某些旧式的方座簋，当然在造型风格方面也需要适应于同一组合的其他器物，与旧的不全相同，典型的有蔡侯申方座簋。簋的数量总的来说减少得很多，有的地区在中期已经没有人使用了。

敦开始普遍使用。它在南方地区已经发展成为“西瓜敦”，器形上类似圆形的瓜，中间剖开为两半，下承三足，上盖有三环形的兽钮。也有的上下一致，都有三足。这两种敦在寿县蔡侯墓中都有出土。

簠仍然还在使用，口沿的一周边往往很宽，圈足中凹陷处常做成无花果叶子的边缘状。蔡侯墓所出土的簠和传世的许子妆簠，都属于同一形制。从此以后，簠的器形很少再发生变化。

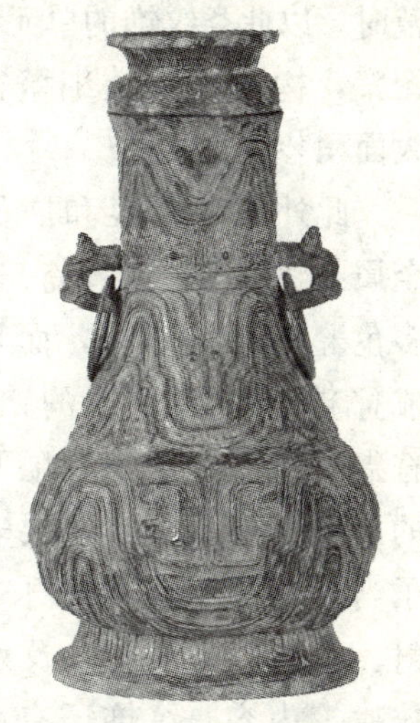

西周中期·波曲纹壶

酒器壶大多是高颈，腹或方形或椭圆形，兽耳衔环，有的圈足下附有怪兽或龙，典型的如新郑莲鹤方壶、蔡侯墓莲瓣方壶等，这种壶只有大型墓才有随葬。另一类低体鼓腹圈足壶，器体较高，最大直径约在器的中部，多兽耳和莲瓣盖，肩部略瘦或稍呈丰腴，典型的如赵孟介壶和浑源的鸟兽龙纹壶。

这时酒器出现的新式样是尊缶和提梁盉，缶的器形呈酒罋状且直颈有盖，两侧有系或有链耳。蔡侯申墓中所出土的铭为尊缶，晋栾书缶也属于同一种式样。

酒器尊从西周晚期至春秋早、中期没有出现，在春秋晚期的蔡侯墓中，出土了数件觚形圆腹尊，圈足很高，形体上模仿了西周的觚形尊，且其腹部鼓出呈圆弧状。

盥器发展为鉴、盥缶、盘、匜、盥鼎等。此时出现大型的水器，盥缶没有颈，口有复盖，肩宽且器大，旧称为罍，由蔡侯墓此类器之铭，才得知为盥器。

青铜乐器编钟主要是甬钟、钮钟、铃钟和平口钮钟，其他的青铜乐器如钩镙、钲、镎于等在长江中下游地区较为盛行。

2. 花纹与装饰

春秋晚期是青铜器纹饰发展的又一个高峰，纹饰种类繁多，在风格上总的来说倾向于追求精丽细密，以繁缛为美，而且具有极高的艺术水平和审美价值。春秋晚期流行的青铜器纹饰主要有蟠螭纹、蟠虺纹、羽纹（波浪纹）、贝纹、垂叶纹等，以前流行的饕餮纹依然被保留，但狞厉色彩已经消褪而更富于装饰趣味。其中蟠螭纹、蟠虺纹这两种纹饰多由两条或数条螭龙纠结而成。

春秋晚期装饰手法的创新和新纹饰的产生与铸造技艺的发展同步。例

如：精细的蟠虺纹、羽纹的广泛应用就与印模法的推广有直接关系。在制范时，以此类纹饰的单元纹样上下左右相联，打印成二方连续或四方连续图案，构成异常精细繁密的大面积装饰花纹。

春秋晚期·齐侯盂

此外，错金银和嵌异色金属技艺的流行，不仅造成多色彩的装饰效果，而且促成狩猎纹等新纹饰的产生。狩猎纹是一种新出现的写实的人和动物纹饰，主要表现了当时贵族生活的宴乐、习射、采桑、弋射，以及水陆攻战等内容，纹饰还有简单的环境描写，更突出了写实的风格。

3. 铭文特征

春秋晚期青铜器上的铭文，主要以山东地区诸侯国和长江中下游地区诸侯国的为多，中原和三晋地区的很少。这时遗存的铭文内容，以记载显彰器主本人的世家、地位和身份，及自诩品德之美为内容的自作用器居多，铭辞或长或短，大体上有一定的格式，记载婚媵的铭文也不在少数。铭辞除诸侯或主要的卿大夫之名可与史籍相印证，及部分有史迹可资考查之外，涉及史料的内容并不多，这是由于青铜器的社会功能因时代的不同而有所改变的缘故。

第六章

战国时期青铜器的发展

战国时期是史学家对春秋之后、秦灭六国之前的历史时期的称谓，是我国继东周列国以来的又一个诸侯割据的时代。据统计，从周元王元年（公元前475年）至秦王政二十六年（公元前221年）的255年中，有大小战争230次。战争打起来，双方动辄出动几万至几十万人。西汉末年的刘向，将有关这段历史的各种资料编成一本书，取名《战国策》，从此，这一历史阶段称为战国时期。在战国时期，各诸侯国在军事、政治、外交各方面的斗争十分激烈。其中，诸多中小诸侯国家已被吞并，最后剩下的秦、楚、燕、韩、赵、魏、齐七个诸侯强国，就是通常所讲的“战国七雄”。由于秦国的商鞅变法发挥了富国强兵的重要作用，秦国终于后来居上，逐一灭掉了其他六国，完成了“秦王扫六合”的统一大业，从而结束了这一战争频繁的时代。

在战国时期，我国的工业、农业、商业、交通等并没有受到战争的影响，各诸侯国之间互相促进，相互发展，如都江堰、郑国渠、鸿沟等著名的水利工程不仅促进了当时农业的发展，而且造福后世，此外在文化和思想学术方面，百家争鸣，创造了辉煌的先秦文化，对后世有极大的影响。

战国时，手工业得到大力发展，冶铁、青铜器铸造、漆器、丝织业的生产水平都有了显著的提高。青铜器的制作普遍使用熔铸、焊接、失蜡法和金银嵌错工艺，产生了在铜器表面涂金、鎏金和刻纹工艺，器型轻薄灵巧，花纹细致繁复，具有高超的技术和艺术水平。虽然由于铁器的推广使用，铜制工具越来越少，但是仍有许多精美的青铜器物产生。

第一节 战国时期青铜器概述

战国时期是中国社会处于剧烈变革的时代，生产力得到了迅速的发展，文化艺术出现了空前的繁荣。此时，商周以来的青铜礼器逐渐衰落，日常生活用器却得到了普遍发展，如铜镜。铜镜在战国时期，至少在统治阶级中已经普遍使用。古文献中有许多关于战国人使用铜镜的记载，如《战国策·齐策》中“朝服、衣冠窥镜”，《楚辞·九辩》中的“今修饰而窥镜兮”等。战国铜镜能够取得大的发展，主要原因是：第一，铁工具在铜器制造业的使用，为作坊内部更细密的分工、创造新技术提供了有利的条件；第二，经过商周以来的发展，至战国时期，铜镜的合金比例已趋于科学和稳定，大大提高了实用效果。战国铜镜以它规范化的形制、精美的装饰纹饰，标志着中国古代铜镜已经从早期的稚朴走向了成熟。

此外，战国时期有青铜乐器，无论数量上、制造工艺及木架的装饰方面，都达到了一个高峰，其代表就是湖北随州出土的曾侯乙编钟。其用料是铜、锡、铝合金，全套编钟上装饰有人、兽、龙等花纹，铸制精美，花纹细致清晰，并刻有错金铭文，除了乐钟装饰精美外，它的青铜装饰附件也是十分华美的，如钟架横梁两端的浮雕、透雕的龙、鸟和花瓣的青铜套，支撑栋梁用的六个佩剑的武士等等。这样精美的青铜乐器及其附属物，表明了当时青铜铸造工艺的精湛，同时在音乐史上有着极其重要的价值。

这个时期各类青铜器的造型各具特点，在装饰艺术及工艺方面涉及很多门类，就其大类来说，包括图案、书法、绘画、雕塑等，也可以说其工艺集各类艺术之大成。如青铜器上图案的运用，在长期实践过程中逐渐形成了一些带有规律性的装饰手法，如充分利用对比度、呼应、虚实、疏密有节奏的变化，曲线和弧线的反复运用以及突出方向感和运动感等。书法应用主要体现在青铜器的铭文上。这个时期的青铜器多出自于各诸侯国，因此字体多变，字形有肥有瘦，有些字是承袭商周时期的字体，还有错金字、鸟虫书等，通过这些铸刻在青铜器上的铭文我们可以对当时书法窥见一斑。战国时期的绘画作品我们所能见的就是区区几件，但是我们可以通过青铜器上的图案在一定程度上了解当时绘画成就，这是战国青铜器的一个重要特点。这个时期一些青铜器上的图案可以作为绘画来欣赏，如反映当时社会生活的战斗、狩猎、宴饮、车马、建筑等图案，构图简单，线条质朴，刻画娴熟，有的达到了形神兼备的程度。此外，还出现了用铜浇铸的动物塑像、人俑，这与现在的雕塑有着千丝万缕的联系。

第二节　战国时期青铜器分期

一、早期（公元前 476 年—前 4 世纪上半叶）

这时的青铜器，无论是器形还是纹饰，战国早期和春秋晚期的共同点很多，但是战国早期的器物有一些自然演变的特点及时代特征。

1. 造型特征

战国时期・错金银刀把

鼎类的形制与春秋晚期的同类鼎相类似。但是洛阳中州路西工段第 2717 号墓出土的五具列鼎中，有三具体呈扁圆，敛口，有盖，附耳，短蹄足形，这种形体的鼎在春秋晚期的墓葬中很少发现。山彪镇 1 号墓列鼎五具，器体呈扁圆的形状且上下匀称，三足极短，腹底离地不远；同墓出土的贝纹鼎，形制也与此相同。这类扁圆形短足鼎，在战国早期的三晋地区首先流行使用。另一种所谓联裆鼎或短鬲足鼎，实际上是采取软接触的做法将过短的足与器腹相连接，是新设计的造型，大约是把短足

战国・二人猎猪扣饰

鬲的形体移植而来。

甗在这一时期大多为分体式，原平峙峪出土的甗与风翔高王寺战国窖藏所出土的形式类同，鬲口处有一圈上斜的圆盘，用来盛放甑内蒸汽冷凝后的水，使之回流于鬲中，而不会溢出。此战国早期甗中的新式样。

战国早期大墓中的酒器，往往有些特殊的造型，如曾侯乙墓的一对大尊缶、联襟大壶带有华丽套口和盖，可悬置在冰鉴内的大口方形尊缶等，这些都是绝无仅有的器物。相比之下，山彪镇1号墓所出土的青铜酒器的形制，更有代表性。其中的莲瓣盖壶，形体类似赵孟介壶而稍低。同类的器形也见于洛阳中州路2717号墓，盖上有的立有展翅的凤鸟。此类壶为战国早期的典型式样。较大的墓中也出土莲壶，洛阳中州路2717号墓出土的一件莲壶，形体近似莲瓣壶，腹稍大而深，颈盖上有小环钮，两肩放置一活动的链式提梁。莒南大店1号墓出土的莲壶，腹部更有一可系绳的鼻，曾侯乙墓则出土有长颈鼓腹的莲壶。传世的莲壶大多为洛阳中州路2717号墓所出壶的样式。此外，在北方地区，还有瓢形壶，有鋬可执，鋬或有链与壶盖相连。春秋晚期流行的一般壶的式样，这一时期内仍然可以经常见到。

战国·龙耳簋

水器中以盘匜最为常见，另外中小型有圈足的鉴也有发现。

2. 花纹与装饰

就题材而言，战国早期的纹饰仍然是交龙、卷龙或蟠龙等龙的世界。山彪镇1号墓的龙钮钟，随州擂鼓墩曾侯墓编钟上都是新颖而复杂的交龙图案。擂鼓墩2号墓编钟上神人骑龙的纹样，是另外一种构图。另一变化是图像的变形有所增加。山彪镇1号墓的豆，主纹是圈点和小翅形的集合体，是交龙纹的省略和变形；同墓出土提梁壶和鉴的腹上密集的圈纹则是旧日的蟠龙纹、兽目纹的蜕变。曾侯乙墓中的具有六棱形甬的编钟上，交龙纹已经变为棘刺丛生型的纹饰。此类变形纹饰很可能在春秋晚期就已经

出现，到战国早期更为发展。还有一个变化就是纯粹几何纹饰母题的出现，诸如曾侯乙墓青铜器上镶嵌的几何云纹图像，琉璃阁1号墓所出土的鉴的下腹复杂的三角云纹及涪陵小田溪编钟的错金云纹等。纯粹的几何纹在春秋晚期非常少见，而且也非常简单。战国早期描绘水陆攻战、燕乐、采桑等活动的画像很多，山彪镇1号墓的水陆攻战纹鉴、狩猎纹钫，成都百花潭的镶嵌燕乐纹壶，及陕西凤翔高王寺战国铜器窖藏镶嵌射燕壶等，都是这一时期施用这类纹饰的典型代表。

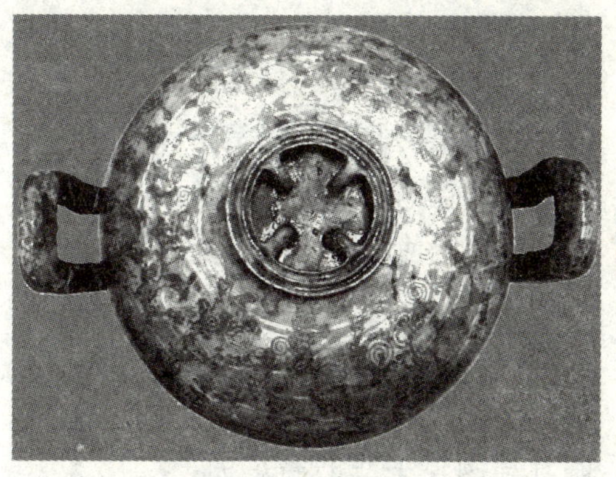

战国时期·铜鎏金青铜豆

3. 铭文特征

战国早期青铜器铭文与春秋晚期的青铜器铭文没有特别突出的区别，这时一般作器纪事型的铭文减少了许多。钟上作器纪功的铭文与曾侯乙墓编钟记载乐律数千字的铭文都是独特的现象，不带有普遍性。

二、中晚期（约公元前4世纪中叶—前221年）

封建社会初期的青铜器由春秋晚期至战国早期发展到极为鼎盛的阶段，到战国中期以后逐渐衰退，但是就整体来说，并不排除少数精美的器群。即使是诸侯墓出土的大器，其铸造工艺与艺术的装饰，也差于春秋早期和战国初期的盛期。青铜器在战国中、晚两期时的发展区别并不是很明显，因此两期合一来叙述。

1. 造型特征

山西长治分水岭12号、25号墓、辉县赵固第1号墓、河北平山中山王墓。20世纪20年代发掘的安徽寿县朱家集楚王陵所出铜器群，20世纪20年代发掘的洛阳金村古墓中的战国中晚期青铜器等都是这一时期考古发掘出的重要墓葬。

能代表战国中期器群的，当首推中山王墓所出土的器。安徽寿县李三孤堆被盗掘的楚王楚杵墓内出土器物的形制和纹饰风格比较一致，属于楚国末期的标准器。

鼎类青铜器南北风格迥异。中山王墓的九鼎都是附耳低短的盖鼎，这种鼎本是三晋时流行使用的一种传统式样，但是九鼎中的平底细孔流鼎就是很少见的了。河南信阳长台关1号墓出土有附耳扁圆体平底的高足鼎，同样的型式也见于江陵藤店1号墓，这完全不同于三晋时期的型式。晚期的鼎都是有盖或没有盖的高足鼎，而且高足的造型越来越多样和雄壮，形制也较大。

战国·提链三足暖炉

此时期的甗已经不是很流行了，鬲也并不多见，敦仍然是圆形的和扁圆形的上下对称的两种。方座簋只在寿县楚王陵出土器群中见到过，是器座较低体形收缩的蜕化式样。豆类器为长柄的，燕晋都有。寿县楚王陵所出土的长柄豆，柄有节，盖有三钮，可以倒置。方豆仍然有所发现，如江陵藤店1号墓就出土了有长柄的方豆。

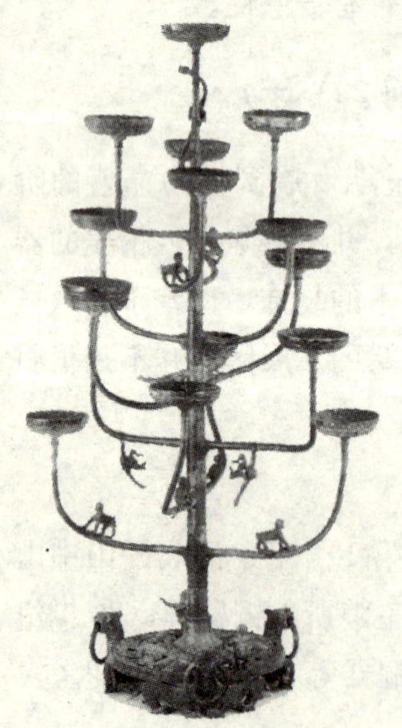

战国·五连盏灯

酒器类中变化较为明显的是壶，有方壶、扁壶、环耳圆壶等等。中山王墓出土的还有镶嵌的方壶，工艺非常精湛。方壶或钫这一类器是这一时期内具有时代特征的器物。壶的新型式样还有许多种，如细长颈多钮壶、小口短颈大圆腹壶、蛋形壶等。

罍器有做成方形的，可称为方罍。三门峡上村岭5号墓出土的有镶嵌方罍，形体较低且肩宽，附耳可挹酒。同类器中，还有小型的传世。

水器的基本器型仍然是盘、匜、鉴。巨型的鉴在本时期内减少很多。三门峡上村岭 5 号墓出土的四龙耳镶嵌方鉴，是新的式样。楚地新出土的斜唇或平唇的中腰收缩平底双耳盘，耳有环，器壁很薄，有的还有刻花髹漆。

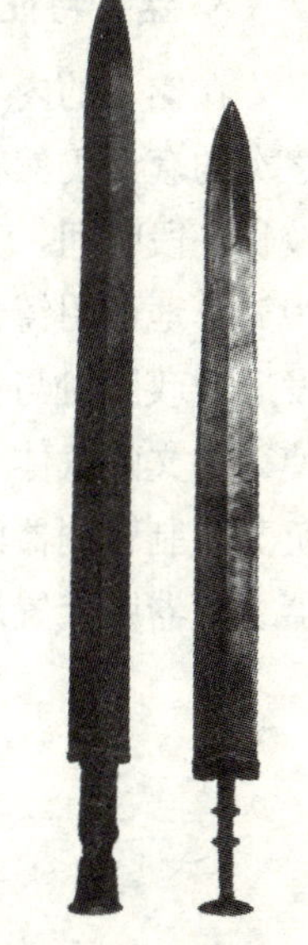
战国中国·楚式剑

2. 花纹与装饰

战国中晚期的纹饰变化十分显著，除了战国早期的某些纹饰仍然流行使用外，出现了许多嵌金、银、铜、绿松石，以及其他物质的几何变形图案，有云纹、菱纹、勾连纹、三角纹等。这种变形的几何纹编排规律，又富于变幻的绚丽效果，令人目炫。最典型的战国中期的几何变形纹饰有中山王墓的虎噬鹿器座、龙凤方案座、嵌金银翼龙、嵌金银绿松石钫，还有记伐燕之功的陈璋壶等。楚墓中许多环耳壶也大多施加几何纹饰，有的是以变形几何纹、狩猎纹及神话题材画像相间的装饰，如琉璃阁 56 号墓的 21 号、22 号钫上的图像就是如此。此时还出现了刻纹画像。这种纹饰是用极锐利的尖刃刻凿而成的，而不是范铸后镶嵌的，如琉璃阁 1 号墓的刻纹“奁”、辉县赵固的刻纹“楼室燕乐”盘、长治分水岭 12 号墓的刻纹人物车马建筑残匜、长岛战国墓刻纹人物车马建筑残匜等。这种纹饰只能在炼优质铜取得成功之后才有可能出现。此外，素面青铜器大量出现。大梁司寇鼎、梁十九年鼎、平安君鼎、楚王后六室鼎、集脰太子鼎等等，都是不施纹饰的素面器，至于中山王鼎、方壶则利用器物的素面凿刻大量铭文。对以大量纹饰为特色的中国青铜器来说，素面

战国·鸟纹三足鼎

器的流行被视为纹饰衰退的表现，也是一种时代的印迹。

3. 铭文特征

在铭文的内容上，春秋时期铭文上的颂扬先祖、祝愿家族团结、昌盛之类的套语仍然存在，但已经少得多了。此类铭文仅在田齐铜器中延续了较长一段时间，其他列国的器物上发现得不多，一般铜器上的铭文只是较为简单地记明铸器的事由与器主。战国中期以后，随着集权政治的进一步发展，政府对与兵器、度量衡、错金银流鼎有关联的手工业加强了控制，使得铭文的载体大为扩展。同时在铭文中出现“物勒工名”的内容，记载负责监制青铜器的官职名号、工长名与直接铸作器物的工匠名，还有的酒器、食器则记置用地点与掌管者官职，量器记容量、重量及使用地点。

第七章

秦汉时期青铜器的发展

秦始皇兼并了六国，建立了中央集权的政权，从建国到国家灭亡历时仅15年，留下的青铜器不多，但是却出现了新的特点。秦文化追求浩大气势的传统，统一六国后，因国力大增，而进一步表现了出来。在青铜器方面，造出了形体很大的器物。秦不仅统一了文字，又通过政令统一了度量衡，因而始皇和二世时的度量衡器成为当时多见的器物。

汉高祖刘邦于公元前206年建立了汉王朝，采取了“清净无为”、休养生息的政策，经过“文景之治”，经济得到了恢复，生产得到了发展，手工业也有了很大的进步，青铜器制造的工艺水平有了新的提高和发展。

西汉末年，王莽篡权，改国号为“新”，史称新莽政权。这时在社会经济的许多方面都在复古，青铜铸造业上也有明显的反映。后来受阶级矛盾和民族矛盾加深的影响，爆发了绿林和赤眉农民大起义，最终西汉皇族刘秀于公元25年建都洛阳，史称东汉。东汉初期光武帝采取了一系列政策来缓和阶级矛盾，使生产有了一定的发展，经济得到了一定的恢复。由于豪强地主经济势力的发展，庄园经济从很大程度上削弱了商品货币关系。

第一节 秦汉时期青铜器概述

在秦汉时代的441年中，中国古代青铜艺术经历了最后的辉煌，青铜器已经处于秦汉文化的次要位置。但在艺术成就方面，秦汉青铜器却十分突出，尤其是青铜雕像所表现出的朴素风采和含蓄魅力。与三代青铜器相比，它形成了一种新的写实传统。

以皇帝为最高权威的、统一的、多民族的、专制主义集权的封建国家的体制初创于秦代；以儒家思想家为核心的儒、道和杂家思想并存、互补，已经在西汉形成多元化格局；外来的佛教思想在汉代传入；随着国际大通道——丝绸之路的开通，频繁的商贸往来使中西文化的交流日益活跃起来。这样一个国力强盛、充满自信而又朝气蓬勃的时代自然为艺术的发展提供了广阔的舞台和无限的空间。而秦汉青铜艺术又以其高超的技艺、磅礴的气势反映了这种时代的精神。

西汉・男俑

秦汉青铜器艺术是秦汉艺术中非常重要的组成部分，也是中国古代青铜器艺术发展历程中最后的一个闪光点。这个时代创作出了大量优秀的青铜艺术品，其中不少艺术品还被誉为中国雕塑史和工艺史上的经典之作。秦汉青铜雕塑较前代有重大突破，大型独立性圆雕层出不穷，雕塑语言简洁畅达，风格质朴大方，生动传神。

第二节　秦汉时期青铜器造型特征

秦国青铜器的形态从战国起就深受三晋中魏器的影响，因此和三晋时期的魏器在形制上存在一些共同特性。秦代青铜器器形的主要特点是：鼎作圆扁腹，三短蹄形足，有高于盖面的二腹耳，盖上铸有三环钮。匜作深腹，平底。鍪作扁圆腹，圆底，腹上有对称的大小环耳各一个。

公元前 4 世纪，秦灭巴蜀以后，长江流域的文化也渗入到秦文化，如长江流域以釜为炊器的传统很快就导致了秦器中鍪的出现和流行。秦器中几乎同时出现的蒜头壶，也是受到其他文化影响而产生的。后来，这些器物成为判断是否归入秦版图遗存的重要根据。另外，值得重视的则是秦权与秦量流传下来的较多。

师虎簋

汉代青铜器的特点是：鼎的造型为圆形，有盖，多敛口，腹耳，三短蹄形足。圆形壶在汉代称为“钟”。西汉的钟多呈圆鼓腹，短颈，腹上铸有一对衔环铺首。东汉时的壶有的增加链梁。方形壶在汉代称为“钫”。酒器多作成鼓腹，三短蹄形足，平底或圆底，腹壁有两个或三个衔环铺首，两侧各有一半月形的耳，铜耳环的形制大多呈椭图形式圆形。食器中的镳斗，作圆腹，三蹄形足，在腹的一侧有长柄，柄的前端常常呈张口的龙头形。汉代的铜灯数量很多，灯的形制纷呈，重要的有豆形灯、雁足灯、人形灯、牛形灯、羊形灯、凤形灯、兽首形灯，还有作成树形的多盏灯等。两汉时代的博山炉形制一般呈半圆形，腹上有雕成山峦形镂孔的尖状盖，山上有浮雕的人物与鸟兽，下面常有盘。熨斗是西汉时代才开始有的青铜制品，其为圆腹，宽口沿，腹一侧有一长柄。有的熨斗上载有铭文“熨斗直衣”。

两汉时代的北方匈奴和东胡族的透雕动物纹铜饰牌，大多饰有镂孔的人和各种动物纹，动物纹中有马、牛、羊、犬、鹿、虎、豹等，许多动物图像都十分生动。四川、云南、贵州、广东、广西、湖南地区少数民族制作的铜鼓，造型上基本呈圆墩形；鼓身由三部分构成，自上而下依次为凸起的鼓胴、凹的鼓腰、鼓足，胴与腰交界处铸有对称的双耳。铜鼓中间空且没有底，鼓面的中心处铸有太阳纹，有的鼓面上铸出浮雕青蛙或马的形象。在鼓面及鼓身上也常饰有云雷纹、翔鹭纹、竞渡纹、羽人舞蹈纹等。云南滇文化的铜贮贝器，形状很像铜鼓，用于盛放货币。

西汉前期，青铜兵器铸造得较多，有剑、弩机、矛、镞等。铜镞的形制主要为三棱形，也有的为圆柱形和筒冒状。铜符的形制仍然沿袭先秦的形式。官、私印章在字体上写法多样。在钮制上有鼻钮、桥钮、龟钮、蛇钮、瓦钮、鱼钮等。两汉官印在这时开始有了统一制度。

总之，两汉时代青铜器的内容极其丰富，在器物的用途上主要以日常生活用器为主，在器物的特征上强烈地表现出了时代风格。

第三节　秦汉时期青铜器工艺与纹饰

一、秦汉时期青铜器工艺

秦代青铜器追求的是浩大磅礴的气势，同时突出了艺术创作的现实主义风格，可以说这两点是秦代青铜艺术的显著特点。

两汉时代的青铜铸造业，已经与青铜时代的高峰——商周时期的青铜器——在器物的性质、种类、形制、工艺技术及经营管理上有了根本的不同。秦汉时代的青铜制农具、工具、武器逐渐被同类的铁制品所代替，甚至日常生活用器如釜、镜等，也出现了铁制品。漆器和瓷器的发展逐步取代了青铜器，因此两汉时代的青铜器与商周时期的青铜器相比，大大逊色了。但是从遗留下来的两汉时代的大量青铜遗物和近年考古发现的有关冶铸遗址来看，这一时期仍然有大量的青铜器进行生产，而且青铜铸造业某些方面的技术已经完全转到日常生活用器的制作上来。又由于商品经济的不断发展，还大量地铸造青铜货币。

总之，这一时期的青铜器铸造工艺具有很明显的特点，表现如下：

第一，金银与镶嵌工艺。两汉初期不但继承了先秦时代已有的错金银与镶嵌技术的传统，还在此基础上有了一定的创新，工艺更加精湛。此时，一些王室和诸侯王等贵族葬墓内出土的金属细工铜器可称得上是奇珍异宝。

第二，鎏金与镶嵌技术。青铜器上的鎏金工艺早在战国中期就已经出现，到两汉时发展到高峰。鎏金工艺技术简单来说就是用金粉和汞的合金涂在青铜器的表面，经过烘烤，汞即蒸发，金就留在器的表面了。经过鎏金处理的青铜器不但器物外表色泽金灿美丽，而且鎏金本身对保护青铜器，使其不氧化也起着重要的作用。

第三，青铜器上细线刻纹的发展。青铜器上细线刻花纹早在春秋时代就已萌发。到了战国时，这种线刻图案发展起来，多装饰在铜匜、铜鉴等器物上。青铜器上的这种工艺手法，到了两汉时代，尤其是西汉后期在南方和西南地区发展得更为发达。

二、秦汉时期青铜器纹饰

这时期的北方铜器上的动物纹仍然以浮雕和透雕为主，尤其以长方形透雕带饰最为典型。按题材可分为以下三类：

第一类，伫立或伏卧形。这一类动物纹包括双羊、牛、双驼、双鹿、野猪及伏（卧）状马。传世品中也有类似的伫立状双羊、双驼、双鹿或三鹿。此外，传世品中还有伫立状马、驴，伏（卧）状绵羊等形象。

第二类，搏斗或撕咬形。这类题材包括双马互斗、犬马相斗、犬鹰相斗、鹰袭击鹿、双龙纠结等。传世品中也有类似的鹰虎相斗、鹰袭击幼鹿、双马互斗的形象。此外传世品中还有虎食绵羊、虎踏羊头、虎食鹿、虎羊相斗、虎马相斗、虎豹相斗、虎驼相斗、鹰驴相斗的图形。

第三类，人物活动形。这类题材有双人角斗、骑马捉俘图形。此外，传世品中还有武士驱车图形。

除了以上三种纹饰题材外，这时期带扣还有浮凸的奔驰状马或飞马形象。传世品中还有牛头形带扣、双驴或四驴纹饰牌等。

这一时期的动物纹构图复杂，设计奇巧，用不同的层次来表现动物各部位的特征，以及富于变化的形态，刻画出各种不同的姿态，如伏卧、伫立、栖息、奔跑、惊吓、争夺猎物、相互撕斗等，甚至面部、肌肉、毛发细部都能够清晰地看到。偶蹄类动物的蹄子，通常以柳叶形、三角形或圆点凹纹表示，猛兽及鸟类的脚爪以刻线纹或牛角状纹来表现。除此之外，有些饰牌上还用许多装饰图案相配合，常见的有柳叶形、圆点形及树枝状花纹。

第四节 秦汉时期青铜器铭文特征

秦代的铭文由于文字的统一，已广泛使用小篆。小篆即秦篆。汉代出现了汉隶，铜镜上多以吉祥语为内容，但很多玺印上仍使用鸟虫书。

汉代青铜器铭文主要应掌握两点，即文字风格的特殊性和铭文所记载内容的特点。

一、文字风格

汉代青铜器铭文中的简化字很多，简化的方式主要有五种：省略笔画或偏旁、整体简化、截笔、借笔、草化。繁化字不多，繁化的手段主要有两种：增加表意偏旁和加饰笔。汉铭文通假字很多，有的本字和借字共同见于汉铭文，有的则在汉铭文中只见借字而不见本字。青铜器铭文中的字讹误现象在其他时期并不多见。

二、“物勒工名”制度的体现

这时的“物勒工名”有三种类型：三级制（即制造、主造、省造）、二级制（即制造、主造或制造、省造）、一级制。此外，汉代青铜器中的纪年铭文有两种：宫廷纪年和王国纪年，所记的时间多是制作时间、铭刻时间。汉代有铭文的青铜器大多自己铭刻得很清楚，还有表明器物的使用场所的。因当时青铜器往往是批量生产，成批使用，所以沿用战国时期给青铜器编号的方式，在青铜器上铸刻有数字编号、天干编号。

第八章

秦汉以后青铜器的发展

第一节　三国、两晋、南北朝时期青铜器的发展

一、三国、两晋、南北朝时期青铜器概述

三国、两晋、南北朝至隋统一前的300多年间，虽然战争不断，但是也有相对稳定的时期。这一时期的青铜冶铸业，南方比北方兴盛，但从总体上来看比两汉时代衰退，因此在考古发掘中很少见到这一时期的冶铸遗址。

至于这一时期传世或出土的青铜制品，从器物的种类到风格特征上看，主要是沿袭两汉以来的传统。最重要的一点是：这一时期的青铜器一般比汉代青铜器要粗糙许多。由于民族的融合，在青铜器的铸造上表现出各民族相互学习和借鉴而形成的共同文化特点。当然，有些青铜器在一定程度上也反映了某一民族的特色。

二、三国、两晋、南北朝时期的铜镜

三国、两晋、南北朝时期的铜镜的器形大致相同，铜镜的正面明显外凸，呈弧形，背面内凹。胎的质地较汉镜轻薄，镜体也减小许多。南朝还出现了一种直径为5厘米左右小型镜，镜钮的最大特点是矮扁，顶部尽平，铜镜纹饰主要沿用汉镜的风格。

三、三国及晋代时期钱币

三国时期，刘备占据四川，铸造了“直百五铢”及其他钱币。孙吴铸造了“大泉当千”、“大泉五百”等钱币。至曹魏初年，废止了五铢钱，而到明帝初年时又恢复了五铢钱的流通。汉兴钱是十六国时期，李寿于东晋咸康四年（公元 338 年）称帝后（年号汉兴），在汉兴年间（公元 338—343 年）所铸的一种钱币，这是我国最早的年号钱。公元 407 年，赫连勃勃建大夏国，公元 419 年铸造“大夏真兴”钱，开创了国号、年号合为一体并用文字的形式铸在钱币上的先例。

南朝宋、齐、梁、陈都铸造钱币。北魏建国以后直到太和十九年（公元 495 年），才开始铸造“太和五铢”钱，此后各朝代都铸有钱币。北齐初期，仍然使用北魏的“永安五铢”，到天保四年（公元 553 年）才改铸“常平五铢”。北周初期，也沿用北魏的旧钱，武帝时铸造了“布泉”、“五行大布”钱，宣帝时铸造发行了“永通万国”钱。

第二节　隋唐五代时期青铜器的发展

一、隋唐五代时期青铜器概述

隋代的各种手工业部门主要是在官府控制下制作产品。国家设立少府监，“由少府监统左尚、右尚、内尚、司织、司染、铠甲、弓弩、掌治等署”。唐朝中央政府也设有机构来管理各种手工业部门，其中矿冶业与隋朝一样仍由少府监下的掌治署管理，见“掌治署掌熔铸铜铁骑物之事”的记载。从文献记载来看，唐朝采矿冶铸业非常发达，冶铜的地方已经达到96 处。

唐代智巧之士很多，著名的如李淳风、僧一行等人。玄宗时曾以铜铁铸造天文仪器，当时就采用了僧一行的建议，用铜铁铸造黄道游仪，用来考验量度。铸成后唐玄宗亲自题铭，置于灵台之上。后来，皇帝又诏僧一行等人铸造浑天仪，“铸铜为圆天之象”。

从这一时期青铜器的实物资料来看，铜镜铸造业在此时得到高度发展，而且隋唐统治者对铸造铜镜非常重视，如唐中宗时曾经“令扬州造方丈镜，铸铜为桂树，金花银叶，帝每骑马自照，人马并在镜中”。文献还记载着扬州要对中央政府进献：“土贡：金、银、铜器、青铜镜。”在今扬州市西扫垢山，考古工作者就发掘出一处多种手工业作坊遗址，其中即包括冶铸作坊。

唐代灭亡至宋代统一的53年间，除了北方前后有五个王朝统治，在南方各地前后出现了九个割据政权，加上割据于今山西的北汉，共计十个政权，史称十国。十国中不曾铸造钱币的有吴、吴越、荆南及北汉等国。

二、隋唐五代时期的铜镜

隋朝铜镜的镜面较大，壁较厚，最大的直径可达33厘米，造型均为圆形，半圆形钮，比较丰满，都有钮座，大多为连珠纹和柿蒂纹。铜镜的边缘高、平向外略有斜坡，缘内侧多饰有一周锯齿纹。隋朝铜镜的纹饰繁缛工整，图案多四方配置，讲求对称，并设置有界格，大致上可把其分为三类，即四兽纹、十二生肖纹及四神十二生肖纹。

唐代铜镜的外观厚实，表面大多呈银白色、黑褐色（俗称“黑漆古”）和深绿色（俗称“绿漆古”）。造型除了传统的方、圆形以外，还创新出了八瓣菱花形、八瓣葵花形、委角方形、亚字形、八棱形等。镜钮以十圆形钮为主，并有兽形钮、方形钮、树枝形钮。铜镜的边缘处多呈斜面内倾，并饰有花纹。唐代初期，镜缘的装饰有忍冬、卷草纹；唐代中晚期，大多饰以水波纹、重瓣花纹、花枝纹和流云纹等。唐镜的背面装饰图案，偏重于自由写实或故事，表现手法也由繁乱纷杂转变为清新优雅。

唐代初期，铜镜以瑞兽为主题纹饰，造型丰腴、活泼，最引人注目的当属海兽葡萄纹镜。它以高浮雕葡萄为主题，其间饰有海兽、雀鸟、蜂蝶和花草，纹饰华丽而繁缛。除此之外还有宝相花纹，那是一种将某些自然形态的花朵（主要是荷花）进行一系列艺术加工处理，从而变成一种装饰化的花朵纹样。唐代中期，铜镜的纹饰，格调新颖、题材广泛，主要流行鸟纹、蟠龙纹以及人物故事图案。唐代后期，铜镜的纹饰逐渐趋于简单、粗拙，失去了盛唐时期那种富丽堂皇的风格。这一时期特别盛行含有宗教色彩的纹饰：有道教意味的纹样以八卦为主纹，配上附录、星象及天干地支；具有佛教色彩的，佛意为吉祥万德之所收集的万字标志也被用作纹饰。唐代铜镜上的铭文十分规整，字体大多为正楷，字形扩大，文字清晰，几乎是千篇一律的四字或五字骈体铭文。铭文根据其意义可分为两种：一种是歌颂赞美铭文，均为韵语，大多为四言、五言及少数长短句，其长的可达数百字；另一种是宗教铭文，多配山川，日月、干支、十二辰

图文。

五代十国的铜镜造型主要有圆形、葵花形，也有方形和方形委角。纹饰上除了四灵八卦纹外，还有花鸟纹和花朵纹的图案。一般的铜镜为素面，有的镜上铸有吉祥语或作坊铸工名。

三、隋唐时期钱币

隋朝建国后，于开皇元年（公元 581 年）铸行五铢钱。隋五铢是中国古代五铢钱的最后一种形式。唐代建立初期，用隋五铢钱。唐高祖武德四年（公元 621 年），铸造了开元钱“开元通宝”，高宗时改铸“乾封泉宝”，肃宗时又铸“乾元重宝”，后两种钱均与“开元通宝”并行使用。

四、隋唐时期金铜佛

隋代造像保留了北齐、北周的遗韵。佛像广额丰颐，躯体敦实，姿势显得凝重呆板。菩萨像多是头戴花冠和发髻冠，前腹挺起，站立的重心向前倾，身体比例略显失调。

唐代金铜佛在形体上以丰腴为美，佛造像的衣纹起伏流走自然，特别是一些坐姿佛像，垂落于座前的衣绉布排有序、繁而不乱，富于时代感。

第三节　宋辽金元时期青铜器的发展

一、宋元时期青铜器概述

随着商品经济的发展，宋代的青铜器铸造业，无论是在冶炼技术，还是在产量上都有了一定的发展。从文献资料来看，有的地区规模相当大，参与的人数常以万计。

两宋时代的青铜制品，最负盛名的莫过于大晟编钟和宣和三年尊。大晟编钟为徽宗时铸造，造型以春秋时代的宋公成钟为模式。金灭南宋后，掠走了部分“大晟乐器”，因为“晟”字犯太宗讳，故将“大晟”二字刮去，而改刻“大和”。“大和”取义天地同和。今留存的大晟钟，如大晟林钟，扁圆体、平口、双兽钮、螺旋状权，隧部、舞部、篆部均饰浪花纹。“大晟”编钟对了解宋、金乐制，提高仿古青铜乐钟的铸造水平都是不可多得的资料。

宣和三年尊，圆形、侈口，器身分区段，并均匀地分布四条扉棱，腹部、足部饰兽面纹，以扉棱作鼻，颈部饰蕉叶纹和蚕纹，器的内底部铸有大篆字体的铭文5行，共计26字，是置放在方泽坛祭祀神祇用的。

从宋代到清代，在铸造货币及日常生活用器上，常常是用黄铜来代替青铜。黄铜是纯铜与锌的合金，其颜色与金类似。黄铜的取得最初是由于还没有发明冶炼锌的技术，而将纯铜与炉甘石放在一起冶炼成的。

这一时期除了大量生产黄铜外，更令人瞩目的是白铜的生产。白铜通常是纯铜与镍的合金，但也有铜和砷合金的。

辽代青铜制品的种类与数量都比较少，主要是釜、钵、勺、盆、执壶、权、铃、铜丝制的手与足套、青铜面具以及鎏金的小件生活用品。

辽陈国的公主、驸马合葬墓出土了两件各具特征的铜盆：一件侈口、平底，颈部刻有几何花纹；另一件虽然也为平底，但是口沿处呈八角弧形，形状独特新颖。

这一时期鎏金的小件生活用器种类很多，有锁、钥匙、带扣等。辽出土的双鱼饰件，造形奇特有情趣，双鱼并列，全身鎏金外，眼、嘴、鳞全是刻鎏出来的。铜铃有圆形和鞍桥形之分。辽代的青铜细工技术比较发达，主要是鎏金铜马具、铜面具、铜丝手足套、铜镜等。

近年在黑龙江、吉林等地区发现了不少金代的遗址、窖藏与墓葬，从出土的青铜制品的种类与造型上来看，许多方面与中原地区没什么差异，除生活用品中的铜镜、铜鐎斗外，还有铜佛和铜塔。由于大量铸造铜钱，金政府曾经严格控制铜的使用，甚至许多铜器物如铜制的钟和一些铜制的宗教用品等都以铁来代替。金代青铜器制品流传下来的以铜像和铜印较多，铜镜上常常刻出官署和制作地点，说明金政权下铜禁的严格。

元代官府手工业设立了“出蜡局”，主要负责金属制造业。铸造宗庙祭祀的青铜器大多仿照商周时期青铜器，如鼎、簋、爵等，铜镜也大多是仿照的汉唐两代。此时青铜器的制作品位较低，且草率粗糙。

元代青铜器的种类主要有鼎、簋、爵、盘、罐、碗、盆、鼓、铃、权、盒、笔架等，但是所能见到且最多的是铜权，不但出土的地点星罗棋布，而且表现出特殊的时代风格。权多呈六面体，也有呈圆形的，还有的呈阶梯式的圆形底座，顶上有穿孔的方形钮。由于大多数元代铜权上都有年号，所以许多都可明确其绝对年代，如“至元九年”、“大德十一年”、“延祐元年”等。权上还有某路造字样，如“温州路”、“杭州路”、“益都路”、“京兆路”、“柳州路”、“上都路”等。

二、宋代的胆铜生产法

古代中国首创的“胆铜法”，是世界化学史上一项重大的发明，也是中国古代的一项独创发明，它开启了现代水法冶金的先河。胆铜法也称“浸铜法”或“湿法炼铜”，是指把铁放在胆矾（硫酸铜的古称，又称石胆）水中浸泡，胆矾水与铁发生化学反应，水中的铜离子被铁置换而成为单质铜沉积下来的一种产铜方法。

据夏湘蓉等人撰写的《中国古代矿业开发史》所言：胆矾“系由黄铜矿、辉铜矿等硫化铜矿物，受氧化作用分解而成，或从天然胆水中沉淀（结晶）出来……易溶于水”，这种胆矾水在古代被称为“胆水”。有关胆水浸铜法的过程，宋人记载如下：“浸铜之法，先取生铁打成薄片，目为锅铁，入胆水槽排次如鱼鳞，浸渍数日，铁片为胆水所薄，上生赤煤，取出刮洗钱煤，入炉烹炼。凡三炼方成铜，其未化铁，却添新铁片再下槽排浸。”由于这种产铜方法不需采凿铜矿石，生产工艺与熔炼矿铜也不同，故现代又称其为湿法冶金或水法冶金。特别应该提出的是，胆铜生产法在宋代进一步得到应用与发展，据《宋史·食货志》记载，宋代人对胆铜生产非常重视，胆铜法在生产中大规模应用，成为生产铜的重要途径。胆铜法有许多优点，它可以就地取材，在胆水多的地方设置铜场，设备比较简单，成本也较低。只要把薄铁片和碎铁块放入胆水槽中，浸渍几天，就能得到金属铜的粉末。

宋代将胆铜炼铜工艺大规模应用于生产领域，在很大程度上缓解了“铜荒”。宋代人还撰写了有关铜冶史、矿冶技术方面的重要理论性文献《浸铜要略》和《大冶赋》，其中《浸铜要略》将胆铜法的成功关键归结在“浸”字上，非常生动地反映了湿法炼铜的精神和面貌。

三、宋辽金元时期的铜镜

宋代的铜镜造型继承了唐代多样化的风格，并在此基础上创出了一些新的式样，如钮制变小，钮弓窄而孔显大，钮顶趋平；无钮座、圆钮座和花瓣钮座居多。镜的边缘主要有两种形式：一种较宽，里厚向外缓坡；另一种是窄边，比较方正。带柄的铜镜的镜缘与镜柄的凸边连成一气。宋代的铜镜上大致在北宋政和年间开始出现铭文，铭文绝大多数为商标铭记，多置于镜钮一侧的方格内。

辽代铜镜在形制上，主要有圆形、“亚”字形和葵花形，此外还有八角形。在纹饰上，主要有双鱼纹、八卦纹、童子戏花纹、荷花纹、连钱纹和牡丹龟背纹等。辽镜上也常见有许多吉祥语句，不仅有汉字，还有契丹字。

金代铜镜的造型常见的主要有圆形、菱花形和带柄镜等。镜钮以圆钮为多，钮上部较尖，尖顶为平面。镜缘处大多外薄里厚，与宋代铜镜的特征相仿。区别在于其他时代铜镜的特征是：在圆形镜边缘内侧常铸有一个二层台，二层台有宽有窄，较宽的上面大多饰有花纹或铸有铭文。金代铜镜铭文的意义缺乏趣味性，偏重于实用，除有特殊情况，一般则为阴刻、边刻、地名、官名。

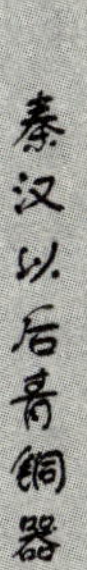

元代铜镜一般可以说是“粗者甚粗，精者颇精”。这时式样较少，除了比较流行的圆形和圆形带柄镜外，早期常见的还有菱花形和葵花形镜，与金代铜镜不同，它仍然保留着宋代铜镜的六分法的形制。元代铜镜镜缘多为素宽缘，里厚外薄，里直外坡。镜钮多为半圆形钮，与宋金时期的铜镜钮相比要大。钮座主要有方形和圆形两种。另外，无钮座铜镜在此时仍然占很大的比例。元代铜镜的纹饰有浅浮雕和浮雕两种。元代前期铜镜没有铭文，后期铭文内容也比较简单，纪年铭文多绕组配置。

四、宋辽金元时期的钱币

宋初的“宋元通宝”是仿造的开元钱，此后凡是如此大小的都为小平钱，另有折二、折三、折五等钱，但是铸造量最多的仍然是小平钱。宋钱上的书体多变，有真、草、隶、篆、行等字体，是我国货币书法艺术的巅峰。而且，北宋钱币的一大特色就是“对钱”的盛行。除了使用金属货币外，北宋中期还创造发行了一种称之为“交子”的纸币，这是世界的首创。南宋继承了北宋的货币制度，铜、铁钱仍然是主要的流通货币。流通中的铜钱，以折二、折三钱为多。北宋的“对钱”沿用到南宋淳熙七年(1180 年）才绝迹，取而代之的是以一种以纪年和纪地钱文的形式。南宋末年出现一种叫“会子”的钱币，面额有一贯、200 文、300 文、500 文，钱文的书体逐渐趋于单一化。

辽建国后，大多仍然使用唐、宋以来的旧钱。现今，辽前期的钱币发现极少，是为泉界（通俗地指收藏古代钱币的行业）珍品，主要是汉文

钱，契丹文钱较为罕见。

金初期，使用辽、宋的旧钱，海陵王贞元二年（1154 年）设立交钞库，发行了纸币，称之为“交钞”。金正式铸钱是在海陵王正隆年间，金钱上的文字都使用汉文，可与宋钱相媲美。

元代主要流通纸币，中统元年（1260 年），政府印制发行“中统元宝交钞”，从此纸币的发行权完全归于政府。直到武宗至大二年（1309 年），才大量铸造铜钱。钱文分别为汉文和八思巴文两种，形制有小平、折二、折三、折十四等。到了元末，全国各地建立了多个农民起义政权。这些政权有国号、纪年，也铸造货币，在自己的势力范围内流通。徐寿辉铸有“天启通宝”和“天定通宝”，张士诚铸有“天佑通宝”，韩林儿铸有“龙凤通宝”，陈友谅铸有“大义通宝”，朱元璋铸有“大中通宝”等。

五、宋辽金元时期的金铜佛

宋代造像以写实著称，基本上是依据世俗的审美情趣和要求来塑造佛像，当时最流行的题材是观音、罗汉等。这一时期的菩萨像如同现实中的贵妇人，头戴花冠或发髻冠，中嵌宝珠，并饰有繁复的蔓草纹；身披网状璎珞珠饰，衣褶宽大流畅，呈现出一派富贵气象。佛像的衣着也在继承前代的基础上出现了一种内着“V”领的僧衣、外斜披袈裟的新样式，这实际上是将宋代僧人的衣着借鉴到佛像上。

辽代的佛像是在沿袭中原文化艺术传统的前提下，又融合本民族的特色来进行创造性的发挥。佛像的面庞丰满圆润，发髻呈缓丘状，身着袒胸衲衣，下着长裙；菩萨像大多头戴花蔓冠，冠箍的形制较为特别，束发披肩，装饰比宋代的简洁。坐像的上身挺拔，双膝紧收，立像则双腿显得板直。台座均为束腰式，常见的为上部仰莲宽肥舒展，下承圆形或六角、八角形的底座，表现出一种平衡的美，有别于宋代的佛像及菩萨像。

元代宫廷内专门设立了梵像提举司来专门负责塑造藏式佛像，其他制作铜佛的有关部门还有出蜡局提举司。尼泊尔、西藏的造型技艺传播到内地，影响了元代整个艺坛。元代藏系佛像虽然承袭了尼泊尔风格，但是其面门已趋于藏化，同时融入了汉地的审美因素和表现技法。菩萨像上身均袒，下着裙，璎珞颗粒较大。佛像面庞圆满、肩胸宽厚、肢体突显、衣纹简洁。

第四节　明清时期青铜器的发展

明清时期，青铜器铸造技术有了很大提高，其中包括传统的泥范法，以及春秋战国时期逐渐发展起来的失蜡铸造法，后者可以铸造出几十吨重的大钟。这一时期的铜器无论是货币还是生活器皿，黄铜都占有相当大的比例。

纵观明清青铜器铸造业，青铜制品的种类主要是货币、铜镜及铜造像等。此外，白铜的生产也是不容忽视的。

一、明清时期青铜器概况

明代的青铜制品种类较多，有鼎、盨、锅、盆、盆架、壶、炉、钟、砝码、墨盒、镊、钩、腰牌及宗教造像等。还常常表现出鎏金、镶嵌等金属细工的特点。明代青铜制品中重要的一类是宣德年间宫廷铸造的宣德炉。这种炉在当时很受世人的重视，一直影响到清代以至民国，仿制品很多。存世宣德炉虽然不少，但被确认为真品的实属罕见。

明代·鼎

闻名于世的北京大钟寺明成祖永乐年间铸造的永乐大钟，通高 6.75 米，重约 46.5 吨，在中国和世界都实属罕见。此钟音质极佳，据《长安客话》云：“昼夜撞击，声闻数十里，时远时近，有异它钟。”在钟体上还满铸楷书的佛教经文，约 22.7 万余字，字体个个端正严谨。大钟是研究明代铸造业的重要实物资料。

总的来看，明代的青铜器种类还是比较多的，除了生产罕见的大型作品外，也生产小件的日常生活用品，如墨盒、镊子、钩、手炉、盆与盆架等。在制作工艺方面有洒金、嵌金、银丝、錾金等多种技法，这时还出现了一批制作金属器的名匠，如胡文明，张鸣歧等。

清代青铜器中铜熏炉之类的实用器较多，样式也丰富多彩，制作精美，器外表常鎏金，还有的镶嵌宝石和水晶。

二、明清时期的铜镜

明代仿古铜镜的铜质比宋、金好，质细，表面多呈灰白色，但没有汉唐铜镜的那种光泽。仿制的唐镜多有铭文，内区大于外区；而仿制宋代铜镜正好相反。明代仿制的唐镜镜钮比宋仿要大；钮顶大多被磨平，因为铸造时铜汁从此孔道流入，冷却后需要打磨才能平整。明代仿汉唐铜镜，有的在装饰上明显具有本时代的特征。如明仿昭明镜的形制，去掉纹饰变为素镜，再于钮至边缘的区间铸上铭文；仿唐重轮镜往往把中间的弦纹移到镜子的边缘，便于内区铸上醒目的铭文；仿唐素圆镜上也多添铸铭文。

清代的仿制铜镜比明代还要精细，而且数量也增多，并首次出现宫廷仿制的铜镜。乾隆年间，宫廷内务府造办处照本仿制了一批汉唐铜镜，主要有仿汉“鸟兽规矩纹镜”、“八乳禽兽纹镜”、仿隋“十二辰镜”、仿唐“瑞兽鸾鸟镜”、“四神规矩纹镜”、“双鸾纹镜”、“盘龙纹镜”。清宫仿制的铜镜，铜的质地为铅灰色，镜的正面仍然可以光亮鉴人。民间仿制的铜镜，铜的质地为白中闪黄。清仿铜镜，特别是宫廷仿制的铜镜，大多照本模仿古镜，大体上与原器的整体造型一致，但是棱角处分明，厚重压手。清仿铜镜只重形似，在装饰上，常常添枝加叶或随意变化。如仿汉铜镜，不仅镜体加厚了许多，而且镜钮铸成很小的鼻钮，图案纹饰变形、走样，实际上已经渐入于不伦不类。

三、明清时期的钱币

明朝初期沿袭元代纸币制度，从洪武年间就发行“大明通行宝钞”，成为定制。明朝后期纸币贬值，铜钱铸造开始增多。崇祯十七年（1644年），李自成在西安建立了大顺政权，铸“永昌通宝”钱，分为小平、折五两种，张献忠在成都建立大西政权时，铸“大顺通宝”等钱。明朝灭亡以后，明代藩王纷纷自立抗清，设官署，建年号，又各自铸有许多钱币，以永历钱铸量最大，传世的较多。

清代的币制以银为本，钱为末，但是民间使用的主要还是铜钱。清军入关以前就已经开始铸造钱币了，如努尔哈赤铸“天命汗钱”、皇太极铸“天聪汗钱”。入关之后，从顺治开始历代相沿袭，各朝部铸造以年号为名的制钱，正面文字是年号加“通宝”或“元宝”，背面的文字则为满文或满汉合璧，分纪局、纪地、纪值，或星、月、圆点等。清朝政府除了在中央上、户两部设置了局铸钱外，各省也允许设局铸钱。白银作为金额支付行使货币职能。咸丰年间铸有当五、当十至当五百、当千的多种钱币。清末，币制发生了极大的变化，机器压制的铜币取代了方孔钱，银元和新式钞票开始进入流通领域。咸丰元年（1851 年），洪秀全在广西发动起义，国号“太平天国”，建国初期曾铸行“通宝”钱。咸丰三年（1853 年）定都南京（后改天京）后，铸造太平天国钱币，版式繁多，背文为“圣宝”等字。

四、明清时期的金铜佛像

明代宫廷造像，尤其是永乐、宣德时期的宫廷造像，直接以西藏作品为模范，大多用红铜失蜡法浇铸而成，风格传承、脉络清晰，融入汉地的审美观念和传统的表现手法，只是细节方面更加铺张，浮雕珠宝密实镶边，曾经强调的凶忿形象已经淡化了。就形象塑造方面来说，明朝注重神情的刻画，面部表现为男方女圆，略带有汉族人物的造型特征。菩萨佛母像多呈三折枝态，身上装具制作精巧。莲座通常是圆形或方形两种造型，仰覆莲瓣上短下长，束腰内收成锐角状，主瓣之间露出底层莲瓣一角，微微向上翘起。莲座的上下层各镶有一圈精致的连珠，富丽堂皇。这些造像多为中央政府赐赠藏传佛教各派高僧的礼品，一般都镌有“大明永乐年施”、“大明宣德年施”的楷书阴文，对西藏金铜造像产生了重要的影响。明代嘉靖以后，特别是万历年间，汉地造像又独盛一时，造型大多头大身长、体态丰腴，传世品较多。明代的汉传佛教造像尤其是中早期的造像，比例较为适中，身躯饱满且结实，线条简洁流畅，丰腴而不虚，近人而不俗。像身胸、腹的起伏与平常简单的外衣形成对比，富有整体感。

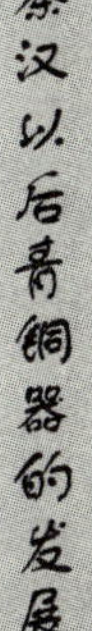

清代宫廷造像始于康熙年间，至乾隆时达到了高峰，不仅临摹塑造了

克什米尔、东印度帕拉、尼泊尔等风格多样的佛像，还雕铸了大量宫廷匠师设计的作品。这些造像大多在皇帝及章嘉、土观呼图克图的直接参与下完成，台座上通常有“大清乾隆庚寅年敬造”刻款、“大清乾隆年敬造”铸款以及佛名、部属等楷书阴文。清代的佛教造像的主要特征是：铜质精炼，造型端庄，面相宽平，颊丰颐满，弯眉细长，鼻高且直，宽肩细腰，衣褶线条如行云流水，富有汉族的审美品味。另外，根据清宫的档案记载：有的佛像并非宫廷所造，只是对进贡的佛像重新修整或刮去款识再加刻官款。菩萨像大多为汉式装束，服饰贴体而轻柔，衣纹和衣饰的刻画运用写实的手法，真实感较强，但是在表现手法上却显得纤巧无力，缺乏艺术感染力。

第九章

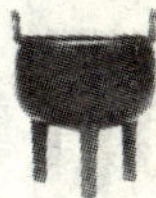

华夏族以外地区的青铜器

中华人民共和国建立以后，我国北方草原、东北、西北、川藏云贵、东海沿海和台湾地区，都出土了许多青铜工具、兵器、饰物和部分青铜容器。它们表现了不同地区不同氏族的文化面貌，既有各自的独特艺术风格，同时也体现了其与华夏青铜文化之间相互影响的关系。

第一节 冀、辽、吉及内蒙古东部地区的青铜器

这些地区中出土的青铜器以青铜短剑和各种动物纹饰牌为特色，包括兵器、工具、农具、生活用具、车马器和装饰品六类，具有浓厚的地方风格。从年代上来看，相当于中原地区的西周到春秋早期。出土的地点主要有内蒙古自治区昭乌达盟的宁城南山根、赤峰红山后，河北省的平泉东南沟，辽宁省的朝阳十二台营子等。

兵器中以短剑居多，其他则为刀、矛、戈、剑鞘、镦、镞、盔、盾等。工具主要是斧和凿。农具有镐和锄。车马器有衔、銮、泡、环、络饰等。装饰品有方扣、圆扣、耳坠、联珠形饰、铃形饰、人面铜牌、兽面铜牌，以及各种动物纹饰牌。生活用具有匕、匙、镜、针筒等。

青铜容器主要出土于宁城南山根101号墓，有鼎、簋、簠、鬲、双系壶、豆、觚、双联罐、勺等器形。其中的长锥足鼎独具特色，敛口浅腹，

口部有环形耳，圜底下有三个很长的实锥足。鬲为敛口短颈，口沿上有两个鼠形小耳，裆部较平，下有尖锥足。双系壶为小口短颈，鼓腹圈足，肩上有小环耳。豆的盘中接连一浅腹罐，双联在罐，顶上各有一个马形钮。勺的柄呈“丫”字形。

这些青铜器主要表现了这些地区自身的特点，同时不乏中原文化因素的影响。如南山根出土的柱足鼎、蹄足鼎、双耳簋、簠及其花纹，镜、柳叶形矛，夏家店12号墓出土的二穿戈，平泉东南沟出土的等腰三角形锋的戈，都是在中原地区常见的式样。

南山根出土的双系壶、觚、勺、斧、凹腰柳叶式矛、凹腰柳叶式剑，弧背凹刃刀、盔以及车马器等，都是受到中原文化影响而铸造的变体器物；长锥足鼎、鬲、双系壶的形制，也见于赤峰红山后的陶器中。双联罐、豆、盾、各式剑及其花纹、剑鞘、三刃镞、镐、锄、大部分车马器和各种饰牌，都具有独特的地方风格。

第二节　晋北、陕北及内蒙古河套地区出土的青铜器

在内蒙古自治区的河套地区和宁夏、陕北、晋北等地，也发掘出了青铜器群，它们皆以各种各样的动物纹样饰牌和圆雕动物装饰品为特征。根据近年来的研究成果，大多数人认为这属于匈奴族文化系统。

匈奴族文化系统的青铜器主要包括兵器、工具、车马器具和装饰品四类，还未发现农具和礼器。其中，青铜短剑、鹤咀镐、小铜锤，各种各样的动物纹样和圆雕动物装饰品以及马具最多，也最精。

在春秋晚期到战国早期，匈奴族文化系统的青铜器，出土的工具和兵器主要是鹤咀镐、小锤、刀和短剑。鹤咀镐又称为鹤咀斧，一端是扁刃，另一端呈鹤咀形，中部厚实，有椭圆形銎，以便安柲；圆銎斧，呈狭的长条形，弧刃，銎一端有一短柱状突起；刀为弧背凹刃，柄扁平，后端有孔；短剑颇富特征，直刃有背，剑格突起，扁茎，首一般呈两兽头或鸟头相对形，也有作双环形的。另外还有锛、锥、凿、斧、戈、镞等。戈、斧、镞多为中原式。马具有马衔、马镳、络饰、鞍饰、扁环等。装饰品种类繁多，尤其以带扣、环饰、联珠形饰、鸟兽头形饰，以及动物纹饰牌最

为典型。

出土的战国后期匈奴族文化系统的铜器鹤咀镐、弧背曲刃刀仍然具有早期风格。短剑略有变化，剑首的双兽或双鸟头相向形，变成了双兽或双鸟头连成双环或单环形。装饰品中的饰牌较前期发达，有几何纹饰牌、鸟纹饰牌、马纹饰牌、涡纹扣形饰牌，种类繁多、式样各异。其中最为讲究的是动物纹长方形饰牌，有浮雕、有透雕。动物纹的种类有马、鹿、虎、盘羊、狼、驴、鹰等，以鹿为最多。它与同期的金银动物纹饰牌的风格完全一样，富有较高的艺术价值。其中属精品的有呼和浩特附近出土的盘羊饰牌、屈足鹿饰牌，内蒙古博物馆收藏的双虎夺鹿纹饰牌、鹰袭鹿纹饰牌，以及固原杨郎出土的虎背驴纹饰牌等。这一时期最为引人注目的艺术品还有圆雕动物饰件。这些饰件大都是套接在杖首、辕头或装饰车害，通常有两种：一种是在圆銎前端作成圆雕动物头像，有羊头、鹰头、鸭头、狼头等；另一种是在方銎座上作成圆雕完整动物形象。如玉隆太的盘角羊辕饰、羚羊饰件、鹿形饰件、立兽饰件、立马饰件，西沟畔的鹤头饰、速机沟的羊头饰件、狻猊饰件、狼头饰件、屈足鹿饰件、神木纳林高兔的刺猬饰件、中沟的立犬饰件等。此外，还有单独的圆雕动物造型，如玉隆太的五件雌雄卧鹿、速机沟的四件雌雄立鹿、瓦尔吐沟的卧状绵羊、神木李家畔的四件伏兔等。

第三节　成、渝地区出土的青铜器

成、渝位于四川盆地的中心区域。商周青铜器的主要出土地点有彭县、新繁、成都、郫县、峨眉、峨边、广元、绵竹、广汉、双流、芦山、犍为、重庆、巴县、涪陵、奉节等县市。

1986 年四川广汉三星堆的两座墓出土了大量青铜器，多达 900 余件，其中立像、跪坐人像、人头像、人形面具、兽面具、瑗戈、神树、神坛等都具有地方文化特征。另外，还出土了中原文化较为常见的尊、罍、瓿以及长江中下游、湖南、湖北、安徽等地常见的尊。

巴蜀文化中，一部分青铜器的器形保留了西周早期或更早一些的青铜器的特征，其中有一类是依照原形仿铸的，还有一类是仿造且经过变形的；部分器形没有受到外来文化的影响。上述两类器物之所以要采用这种形式，可能与巴人参与武王伐商获得殷周型兵器并将其长期流传有关，是小邦国为增大其荣誉而对周文化仰慕的一种表现。

巴蜀式兵器中戈、剑形状之类的青铜器，带有强烈的追慕西周早、中期或更早时期兵器的倾向。值得一提的是巴族文化青铜器，尤其是其兵器上常有的笋形、心形、鸟形、虎形等各种铭记，这些铭记的属性还不太清楚，有的说它是一种符号，有的说它是文字。但是巴蜀很可能有自己的文字，有一件郫县出土的巴蜀式戈上有一行铭文约 12 个字，与上述兵器上的铭记不一样，但没有一个可以翻译出来。

巴蜀出土的青铜容器有鍪、釜、甑等炊器，这些器的耳是用绳索成范后翻铸在器上的。鍪似圜底束颈敞口壶，肩上有一耳或两环耳。釜如敛口的大圆钵，也有两环耳。

巴蜀的乐器有两类：一类是外地传入的，主要是从楚地，如涪陵小田溪出土的一套错金编钟，铸作极精，纹饰特征为楚国器；另一种是形体很扁的甬钟，枚的地位缩得很高，甬上没有旋和干，衡空中设一横梁可悬。这类钟属于巴蜀文化的产物，是变了形的西周甬钟的仿制品。

第四节　滇、黔地区出土的青铜器

地处我国西南高原地带的云南、贵州，早在东周至秦汉时期就是西南夷各族人民居住的地区，出土了数量极多的具有浓厚地方色彩和独特艺术风格的青铜器。

云南地区发现的青铜器，主要分布范围在滇池和洱海两个区域。滇池地区青铜器的出土地点有昆明、呈贡、晋宁、澄江、江川、新平、陆良、曲靖、富民、安宁、禄丰、路南 12 个县市的 39 个地点。洱海地区青铜器的出土地点有剑川、祥云、大理、德钦、楚

商晚期·钺

雄、元谋、姚安、永胜、宁蒗、巍山、昌宁等县市。这两个区域的青铜器在器形和纹饰上都存在一定差别。以滇池为中心地区的青铜器，一般种类较为复杂、铸造精致；而洱海地区的青铜器则制作粗糙简朴，种类也较为单纯，且大多数器物上没有纹饰。

云南地区出土的青铜器种类十分繁杂，按用途可分为兵器、生产工具、生活用具和乐器。兵器有剑、矛、戈、斧、钺、戚、啄、叉、矢镞、箭箙、弩机、盔甲等。生产工具有锄、镬、镰、锯、凿、削、鱼钩、针、锥和纺织工具。生活用具有壶、洗、釜、甑、樽、镳斗、耳杯、案、盆、贮贝器、伞盖、枕、镜、带钩、印章、干栏式房屋模型、动物透雕饰牌等。乐器有鼓、编钟、芦笙等。

在生活用器中，如盒、枕、贮贝器以及干栏式房屋模型等，都具有浓厚的地方色彩，也是其他各地青铜器中所见不到的。

贵州毗邻云南之处，根据史书记载，在西汉时曾是西南夷夜郎国的地域。青铜器主要出土地点是黔西北的赫章可乐和威宁中水。另外在贵阳、盘县、兴义、普安、清远等地，也发现有少量的青铜器。

就这一地区目前所发现的青铜器的断代来说，上限为战国时期，下限为汉代。在这一时期，青铜器已经广泛应用于生产工具、兵器、生活用器和装饰品等各个方面。出土青铜器的造型、花纹风格，很明显地可划分为三种类型：第一类如镜、鼎、弩机、錾、镞、铜钱、印章等，完全是由中原汉文化地区输入的产品；第二类是与云南滇文化中出土的青铜器造型、花纹风格相同或一致，如贵阳、盘县、兴义、赫章出土的锄，威宁、清镇、普安出土的剑，清镇出土的钺，以及戈、矛、釜和鼓改装的釜、镂花铜饰牌等；第三类如威宁出土的戈、剑、矛等，都与四川地区出土的巴蜀文化的同类器物的风格一致。第二、三类器形都具有地方色彩，属于滇文化系统，并受到巴蜀文化的影响。

第五节　湘、桂、粤地区出土的青铜器

湖南、广西、广东三省是中国古代百濮、百越族的聚居之地，这一地区发现和出土了一大批商周时期的青铜器。

湖南的资兴、衡阳、长沙、宁乡、益阳、常德、石门等地，陆续出土了很多商周时代的青铜器，多达四五百件。其中以宁乡一带出土最多。这些青铜器均为窖藏出土，造型奇特、纹饰精美、铸造技术精湛。西周中晚期以后，湖南地区地方土著青铜文化的特征较为明显，如西周的双绹索耳圈足簋形器、资兴出土的侈口圜底垂腹高足变形夔纹鼎和直腹雷纹鼎，都是春秋时代仿铸西周早期的越式鼎之器。稍晚出现了立耳盘口鼎，也是越式鼎的一种。此外，还有战国时期的剑、镞、刀等。

广西出土青铜器的地点分布很广，包括桂北、桂中、桂东、桂南、桂西南等地区，其地域占广西大半境，器形有卣、钟、罍、尊、鼓、鼎、剑、戈、矛、匕首、镞、钺、斧、弩机、匜、筲、镜、羊角钮钟、人首柱形器等。从上述青铜器的造型、铭文、纹饰特征来分析，广西青铜器可分为两种类型：第一个类型是器形、纹饰、铭文与中原地区商周青铜器风格一致或相近，如武鸣全苏、灌阳钟山、忻城大塘、横县镇尤、恭城会加等地出土的商周时期的卣、甬钟、鼎、罍、编钟、剑、戈、矛、匕首、镞、斧、削，贵县、合浦出土的汉代鼎、镜、灯、印章、弩机等，恭城的蛇噬蛙纹尊和菱形几何纹尊，都是春秋晚期时仿铸西周形式之器，而纹样全是土著风格。越式盘口鼎在贵州也有发现。第二个类型是具有明显地方特征的器物，如贺县、象州、德保、恭城、平乐出土的各式铜钺，贵县出土的很有特色的羊角钮钟，以及提梁筲（一种桶形容器）。同时，广西出土的各式铜鼓也是非常可观的。

广东出土青铜器的地点有信宜、饶平、清远、德庆、肇庆、四会、广宁、怀集、佛岗、龙川、罗定、惠来、博罗、连平、海丰、惠阳、龙门、揭阳、佛山、广州，以及香港地区，其中主要出土地为西江地区，少部分在北江、东江、韩江及其支流两岸。在出土的青铜器中，包括炊器、容器、乐器、兵器、工具和杂器。器形有鼎、罍、鉴、盉、壶、盘、缶、编钟、钲、錞于、甬钟、剑、戈、矛、钺、镞、斧、凿、刮刀、匕首、锥、削、人首柱形器等。在上述地点发现的青铜器中，信宜县松香厂出土的盉时代最早，约为西周时期。但是早期青铜器的数量很少。春秋战国时期是广东地区青铜器的发达时期，出土的数量比较多。

第六节　苏、皖、浙、赣地区出土的青铜器

江苏、安徽、浙江、江西四省地处长江中下游和太湖、钱塘江、鄱阳湖流域，系吴越文化的分布地区之一。

在江西的清江流域，发现了一批相当于商朝早期和中期之际的青铜器，有兽面纹斝、虎耳扁足鼎、兽面纹卣工具和兵器等，并发现了铸造工具和不知名容器的石范。如：1989 年江西新干大洋洲出土了 475 件青铜器，包括青铜礼器、乐器、兵器、工具和杂器。这些器物既有典型的商代青铜器，也有商器经后人加工或改造过的，这种器的形制、纹饰既具有本地域特色，也带有南方土著民族独特的创造性，如瓿形鼎、折肩鬲、假腹盘、三足卣、双面神人像、伏鸟双尾虎。其中兵器的形式与陕、晋等地相同。

吴越青铜文化的分布地区，主要在长江以南。兵器、生产工具、生活用具和乐器等青铜器出土的数量也不少。江苏丹徒烟墩山出土的西周康王时代的宜侯夨簋，便是一著名的青铜器。丹徒大港母子墩的一批青铜器中铭为“伯作宝尊彝”的方座簋，更是西周中期偏早之器。此外，还有武进淹城内城河出土的三轮盘、斝及七件钩镭、大港磨盘墩等。在安徽屯溪的墓葬中，出土了铸铭的西周早期和中期的青铜尊。这些吴越文化特色浓厚的青铜器明显地分为两类：一类是模仿西周器，但是形制或多

商代・鼎

或少变了形的，这是大多数；一类是当时的新设计式样，是少数。这第一类的有鼎、簋、尊、卣、双耳扁壶、盘、匜等，器形模仿一般很少能严格地保持西周的式样，如：鼎为浅腹斜支足；簋为多敛口有肩浅腹双耳式，且双耳有的成为两道镂雕的棱脊；筒形尊腹部鼓出而圆或扁圆；大口垂腹尊器体极阔；卣的肩部特别丰满而使整个造型显得偏高而且臃肿；盘多直口紧附耳和直圈足等，都是不甚精确或很不精确的模仿件。另外，这些器物除个别以外，器壁都比较薄或很薄，这和中原地区西周器乃至春秋早期器是全然不同的。此类仿铸的器，其纹饰没有什么规定的格式，如屯溪卣的纹饰为不太相似的仿西周凤纹卣的式样，鼎类亦是如此，其余大多数的器上纹饰，都是吴越文化分布地区所特有的式样。这些纹饰以屯溪和丹阳出土的器最为集中，其主要者有以下一些形式：一、传统窃曲纹的变形，同地所出的鼎即有这类纹饰的前型，为西周晚期或春秋早期的通行式样；二、窃曲纹的复杂变形和交连；三、双勾式的窃曲纹的变形和交连；四、交连和不交连的变形兽纹；五、棘刺纹，密集的方格状的简单线条中有棘刺状突出；六、动物变形的几何纹等。设计式样新颖的青铜器有盉形器、方缶等，纹饰与以上大致相同。

第三篇
中国青铜器的器型

对青铜器进行分类，主要目的是弄清各种青铜器的性质和作用，以便更好地研究各自形成的器形体系，准确地把握器形和用途的一致性。依据器物用途和性质归类的方法，每类器物又可按其形体的时代特征而精分为数种，一般应遵循两个原则：第一，器物造型较为广泛，具有较为显著的时代特征；第二，根据器物的特异形制分类，如分为兵器、饪食器、酒器、盥水器、乐器、杂器等类。此外，青铜礼器的分类还反映了每个时期礼制的各自特点，如工具和兵器的分类必然与生产的发展以及战争、作战的方式有关。

第一章

食 器

青铜食器是礼器，用不同的青铜器皿盛煮食物可以代表相对应的等级。食器可分为煮食器和盛食器两类。煮食器主要包括鼎、鬲等；盛食器主要包括簋、豆等。

第一节 鼎

作为主要食器，鼎是青铜礼器中的杰出代表，在古代社会常被用来“明尊卑，分上下”，即成为显示统治阶级等级制度和权力的标志。青铜鼎一般由腹、足、耳三部分组成，腹部可以盛物，足可以扬火，耳可以用铉（抬鼎时用的杠子）来穿扛搬运，具有烹煮肉食、实牲祭祀和宴飨等各种用途。实牲的鼎有的拥有自己的专名，如牛鼎、羊鼎、豕鼎和鹿鼎等。商周时代吃肉时，并非像现在这样剁成小块或肉糜，而是把牲体肢解成很多大块或整个牲口烹煮，所以鼎的体积一般都比较大。

青铜鼎在新石器时代陶鼎的基础上发展起来，在商周时期得到迅速的普及和推广。出土于夏代晚期的二里头遗址的青铜鼎，是目前发现的最早的代表，历经数个朝代而一直沿用到两汉乃至魏晋。它在青铜器中使用的时间最长，所以变化也相应比较大。

鼎可以分为圆鼎、方鼎、扁足鼎、分裆鼎和异形鼎，其中圆形鼎和方形鼎是最常见的两种鼎。以三足为主的圆鼎是鼎的基本形式。鼎足最早是空锥状的，商代逐渐成为柱状，还有一些商代的鼎足呈扁足状，形似夔纹，故也有夔足鼎之称。这些鼎大多为浅腹，器体较小，西周以后出现酷似兽腿的蹄形足。正因为如此，作为重要依据之一的鼎足的变化经常用来作为判断其年代的依据。流行于商代的方鼎几乎都是四足的，其杰出代表是司母戊方鼎。自西周以后，圆鼎的腹部造型开始出现上小下大的重腹式风格，最大腹径下移。后代和现今仿制的鼎多取样于这种造型，这已经成为仿鼎文化现象中的一种惯例。扁足鼎器身一般以圆型和方型为主，主要特点是三足或四足各呈扁平状。分裆鼎或称鬲鼎是鼎和鬲的复合体，上部似鼎，下腹似鬲。在商代和西周的早期，还流行过一种通称为鬲鼎的分裆鼎。分裆鼎的袋形款足下还加有一段较长的锥足或柱足，上部似鼎，下部是鼎和鬲的混合体。其用途大致相当于现在的火锅，容器部分是鼎的常式，圆鼎足部另加设托盘，方鼎足部则围成屋形炉灶，炭火盛放于托盘和炉灶之上，以便在进餐时继续给食物加温。

西周·史颂鼎

鼎的各部位的特征如下：1. 盖：自商周时期就已经出现有盖的小型四足方鼎，直到春秋晚期圆形的鼎才有盖，以后至战国、秦汉，这种有盖的鼎逐渐成为主流。盖一般呈球面形，盖顶有一圈环，周围有三个圆环钮。环钮通常是用鸟兽等动物的变形形象做成的。2. 腹：作为鼎的主要部位的腹，常常被用作盛置食物。商代早中期鼎的腹部较深，自西周中期以后逐渐变浅，在腹的外壁多铸有纹饰。3. 耳：其形状多为半环形或长方形。有的铸饰花纹于外侧，有的立体雕铸龙、虎或鸟、兽形状于耳的上部或两侧。商周时期鼎耳多铸在口沿之上，称为立耳。春秋以后，因为鼎口要加盖，所以鼎耳逐渐置于口沿之下，折曲而上侈，称附耳。4. 足：足是鼎的支撑部位，下面架火以烹煮食物，主要有锥足、柱足、扁足、兽足、蹄足之分。鸟兽形象纹多铸在扁足表面作为装饰，柱足、兽足、蹄足的足根往往铸兽面装饰。商代早期多为锥足，商代晚期、西周早中期的锥足多呈圆柱形，西周晚期开始出现蹄足。自春秋起至战国，蹄足有由高变矮的趋势，只有楚国的鼎一直保持高形足的形态。

第二节　鬲

青铜鬲通常被用于煮粥或盛粥。最早出现于商代早期，形状似鼎而空足，大口，袋形腹，犹如三个奶牛乳房拼合而成，其下有三个较短的锥形足。其袋形腹的主要作用是扩大受火面积，较快地煮熟食物。

鬲也有因各部分变形而产生的其他款式。主要的有：一耳跟一足呈直线，另外一耳在另两足之间，形成耳足四点配列式；有一些两耳在两足侧面，形成耳足五点配列式。商代早期鬲袋形腹下接短粗的锥足，或者干脆作袋形足；商代晚期以后袋腹逐渐蜕化，裆部分宽绰，足较高。而且多数青铜鬲有精美的花纹，不宜于火煮，常被当作盛粥器使用。商代晚期和西周早期鬲的式样基本相同，唯形体向低矮方向发展，颈部多呈弧形或直圈形收缩。西周中期以后，随着鬲的数量急剧增加，式样也逐渐丰富了：袋腹蜕化，形体变成横宽式，裆部分宽绰。出土时常成组出现，并且铜鬲的形制、大小、纹饰、铭文基本相同。到了春秋战国时期，鬲多以偶数组合与列鼎同墓随葬，起着陪鼎的作

商代·鬲

用，一般是以二、四器与列鼎五器配合。至战国时期，青铜鬲退出历史的舞台，从祭器和生活用器的行列中消失。

鬲各部位的特征如下：1. 颈：颈为口沿下腹上部。鬲颈均较短粗，束颈，上面一般饰弦纹或无纹饰，夔龙纹、变形云雷纹、连珠纹等常装饰于少数较高的颈部。2. 足：裆部下收后成足。商代时期两足有锥形，足中或实或空，也有袋状足等。到了西周时期，足主要有袋足、柱形足、兽蹄形足等。3. 耳：商代前期的鬲多无耳，后期口沿上一般附有双立耳，有的一耳与一足呈直线，另一耳在两足之间，少数双耳在两足之侧。西周时期，有的鬲还在肩上附一对大耳，耳横出后竖起，高于口沿。4. 口：沿袭商代的高口沿，多侈口，平缘或窄缘，上有立耳。西周时期，口多为平缘外折。5. 肩：肩多位于颈下部。商代时，鬲有的肩部窄折，有的为圆肩，也有肩部不明显，由颈部直接过渡到腹部。西周时期，其情况与商代基本相同。6. 腹：鬲的主要部位，其内盛食物。腹一般外鼓，至鬲最大外径后内收分裆，有的鬲在腹部饰有主体花纹。商代时，腹主要饰有双线弦纹、饕餮纹等，西周以后出现了饕餮纹、夔龙纹、垂鳞纹，以及仿陶鬲上的绳纹和圆饼形饰。有的西周时期的鬲腹部还饰有扉棱。7. 裆：所谓的裆就是从腹上中部开始，向三足弧收部位。西周中期，有的鬲裆部变平或分裆较低。

第三节　簋

簋是用作盛放煮熟黍、稷、稻、粱等饮食的器具，始见于殷商，沿用至春秋，其间形制变化较大。簋的基本形体为圆腹，侈口，圈足；早期无耳，自西周后常带盖，有双耳也有四耳，且有耳垂并在圈足下出现方座。西周后期，簋还有圈足下三个支点的形式。直至春秋，簋又出现了去掉圈足的三足式或一种无足的形式。

商周时期，簋常常作为重要的礼器使用。特别是到了西周时期，它和列鼎制度一样，在祭祀和宴飨时常以偶数组合与以奇数组合的列鼎配合使用。据史料记载：天子用九鼎八簋，诸侯七鼎六簋，大夫五鼎四簋，元士三鼎二簋。在目前出土的簋中，所见到的也常以偶数组合为多。在西周晚期到春秋早期的墓葬中，随葬的簋有六器、四器和两器之别，与文献记载的情况相符。

簋的各部位特征如下：1. 足：圈足，早期有的圈足较高，西周和春秋时期还出现圈足下设三足或四足，也有的足是把四个耳之下的珥加长，作象鼻状等，将簋悬起。2. 盖：商代时，簋一般无盖，西周和春秋时期的簋一般有盖，覆碗形，上有圈形捉手（为特指器物的盖中间，用于方便拿起的部件），有的上面除纹饰外，还有扉棱。春秋时期，盖上还出现了镂孔花瓣形捉手。3. 耳：大多为两耳，形态为兽首形。自商代晚期至西周时期，有的耳下有珥。西周和春秋时期，有少数为四耳，且耳较大，形象突出。还有环形、长方形耳等，环形耳上有的附衔环。4. 腹：一般为圆腹，在商代早期口稍敛，窄缘外折，深腹，壁较直。至商晚期以后腹相对变浅，腹外鼓，口微敛或外侈，且多束颈。常有花纹饰于腹部之上，商代早期饰以饕餮纹等纹饰带，商晚期至西周时期饰以多种纹饰，或纹饰带、或满饰花纹，颈上纹饰间还常有浮雄兽首。西周时期，还流行将竖瓦纹饰于腹中下部。

商代·执簋

第四节 敦

作为常见的器皿之一，敦常被用作盛放黍、稷、稻、粱等饭食。它由鼎、簋的形制结合发展而成，产生于春秋中期，在春秋晚期到战国时期得以盛行，直至秦代以后消失。

敦的基本形制为三短足，二环耳，圆腹，圆盖，盖与器相合成球体或卵圆形体。它在使用时分开成为两个半球形器皿，俗称“西瓜鼎”，但也有上下不完全对称或完全不对称的。《礼仪》中簋与敦不分，自宋代以来的《金石图录》也称簋为敦，将敦称为鼎。《尔雅·释丘》疏引《教经纬》说：“敦与簠、簋容受虽同，上下内外皆圆为异。”有些盖上也有三钮，可当足，使敦能够像簠和盨那样翻过来仰置使用。另外，有一种敦平底无足，通常称为废敦。就总体发展变化而言，与鼎盛肉食相配套的盛饭食器物，西周是簋，春秋是敦，战国以后则是盒。

敦的各部位特征如下：1. 钮：敦的盖中间顶部饰早钮或沿缘部分置三组，也有鸟形钮、足形钮、圆环形钮捉手等，少量四钮。2. 盖：敦的盖大多为略鼓的半圆形，也有覆碗形或身扣合后呈扁圆形、卵形等。有些盖翻转过来可盛食物用。3. 耳：多环形耳，也有半环形耳衔环或铺首衔环等。4. 身：所谓身就是盛食物处，深腹，圈底，与盖相合呈圆扁状、卵形，许多表面附有纹饰。5. 足：敦通常为三足，有蹄形足、兽形足等，也有的无足或设圈形足。

第五节　豆

豆是一种盛食专器，常被用于腌菜、酱肉以及调味品等的盛放。最初的豆是用陶制作的，常与陶鼎、陶壶配套使用，构成了一套原始礼器的基本组合，是随葬用的主要器类之一。甲骨文、金文的“豆”字，是一个酷似豆形状的勾勒，上面有米，可以推断豆最开始可能是用于盛放黍稷的。青铜豆出现于商代晚期，在春秋战国时期得以盛行，其基本形制是上部像盘，深腹，中有柄，下接长握，称作“校”；校下面是圈足，称作“镫”。这一形制结构有些像经久不变的陶鬲，总是历代依形相续，无形态变化，直到春秋战国时期偶尔才有方豆出现。陕西保德林遮峪出土的商代晚期豆，校粗而长，里面悬有铃铛。少数豆在商周

周代时期·嵌银青铜豆

时期还有真、假腹之分，假腹豆的盛放容量只及真腹豆的一半，从表面看上去却显得和真腹豆里的盛品一样多。目前研究此学的一些专家戏谑地称之为“作假”，是我国作假之风的肇始阶段。到了东周时期，豆多加上了盖，盖与器身相结合成球体，器盖上有四钮，器身有四环耳，体现了当时社会对实用主义的追求，从而象形地成了豆的造字字形。豆在汉代也作他用，如河北满城汉墓中曾出土一件错金朱雀衔环双连铜豆，器中尚存朱砂痕迹，可以推断被用作盛放妇女调和胭脂的器具。

豆作为礼器时常以偶数组合使用，极少以奇数组合使用。关于用豆之数，《周礼·掌客》载：“凡诸侯之礼，上公豆四十，侯伯豆三十有二，子男二十有四。”《礼记·礼器》载：“礼有以多为贵者，……天子之豆二十有六，诸公十有六，诸侯十有二，上大夫八，下大夫六。”《乡饮酒义》：“乡饮酒之礼……六十者三豆，七十者四豆，八十者五豆，九十者六豆，所以明养老也。”但是，出土和传世的青铜豆都较少，可能当时的人多用陶豆、漆豆和竹木质豆，不易留存到现代。

豆的各部位特征如下：1. 捉手：捉手为圆形，有的为环形，分置于盖近边缘处。有些捉手为倒置的柱形足，将盖翻覆后使用时起着支撑的作用。2. 圈足：圈足与柄部相接，呈喇叭形，有的边缘竖折。3. 盖：盖与器身组合为扁圆形、圆形或近方形，有的豆无铜盖，有的将较大的捉手或柱形足设于盖上，可倒置使用。4. 耳：耳一般为半环形，也有近似于鼎的长方形耳，位于身上部近口沿处两侧。5. 腹：腹分为浅腹和深腹，浅腹多近平底；深腹圆底，也有近方形腹。有的将花纹饰于腹上，春秋战国时期流行镶嵌纹饰。深腹居多，也有一种演变成边狭而浅的盘形。6. 柄：早期的柄形状较粗，有的上有镂孔。到了春秋时期，豆柄逐渐变得细长，圆柱形，中间内收。有的柄上有箍棱，个别柄为多棱形或镂空。

第六节 盂

盂是一种大型盛食器，常与簋配合使用，簋内的饭食据推断可能取自盂中。盂一般形状为圆形，侈口深腹，圈足，有兽首耳或附耳，少数附有盖，体形都比较大，因其铸造需用铜量大，耗资较巨，故出土的数量也少。这类大型食器有的自名为“饮盂”、“馔盂”，馔是熟饭的意思，馔盂的主要用途是盛放熟饭。盂最早出现在商代晚期前段，安阳殷墟的妇好墓就曾出土过一件盂。西周时期，盂得以盛行，至春秋时期尚有所见。

盂的各部位特征如下：1. 足：圈形足，早期较高直，有的常将镂孔和纹饰带饰于其表面。西周时期圈足外撇，也有的无圈足。2. 口沿：口缘外撇，有的口沿上面附有盖。3. 耳：腹上部常附耳一对，长方形竖立，也有环行或兽形的，个别的耳上还衔有环或饰四耳。4. 身：深腹，微鼓。有的腹中部与两附耳相对的中线上饰卷鼻象首或绹索耳状钮。到了春秋时期，身逐渐变矮，且腹下内收，形近似于盆。到了商周时期，常将饕餮纹、夔凤纹、蕉叶纹等饰于腹上。西周晚期、春秋时期，身常饰以重环带纹和环带纹等。

第七节　盨

作为古代器具之一，盨常被用作盛放黍、稷、稻、粱等饭食，但其名不见于“三礼”。盨是由弇口圈足簋发展而来的，用途也与其相同。盨一般也成偶数组合，其形制是体呈椭方，敛口，鼓腹，双耳，圈足，盖可以仰置盛物。盨最早出现于西周中期后段，至西周晚期得以流行，到了春秋初期基本消失。因为盨流行的时间很短，造型上所表现的时代差异不是很大，同时期内仅在耳、足、盖等部件上有所变化。

第八节　铺

铺为一种盛食器皿，与豆相似，自名为“铺”，其特点为盘边狭而底平，与豆作碗形或钵形有很大的区别。铺的另一特点是圈足甚粗而矮，多为镂空，没有形成似豆的柄。铺盘很浅，不能多置物品。因铺与哺音通，所以不同于一般豆的形制。铺见于西周中期至春秋时代。

第九节　簠

当祭祀和宴飨时，簠常被用作盛放黍、稷、稻、粱等饭食。《周礼·地官·舍人》载："凡祭祀共簠簋。"汉代郑玄注："方曰簠，圆曰簋，盛黍、稷、稻、粱器。"从文献当中，我们可以知道簠为方形器。但《说文解字》中载簠为"黍稷圆器也"，这又与实物刚好相反。现在一般认为簠的基本形制为长方体，如盨而棱角突折，早期出现时为斜壁，浅腹，后期变为直壁而深腹。器身与器盖各有四个短足，为方圈或矩形组成的方圈。簠的盖和器形状相同，大小一致，上下对称，合起来成为一体，分开则为两个器皿，这一特点在古代器物中被称作却置或却立。簠出现于西周早期后段，在西周末春秋初得以盛行，直到战国晚期以后消失。

第十节　盨

盨与簠同为西周后新增的容器，形状为方中带圆而似椭圆形，两旁有兽耳或附耳，下为圈足或四足，同样有盖成却置形式。

盨出现于西周中期后段，直到西周晚期才得以流行，至春秋初期已基本消失。它是由弇口圈足簋发展而来的，与其用途相同。因为它的流行时间较短，造型上所表现的时代差异不大，在同期中仅在耳、足、盖等部件上有所变化。

盨的各部位特征如下：1. 钮：钮呈矩形形状，四钮分置盖上周边，也有椭方形大圈状捉手。将盖翻转后，矩形钮或捉手即成为四足及圈足。2. 足：足大多为椭方形圈足，有些足中间有缺，也有的在圈足下设小附足。3. 盖：口沿随器身，上鼓突，在其表面常饰有与身相配合的纹饰，翻转后可用来盛放食物。4. 耳：一对，位于身两侧，其基本的形制有兽首形环耳和竖立的长方形耳，均见于西周中晚期。5. 身：盛放食物处，呈椭方形，体扁，腹鼓而深。其上有纹饰，近口沿处常饰以纹饰带，有窃曲纹、重环纹等；腹中下部则常饰以瓦纹。

第十一节　甗

甗常用作蒸物，全器分为上下两部分，上体称甑，用来盛放食物，下体为鬲，用来煮水，中间是箅，有孔用来通蒸气。甗的形制有圆形、方形；有上下合体的，也有上下分体的。上下分体甗，其上面的甑底就是箅，下端有榫圈，可以套接在鬲口内。另外，出土于河南安阳殷墟妇好墓的一件一鬲三甑式甗，甗鬲分体，鬲作长方案形，六条方足，腹底平而中空盛水，下面可以烧火，案面上有三个灶孔，分别置三个甑，可以同时蒸几种食物。出土于陕西凤翔高王寺的蟠龙纹甗，上下分体，鬲腰间另加围盘，用以防止汤水外溢熄灭火焰。这两件青铜甗的设计，颇见匠心。

第十二节　其他饪食器

一、匕

匕作为一种古代器皿，常常以匙子的形式被用作挹取食物。《仪礼·少牢馈食礼》载："廪人概甑甗匕与敦于廪爨。"汉代郑玄注："匕所以匕黍稷。"《士昏礼》又载："匕俎从设。"郑玄注："匕所以别出牲体也。"依据文献我们可以清楚地看到，匕的用途往往是挹取饭食和牲肉。考古发现的匕常与鼎鬲同出，如出土于寿县蔡侯墓、淅川下寺1号墓的鬲，都附有匕。匕的基本形制匕身为椭圆形，后有柄。有的匕柄有銎，用以装木柄，匕柄常常雕镂出很精美的花纹，这种匕称作"疏匕"。

匕的各部位特征如下：1. 柄：柄即为手握处。商代时期有的为銎管形，上安装木柄。到了西周、春秋时期，柄多为扁条状，近中部曲折，折至端部加宽，常有镂空纹饰。至战国时期，柄部呈长条形，较窄长。2. 身：在商周时期身呈桃叶形或椭圆形，前端有尖，中间下凹。到了春秋战国时期，身大多为椭圆形，近似今天的汤匙。

二、盆（𥁰）

盆的用途与盂相同，盛食兼可盛水，在春秋时期得以盛行。《仪礼·

士丧礼》注：“盆以盛水。”《周礼·牛人》注：“盆以盛水。”而出土的有铭青铜盆则自名为“飤盆”、“馍盆”、“飱盆”、“行盆”、“旅盆”，其用途主要为盛食。

盨见于器物自名，其基本形制和用途与盆相同，当为盆的同器异名。

三、鍪

战国时期，秦人长期将鍪当作炊食器使用，且一直沿用到西汉早期。鍪的式样一般作敛口束颈，口有唇缘，鼓腹圆底，口径小于腹径甚多，肩部有环形耳。

四、俎

俎是切肉、盛肉的案子，常作为礼器被长期使用，其用途与鼎、豆相同。《周礼·膳夫》载：“王日一举，鼎十有二，物皆有俎”，《礼记·燕义》说：“俎豆牲体，荐羞，皆有等差，所以明贵贱也。”西周懿王三年的瘐壶铭文中有周王赐给𤼈“彘俎”、“羔俎”的记载。“彘俎”是盛放猪牲的俎，“羔俎”是盛放羊牲的俎，说明西周时期盛放不同牲体的俎各有专名。俎的形状为长方形案面，中部微凹，案下两端有壁形足。出土和传世的青铜俎甚少，据推断当时所用的俎多为木制，因易朽蚀不易保存。

第二章

酒　器

第一节　爵

作为一种古代酒器，爵是目前已挖掘出的物品中最早出现的青铜礼器。《说文·鬯部》："爵，礼器也，象爵之形，中有鬯酒。又，持之也，所以饮器象爵者，取其鸣节节足足也。"金文中爵字作，象形，但此种爵有的有盖作牺首形，与"取其鸣节节足足也"之义似无关。《说文》所云"象爵者"，借爵为雀，爵、雀古字通。东周后期陶爵似杯形，有一曲平形执錾，其前饰有一鸟，此或即《说文》"象爵者，取其鸣节节足足"之说的由来。器见《辉县发掘报告》图版之"陶鸟彝"，器形同于西周白公父爵，但白公父爵并没有雀形为饰，传世东周青铜器中爵亦个别有作此形状者。《说文》所解释之爵，或兼括早晚形式，字形有早期象形的迹象，而解释为雀之鸣"节节足足"，乃取东周饰雀的饮器。

关于爵与其他器的组合，《仪礼·特牲馈食礼》载：二爵二觚四觯一角一散（斝）。到了夏代晚期，青铜器开始出现，未发现成组的爵。在商代时的墓葬中，陪葬青铜饮酒器最低限度为一爵，有一爵一觚成组合，也有爵与斝单独成组合的。历史上最大的青铜爵群，出土于殷墟妇好墓，有数种形式的爵四十器。爵的用途见于铭文的仅有白公父爵："白公父作金爵，用献用酌。"青铜爵一说可用于煮酒或温酒，少数爵之杯底确有烟炱痕，但绝大多数是没有烟炱痕迹的。而且三足入火几秒钟后，青铜中的锡即离析而损坏器表，因此多数纹饰精美之爵作为煮酒之温器的可能性并不大。

到了夏代晚期，爵的形制有的尚带有陶爵的特征，有的则比较精巧，一般器壁较薄，表面粗糙，无铭文，腹部偶有简略的连珠纹。就已发现的形式来看，流和尾的倾斜度都不大，流多作狭槽形，且较长，个别也有较短的，流和杯口之际多数不设柱，也有的设钉状柱。錾的弧度比较大，有的以镂空为饰。夏代晚期的爵体截面呈橄榄形，都是扁体爵；底皆平，錾与一足成直线，二足在另一侧。这时爵的造型虽然原始，但是也有新颖而精巧的，这一情况表明爵已经历了长时期的发展过程。就目前的挖掘情况来看，夏代晚期青铜爵发现的数量并不是很多。

商代早期的青铜爵是夏代晚期形式上的延续和发展，其共同的特点是扁体平底，流稍微加宽，有的有向下略为弯曲的弧度，而尾部多数较短，流和杯口之际设有柱，柱有钉形、菌形二类。为了防止器壁过薄，口沿容易破裂，口沿至尾部大多有一条加厚的唇边。

到了商代中期，青铜爵一般都是圆体爵，器壁大多加厚，从而取消了早期器的口上常有的一条唇边。柱爵普遍发达，有的菌形发展成为平顶的柱帽，足部均为粗实而尖棱的锥足。

青铜爵的造型趋于成熟是在商代晚期，流和尾的长度比例较为接近，只是双柱从流和口之际有逐渐向后移的倾向，流的前段也有加高的趋势。以前錾的上端从来不加装饰，这一时期则往往装饰上一个牺首。柱有菌形、帽形（也有称为伞形）或蟠龙、蟠蛇等形，以菌形柱最为普遍。足以三角锥形为主，少数也有作三角刀形的，这是商代时期最晚的器具。

爵的各部位特征如下：1. 流：流就是饮酒处，位于口沿一端，与尾相对应。流与尾相比较长，前端两侧向上翻卷，形成沟槽，以利倒出酒水。2. 錾：錾为半环形，商代早期大多为桥形，有的上部饰有兽首。3. 柱：双柱，位于口沿两侧，近流一端。商代前期柱短小，呈钉子状，距流较近。自商中晚期，柱开始增高，与流折处有一定距离，柱上帽一般有伞形和圆菌形，也有少量无柱或一柱爵。4. 尾：尾位于口沿一端，与流相对应，一般收成尖状，较流为短，起到平衡爵体的作用。5. 腹：腹即容纳酒水处，杯形，在商代早期收腰，有的下部为假腹，近平底，近圈足形，个别的上有镂孔。到了商代中期，腹壁变直，下为圆底，腹上常饰有饕餮纹、蕉叶纹、弦纹等纹。6. 足：三足，商代早期足较短，有的为

近圆柱形。到了商中晚期以后，足增高，端变尖，且多外撇。

第二节 角

角是一种饮酒器。《礼记·礼器》载："宗庙之祭，尊者举觯，卑者举角。"郑玄注："四升为角。"与其他酒器组合，据《仪礼·特牲馈食礼》载："实二爵四觯一角一散。"依据此种说法，角与爵之容量为四比一。

自宋代以来，定爵形器无流而具两翼若尾的器皿叫作角，按爵的自身容量，虽然在西周时代也有较大出入，若以上述容量之比例为标准来辨别角，则无法确指是什么器皿。宋代时期的人所说的角，容量与爵大致相等，故不是《礼记·礼器》注和《韩诗》所述之角，或者是爵的某种变体。

夏代晚期有前后成尾形的陶管流角，盘龙城遗址也曾经出土有前尾不发达的管流角。就目前的挖掘情况来看，角的出土和传世数量远远低于爵。最早的青铜角当推上海市博物馆所藏的夏代晚期的异形管流角，杯体分段，杯体下有圆圈，底下承三足，上口前后皆呈翼状，前翼与一般的爵不同，颈部有一斜置的流，与陶器相同。在《美帝国主义劫掠的我国殷周铜器集录》一书中所记载的一形似商代早期的扁形角，鋬内有阳文"父甲"二字，按商代早期乃至商代中期的一般器物，多无铭文，此器铭文与晚殷铭文相同，则其字未必可信。

角的各部位特征如下：1. 前尾：前尾的形状与尾相同。2. 足：三尖形足。3. 口沿：有的上面有盖，有的前后尾间形成"V"字形，口沿上没有两柱。4. 尾：尾即为后尾，应也可倒酒，与爵形态不同。5. 身：与爵形制相近，上有鋬。

第三节 壶

壶指的是盛酒的酒壶，并不是盛水的壶，因为盛水的壶通常被划分为盥水器，不列入酒器之类。《周礼·秋官·掌客》载："壶四十。"郑玄注："壶，酒器也。"《诗·大雅·韩奕》："清酒百壶。"殳季良父壶铭："用盛旨酒”，曾伯陭壶铭：“用自作醴壶”，郑楙叔壶铭：“作醴壶”，凡此皆是盛酒之壶。

金文中壶作㚅，像有盖且两侧有系和腹部庞大的容器，故壶可以看作长颈容器的统称。古时候酒的品种比较多，故酒壶的形状也各有不同。在历史上，青铜壶的使用时间自商代开始至汉代甚至更晚，因而变化的形式相当复杂。

商代时期壶的形式有瓠形壶、长颈圆体提梁壶、细长颈圆腹壶、扁壶等等。

壶的各部位特征如下：1. 盖：较高，顶上有钮或圆圈形捉手。到了西周晚期，盖的表面出现装饰缕空的莲花形瓣，有的花瓣中间立有凤鸟或鹤等。春秋时期及战国早期较为盛行，战国时期流行在盖周边饰三或四个立钮。2. 口：敞口，基本为母口，与盖的子口扣合。3. 颈：形态较长，微内弧。4. 耳：商代时期较为流行贯耳，为筒形，到了西周时期大多为兽耳衔环，至春秋战国时期兽形耳增多，另有铺首衔环形耳。5. 肩：壶的肩部不太明显。6. 腹：上与肩部弧接，腹下部鼓突，上有多种纹饰，也有铸长篇铭文的，至战国时期出现了嵌错纹饰。7. 圈：足，有的较高，下部外撇，有的上面还有缕孔，有的圈足下增设兽形足。

第四节 尊

尊为一种盛酒的器皿，形体较为高大，金文中常将“尊”、“彝”合称，“尊彝”是对祀礼器的一种泛称。按照形体来分，尊可分成有肩尊、觚形尊（筒形尊）、鸟兽尊三个类别。有肩尊上口侈大，有肩，圈足，圆形，和今天的痰盂形状相似，也有方形的，初始当与陶质或原始青瓷的大口尊有关。筒形尊或称觚形尊，大口，筒形，形状似觚，但是整体较粗。其在商代晚期后段到西周早期乃至中期比较流行，至春秋晚期又有较为短暂的复兴。鸟兽尊或称牺尊，牺尊狭义是指牛形尊，为盛酒祭器。一说牺读为“莎”，即纹饰的意思。这样，牺尊可以理解为有纹饰的尊。《周礼·春官·司尊彝》中所谓六尊中的象尊多次见于出土物，而且出土的同类器作走兽形状的有许多种类，因而通称走兽形的容酒器为兽尊，同样用途的还有各种鸟形尊。

按造型归类，可以将尊分为象尊、犀尊、牛尊、羊尊、虎尊、麒麟尊、豕尊、貘尊、驹尊、鸷尊、枭尊、凫尊、雁尊、凤尊、怪兽尊等等。如春秋晚期鸷尊，以头为盖，形状似鹰，喙可开合，有榫旋转可紧固，鸟体羽毛纹理细密，后颈有错金鸟书铭，云“子作弄鸟”，造型生动，风格写实。

周代·牺尊

尊的各部位特征如下：1. 口：外侈而大。2. 颈：有肩尊的颈显得较为短细，觚形的尊颈较大，上面常饰有蕉叶纹及扉棱等纹饰。3. 腹：有肩尊腹部鼓突，下部斜收；觚形尊腹部微鼓或平直，上面常饰饕餮纹、扉棱等，少数腹上还有对称的小耳或大型的兽形耳。4. 圈：肩形尊足高、矮圈足，觚形尊一般圈足较高，有的上侧有十字形或方形孔，有的装饰有与腹部相配合的纹饰。

第五节 觚

觚是一种饮酒器皿。《论语·雍也》载：“觚不觚。”《集解》引马融注云：“觚，礼器也。”《说文·角部》载：“觚，乡饮酒之爵也；一曰：觞受三升者谓之觚。”觚与觯，在古籍记载中颇有混淆之处。如《考工记》载：“梓人为饮器，勺一升，爵一升，觚三升。”郑玄注云：“当为觯。”《仪礼·燕礼》载：“主人北面盥，坐取觚洗。”郑玄注：“古文觚皆为觯。”又“公坐取宾所媵觯。”注云：“今文觯又为觚。”而《韩诗》云“二长虹曰觚”，上言三升为觚，因而古籍对于觚的容量解释也不相同。现今考古界所通称的觚，是沿用宋朝人所订的旧称，是否即为古籍中的觚，没有历史进行考证，因此商周之觚铭中都没有篡写夺名的嫌疑，但根据形体定为饮酒器，还是可信的。商代早期有一觚，其口部半封顶，并有一流可饮，可作为饮器的直接证明。

觚同爵是一组最基本的青铜器，常伴随出土，也有和斝成组合的。

觚的各部位特征如下：1. 口：大而外侈，缘部较薄，形如喇叭口。2. 身：深而高，腹部内弧，平底，形似高杯，上附有纹饰，也有的加饰扉棱。3. 圈足：较高，呈喇叭形，常在其表面装饰弦纹及十字形镂孔。

第六节　觯

觯是一种饮酒用的杯子。《说文·角部》载：“觯，乡饮酒角也。《礼》曰，一人洗举觯，觯受四升。”《礼记·礼器》载：“尊者举觯。”郑玄注：“三升曰觯。”《韩诗》亦有此说。四升、三升说与爵一升说相比较，均和商、西周早期之青铜觯容量不相合，故《仪礼》、《礼记》之诸酒器容量比，非周初之制。春秋晚期义楚锚铭：“义楚之祭耑。”此为锚之用于祭祀者。

青铜器中所包含的觯有两个类别：一类是扁体的，一类是圆体的。这两类器皿在商代晚期和西周早期都已经出现，后者沿用至东周。扁觯初见于商代晚期，在西周初期得以流行，其形状为椭扁体，侈口，束颈，深腹，有圈足，不少有器盖。在西周早期的时候扁觯的形式比较单一，大都为宽颈垂腹式，但其宽度有小的出入，腹部多为下垂较深的式样，例如小臣单觯。西周早期的扁觯为商代晚期第二式的延续，较为流行。到了商晚期出现了圆体觯，形似侈口的小壶状。西周晚期觯极少见，春秋早期的觯还未见过著录，但春秋晚期徐国又一度出现觯。

觯的各部位特征如下：1. 足：均为圈足，晚期圈足增高。2. 盖：盖面圆弧，中间较高，上有钮。商代晚期有盖觯较多，也有许多无盖。3. 身：商代晚期至西周早期的觯大体分为扁体形和圆体形两种，多为侈口，形状像瓶。束颈，深腹外鼓，也有较矮浅腹的。春秋时期演变成一种像觚的器型，有铭文自称为“镐”，形状为长身，侈口，腹下垂。

第七节　觥

觥是一种盛酒的器皿，真正的器名尚不可知，因约定俗成而得名。觥又作觵，《说文·角部》载：“觵，兕牛角，可以饮者也。”《释文》引《韩诗》云容五斗，引《礼图》云容七升。又如《周礼·春官·小胥》载：“觵其不敬者。”《考古图》、《博古图》皆无兕觥之名。前人因其器形与匜相似，而名之为匜。王国维在《观堂集林·说觥》一文提出有盖作牛头形的为觥，其无盖的为匜。总之，说法种种，不一而足，因此这类器是否可以称之为觥，仍是需要进一步考证的事情。

觥在古籍中称为兕觥，是一种饮酒器，但西周早期守宫作父辛觥腹内有一横隔，分为两室，中藏一勺，柄露于外，可知此器是盛酒器而不是饮酒器，因此也有人认为王国维所定觥的名称并不准确。觥可分为圈足、四足和方形三类。圈足类形似匜，器腹椭圆，圈足，有流和鋬，盖作成龙、虎、象等各种兽头表。四足类器形整体作成牛、羊等兽形，觥足即为四只兽足。方形器形大致跟圈足类相同，但器腹是方形的。

出现于殷墟晚期的觥一直沿用至西周早期，有圈足和三足、四足鸟兽形之类，由于流行的时间不是很长，因此数量也不是很多。

觥的各部位特征如下：1. 盖：盖为弓形，前部盖住流处为兽首形，有的是在兽首的下颏部与流扣合；盖上的兽首有完整的嘴，有的是在兽首的嘴部与流扣合，盖上兽首只有嘴的上半部，流即为兽嘴。兽首嘴上有鼻，双眼，双耳或双角。盖中、后部为兽脊，延至尾部。有的脊上起扉棱，或饰浮雕形龙纹等，也有的在尾端另一端饰一兽或禽首。2. 鋬：手持觥处，为半环形，上有兽首，有的下有垂珥。3. 圈足：圈足有的较高，或下部外撇，上有扉棱。另有三足、四足的鸟兽形足，及柱手或尖状足。4. 流：流即为倒酒流出处，一般上扬，较短，与觥盖上的弧形相接。5. 腹：腹是盛酒的部位，一般为长椭圆形，也有的制成兽身形，或为近长方形，个别的还有角形。腹表面上有纹饰，有的有扉棱。

第八节　彝

彝即为盛酒器中的方彝，是古代青铜器中礼器的通称，和尊一样具有特殊身份，也有作为青铜礼器通名的功能。专名的方彝则指方形的盛酒器。彝的形制多是高四方体，四面坡屋顶形的盖，有钮，多直腹，也有鼓腹，下有方圈足，多有扉棱。个别的两彝毗连，称为偶方彝。彝从商代晚

期开始出现，商末周初式样稍变，腹微鼓，至西周时期两侧置有鼻形双耳。

《尔雅·释器》载：“彝、卣、罍，器也。”郭璞注：“皆盛酒尊，彝其总名。”在古籍中没有见到以方彝为礼器的名称，宋朝时期的人以这类器形体作方形而命名。后世所出的方彝铭文中也未发现器名，因而考古界仍沿用宋朝人对其的称呼。

商代早期已有陶质的类似的方形器物出现，但已发现的青铜方彝最早见于商代晚期，小屯 238 号墓及殷墟妇好墓等都出土过方彝。方彝的截面纵短而横长，有屋顶形盖，下为圈足，圈足的每一边中央都留有或大或小的缺口，器体大多有四条或八条棱脊。此类器虽然形式单调，但是随着时间的推移到了后期也有一些变化。

西周早期的方彝出土不多，个别发掘品与商晚期的形式没有什么区别。西周方彝的使用虽然不如商代的多，但还是陆续沿用到中期。

彝的各部位特征如下：1. 钮：钮的上部做成小屋顶形，可分为平顶或尖顶两种，其形制常与器盖、器腹配合，饰以相近的纹饰或棱脊，顶下有钮柄。2. 口缘：口缘的形状为长方形或近方形，设子母口，盖与器身扣合。一般为平缘，折直口，有的口略大于腹部。3. 圈足：圈足在商代时期一般较高且直，到了西周时期略低矮，且下部外撇，有的饰与盖腹对应的扉棱，有的四面中间为一缺口。4. 盖：似屋顶，可分为平顶或尖顶两种。平顶四周起扉棱或有立形鸟饰，尖顶在脊上起扉棱。盖的四面常饰以精美花纹，与器腹纹饰配合，饰独立的或相同相近的花纹，纹饰间亦常有扉棱。5. 腹：腹较深，壁较直，或下部略鼓突形成曲壁。有的四边及纹饰中间饰有扉棱，与盖部扉棱时应。商代晚期多直壁方彝，曲壁少见。到了西周早期，方彝壁体较低，腹下部鼓突。有的在腹壁两侧还附有耳，向上翻卷；有个别的彝器形较长，横长两倍多于纵长。腹上饰有花纹，如饕餮纹、龙纹、夔龙纹、凤鸟纹等，纹饰极为繁复。近口缘处还常饰有浮雕纹饰，如龙首、象首等。

第九节 斝

斝不仅是一种盛酒行祼（酌酒灌地）礼的酒器，还是一种兼有温酒作用的器皿。形状与爵相似，但器体较大，无流无尾，口沿上有双柱，有把手，下有三足，圆形、方形皆有，现多认为斝就是古文献中提到的“散”。

《礼记·明堂位》：“灌尊，夏后氏以鸡夷（彝），殷以斝，周以黄目。”又《周礼·春官·司尊彝》：“秋尝，冬蒸，祼用斝彝黄彝。”又《左传·昭公十七年》：“若我用瓘斝玉瓒。”灌、瓘皆与祼为同音通假字，以上都说明斝为行祼礼的酒器。《周礼·鬯人》：“凡事用散。”《礼记·礼器》：“尊者献以爵，卑者献以散。”凡此散皆是斝。

斝的各部位特征如下：1. 柱：一般为两柱，个别为单柱，置于口缘内沿上。在商代早期的时候柱较小，为钉状，以后逐渐变大，为菌状顶，有的上饰圆涡纹等，柱大多为棱柱形。到了商中期以后，出现了帽形顶，双柱甚大，也有无柱的。2. 足：三足，早期多为尖足，足外撇，袋状腹下多为锥形足。个别的方形斝为四足，此外还有柱形足。3. 口：大口，外侈。4. 鋬：大多为扁平半环形，在西周时期有的鋬上端出现菩首。5. 腹：大多为圆形，有的上部为筒形，下部有宽边，平底或微下鼓；也有的下部分裆，腹呈袋状。到了商中期以后，出现腹有扉棱，个别的为方形腹，还有的饰有花纹。

第十节　卣

《周礼·春官·鬯人》载：“庙用脩。”“脩”读为卣。郑玄注：“中尊，谓献象之属。”所谓卣是中尊，解释为“不大不小”，但今称的青铜卣大小各异，容量出入很大，绝不符合中尊“不大不小”的原则。现在所说的卣，其定名开始于宋代，沿用至今。卣有圆体壶形、扁圆体、筒形、方形、鸟兽形卣五类，第一类形体已归于壶属，所以实际上只有四类。此外，鸟兽形卣可以看作是一种器类，但没有证据可以称之为卣，今归于卣属，也是遵从习惯。商代时期的卣在形式上基本上是扁圆体，也有少量圆体卣、筒形卣和方卣。

卣的各部位特征如下：1. 盖：较高，随卣的形状为扁圆或圆形、方形等，有的盖缘部下折，形成较高的立沿，上面常饰有纹饰带。2. 捉手：位于盖顶中心，有多种形状，如花蕾形、同圈形、崖顶形、兽首形等。3. 提梁：弧形，两端与卣身两侧环钮衔接，提卣时提梁位于最上端，放置时提梁可贴靠于卣一侧。梁身有的扁平，外侧略圆弧，上有纹饰；或整体制成绹索状；也有的上面有立体纹饰。身两端近衔接处有的饰有立体兽面。因卣上一般都有提梁，所以也称提梁卣。4. 口：敞口，直而高。5. 颈：较显短小，有的束颈或无颈，也有的颈部不明显。6. 腹：扁圆形下部外鼓，并有下垂感，近方形或圆筒形的下部略有内收。7. 纹饰：有通体纹饰者，往往还加饰扉棱、高浮雕等。有的仅肩部饰以纹饰带一周，中间常夹以立体兽面。8. 圈足：高、中、低均有，大多下部外撇，有的有折立沿。也有的无圈足。纹饰与盖、腹部纹饰协调一致，也有仅饰弦纹或无纹饰。

第十一节 罍

罍是一种盛酒的器皿。《诗·周南·卷耳》载："我姑酌彼金罍。"《广雅·释器》云罍为"罇也。"罍为籀文，小篆本字作櫑，《说文·本部》云："櫑，龟目酒尊。"又《诗·小雅·蓼莪》载："缾之罄矣，唯罍之耻。"毛亨传："缾小而罍大"，说明罍为大型容酒器。《尔雅·释器》郭璞注："罍形似壶，大者受一斛。"《五经异义》引《韩诗》说："大一硕。"《周礼·春官·鬯人》："凡祭祀社会壝遗用大罍。"罍又兼可盛水。《仪礼·少牢馈食礼》："司空设罍水于洗东，有木斗。"

罍的器形最早见于商代晚期，至今还未发现商代早期和中期有罍这种器形，当时大的容酒器是大口有肩尊和瓿（瓿），瓿和罍在商代中期前段有一个并存的阶段，之后不久瓿便基本消失了，取而代之是罍这种大型酒器。很可能罍是瓿的形体升高的结果。罍的数量并不多，流行时间至春秋中期止，其基本形式有圆体和方体两类。

罍的各部位特征如下：1. 口：口有大有小，大的有沿外折，小的敛口，方口一般较小。2. 圈足：圈足有低或较高之分，一般外撇，也有无圈足的。3. 盖：罍的盖较高，上有钮或捉手，有的钮为盘龙形，有许多罍是无盖。4. 颈：圆形多为束颈，有的上有纹饰带；方形多为直颈，有的上饰花纹和扉棱。5. 肩：罍的肩大部分为圆肩，也有广肩者。上置有双耳，或浮雕形兽首，常饰有立体的涡形纹。6. 耳：位于腹上端肩部，半环形，上有兽首，有的还有衔环。7. 腹：方形腹较窄高，上接肩，中部略鼓突，平底。圆形腹显得宽扁，由肩开始弧圆，圜底。腹部常饰以饕餮纹、蕉叶纹等，在一侧腹下近圈足部常有一个鼻钮，一般为兽首形，可用于穿绳。

第十二节　盉

盉是一种盛放酒的器皿，也可作调和水与酒的器具，同时可以温酒，青铜铭文中有其象形字体。《说文·皿部》云：“盉，调味也。”容庚云：“董逌盉铭（《广川书跋》二：八）引《说文》下加‘器’字，谓‘即煮薦体之器也，升食器自盉以升于鼎’，而不知其为酒器也。”王国维在《说盉》中云：“盉之为用，在受尊之中与玄酒而和之而注之于爵。或以为盉有三足或四足，兼温酒之用。”初始的袋足盉或有此可能，而多数的盉足不过是器形的支承，并不作温酒之用。

盉的形制一般为深腹，圆口，有盖，前有流后有鋬，三足或四足。盉开始也仿自陶器，商朝早期时开始有铜铸的盉，开始流在顶上，口在顶后端，三足肥大中空，鋬在背部。盉的形体很可能由旧石器时代的陶鬶演变而来。到了殷商时期，将流、口下移至腹部且出现不用鋬而用贯耳者。西周早期为深腹，圆口，有盖和流，足为柱足。西周晚期又生袋足，至春秋时体成扁圆形，又将鋬做成龙形，盖做成凤形，流做成曲线。盉在礼器中虽不重要，但自早商至春秋未曾绝迹，且春秋盉形已略可看出后世茶壶的雏形。

盉的各部位特征如下：1. 流：即盖嘴，是倒出酒水之处。王国维在《说盉》中云：“盉之为用，在受尊中之酒与玄酒而和之而注之于爵。”流均较细，正可往爵一类的酒器注酒。商代流位于顶部的为筒形，嘴稍大；位于腹上部的为管形，嘴部渐收细。西周时期有的管形流较长，一般位于肩部；也有流嘴作兽首形。春秋至战国时期除有的与西周时期近似外，出现了短曲状流，上面还饰有兽首。2. 口：大多较大，上设子母口，与盖扣合。无盖的口一般较小。3. 足：有三足或四足，商周时期有的足内空心，与腹相通。也有为圈足。其中商代多空心足；西周时期多柱形足，也有兽形足；春秋战国时期多兽蹄形足，也有少量人形足等。4. 盖：商代流位于顶部的盉顶部封死，无盖，上设流和可注入酒的孔洞。商周时期盖上大多有捉手，一侧有环形钮，上衔链，与器身相连。有的盖上盘一兽，以兽首为钮。春秋战国时期的衔链大多挂在提梁上。有的盖上铸有铭文。5. 鋬：手执盉的部位，大部分为半环形，上端起于盖身颐部，下端连在腹中下部。兽首形鋬的上端为一兽头，张口衔柄。春秋战国时期有的为扁平兽形，也有的似一兽尾。6. 腹：商代为圆形，下鼓突，圜底。也有方形的，周边饰有扉棱；还有的腹下部分裆。有很多与空心足相通。西周时期变化较多，有的腹较矮，上面的颈较长，肩部明显突出；有的腹部扁而圆或呈横向的椭圆形，也有像鼎的长方形腹。商周时期腹面饰有饕餮纹、夔龙纹、盘龙纹、垂鳞纹、瓦纹、环带纹等。

第十三节 其他酒器

一、𨱔

𨱔是一种盛酒的器皿。《说文·缶部》载：“𨱔，瓦器也。”《玉篇》载：“𨱔，瓦器。”由此说明𨱔有陶质的。从器形上来看，𨱔实际上是罍的演变，都是小口大腹的容酒器。𨱔、罍古音为一声之差，其区别在于罍有三耳，而𨱔仅有肩上二耳，但是罍名消失或罕见之时，正是𨱔的盛用之时，消长的情形很清楚。𨱔出现于西周晚期，一直沿用至春秋。

二、尊缶

尊缶是一种盛酒的器皿，这里指的是尊缶，而不是盛水的盥缶。古人用缶多是陶质，考古发掘发现，只有少数较大的墓中才有青铜缶。《说文》载：“缶，瓦器，所以盛酒浆，秦人鼓之以节謌，象形。”青铜缶的祖型当是陶缶，缶之确认乃由于自名，蔡侯朱缶，蔡侯申尊缶以及栾书缶等皆有自名。原是大口陶容器的泛称，缶与瓿不同者，前者大口，后者为小口长颈，此为缶之通制，其器形可因地域、时代而有所变化，其实缶与瓿是同一类器。

三、杯

杯本来叫作桮。《方言·五》载：“𥂕、槭、盏、温、閜、䍙、㽹，桮也。秦晋之交谓之𥂕，自关而东、赵魏之间曰槭，或曰盏，或曰温，其大者谓之閜，吴越之间曰㰙，齐右平原以东或谓之㿿，栝其通语也。”《大戴礼记·曾子事父母》载：“执觞、觚、杯、豆而不醉。”《礼记·玉藻》载：“母殁而杯圈不能饮焉，口泽之气存焉尔。”此杯是一种饮酒器。又《史记·项羽本纪》载：“吾翁即若翁，必欲烹尔翁，则幸分我一桮羹。”此杯为盛羹器。《淮南子·齐俗训》载：“窥面于盘水则员，于杯则隋，面形不变其故，有所员有所隋者，所自窥之异也。”此杯也是一种盛水器。商周金文中无“杯”字，商周青铜器之杯乃审度其形制而确定，古籍中则未言杯的形状。

青铜杯可分成三个类别，第一为商、西周圆体执杯，第二为无耳杯，第三为东周椭形杯。椭杯即习称之“舟”。《周礼·春官·司尊彝》载：“裸用鸡彝、鸟彝，皆有舟。”郑玄注：“舟，尊下台，若今时承盘。”则舟实为置尊彝的座托。而椭杯中有的器内有纹饰，内底或有龙纹，实为容水酒之器，与古籍中鸡彝、鸟彝的舟无所关涉。从春秋时代墓葬中组合的器类分析，壶和椭杯成组合酒器。

四、罐

罐是一种盛酒的器皿。罐字从缶詹声。《广雅·释器》云觚为“瓶也”。《史记·货殖列传》：“酱千罐”，《集解》引徐广云：“罐，大罂缶。”字或作罐，《后汉书·明帝》注引《埤苍》谓大罂。《方言·五》：“罐，……齐之东北海岱之间谓之罐。”罐与罂字音相近，为同类器之异写。由此，罐为瓶形或罂形之大容器，瓶形器必敛口，罂为大腹，是为敛口之大腹器。国差罐铭云：“工师俖铸西郭宝罐四策，用实旨酒。”

五、枓

枓是一种挹酒器，原来叫作斗，因有别于量器之斗，因此取“枓”字。《诗·大雅·行苇》载：“酌以大斗。”《大戴礼记·保傅》载：“太宰持斗而御户右。”解诂引卢注云：“斗所以斟。”徐锴在《说文解字系传》中云：“枓，勺也，从木斗声。臣锴按，字书枓，斗有柄，所以斟水。”枓有柄，像北斗之形。

六、勺

《说文》载：“勺，枓也，所以挹取也。”勺实际上是取酒浆用的器皿。

勺与斗作者相似，其形当地区别，否则枓、勺就不必分了。枓、勺皆有小杯，枓柄曲，则直柄有小杯者当是勺。勺的形式所见已不多。

七、禁

禁是一种承酒尊的器座。《仪礼·士冠礼》载："两庑有禁"，郑玄注："禁，承尊之器也。"《礼仪·乡射礼》载："席主人于阼阶上西面，尊于宾席之东，两壶斯禁。"郑玄注："斯禁，禁切地无足者。"由此可知，禁是承尊器。关于其形状：一说无足；一说足高三寸，似方案；又一说似舆，即似车箱四面有边，中承尊，下无足者。可见，文献对于禁之形制说法各异。

八、瓮

古代经常把瓮叫做瓿，先秦的经籍中却没有瓿这个字。在汉以后的文献中，对瓿的说法存在诸多不同。《说文·瓦部》载："瓿，瓶也，从瓦音声。"《广雅·释器》云甄为"瓶也"，即瓿和甄为同类器，仅大小有区别而已，都是广口大腹的一类。《周礼·天官·凌人》云："如甄大口以盛冰。"是说甄腹很大，但口也很大，可以盛水。

第三章

兵　　器

在商周时代，青铜兵器曾被大量铸造，是当时的国家机器——军队必不可少的武器装备。为了能在作战中增加取胜几率，奴隶主国家毫不吝惜珍贵的青铜。在春秋时代，据《春秋》一书记载：在二百五十余年中，各种战争发生了数百起，都是列国诸侯之间兼并和掠夺的战争。“春秋无义战”，一语道破当时大多战争的基本性质。其后的“五霸迭起，七雄争胜”使战争规模扩大，程度日烈，大有“争城以战，则杀人盈城；争地以战，则杀人盈野”之势。虽然经历了战争的大量消耗，但在遗留的青铜器中青铜兵器仍然是一个大类。青铜兵器按照用途可分为两大类：一类为攻击型兵器，其又可以分成长兵器（带柲的兵器）、短兵器、远射程兵器，器形包括有戈、戟、矛、铍、钺、戚、殳、刀、剑、匕首、弩机、矢镞；一类为防御型兵器，器形有胄、甲等。

第一节　戈

勾兵的戈是长柄攻击型兵器，用其钩杀啄刺敌人，具有很强的杀伤力，在商周众多兵器中属于最常见的一种。戈的形状最初大体呈扁平的曲尺形，后来发展成略近“T”字形，春秋战国时期又作“Y”字造型，各个部位因历代变迁而有不同。戈由戈头、柲、柲冒和柲镈构成，但是考古发掘中发现的戈绝大部分只剩青铜铸的戈头。戈头有援、内、胡及上下阑等部位。作战时用戈横扫敌方，戈头的刀刃就会钩住敌人的脖子，再用力一拉就会把喉咙割断。柲是戈的长柄，为木质或竹制的。在战场上，敌我双方兵戈相交，戈头就会钩住戈头，这样谁的力量小或谁的戈头绑得不牢固，就可能处于下风而被杀。两戈相交必有一残，所以“残”字有两戈相交之意。因而战争越残酷，戈与柲就要绑得越牢固。商和西周时柲冒大多为木质，也有青铜铸的。镦是东周时代发展起来的，为柄的末端有平底的铜套。商代以后，石戈、玉戈多作为礼器或明器，并非实战所用的武器，至元代以后铜戈也不再铸造了。

第二节　矛、铍

矛是刺兵的一种，长柲、直刺。最初使用矛的矛头用兽角、兽骨或竹木，甚至尖形石块制作而成。到了商周时代，矛开始用青铜制作。矛体由身和骹两部分构成，身具前锋和二刃，中为隆起的脊，骹为直筒状，用以安柲。商代早期，矛身细长，两刃狭。到了商代晚期、西周及春秋初期，形式多大身阔刃。春秋时晚期以后又多为狭叶刃，并且有血槽。战国时期，矛制作尤为精美，矛体和铜柄多刻有铭文或精美纹饰，有的还镶嵌金银。直到汉代以后，矛改用铁来铸造。

《说文》中载：“铍，大铖也。一曰，剑如刀装者。”考古发现有长柲的锋如长剑的兵器，所谓剑刀装者，实际是剑如矛装柄，古称之铍，见于战国时期，以前多误称为剑，其状如扁茎且茎特阔。

第三节　戟

《说文解字》载：“戟，有枝兵也。”戟是一种在戈的柲上端装有矛形尖刺装置的兵器，少数也有戈和刀的合体，不论是戈、矛或戈、刀的合体，其形式都符合“有枝兵”的特点，是一种既可刺杀也可钩啄的具有双重性能的兵器。

从文献记载和考古资料看，戟既是战车上装备的兵器，也可以用作徒兵步战。戟的形制有戈矛整体合铸和分体联装两种。到了春秋战国时代，由于战争实用需要，又出现了多戈戟。随州曾侯乙墓出土的三戈戟，下面二戈头通常无内，戟前有的有矛，有的无矛，说明戟的真正特点是“有枝兵”，并非一定要有刺兵。自隋唐以后，戟从实战兵器转变为月牙式，一般为两枝。又因戟的读音跟“吉”字相近，其逐渐成为陈设的吉祥物品，且常常戟和磬同时设立，取其“吉庆”之义。新婚拜祖，也在升和瓶中插上三支戟，取其“平升三级”的意思。制戟的原料也由铁铜变为金玉玛瑙等质料，有的成为妇女头上的首饰。

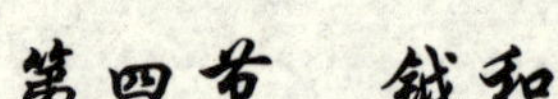

第四节　钺和戚

钺、戚（鏚）是同一类兵器，仅仅有大小的区别。《尚书·顾命》载：“一人冕执钺。”郑玄注：“钺，大斧也。”又《左传·昭公十五年》载：“鏚钺矩鬯。”孔颖达疏：“俱是斧也，盖钺大而斧小。”现今考古所见文献上所称的钺类的确是有大小之分的，两者的区别极为显著，因此大一些的叫作钺，小一些的叫作戚。

钺是具有权杖一类性质的兵器。据历史记载：武王伐商在牧野誓师时“左杖黄钺，右秉白旄”。纣王兵败自焚后，武王又以黄钺斩纣头，以玄钺斩纣二嬖妾之颅。因此，钺是具有征伐权力象征的兵器，也适用于诸侯或重臣，并且起着仪仗的作用。《尚书·顾名》载：“一人冕执刘，立于东堂；一人冕执钺，立于西堂。”

作为斧的一种，戚除了可作为刑器以外，还可以当作奏乐时的道具。《礼记·文王世子》载：“大乐正舞干戚”，又《祭统》载：“朱干玉戚以舞。”古代的万舞必用戚。

第五节　刀

这里的刀指的是一面有刃，另一面为平背，在古代用于砍杀切割的兵器，而不是日常生活所用的刀。在商代晚期遗存中，已经发现很多为短柄翘首曲刃式的刀。商周时另有一种长柲刀，刀体狭长，刀脊长而窄，刀头弯卷，或者连铸一柲冒，可以安柲。这种长柲刀也有刃平而不曲的。另有一种长柲刀，刃宽而作三波形曲折，形象跟金文“我”相似，所以有人定名为“我”。在周代时期普遍使用青铜剑，人们不喜佩刀。那个时候刀的形制，粗分有短柄翘首刀、长柲卷首刀、平刃刀、曲刃刀等数类。

第六节　匕首

匕首是随身携带的小型近身杀伤武器，器身短而扁平，柄极短，可以暗藏于衣服之内，是防身的必备利器。另外，有行刺任务的刺客多拿匕首当作武器。

《汉书·邹阳传》载：“匕首窃发。”颜师古注：“匕首，短剑也，其首类匕，便于用也。”《史记·刺客列传》载：“使专诸置匕首于炙鱼之腹中而进之，既至王前，专诸擘鱼，因以匕首刺王僚。”可见匕首不及“炙鱼”的长度。著名的荆轲刺秦王的故事是荆轲为燕太子丹报仇，献樊於期的首级和燕地图，图穷而匕首见。即：“引其匕首以掷秦王，不中，中铜柱。”由此可见，匕首还是有一定重量可投掷的短兵。

第七节　殳

殳为五兵之一，古文作“杸”。《说文·殳部》载：“以杸殊人也，又兵器。”《释名·释兵》载：“殳矛。殳，殊也，长一丈二尺而无刃，有所撞挃于车上，使殊离也。”又《周礼·夏观·司戈盾》注：“殳如杖，长寻有四尺。”据上述记载：殳是一种长柄无刃、用来撞击的长兵。1977 年出土于湖北随州曾侯乙墓的有自铭为“殳”的长兵，为解释殳的形制提供了实物证据。在这些实物中，除了有平刃殳外，有的殳头为三棱形矛，头下有粗铜箍，殳柲上端有一道细铜箍，两个铜箍上满布棘刺。

第八节　剑

剑作为古代一种常用兵器，是贵族和战士随身佩带用以自卫防身，并进行格斗的，它是斩、刺的必备物品。《说文》载：“剑，人所带兵也，从刀佥声。”在春秋战国时期，人们佩剑还可表明身份等级。《考工记·桃氏》载：士阶层的人所佩剑长短重量不同，称之上制、中制、下制，而身份分别为上士、中士、下士。

商代晚期就已出现青铜剑，作曲柄短剑式，通体合铸，剑柄略弯曲，柄首做成兽头形或铃形，通长一般为 20 厘米—30 厘米。还有一种直柄短剑，也用动物形象进行装饰，这种剑多出现在北方草原地带，一般叫作北方式青铜短剑。

西汉·狩猎纹剑

在中原地区发现的迄今年代较早的铜短剑，出土于陕西长安县西周早期墓，扁茎、斜肩、无格，极短的茎部有两个圆孔，全长仅 27 厘米。这种样式的短剑和殷商之时的没有太大差别，与其说是剑，还不如说更像矛。依其形制，被称为扁茎柳叶形短剑，一般认为是后世中原铜剑的滥觞。春秋中期以后，剑身的长度和宽度明显增加，剑长多在 50 厘米—60 厘米之间，剑宽在 5 厘米左右。至战国晚期，剑长已达到 70 多厘米，剑刃前部向内侧收缩，呈弧曲状，由原来的柱状脊变成了角状脊，出现了类似血槽的凹面。这种成熟化的铜剑被称为“东周式铜剑”、“中原式剑”。

秦代时期铜剑的剑身更加明显地加长而且变窄，最长者达到 94.8 厘米，是秦人对东周式剑的改造，称为“秦式剑”。可秦始皇兵马俑身上佩带的剑却大多没有这么狭长，皇家的军阵和卫队虽然需要军威赫赫、威风凛凛，却不太使用这种华而不实的护卫剑。至汉代时期，有一柄长达 111 厘米的铜剑是现在所知古代最长的铜剑，只是不清楚其是否具实用功能。

青铜剑中最高级的制品是在剑格和剑首上均装有玉剑具，我们称之为玉具剑。玉具剑并不是以玉为刃的剑，而是以玉为剑的其他部分，比如说剑首、剑格、剑茎等，可用玉来铸造或可用玉饰之。到了秦汉时期，铜剑虽然逐渐被铁剑所替代，但玉具剑仍然盛行。汉代皇帝召见来朝的他国首领、使臣晋见汉皇以及太子即位，常用玉具剑赏赐、贡纳和掌兵振威。文献上讲：“古之君子必佩玉”，“君子无故玉不去身，君子于玉比德”。因此汉剑重玉胜于周代，已由重刃而转向了重装饰品，礼仪性增强了，实用性减弱了。《晋书·舆服志》上讲：“汉制自天子至于百官，无不佩剑，其后惟朝带剑，晋世始代之以木，贵者犹用玉首。”《周迁舆服杂事》也讲：“汉仪诸臣带剑，晋世始代之以木，贵者犹用玉，贱者用蚌、金银、玳瑁为雕饰。”及至晋代，真正的剑逐渐退出历史舞台，大臣上朝也只是象征性地佩带木制玉具剑，一般的人则用金银、玳惠、蚌珠等物装饰的剑了。

中原以外的周边地区也存在着一些特色剑，如东北地区有曲刃琵琶式剑、“T”形铜柄曲刃剑、触角式柄曲刃剑。巴蜀地区流行着带有各种图文符号的柳叶形剑，云贵高原则有滇式短剑，东南百越地区盛产扁茎式短剑等。真正说起来，在剑这一兵器系统中，吴越地区的青铜剑是最富盛名的，也最为世人所看重。

第九节 矢镞

矢镞是箭的一部分。在中国新石器时代的各文化遗址中，到处可以发现各式各样精工磨制的石镞，以及用兽骨或蚌壳劈制加工的。这些石镞有扁平柳叶形的、有三棱尖椎形的、有四棱形的，有的镞还带铤，有的有双翼。在北方草原地区的细石器文化遗址中，还发现了一些极为精巧的小石镞，长不过两厘米，均采用质地坚硬的石髓、玛瑙、碧玉等矽石类石材制成，呈红、黄、绿、灰褐、乳白等多种色彩，鲜艳夺目，还有的通体透明，异常美观。青铜矢镞在二里头文化遗址中开始出现，商代早期已大量出现，多是有脊双翼式，一般为实铤，也有单脊式。到了春秋时期，矢镞两翼逐渐收削。春秋中期以后，三角形刃镞开始流行，无翼，圆脊，附以三条薄而锐利的狭刃，横截面呈三角形或三角星芒形。战国时期，大量使用两翼镂空的矢镞，这时铁制兵器开始出现，但因镞的体积小不易锻造，所以一般仍用青铜制作。到了汉代时期，已开始使用铁镞，反映了当时冶铁锻造技术的提高和普及。自南北朝以后，铁镞盛行，青铜矢镞已经基本退出了历史的舞台。

第十节　胄

阳侯家庄1004号墓道内曾出土青铜胄140顶之多，高约20厘米左右，顶部有用于安插作战时戴的盔，又称兜鍪（音同谋），圆帽形，左右和后部向下伸展，可以同时保护头顶、面侧和颈部。有的胄顶有可插缨饰的管。胄在战国以后称兜黎，宋代以后称盔。目前出土最早的铜胄为商代青铜胄，皆用青铜整体范铸，饰有兽纹。青铜胄，也称铜盔，古代作战时用以保护头部的防护装备，盛行于商周时期。胄的表面有素面的，也有饰兽面纹的。周代早期的青铜胄和商代制作方法相同，也是整块范铸，形制和商代的大致相同，左右两侧向下延伸形成护耳，有的在周边宽带上凸出一羊排圆泡钉，如在辽宁昭乌达盟宁城县南山根101号墓中出土的一件高23.8厘米的青铜胄，前后两面大致相同，左右两侧下垂，形成护耳，在两侧附耳的下角，各有一个小钮，顶中心竖立方钮，上穿一孔。战国时期的青铜胄，如辽宁锦西乌金塘墓中出土有一件，形制三平面，高24厘米，门面上宽6厘米、下宽10厘米。随着社会的发展，战国还出现了用铁甲片层层编压而成的铁胄，战国以后，铁胄逐渐地代替了青铜胄。

在这里我们还提一下甲，中国古代甲与胄，合称为“甲胄”，最早的甲是人们用兽角、藤条、兽皮革等制成，皮革以犀牛皮、鳖鱼皮、水牛皮等为主。春秋战国时期，铁兵器出现后，皮甲不能抵御锋利兵器的打击，逐步让位于铁铠甲，但皮革作为轻便防护装具仍沿用达千年之久。

第十一节　其他兵器

一、弩机

弩是杀伤力较强的远射武器。弩通常由弩机、弩臂和弓三部分组成，其中弩机为铜制，由望山、牙、悬刀和钩心组成。从功能上看，弩机的四周是作为机匣的郭，郭中有钩弦用的牙，还有用来瞄准的望山，以及用作扳机的悬刀。弩的杀伤力即弩的强度，古代用石来计算，如《战国策·韩策》记载，强弩可力达十二石，远射600步以外，此外《荀子·议兵》也有有关弩的记载。从目前考古发掘的情形来看，弩最早出现于春秋晚期的楚国地区。如在湖南长沙南郊扫把塘138号墓中出土的弩，弩臂用两段硬木合成，通长51.8厘米。此外，河北、四川等地的战国时期墓中也均有出土。春秋晚期至战国时期的弩机，均无郭，仅有牙、望山和悬刀。两汉、三国和魏晋时，弩的使用相当普遍，出土的数量也多，河北满城汉墓出土的弩机达39件。这一时期的弩机，机件部分加大，均有郭，铸造也精，有的镶嵌金、银丝，望山增加了刻度。弩特别利于步兵野战布阵、设伏和守御作战，它的使用增加了古代军队的作战能力，是当时一种强有力的战斗兵器，弩的构造要比弓远为复杂，是弓向机械操作迈出的重要一步。其机制与现代枪、炮的击发装置有相似之处，它的发明是抛射兵器发展史上的一座里程碑。

二、斧

斧的起源很早。在原始社会时期，人类就已经开始用利石作为劈器。新石器时代的石斧，手工平整，磨打已经比较细致。到了商代，关于铜斧的雕刻嵌镂已经十分精美，刃作凸弧形。周代的铜斧用管形銎，跟现代斧銎为长方形不同。由于刀剑流行，用斧之风逐渐衰退，慢慢演化为仪仗具或刑具。自汉代以后，有安长柲的斧，跟其他长兵如戟、戈等并用，斧制已与三代有所不同。到了东汉，改用铁斧。直至元代，短兵器仍以斧最为普遍。斧和钺，形制大致相同，从出土实物看，一般斧较狭长，钺则刃宽而弯曲。

三、鞭

这里所说的鞭跟现在的皮鞭完全不同。它的形制有短柄，体长而有节，形如竹根，所以又称为“竹节钢鞭”。

四、简

现代又可以写作“锏”，也是一种鞭类兵器，其形制特点是无刃，有三楞或四楞。

五、钩

钩似剑而身曲，可用以此杀人，分为单钩与双钩。

六、锤

锤有短柄，体圆，或呈瓜形，也有分六面或八面的，在唐宋时期得以盛行。

第四章

礼乐器

第一节 钟

钟是一种在西周和东周时期出现的青铜打击乐器，其形式从铙演化而来。钟的基本形式是在两侧尖锐的扁体共鸣箱上部的平面上，有一个可悬的柄。钟的各部分名称是：共鸣箱的平顶称为“舞”，正背的中上部直的阔条称为“钲”，其两边突出的乳钉称为“枚”。“枚”的上下间隔部分称为“篆”。“枚”和“钲”占去了钟面的大部分位置，以下称为“鼓”，弯曲的下口称为“于”，尖锐的两侧称为“铣”。悬挂钟体的柄形物称之为“甬”。“甬”的顶端称为“衡”。中段突出的部分称为“旋”。“旋”上用以悬挂钟钩的孔称为“干”，悬挂的方式是倾斜的。西周中期开始出现了直悬的钟，在“舞”面上竖立一“冂”形或“冃”形的梁，称之为“钮”。斜挂的钟称之为甬钟，直悬的钟称之为钮钟。

从传统意义上来说，我国的钟可分为六类：响器类、乐器类、法器类、警示类、工艺类、礼器类。它们有一个共同的特点：在形态上是扁圆形中空筒形箱体，后来演化成横截面为正圆形，利用振动的原理敲击或撞击腔体，发出共鸣的声音，钟声悠扬、穿透力强。至于制作钟的材料，主要包括陶瓷、竹木、角骨、铁质等，最常见的还是以青铜为代表的金属材料。钟在使用的时候可执于手中或放置在架上，也可悬吊在空中。

铜钟的形式起源于新石器时代的陶铃，铃是钟的祖源。《广韵》上也说："铃，似钟而小。"出土于河南三门峡庙底沟遗址的陶铃，距今约五六千年，呈椭圆形植物果壳状，上有桥形钮，中空，内有小圆球晃动发声，可见是仿生于植物的果壳。铃体多呈果壳合瓦形的这个现象非常重要，它不仅是我国南北朝以前钟型的突出特点，也是我国古乐钟赖以形成的基础。假若钟体不设计成合瓦形，则双音钟根本出现不了，也无法组合成旋律乐器编钟了。

随着时间的推移，铃变得越来越复杂，有执铃、车铃、兽铃之分，可以分挂系在旗上、车上、动物身上等。另外，铃在形体上也有了平口或凹口的区别，顶部装上了弓形钮。

待钟从铃逐渐演变过来之后，人们又将其分为甬钟、钮钟、镈钟。甬钟和钮钟都是凹口钟，区别之处在于钟顶的钮不同，甬钟是柱筒形钮，称为甬，甬上有一个凸孔，称为旋；钮钟的钟顶是半圆形钮。镈钟是平口钟，钟顶作扁环钮或伏兽形钮。此外，钮钟和镈钟都是竖直悬挂在钟架上的，而甬钟因甬上有旋，只能侧悬斜挂。西周时期出现的青铜钟，以甬钟为主要类型，钟口的截面像两片对合在一起的瓦，即所谓"合瓦形"。这个名称是北宋沈括提出的，他说："古乐钟皆扁如合瓦。"这是因为"钟圆则声长，扁则声短"。圆口的钟敲击后声音悠长，模糊的哼音拖得很久，形成音波干扰，因而不能用作乐钟。合瓦形的钟体由于两侧有棱，而棱有较大的刚性，会对钟壁的振动波起到阻碍作用，使音波加速衰减，可以较快地消除哼音。并且，由于合瓦形钟截面的长、短轴不相等，敲击不同的部位，比如敲中鼓部与侧鼓部，会形成两种振动模式。从物理学上来看，中鼓音的振动波节恰是侧鼓音的振波腹，反之亦然。两种不同的频率，遂使同一口钟上能敲击出两个不同的基音来。此外，甬钟多在钲部分三列铸出 36 个枚乳，使其成为钟体受击后产生若干高频小单元上的负载。由于枚乳对高频振动所起的衰减作用，钟壁较易进入稳态振动，这对钟的音质和音乐都有一定的影响。由于具备了这些有利条件，西周康王、昭王之际出现了宝鸡竹园沟编钟，穆王时出现了长安普渡村的编钟，它们都是三件一组的乐钟。此风既开，遂形成声势，一直持续到西周晚期，如扶风齐家村出土的中义编钟，已是八件一组。此时，钟已经从简单的打击乐器发展成为旋律乐器。从西周中叶至春秋战国，钟的趋势是数量多、形状大，除演奏乐曲外，还是人们标榜身份、地位、权力的象征。编钟是中和韶乐的主要乐器，全套 16 枚十二正律、四倍律，由高向低依次排列：倍夷则、

倍南吕、倍无射、倍应钟、黄钟、大吕、大簇、夹钟、姑流、仲吕等。

所谓编钟，就是在使用时经常以大小相次成组悬挂的钟。自商代时开始出现，到了西周时期得以流行，常有槌同出，彩绘木质。小以敲打，大以撞击。作为我国音乐史上一大奇迹的曾侯乙编钟的发现，不仅在钟的数量上远远超过以往历次出土的实例，而且钟上错刻出的标音铭文，完全证实了我国研究人员在此前不久提出的周钟有双音的推断。测音的结果更令人兴奋，它不仅充分证明我国当时已存在绝对音高的概念，而且已具有七声音阶，十二个半音齐备，能旋宫转调。

但是，铸造大型编钟对工艺的要求非常高，设计铸造时必须周密而精确地计算钟体的大小、钟壁的厚薄、各部分的比例关系等方面，安排如稍有不当，就无法获得预期的音程。当然，钟坯铸出后还可以锉磨调音。纵使如此，要把一架编钟的音调好，也远比现代钢琴调音的难度大得多。何况编钟受到先天局限，当整架编钟连续敲击之际，音响的轰鸣、音频的干扰，都是很难完全避免的。从另一方面说，大型编钟所产生的雄浑的效果，又是其他乐器所无可比拟的。特别当堂上堂下钟罄丝竹合奏时，在金鼓齐鸣的汹涌波涛中，编钟会显示出独特的作用。它对主旋律的强化、对节奏感的烘托，会使演奏的气氛更加恢弘，更使人感受到庄严的泱泱大国之风。

自秦代以后，钟的发展进入朝钟及佛钟时期。据《史记》记载：秦始皇统一六国“收天下兵，聚之咸阳，销以为钟璩，金人十二，重各千石”。刘向《说苑·至公》所说秦始皇“建千石之钟，万石之璩”。随着皇权的不断扩大，出现了象征封建朝廷权势的朝钟，汉代以编钟编磬为首的打击乐器，已经逐渐退出主流乐器的舞台。

钟的各部位特征如下：1. 旋：旋即突起的圆箍，常位于甬下 2/3 处。2. 干：干位于旋的正面，半环形，用以直接挂钟钩，有的上饰牛首或兽首。3. 篆：篆是枚间长方形的纹饰带，有蟠璃纹、斜角双头兽纹、窃曲纹、变形蟠虺纹等。4. 鼓：鼓是钟体外壁下端于的上部，是击钟发音处。西周时期钟在特定部位敲击，可以发出两个频率音。鼓部内腔用以调整音律的沟槽，称之为隧。在鼓上也常常可以发现纹饰或铭文。5. 铣：铣就是钟体侧面左右的两条边。6. 隧：鼓的中部。7. 衡：衡即甬的顶部。8. 甬：甬就是钟柄，供悬挂钟之用，有甬的钟通称为甬钟。在春秋战国时期，曾经盛行将甬改为钮，钮为门形梁，称为钮钟，有圆柱形和多枝形等，有的还饰有纹饰或铭文。9. 舞：钟的顶部。10. 枚：枚是钲间突出的乳钉，钟每面一般 18 枚，每排 3 个共 6 排。有台形、锥形或饼形。11. 钲：鼓上部的正面称为钲，也有认为位于钟面正中枚、篆间的竖长条处为钲，此处常铸有或刻有铭文。12. 于：两铣之间的部位被称之为于，即钟的口沿。

第二节　铙

铙是我国最早使用的青铜打击乐器之一，又称为钲和执钟，在商代晚期得以流行，至周初依然沿用，主要出土于河南南部、山东南部和陕西关中地区。

铙体似铃而稍大，口部呈凹弧形，横模仿面呈阔叶片，两侧角尖锐，底部置有一中空圆管状的短柄，与体腔内相通，柄中可置木段。《说文》载：“铙，小钲也。军法，卒长执铙。”又《周礼·地官·鼓人》载：“以金铙止鼓。”这是说在古代两军作战时，击鼓表示助威要士兵前进，停止击鼓就表收兵撤退之意，而所谓止鼓，就是用击铙来制止鼓声。但是殷墟的墓葬中，出土有数例三个成组铙，大小相次，据实测音频为 962.42 Hz、996.42 Hz、1179.4 Hz，不能演奏完整的乐曲，而是与其他乐器相配合的节奏性打击乐器。从这种情形来看，商周时期的铙不单用于军旅，而且常用于祭祀和宴乐。出土于殷墟妇好墓有五柄成组合的铙，是至今发现的铙组合的最大数字，为宫廷使用的乐器。

第三节　鼓

在商代和周代，绝大部分鼓都是木质的，殷墟侯家庄大墓中曾发掘出蟒皮面大鼓的遗痕。在古代，鼓的应用范围很广。《周礼·地官·鼓人》载：“掌教六鼓四金之音声，以节声乐，以和军旅，以正田役。教为鼓而辨其声用，以雷鼓鼓军事，以鼛鼓鼓役事，以晋鼓鼓金奏。”鼓也有陶质的，《周礼·春官·箭章》：“掌土鼓”，这是以瓦为匡，以革为面的鼓。

自商至汉代时期，鼓得以流行，常用于指挥战争，也用于乐舞宴飨。

中原地区出土的铜鼓很少，形状为横置的长圆筒形。商周青铜鼓遗存仅有两具：其一，兽面纹鼓形似横置的筒形，两侧为鼓面，蒙革，周缘有钉纹三排。鼓框饰大兽面，上有一枕形座，用以插杆饰，下为长方形圈足，每边设穿成四方足。商晚期器。其二，双鸟钮隆神纹鼓，鼓框饰一头上有大角的怪神，顶上有鸟形座，中有孔，可插杆饰，下有四足。鼓面做成蟒皮形，有鳞片纹，四缘有四道钉鼓革的钉纹，甚为神似。

鼓的各部位特征如下：1. 鼓面：平面正圆，相当于鼓皮。2. 光体（旧称脐）：光体即鼓面中心被敲击的地方，略微隆起。3. 芒：光体的四周有向外辐射的光芒，有 4 芒、5 芒、6 芒、7 芒、11 芒、14 芒、16 芒，最多至 32 芒。4. 太阳纹：太阳纹即光体和芒的合称，也有称为“星星”。5. 晕圈：晕圈即太阳纹之外，由内向外逐渐扩张的同心圈组成的宽窄不等的纹饰带。同心圈有一道、二道或三道的，即为“单弦”、“双弦”或“三弦”。弦间以各种纹饰，有鸟纹、变形羽人纹、变形兽纹、骑兽纹以及云纹、雷纹、席纹等，即为晕圈。一般鼓面可分为几晕或十几晕，最多的有 20 多晕。6. 鼓身：鼓身就是鼓面边缘至鼓足部分。7. 鼓胸（胴部）：略外弧突，下部内收。8. 鼓腰：微内弧，一般为近蔺形。9. 鼓足：微内弧，下部外撇。晚期与腰的界线不明显。10. 立体装饰：立体装饰即位于最外一晕，最常见的是青蛙，也有骑士、牛耧、鸟、龟等，多为等距离旋转排列。11 垂檐：垂檐即鼓面与身相合处，檐向外伸出。有的面檐下垂，也称“裙边”。12. 鼓耳：在鼓脚与鼓腰之间，两侧对称置两对。每对靠在一起，供悬挂使用。

第四节　钲

钲的形体似铙，但比铙高大厚重，现在考古界一般称之为大铙。钲的鼓部短阔，体部为两瓦相复合状，口部呈凹弧，两侧尖锐，底部（舞）正中有一管状甬（柄），甬与钲体内腔相通，甬近舞部上，或有一宽凸棱（即旋）。在使用它的时候，口部向上，柄插入木柄座中。

最开始使用钲的时期无从考证，其主要出土于湖南、江苏、浙江、福建、广西、江西等地，而以湖南宁乡沩水一带为最多。钲的主纹常由变形的大兽面纹或对称的卷体龙纹组成，主纹四周有边框，框边饰有半浮雕的

鱼纹、虎纹、象纹、火纹，口沿中部常饰有虎纹、象纹或双尾龙纹。钲出土基本上无伴存物，传统以为商代晚期器。目前发现的最大个体的是1983年出土于湖南宁乡县月山铺的一件钲，通高103厘米，重222.5公斤。1978年出土于宁乡县老粮仓北峰滩的一件钲，通高89厘米，重109公斤。此钲体内腔近口沿处的两内壁上，各饰有两只卧虎。这类钲也有形体较小者，重量在几公斤至十几公斤之间。1993年出土于湖南宁乡老粮仓师古山窖藏内的7件钲，大小不等，形式不同，不能成套。西周晚期以后，甬钟使用地区甚广，南方百越诸地则流行钲。

第五节 其他礼乐器

一、磬

磬是流行于中原的与钟配套用的一种打击乐器，最常用的是石磬，多呈倨勾形，上有一穿孔，悬而击之。青铜磬在《宣和博古图》中就有记载，分别称为周雷磬、周琥磬、周云雷磬。其中周雷磬呈板状长方体，外形如猪，嘴微张，上下颚略长，前伸，脊有四翅分开的凤鸟，腹有乳状枚。腹下有足，枚间施雷纹，体上部有长方形穿孔。汉代以后，磬已不多见，有人认为是被锣所替代了。

二、铎

铎是一种撞击乐器，盛行于春秋战国时期。《说文》金部："铎，大铃也。"但传世有铭的铎并不太大，有舌，振之以发声。《国语·吴语》："王乃秉枹，亲就鸣钟、鼓、丁宁、錞于、振铎。"故铎应是一种军阵的乐器。又《周礼·夏官·大司马》："群司马振铎，车徒皆作。"由此可以知道，铎主要用于军旅和田猎。

三、铃

铃是中国最早出现的一种青铜乐器。出土于河南偃师二里头文化遗址中的一单翼铃，器壁薄，形体较小，横截面似单叶，两侧倾斜作矩形，顶部有半环形钮。这种单翼铃在安徽地区也偶有发现。

考古发现的其他铃有车铃、执铃、狗铃等。车铃即鸾，置于轭顶上，其状为一镂空的圆球，内含一小石，周边有环，下有一柄连铸一扁方銎，此扁方銎即套于轭上。执铃用于祭祀，《周礼·春官·巾车》：“大祭祀，鸣铃以应鸡人。”这种用于祭祀的执铃很少见，山西石楼出土有一例，长柄深腔，腔狭而圆，腔外及柄上套铸多个金舌，应该是用于宗教祭祀的铃。此种乐器出现于商代晚期。

四、钩鑃

钩鑃又名句鑃，是一种手持的打击乐器，实际上就是钲的另一种称呼，在春秋晚期至战国时期得以盛行，以长江下游吴越地区的江、浙两省出土为多。安徽、湖北、湖南、广东和山东等地也有个别发现，多出现于东周时期，也有晚至西汉的。

钩鑃的形制，腔体似铙而长，横截面呈椭圆形，纵向长度稍大于横向长度，有的接近圆形，器壁较厚，有很浅的凹弧口，顶有一柄，或扁平，或圆柱形，较长，便于击敲。传世钩鑃有铭者为春秋战国时期器，如姑冯句鑃铭云：“以乐宾客，及我父兄。”其句彸铭云：“以享以孝。”表明钩鑃是宴享的乐器。浙江绍兴出土的配儿钩鑃铭：“以宴宾客，以乐我诸父。”也说明是宴享的乐器。

五、錞于

錞于是一种古代的打击乐器，出现于春秋时期，战国至东汉时期得以盛行。《周礼·地官·鼓人》载：“以金錞和鼓。”郑玄注：“錞，錞于也，圆如碓头，大上小下，乐作鸣之，与鼓相和。”这个说法是正确的。

关于錞于的用途，在《国语·晋语》有过这样的记载：“战以錞于，丁宁，儆其民也。”在《国语·吴语》中又说：“王乃秉枹，亲就鸣钟、丁宁、儆于、振铎，勇怯尽应。”这是讲錞于是军阵乐器。据晋宁石寨山贮贝器上錞于和鼓的铜像来看，它又可用于祭祀集会。庚午錞于铭文有：“用享以孝，子子孙孙永宝鼓之”的辞句，则錞于亦为宗庙的享孝时的宴乐器。它的分布以长江流域及华南、西南地区为主，山东、陕西也有个别发现。

錞于的各部位特征如下：1. 盘：顶为盘形，也有的平而鼓突无盘。2. 隧：以槌敲击发声的部位。3. 钮：钮为虎、马等形或绳纹，钮可以绳悬挂。也有的无钮。4. 肩：大而圆。5. 腰：圆筒形，由肩向下而收，下部中空，少数身上饰有纹饰。6. 口：有的口部微外侈。

六、镈

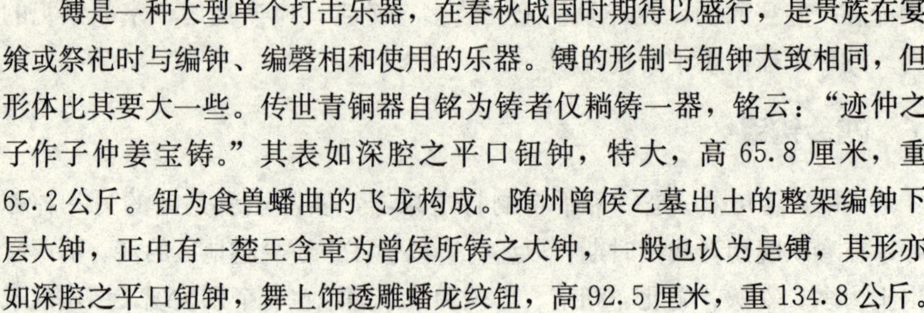

镈是一种大型单个打击乐器，在春秋战国时期得以盛行，是贵族在宴飨或祭祀时与编钟、编磬相和使用的乐器。镈的形制与钮钟大致相同，但形体比其要大一些。传世青铜器自铭为铸者仅𥝩铸一器，铭云：“迹仲之子作子仲姜宝铸。”其表如深腔之平口钮钟，特大，高 65.8 厘米，重 65.2 公斤。钮为食兽蟠曲的飞龙构成。随州曾侯乙墓出土的整架编钟下层大钟，正中有一楚王含章为曾侯所铸之大钟，一般也认为是镈，其形亦如深腔之平口钮钟，舞上饰透雕蟠龙纹钮，高 92.5 厘米，重 134.8 公斤。

第五章

盥水器

水器中绝大部分用于盥洗，因此把它们叫做盥水器，大致可分为承水器、注水器、盛水器、挹水器四种，包括盘、匜、鉴、汲壶、浴缶等。

第一节 盘

盘是一种盥洗器，也可以盛放冰块。古代时有沃盥之礼，沃是浇水，盥是洗手洗脸，一般用匜浇水，用盘承接，在考古发现中常是盘、匜一齐出土。青铜盘也有很大的，可供洗浴，其形制为圆形、浅腹。盘在早商数量很少，一直到西周中期才逐渐增多。商代盘敞口，无耳，圈足，西周中期后加耳，还出现长方形盘，著名的虢季子白盘即是。

第二节 匜

匜是一种盥洗器，与盘用法相同。铜匜在殷商的时候也没有出现，是西周以后新增的品种，从器形看仿自瓜瓢，为长椭圆形器身，前有流，后有鋬，少量带盖。西周时多为四足，至春秋出现三足或无足的匜，而且数量大增。

《左传》有“奉匜沃盥”之语，意思是执匜浇水于手冲洗。《礼仪·公食大夫礼》云："小臣具槃匜，在东堂下。"《国语·吴语》载："一个嫡男，奉槃匜以随诸御。"盘、匜皆同用，故传世和出土之器如宗仲匜、樊夫人龙嬴匜、奚子宿车匜、番昶伯者君匜等皆与盘同出。

第三节　壶

壶大都用作容酒的器具，但是也有用来汲水、注水和盛水的壶。出土于山东莱阳的已侯壶铭文为"已侯作铸壶，吏（使）小臣以汲，永宝用"，是汲水用具，可称为汲壶。春秋时期还有"盥壶"，如公子土折壶，铭文为"公子土折作子仲姜般盘（盘）壶"，盘壶连称，可知为沃盥注水器，而区君壶、曩公壶径自铭为"盥壶"。

目前所见的汲壶和盥壶可分为三式：1. 小口瓢形圈足式。形同瓢瓜，小口，颈上敛下侈，矮圈足，最大径在下腹，颈部和下腹各有一对兽首钮，以便穿系。2. 长颈提链圆腹圈足式。长颈圆腹，矮圈足，颈、腹各有一对环耳，颈耳有提链穿系。3. 短颈宽口鼓腹式。颈短于常壶，口甚宽，鼓腹亦宽，下有矮圈足。

第六章

杂 器

第一节 生活用具

一、带钩与饰件

带钩是束腰皮带一端的挂钩，古代时被称作鲜卑、师比等，最初是北方草原民族普遍使用的物品，春秋战国时期传入中原，一直沿用到汉晋时期。带钩的基本形制是下端有钉柱钉于皮带的一头，上端曲首作钩，用以钩挂皮带的另一头，中间的钩体，侧视呈“S”形。正面有做成鸭形、棒形、竹节形、琴面形和兽形等。

带钩除可作成皮带上的钩外，也有作为挂饰、武器等用的。大多数带钩是以青铜制成，也有金制和银制的，青铜制时常以鎏金、错金银及镶嵌玉石作装饰。因为它是人们随身之物，所以备受重视，除实用功能外，审美甚至炫耀身份的作用也十分突出。

卧羊纹饰牌

战国、秦汉时期，带钩得以流行，从发掘的实物看，造型有

古琴形、琵琶形、龙凤形、虎形、竹节形、匙形等多种。郑州二里岗一地出土过各式带钩达五十多件，其中典型作品有“错金嵌玉龙带钩”；另有成都羊子山出土的“错银镶绿松石铜带钩”也是当时有代表性的作品。

带钩各部位主要特征如下：1. 身：基本为长条拱形，也常装饰成圆棒形、琴面形、竹节形、兽形，长短不一，形制多样，面上有的有精美纹饰，常采用特种工艺制作，如镶嵌玉石鎏、金银、绿松石、红铜等，还有的铸刻铭文。2. 钩：在身的一端，弯曲成钩状，用来钩挂腰带，许多装饰成兽首状。3. 钮：在腰带固定处，一般为圆形，上有帽形顶。

饰件的种类广范，有门饰、车饰、马具饰品等，其中车马饰件发现最多也最精致。陕西西安临潼秦始皇陵出土的“彩绘铜车马俑”，虽是等比例模型，但制作得甚至比实物更加精致。上面的部件都是经过单个成型后再焊接到一起的，其中勒、镳、衔、络头、鞅等饰件品类繁多、一应俱全。出土于辽宁凌源战国墓的“蛇蛙形铜马饰”，蛙体背部嵌有一方绿松石，蛙的前足作踞地状，后足分别被互相纠结的双蛇咬住。

二、案与奁

战国中期·龙凤方案

自战国以后，青铜器用于家具，继前代俎、禁发展出现案、几、床等后，典型作品为1977年出土于河北平山战国墓的“错金银龙凤鹿方案”。它面宽48厘米，高37.4厘米，案面为漆木制品，早已腐烂无存，铜案座则保存完好。圆型底座下四只昂首而卧的鹿为足，底座上四龙四凤相间排列，龙的形象前所未见，像是带翼的飞龙，以龙头为支点承一斗栱形支架，架住案面的方框。整器错满金银纹饰，各部件和形体的分隔处套接后焊接在一起，表面光滑无痕，无论是造型还是制作工艺都表现出精湛的技艺。

铜奁是一种日用器皿，一般作为盛酒器，也有饰镂空花纹的铜奁，为日常盛物或是妇女作化妆盒用。奁通常为圆形，有盖，盖上有环内设多层，便于使用。

三、灯

灯是一种照明用具。据考古发现的资料显示：早在战国时期，铜灯就已经出现，秦汉时期得以流行。

灯的式样很多，归纳起来可分为三类：一类是高座灯，上有浅盘，用以插蜡烛或盛油；中间有柱，以便执掌；下边是灯座，以便稳放。另一类是行灯，浅圆灯盘，直口平底，盘下三矮足，般侧有执柄，一般有铭文自称“行灯”或“行烛灯”，多用于夜间导行。第三类是艺术造型灯，这类灯工艺考究、式样繁多，为王公贵族使用，常见的有人形、羊形、鸟形、兽形、树形等。战国时期，铜灯在造型上一般做成动物形、人物形和植物形，在甘肃平凉战国墓还发现一件鼎形铜灯。战国铜灯中有代表性的作品是出土于河北平县中山国王陵中的两件铜灯。

十五连盏铜灯，整器像一株枝条繁茂的大树，树上每根枝条都托着灯盏，灯盘可盛油也可插烛，树顶一游龙蜿蜒上攀，枝上鹊鸟争鸣、群猴戏耍，两个赤膊着短裙的人站在树下向枝间抛果，小猴单臂悬身讨食，气氛生动活泼、情趣盎然。整器分八节铸成，接口以三角形子母扣套合，可以拆卸。此器构思巧妙，制作精致，既实用又可作室内陈设，具有很高的观赏性。另一件是人物造型，人呈立姿，双手高举，托着两盏灯，人站在龙形兽背上，兽的四肢与灯座相连。人的头部是银制的，还以黑宝石装饰眼球。此外，人与灯盏间有用于组装用的子母榫扣，并附有加油的铜勺一件。

秦代时期的铜灯实物较少，但秦始皇大修宫殿，其中铜灯的数量一定不少。《西京杂记》记载：“汉高祖入咸阳宫，秦有青玉五枝灯，高七尺五寸，下作蟠螭，口衔灯。燃则鳞甲皆动，焕炳列星盈盈。”这里讲的虽然不是铜灯，但也可见灯具在秦宫中的位置。秦始皇陵的宏伟规模，早为世人所知。据学者考证，秦陵中储有供点灯用百年之久的动物脂膏，其中灯具待秦陵发掘后便可一睹其真面目。

到了汉代，灯的使用更加普及，灯的形状、种类、质地都比以前丰富多彩，而且更加注重实用性和技术性。汉灯的形式主要有筒灯、行灯、吊灯、盘灯与虹管灯，其主体部分仍然以动物、人物的雕塑为主。筒灯为圆筒形，有盖，中有铜管装置，这种灯在甘肃武威和江苏邗江汉墓中均有发现。行灯主要在行走时使用，为便于手持，灯盘上附有长长的柄，下有三足，便于放置。吊灯灯体配有链条，可以悬挂。盘灯发现最多，一部分盘灯造型与高柄豆很相似；另一部分盘灯则是各种动物和人物雕塑与灯盘的结合，如有：朱雀灯，主体为鸟形，常以嘴衔灯盘。羊灯主体为羊形，常见羊头顶灯盘，盘可拆卸，也有羊背为活动的盖，翻开则为灯盘。雁足灯，灯柄作为雁足形。人形灯，人成站姿或坐姿，以手执灯。虹管灯的共同特点是灯体有虹管，利用虹管将灯烟吸入灯座，溶解于体内的水中，既能防止环境的污染又有利于人的健康，是科学原理在灯具上的应用。汉代铜灯各地发现很多，其中有不少是极珍贵的古代艺术品。

长信宫灯属虹管灯，器形为一少女，跽坐，左手执灯，右手杖灯罩，右手的衣袖很自然地与灯罩连成虹管，灯体成圆形，中间为两块瓦状罩板，盖与底板上都有滑槽，可任意调节光照的方向和角度。整器鎏金，富丽堂皇，人物的形体结构把握得很准确，少女神情自若、姿态优美。

东汉时期的铜牛灯是一件虹管灯，主体为一头水牛，背上置一带把灯座，上面嵌有筒形镂空壁罩，可以调整角度和方向，两角与灯盖相连成虹管，将烟吸入腹内。

人形吊灯是一件构思奇巧的铜灯，属吊灯，主体为一作俯卧状的人，头仰起，双手前伸托灯盘，灯体装有链条。

四、铜炉

大明宣德·铜炉

铜炉是秦汉时兴起的新品种，主要有烧香料的薰炉、取暖用的温手炉及保温用的温酒炉等。薰炉又叫香薰，或称博山炉。香薰的制作十分讲究，因为当时上层社会都有用香料薰染住室与衣物的习惯，恰逢当时与西域贸易开通，输入了国外名贵香料，更助长了香薰的流行。香薰称博山炉又与当时神仙思想有关，相传秦始皇和汉武帝都曾派人到海上寻求长生不老之药。当时信仰海上三山，也称博山，《史记》记载："此三神山者，诸仙人及不死之药在焉。"吕大临《考古图》记载："香炉象海中博山，下盘贮汤使润气蒸香，以象海之四环。"这里很清楚地说明了香薰雕镂成山形的原因。这种炉置于居室中，烟气从镂孔中冒出，烟雾飘渺、香气弥漫，成为想象中仙境的模仿。这样既可调节室内空气，有宝贵之象，又可满足神仙思想。

香薰的制作十分精巧，选择的材料和制作工艺都是当时最高级的。有关古籍不仅记载了香薰的制作和用途，还对著名工匠丁缓做了介绍。《西京杂记》中载："长安巧手丁缓者，作卧褥香炉，一名被中香炉，本出房风，为机环转之者，运四周。"这种被中香炉虽未见实物，但烧着香料的香薰置于被中，任意转动，香灰又不外溢，这要求解决机械转动、润滑等技术问题，类似作品后来直到唐代才有实物可见。博山炉典型作品有河北满城汉墓出土的"错金博山炉"，盖以下为豆形，盖作成高而尖的山表，雕镂得峰峦参差起伏，飞禽走兽空插其间，炉体与底座满饰精美的错金云气纹，是一件不可多得的珍品。香薰中也有不以博山为造型的，"鎏金铜薰"造型很像一件高足带盖足，通体鎏金，盖透雕成虎形花纹，柄足及底座刻满云气纹，炉体与柄足之间塑三个鸟形支柱，也是一件珍品。

铜炉各部位的主要特征如下：1. 炉体：一般呈半球形，也有呈鸭形的。"博山炉"为山峦形的盖子，上有圆雕形的人物和龙、虎、猴、禽类等动物，还有云气纹等，香烟从其间的镂孔中喷出，有的上面还刻有铭文。2. 底座：圆盘形或圆圈足形。3. 柄：有长柄和短柄。长柄上有的饰成竹节形，短柄一般显得较粗，有的上面有镂孔，也有的柄为人形。

五、熨斗

熨斗是秦汉时期出现的主要以熨烫衣物为主的用具，常有"熨斗直衣"的功用性铭文或"大和三年"之类的纪年铭文。它的形制为圆腹状，宽口沿。西汉初多为圆底，后改为平底。腹一侧有长柄，可以执握使用，有的柄上还刻有尺度，更为实用。出土于河北邯郸张庄桥的铜熨斗还附有支座，依《东宫旧事》所记，其支座应称为"熨人"。"熨人"是熨斗的附件，河南焦作出土的一件熨人曾被错定为"铜踞祭熊灯"，实际上是熨斗支架上的立柱，上面的孔用来插熨斗的柄。出土于江苏镇江的几件南北朝时期的熨斗，直腹，平沿，直柄，有的上面还写有朱书文字。安徽马鞍山东吴朱然墓出土的熨斗，宽折沿，底部微圆。镇江的一件作宽口沿微上翘状，把柄上部宽于下部。

关于熨斗的用法，宋代赵徽宗临摹张萱捣练图卷做了生动形象的说明。卷中画着两位妇女双手各执帛的一端，另一妇女左手挡着帛的中段，右手执熨斗，正在熨烫着帛。熨斗的用途还有治病熨毒之说，指的是外科医生用小熨斗对病人身体上的毒瘤进行熨贴，可以使囊肿散消。《隋书》上还有用熨斗作为信物的记载，以示执者之忠，另外熨斗有柄，柄还有授权之意，但这都已是后来引申出的意思了。

六、洗

洗是一种日常盥洗用具，犹今之洗脸盆。最早出现在战国晚期，汉代最为流行。一般作圆形，敞口，直腹或敛腹，平底。有的器壁两侧有铺首衔环，内底常用双鱼作装饰，并铸吉祥语或纪年铭。

洗的各部位特征如下：1. 口：宽口沿。2. 底：近平，内底常用双鱼装饰，也有的铸有吉祥语或纪年。3. 腹：直腹或敛腹，有的在近沿处附双耳或铺首衔环。

七、耳杯

耳杯是秦汉时期常用的饮酒器，又称“羽觞”，战国晚期出现，可能是由椭杯演变来的。汉代多为漆制，铜耳杯较少。形制均为椭圆形，口缘两侧各有一个半月形耳，有的与执炉共出成组。

八、樽

樽是一种容酒器，旧误称为奁，在战国时期开始出现，于汉晋时期开始盛行。战国的呈长筒形，两侧有环耳，下承三犀为足。汉樽形体亦作圆筒形，直壁较短，上有盖，平底之下有三个兽蹄足，外壁有铺首衔环耳一对。

九、燎炉、炭箕

燎炉是一种生活用具，流行于春秋战国时期。燎炉为取暖用，内置木炭，似今日的炭火盆。

燎炉的各部位特征如下：1. 盘：圆形或长方形，直口，浅腹，底近平。2. 足：一圆环上置 10 个兽首弦环状的支柱，成为圈足，或为三蹄形足，有的足较高。3. 耳：提链形耳一对。出土器物中，有二节提链和多节提链。有的提链上还设有一梁。

炭箕是燎炉的附属用具，用途是移转火种和添加木炭。商代晚期的墓葬中即有出土。春秋战国时期的炭箕一般作簸箕形，左右两旁及底部皆有方孔，以便漏灰，后方有銎筒，可装木柄。

十、鐎斗

鐎斗又称刁斗，是汉晋时期的一种炊器，或用于军旅。唐诗有“行人刁斗风沙暗”之句。体呈盆形，下有三足，细柄向上曲，柄首作兽头形，口部带流。

鐎斗的各部位特征如下：1. 斗首：杯形，分圆底和平底，也有作深腹罐形、敞口尊形，少量底部设有圈足，有的上面饰与花纹。2. 柄：长曲柄，后尾较宽大，上有纹饰。

十一、禁

禁是一种安放酒器的案形器，传世和古墓发掘的禁极少。西周早期的两件禁，体呈扁平立体长方形，上方禁面中央有圆形突起，或椭圆形孔，用以承酒器的圈足，体侧前后左右都有方形孔，器壁饰以花纹。

第二节　车马器

一、軎辖

軎和辖是成对出现的。軎套在车轴的两端，用以加固轴头。它的形状一般呈长筒形，一端粗一端细，粗端套接车轴。辖是车轴上的销子，呈长条形，上粗下细，顶上一般有兽头装饰，插入轴末端的方孔内，以记车轮脱出。辖与軎一般配合使用，也有单独使用的。商代晚期出现青铜軎，西周早期出现青铜辖，铜质的軎、辖一直流行到西汉前期，以后便用铁铸造了。

二、毂饰

毂饰是加固车毂的铜箍圈，出现在西周早期，两周时期均盛行。一般只在毂的轵端（小头）加一长筒形箍，有的在轵端和贤端（大头）都加箍。各端的箍又分为輨、轪、軝三部分，也有的将两軝铸一起，中间有插辐的方孔，宝鸡茹家庄強伯墓的车马坑所出即是这种形式的軝，这样加固毂更加结实。

三、轴饰

轴饰是加固车轴的承轮部分的构件，出现在商代晚期，一端呈椭圆筒，一端为车板，车板用以障泥，表面饰有兽面纹，西周以后少见。

四、辕饰

辕是车上最重要的梁架，其作用像船的龙骨，因此也称辀。车上所有的部件都是通过辕连接起来的。所以即使到了现代，北方赶车的人仍旧还把马架车叫做驾辕。辕通常由一根长木做成，后驾车厢，前承衡轭，将车串联成了一个俯视看去的“古”字结构，而在连接这些结构的连结点上，铜部件既发挥了重要的连接作用，又承担起装饰的功能。装饰在辕头的饰件考古上叫辕首饰，筒形，一头封顶，一端施纹。宝鸡茹家庄出土的西周时期的辕首饰，一侧作浮雕兽面，另一侧是一个下体穿短裤，披发文身，双手搂抱兽面的男子。套接在车辕后端的铜饰件叫踵饰，方筒形，因压在车厢下不易看到，多不施纹。

五、衡饰

衡饰是加固车衡的管状构件，出现于西周早期，西周及春秋战国时均流行。衡两头的套管有一端封顶，衡中部的套筒有的作成一头呈齐口，另一头呈锯齿状，两两相对，金文中称为“错衡”。

六、銮铃

在车衡和马轭上插有銮铃部件，文献中有“銮在衡，升车则马动，马动则銮鸣”的说法。西周期间的銮铃，常作一镂空的圆球形，由两部分构成，上部为铃体，边缘较宽，铃中含一小石丸，上刻镂孔的辐射状纹；下部为方銎座，以便与衡和轭安接。《说文解字》载：“铃象鸾鸟之声，声和则敬也。”车马系上銮铃，跑起来叮当作响，和音悦耳，节奏十足；还能解人困，去马乏，雾天夜里，又可提醒路人注意。自西周早期，一直流行到战国时期。

七、踵饰

踵饰套接在车辕的后端，一般呈方筒形，因处在车舆之下，故只有简单的纹饰或没有纹饰。商代晚期出现，在西周金文中称为“金踵”。

八、舆饰

车舆也就是车厢，一般为长方形，四周有围栏，后有空处，可以由此上下车，这与近现代马车从两边上下截然不同。车厢由轼、盖等构成。所以《左传》上常有“凭轼而观”的说法，长勺之战时，曹刿在战场上还“登轼而望”，藉此登高观察敌情。盖是指插在车厢上的一种伞形遮蔽物，秦代有做成屋顶状的。轼和盖很少有直接做成青铜的，只是伞盖上有一种青铜饰件，称为盖弓帽。车舆上有铜舆件，作为装饰。一般呈长条形或圆角形，上有方孔。铜合页也是与车舆有关的零部件之一，由转轴连动两侧的长方形页片。这种合页多出在大型车马坑里，同随葬的车马器居多。在河南淮阳马鞍冢楚墓车马坑里，还发现了迄今唯一一辆装有青铜护甲的木制战车，属于战国中期。宝鸡茹家庄出土的有长条形和圆角形两种，其上有方孔，用以加固车軨，方孔以便插车令。

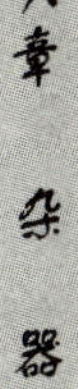

九、衔、镳

铜衔和铜镳出现在商代晚期。衔又称“勒”，金文作“鋚勒”，是横勒在马口中的器具，由两节链条组成，两端与镳相接。镳施在马口角的两颊上，有绳索相系，以便御手控马。有圆形、方形和长方形三种。圆形的流行在西周早期，方形的多见于西周中晚期，在春秋时期出现长条的镳。

十、轭饰

马轭呈人字形，一首两脚，夹于马颈上以便挽车。轭体为木质，商代晚期开始用铜管加固轭首和轭脚，西周时期有的将轭体的外侧（不挨马颈的一侧）全部用铜片镶包起来，即金文中所称的“金轭”。

十一、当卢

马面额上的饰件，商代晚期的当卢略呈圆形，背面有横梁钮，面微鼓。西周时期的作“丫”字形，中间有一个圆泡，上端连铸两个歧角，下端垂一长方形鼻梁，背面有穿带的横钮；有的则呈长条形，上部饰兽面，下部呈钩状。

十二、马冠

马额上的装饰，主要流行在西周前期。扇面形，饰大兽面，边缘有穿孔，以便穿系。

十三、铜泡和节约

铜泡和节约是装饰和连结马络头、辔带的零件。铜泡一般呈球面形，背面有横钮；节约均为细铜管，有“一”字、“十”字、“×”、“艹”、轮等形状，商代晚期已有铸造。

第三节　度量衡

度是长度，量是容量，衡是重量。在中国古代，度量衡制度有着悠久的历史。先秦度量衡制并不统一，各诸侯国有不同的单位，进率也有四进、六进、八进、十进的不同。秦虽统一了度量衡制度，但此后各个朝代仍有一定的变化。因此，作为度量衡的器具，在各个朝代均有所不同。

一、尺

最早的尺多用木骨和象牙制成，保存到后世的很少。现在所见最早的尺是河南安阳出土的几件象牙尺，尺上都有刻度，正面刻十寸，每寸刻十分。目前所见最早的铜尺是战国时期的。1931 年在河南洛阳金村出土的汉铜尺，正背两面无刻度，仅在一侧刻十寸，第一寸处刻十格，其余九寸不再分刻小格，但在五寸位置刻有交午线，据实测尺长 23.1 厘米；1956 年 3 月在长沙东郊东汉墓出土的铜尺，长 23 厘米；而 1957 年 8 月在长沙南门外东墓发现的铜尺，长 23.6 厘米；1959 年 9 月在浙江绍兴西南东汉古墓中又发现一把汉铜尺，只残留寸格五道，推算该尺长为 24.083 厘米。可见同一朝代，尺寸的长度也有所不同。

汉代尺的各部位特征如下：1. 铜尺一端常有一孔，可以系绳。2. 身为长条形，正面镂刻多组菱形、三角形组合成的几何图案，其间有竖线间隔。大间隔与背面十寸线对应，中间隔为 1/2 寸，小间隔为 1/4 寸。尺长为 23.3 厘米，每寸合 2.33 厘米。3. 背面有阴刻度，共九道十寸。

二、量

量东西的器皿在战国以前多用陶或木制作，战国时期开始出现铜量，传世和出土的铜量以战国秦汉时较多，许多都是当时国家颁布的标准量器。如传世的秦国商鞅方升，是秦孝公十八年（公元前 344 年）商鞅变法时颁布的标准量器，为扁长方体，有柄，实测容量 202 毫升。陈纯釜、左关鋓和子禾子釜，都是齐国官定量器。陈纯釜为长圆坛形，有二耳，实测容量 20580 毫升；左关为椭圆半球形，口部有流，实测容量 2070 毫升。王莽始建国元年（公元 8 年）颁发的新嘉量有斛、斗、升、合、龠五种单位。器作圆柱形，外有刻铭，说明量值及积计算方法。经实测并根据各部分刻铭计算，新嘉量一斛近 2 万毫升，一斗为 2000 毫升，一升为 200 毫升，一合为 20 毫升，一龠为 10 毫升。新嘉量制作准确，在我国度量衡史上占有重要地位。1956 年河南陕县出土王莽建国铜撮，补充了龠以下的容量单位。据实测，五撮为一龠，使我们对新莽时代量制有了新的认识。

三、衡

衡用以测重量。衡杆一般用木制，铜制的较少。传世的两件安徽寿县出土的王衡，体扁平如尺，中部突起，有穿系的鼻钮，正面有十等分刻度。使用方法同今天的天平相似。

四、权

等重的器具，相当于今天的砝码。1975 年出土于湖北江陵雨台山春秋墓的楚权，是目前已知最早的铜权。出土铜权以秦国和楚国权为最多。三国至宋代少见，元代权较多，为椭圆或六棱形。秦权多为钟形或瓜棱形，多附有始皇诏和二世诏。1964 年陕西西安阿房宫遗址出土的高奴禾石铜权，实测重量 30750 克，正面铸有铭文，另一面加刻始皇诏书。楚权呈圆环形，一套有六、九、十枚不等，在天平上使用。1954 年湖南长沙左家公山出土了木衡、铜盘和权环 10 个，大小相次。这是我国目前所存同类衡器中最完整的一套。

权的各部位特征如下：1. 钮：半圆环行，可以系绳。2. 索：秦权大多为馒头形，汉代多环权，一般以大小不等的 5 个或 10 个为一组。3. 铭：上面刻有诏书。

第四节　符及印玺

一、符

符是传达命令或调遣士兵的凭证。一符剖为左右两半，分存两方，使用时两半相合，称为“符合”，表示命令验证可信。战国时期兵符呈虎形，世称虎符。现存最早的虎符是出土于1975年西安南郊的秦惠文君时期（公元前337—前325年）的杜虎符，另外还有新郪虎符、阳陵虎符等。

二、铜印

印在战国兴起，汉代达到高潮。当时，缯帛纸张用于书信，官印封泥，印章作为信物而流行。印除用铜铸外，也有用金、银、玉、陶制作的。

战国铜印中官印多正方形，印文为古籀体，印文字外多加方栏，或横日格或田字格。私印有方形、圆形、不规则形等，有的在姓氏下加鸟兽图案或人物形象。战国铜印多铸有鼻钮，形式有亭钮、兽钮、人形钮、戒指钮等，风格古拙朴实。

秦汉铜印更加盛行，自秦始皇起，皇帝印称玺，官印称印，私印称章。秦代印文多秦篆，官印为阴文，方形加田字格，另有半通印为长方形加日字格，字体方中带圆。汉代铜印，印文多汉隶，笔划简直、工整雄健、结构严谨，多为2.5厘米见方，汉印已无界格使印文更显大方，印钮形式有蛇、龟、蟠螭、兔、骆驼、羊，以及桥形、坛形等。汉印中还有鸟篆体印文，笔划曲折间有鸟头或鱼形，姓氏外还常装饰，或加吉语。这一时期还遗存不少“肖形印”，也就是图案花纹印和浮雕印。这部分印章从工艺角度看，更应受到重视；在艺术风格上，简洁、洗练、明快而生动；形象有人物、车骑、鸟兽、四灵、四神、鱼雁、吉羊、骆驼等。铜印多用失蜡法制作，清人桂馥说：“汉城多拔蜡”，对那些有精致兽形钮的汉印，只有失蜡法才能铸造得规整。

第五节 农 器

我国是一个农业大国，农业是一个最基本的生产部门，但商周时代遗迹出土的农器多为石器，青铜器很少。因为青铜材料十分珍贵，旧青铜农具常改铸，不可能随便遗弃，一般农器也不当作陪葬品，所以青铜农具遗存就很少。进入铁器时代后，农器主要就用铁铸造了。

一、耒耜

曲柄起土的农器，即手犁。各地曾出土木、骨耒耜，青铜耒耜出现于商代晚期，实际出土的都是耒头。形制为扁状尖头，后部有銎，用以装在厚实的长条木板上。木板肩部连接弯曲而前倾的长柄。柄与耒头连接处有一段短木末端安横木。使用时，手执横木，脚踩耒头短木，使耒头入土起土。西周出土青铜耒一件，双齿，扁方銎，銎上有小方孔，用以装木钉固定木柄。

二、铲

铲是铲土、耘苗、除草和松碎表土的农器，又称“钱”、“鎛”、“划”。形为长方形青铜片，一端连铸銎，銎为方形或椭圆形。

三、镢

镢是一种起土和锄草的农具，长条形，厚体窄刃，单斜面或双斜面。头上有长方銎，銎安木柄。

四、锄

锄是一种锄草疏苗的农器，形如铲而宽，有銎。镢为直柄，锄为曲柄。

五、锸

锸是一种开沟渠和作垅的农器，又写作“臿”。形制身短而宽，凹口銎，用以套在木板前端。木板后部再连装直柄。使用方法跟现今锹相似。

六、锛

锛是一种开垦土地的农具，形制近于斧，但只是一面偏刃。背面微拱，有銎，安曲形横柄。古代没有刨子，锛也是平木的主要工具。

七、斧

斧是一种砍伐工具，形制跟今天的斧近似，长体，平刃或弧刃、双面刃。平刃兼可用于农业，弧刃专用于手工业。有方銎、圆銎。圆銎斧横装柄。方銎斧直装柄，使用时双手把握。

八、斤

斤形制如斧，銎内置曲柄。1957年出土于河南信阳长台关楚墓一柄青铜斤，长方銎，銎中装置一曲木髹漆的柄，跟甲骨文斤字形象一致，是现存器形最完整的斤。

九、凿

凿是一种凿孔或控槽的工具。体细和，上宽下狭，直銎。是直柄工具，使用时用锤子等工具锤打。刃部分为平刃、弧弓、尖刃等。

十、犁铧

犁铧是一种耕地松土的农器，铧为犁头，形状跟今天的铁铧相同。

十一、镰

镰是一种收割用的农器。新石器时代遗址中常出土有石镰。收获禾穗的手镰又称“铚”，可装柄的镰，古代称“艾”、“乂”或“刈”。形制一般为弯月形，刃部无齿或有齿，宽端装柄。西周出土有手镰，体短而宽，呈蚌壳形，上部为弧形，下部有细锯齿，平刃。上端有孔，可系绳，以便套在指上，固定于手掌中。

第七章

铜 镜

第一节 铜镜概述

古代铜镜具有独特的神韵和无穷的魅力，主要表现在其背面的纹饰图案上。图案的内容非常丰富、种类繁多，从历史人物、典故到神话传说，从几何图形到动物及神化了的珍禽异兽，从自然景观到世间的万事万物，均能包罗万象，囊括其中。

铜镜各部位的特征如下。1. 镜面：镜的正面，光滑明亮，用以照颜。2. 钮座：紧连镜钮的装饰部分，有圆钮座、方钮座、柿蒂形钮座等。3. 钮：一般在镜背中央部位，有横穿的孔，用以系带，以便手持或挂在镜架上，有扣弓形钮、圆钮、兽形钮等。4. 纹饰：指镜背面的花纹图案等，并根据主要纹饰决定铜镜的名称，如主要纹饰为四神，即称四神镜。齐家文化镜饰有弦纹和多角星纹等；商代饰有直线纹等；西周至春秋时期的铜镜或为素面，或有动物形纹饰；到战国时期纹饰增多，如山字形纹、花叶纹、蟠螭纹、兽面纹等；汉代较多的为几何形纹、禽兽纹、神人神兽纹等；东汉至魏晋时期增加有浮雕画像纹饰；隋唐时期多海兽、葡萄、鸟兽、花蝶、人物故事等；宋代则多缠枝花草、牡丹花、龙凤、仙人故事等，也有仅铸出作坊标记的；辽金时期除仿汉唐纹饰外，多有双鱼纹、兽纹、契丹铭文等；元明清时期出现人物多宝纹、吉祥语铭文、属道教的五岳真形纹，以及作坊标记等。此外，有的西汉时期铜镜在光线照射镜面

时，背面的纹饰能反射到墙上，称为“透光镜”。5. 镜背：镜的背面，在光滑的照灰面背后，大多铸有花纹及铭文，也有用特种工艺进行装饰或素面无纹饰。6. 铭文：铸或刻在镜背上的文字，环绕成圈的称为铭文带，刻铭则大多在背面的边缘部。7. 边缘：镜边最外的凸起部分，如宽平缘、卷缘等。

第二节 铜镜简史

铜镜是青铜器中独成体系的妆奁用器，萌发于金石并用时期，流行于东周，兴盛于汉唐，而衰于宋元，在长达数千年的历史长河中成为无数人需要的日常用具。

铜镜的发明可追溯到远古的传说时代。据说黄帝曾铸宝镜，饶州还存有黄帝制镜时遗留的“轩辕磨镜石”。长期以来，这些传说被认为是无稽之谈，难以考证。20 世纪 70 年代，考古工作者在青海省贵阳县尕马台齐家齐化墓葬中发现了两个小型铜镜，距今约 4000 多年，其时代与黄帝铸镜的时候相近，使相传已久的圣人制镜说终于得到实物的印证。

随着青铜时代的发展，青铜冶铸业日趋发达，工艺技术日臻完善，在洛阳偃师二里头遗址、殷周贵族墓中均发现了早期铜镜。那时只有少数王室勋戚、高级贵族才可能拥有，平民百姓尚无缘享用。春秋战国时，铜镜开始在一般贵族中流行。秦汉以来，尤其是唐宋时期，铜镜得以普及，成为寻堂百姓家的妆奁用具。当青铜时代结束，各种青铜礼器逐渐销声匿迹时，铜镜却随着社会的嬗变，超越了早期的原始粗陋，迈入千余年繁荣鼎盛时期，直到明代中叶，玻璃镜推广以后才逐渐隐退。中国铜镜历史的上限是从约 4000 年前的齐家文化时期，而下限到清光绪时期，即 1875 年至 1908 年左右。

第三节 铜镜发展史

铜镜的发明较晚于冶铜技术的发明。中国的早期铜镜指原始社会末期、夏、商、西周时期的铜镜。早期铜镜只见于考古发掘中，数量极少，为无价珍品。相比较而言，早期铜镜铸技较差，纹饰古朴简单，远不如同时期青铜礼器那样浑厚、纹饰那样神秘繁缛、数量那么众多，表明其滞后于殷周青铜礼器的发展。

一、齐家文化铜镜

铜镜在中国出现的时代较早，而且比任何一类青铜器使用的时间都长。从考古发掘的材料来看：齐家文化是原始社会末期黄河上游的地方文化，主要分布在甘肃、青海一带。齐家文化已进入铜石并用时代，零星出土一些红铜器和小件青铜器。齐家文化墓葬中发现铜镜两面：一面 1975 年发现于甘肃广河齐家坪，镜作圆形素面，直径仅 6 厘米，镜面平坦，有光泽，背面无纹饰，中部有一拱形环钮。其早期特征在环钮、无座、素背、形小等方面充分显露出来。另一面 1976 年发现于青海贵南，镜作圆体，饰七角星纹，直径 8.9 厘米，厚 0.3 厘米，重 109 克。镜面平滑，锈蚀严重。背有钮（残）并饰有不规则的七角星几何形图案，角与角之间行斜线纹。镜缘钻有两个小孔，可能是代替钮作为系绳悬挂之用。齐家文化时期铜镜的发现，将中国使用铜镜的历史上溯到 4000 年以前。铜镜在当时应是稀罕之物，绝非一般人可拥有。早期铜镜尽管原始古朴，毕竟标志着这一后代广为流行的日常器具的诞生，并从形式上确立了中国式铜镜的雏形。

二、夏、商代铜镜

到了夏代，冶铜业已有相当规模，夏遗址中曾出土小件青铜器，其中偃师二里头遗址曾出土一件直径 17 厘米、厚 0.5 厘米的圆形铜片，可能是铜镜。该器四边用 61 块长形绿松石镶嵌，中间用绿松石块嵌两圈十字形图案，每圈均为 13 个，酷似今天的钟表刻度。可惜只是孤例。

商代的铜镜共发现五面，均出自殷墟墓葬，也就是说都属于盘庚迁殷后的产物。这时，殷的青铜铸造业已相当发达。大到数百公斤重的礼器，小到数克重的铜贝、箭镞均铸造得精美凝重。相比之下，铜镜显得出土量既少，铸技也不高。

1934 年 12 月在河南安阳侯家庄西北岗 1005 号墓，出土了一件圆形有钮铜器。当时对这件圆形有钮器的用途看法不一，有的认为是铜镜，有的则认为是一件失群的铜器盖，因此该铜镜的出土未能引起应有的重视。

直到1976年河南安阳小屯妇好墓，一次就出土了四面铜镜，其特点是镜体较薄，背面有弓形小钮，纹饰为弦纹、叶脉纹及平行线纹。这四面铜镜的出土，以无可辩驳的事实证明商代确实有铜镜存在。

妇好墓出土的四面铜镜按纹饰差异可分为两类，每类有两面。叶脉纹镜两面，镜面微凸，镜背饰微凸的弦纹三周，拱形环钮，第一、二周弦纹之间是斜线叶脉纹，共16组分为四区，第二、三周弦纹之间是镜的边缘，上饰小乳钉纹。多圈凸弦纹镜两面，其镜面微凸，背饰凸弦纹六周，弦纹之间填以密排的竖直短线，乍看似放射状，实际每一弦纹间的短线并不相连。

由上述五面殷镜可见，殷镜镜面近平坦或微凸，镜径10厘米左右，钮为拱起的环钮，无钮座。纹饰以几何形线、点、圈单独或组合而成，比较简单，使用最多的是凸弦纹。到目前为止，商代铜镜的发现数量依然不多，说明铜镜在当时还没有成为人们生活的必需品。

三、西周铜镜

西周铜镜共发现10多面，出自河南、陕西、辽宁等地墓葬，其中素镜占多数。周镜均为圆形，形体一般在10厘米以内，镜身较单薄（0.2—0.3厘米）。镜面平或微凸。镜钮除弓形外，还有橄榄形、半环形、长方形等。纹饰镜中发现重环纹、鸟兽纹镜各一面。重环纹常见于西周中晚期的青铜器上，该镜镜面中部微凹，弓形钮，直径8厘米。西周时期出土铜镜的数量比商代多。从考古发掘的材料来看，地域也比较广，如：出土于河南汲县辛村42号墓一面鼻钮铜镜；出土于陕西宝鸡市区西周时期墓的一面橄榄钮铜镜；陕西凤翔新庄河大队的西周早期墓出土一面素镜；陕西淳化史家塬西周时期1号墓出土一件弓形钮铜镜；北京市昌平白浮西周木椁墓出土铜镜两面。

西周晚期至春秋早期的铜镜，在河南上村岭国墓1650号墓出土两面，陕西扶风王太川村北土壕窖穴出土一面重环纹镜，内蒙古宁城县南山根102号石椁墓出土三面铜镜。1612号墓出土鸟兽纹镜一面，其镜面平直，背有两个平行的弓形钮，钮的左右两边有对称的虎纹。虎纹以单线勾勒而成，呈张嘴吞噬状，虎牙、利爪、虎斑纹清晰。其钮上是一只鹿，钮下是展翅的大雁，均以单线勾出，纹饰简陋古朴。总而言之，这是一件难得的珍品。早期铜镜纹饰简单，制作粗糙，为少数贵族所拥有，一般人无法拥有，是权力和财富的象征。

四、春秋战国铜镜

1. 春秋战国铜镜的分期与特点

春秋战国青铜冶铸业的进步，使铜镜的铸造技术和工艺水平都有了飞跃，制作精巧的战国铜镜在很大程度上体现了当时青铜工艺的高超技术水平，改变了早期铸镜业滞后于其他青铜器发展水平的状况，令人耳目一新。战国时期，手工业生产出现了空前繁荣的景象，日常生活用品的生产得到较快发展。这时期的铜镜制造，无论在数量上还是铸造工艺水平上，都超越了以前任何一个时代。这是中国铜镜大批铸造和广为流行的时期。

那时，尤其是在战国阶段，铜镜数量猛增，见于著录的达千面以上，种类也颇为复杂。有人按铜镜的主题纹饰分类，竟多达11类40多种，并且表现手法丰富，加上地纹的出现，突出主题纹饰，使镜背图案呈现出主纹和地纹和谐结合，纹饰显得繁简有致。铸工精良的战国铜镜不仅具有实用价值，而且具有观赏价值。列国之中尤以楚国的铸镜业最为发达，据统计仅湖南长沙地区楚墓出土的铜镜就近500面，几乎每四座楚墓中就有一座发现铜镜，其他国家墓葬以铜镜随葬的现象也很普遍，其中不乏精美之作。

战国时期，铜镜的总特点是：质地薄而轻巧，且镜的边沿高而上卷，镜钮作两头宽中间窄的弓形，称为弓形钮，有的钮中间有凸起的棱线。在花纹方面，其装饰内容丰富，图案结构富于变化。这一时期的主要花纹有：山字（有三山、四山、五山、六山）纹、菱形纹、花叶纹、禽兽纹、蟠螭纹、连弧纹、龙凤纹、重轮纹等。制镜的形制以圆镜居多，方镜极少见。在战国铜镜中，流传最多的是楚式铜镜。

春秋战国历时400多年，铜镜真正有较大发展则是在春秋中叶以后，若按《中国古代铜镜》的分期，大致经历了三个阶段的发展：

春秋中晚期至战国早期为第一阶段，主要流行全素镜和有单线、双线凸弦纹的素镜，在很大程度上继承了早期铜镜的特点。同时新的镜种，如纯地纹镜、四山镜出现，镜体以圆形为主，少数方形，背有钮及座，钮形式为弓形、半环形，钮座多小圆钮座、凹面形钮座，素平缘。镜质地簿而轻巧。

战国中期为第二阶段，镜类大增，前段流行的镜类有的继续流行，纹饰上也有变化，常见的如花叶镜、山字镜，以及新增的菱纹镜、兽类镜、蟠螭纹镜、连弧纹镜等以几何纹、动物纹、植物纹为主的镜类，还出现了彩绘镜、金银错纹镜等特种工艺镜。就技术和镜子的精美程度而言，均可看出有明显进步。此外如透雕圆钮座、八连弧纹钮座的出现，地纹和主纹相结合的装饰方法等，都表明铜镜的发展具有了许多新的内涵。

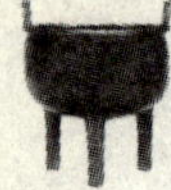

战国末期至秦末为第三阶段，前时流行的素镜、羽状地纹镜、禽兽纹镜等已很少出土，山字镜、蟠螭纹镜、连弧纹铜镜的纹饰层次分明，主纹、地纹相衬托，还出现了三层纹饰重叠的布置法。

2. 春秋战国铜镜的类型

春秋战国时期的铜镜大致可分为五大类，包括素镜类、纯地纹镜类、几何纹镜类、动物纹镜类及特殊加工镜类。每一类的若干镜种选其典型者，简单提及。

(1) 素镜类。素镜分全素镜和弦纹、宽弦纹素镜三种。

全素镜的镜背无任何纹饰，一般时代偏早，应是西周素镜传统的继续发展。以圆形为多，钮作弓形、菱角形、三弦形等，无钮座，一般直径在7—10厘米，厚仅0.1—0.2厘米。方形素镜偶见，边长7—8厘米。边缘质地较粗糙。这种素镜与周镜不易区分。

弦纹素镜的镜背有数周细弦纹（同心圆），少则一周，多则五周，钮作弓形、三弦形，出现小圆钮座，直径往往在10厘米以下。弦纹出现时代稍晚，形体多在10厘米以上。

宽弦纹素镜又称“重轮素地镜”、“三轮素地镜”，三弦钮的镜背有两周或三周鼓起的宽带，直径一般在20厘米左右。此类镜制作较精，出现于战国晚期，流行于秦至汉初。

(2) 纯地纹镜。指镜背只有一层铺底的纹饰，这类镜与地纹加上主题纹饰的构图不同，纹饰细密，铺满镜背，其边缘一般无纹饰或为另一种花纹圈带。此类镜可分为羽状地纹镜和云雷地纹镜两种。羽状地纹镜中的羽状纹由一个个彼此平行的长方形花纹组成，每个小长方形由羽状、涡粒状躯体合成，是为缩小的蟠螭纹，有人称之为“变形兽纹”。这种纹饰有多种形式，常见的有两种：一种是涡粒状，一种为羽状。前者镜身单薄，半环形小钮、小圆座，以一周素带将纹饰分为内外二区，缘部或饰以贝纹。后者三弦钮，座分圆、方形两种，纹样稍大，较前者厚实。直径均在10厘米左右。云雷地纹镜中的云雷纹是以连续回旋状线条构成几何图形。云雷纹可分为云纹和雷纹，云纹回旋线条呈孤形，雷纹回旋线条呈方折角式三角折角形。云雷纹中两种纹饰兼而有之。纯云雷纹地纹镜单弦钮或三弦钮，圆钮座，座外有凸弦纹或凹面形环带，素缘，边部卷起，在高卷边、低卷边之上。

羽状纹和云雷纹是商周青铜器上最常见的纹饰，大多用作铺底纹饰。纯地纹镜始见于战国早期，流行于战国中期，晚期已少见。这两种纹饰用作主纹的铺垫至西汉中期消失，这是铜镜断代的标志纹饰之一。

(3) 几何纹镜。几何纹是以线条、点、圈、弧线组合成的纹饰，在古代各种纹饰中应用得最早、最广。春秋战国镜饰中以几何纹为辅纹的现象较普遍，以几何纹作主纹的镜有山字纹镜、菱纹镜、连弧纹镜。

山字镜的主纹由几个山字构成，山字又被称作“丁”字或“T”符。这种镜以羽状纹为地纹，衬托着三至六个山字图主纹，组成层次分明、纹理清晰的圆形图案。山字间常配以花瓣叶纹、绳纹。根据山字的多少分别称为三山镜、四山镜、五山镜、六山镜四种，以四山镜最多，其余少见。有圆形或方形双重钮座，三弦钮，座外山字环列。

菱花镜又称方连纹镜，镜背主纹为凹面宽条带组成的菱形纹，每一菱形纹中有一四瓣花朵，以羽状纹为地。在宽条带组合上，可以按变化分为折叠式和连贯式菱花纹镜。菱花中间有规律地点缀花瓣，增加了纹饰的观赏性。这种镜多为圆形、三弦钮，圆形或方形座，素低卷边。菱花镜出于战国中晚期墓葬。

连弧纹镜以弧线或凹面宽弧带连成圈为主纹，弧数有从六至十二个，其中八弧为最常见。这类镜可分为素地连弧纹镜、云雷纹地连弧纹镜和云雷纹地蟠螭连弧纹三种，以第三种最为精美，形成细云雷纹、蟠螭纹、宽带连弧纹三重叠压。连弧纹镜一般为三弦钮，凹面形圆座，流行素缘低卷边。在战国晚期至西汉初期中，连弧纹镜时有发现。

以几何纹为主题纹饰的镜中还有一种较特殊的镜种，即多钮镜。其背面有三至四个半环形钮，在近缘处作三角形或方形排列，也有的有两个钮，可分为雷纹缘镜、三角勾连雷纹镜和蛛网纹镜等多种。这些镜均无地纹、形体厚重，主要发现于辽宁、吉林等地。

(4) 动物纹镜。这一时期动物纹镜种类较多，主纹有饕餮纹、凤鸟纹、禽兽纹、蟠螭纹、羽鳞纹等，其中禽兽纹镜、蟠螭纹镜数量较多，其他少见或罕见。动物纹镜均以细云雷纹为地纹，有圆形、方形两种镜形，三弦、四弦或半环钮，方、圆钮座。以下是常见的几种动物纹镜的特征及鉴定要点。

兽纹镜通常以羽状纹、云雷纹为地纹，主纹有虎形兽、狐面长卷尾兽、无名长尾怪兽等，形态变化多端，颇为生动。其排列形式或分内外区、或首尾相接环绕式排列。流行三弦钮、圆座、八连弧形座或双重、三重圆钮座。除圆形外，还有方形兽纹镜。

凤鸟镜的主纹是凤和鸟，有细云雷纹作地，以四叶、四折叠式菱纹将圆面分为四区，每区一凤或一鸟。一般为方钮座，四角上各置一凤或两凤间各置一鸟等几种形式。

蟠螭纹镜的蟠螭纹即小龙（蛇）纹，多呈盘曲状，蟠螭绕圆形钮座排列。主纹之间隔以花叶、变形蝉纹。蟠螭镜除三弦钮外，还有半球形镂孔钮，一般素宽卷边。该种镜流行战国中晚期至西汉初期。其中地纹清晰者时代偏早，模糊者时代稍晚。镂空钮、四叶蟠螭纹镜、菱纹镜时代较晚。蟠螭纹镜主纹多用单线或双线，到秦汉初同类镜主纹通常是双线、三线，有的还出现了铭文，为鉴别提供了依据。

（5）特殊工艺镜。指运用特殊工艺加工而成的铜镜，在加工工艺、精美程度方面有别于一般的铜镜。春秋战国时期主要发现彩绘镜、透雕镜、金银错纹镜等。彩绘镜是在素镜背上用彩色或漆绘出各种图案的镜子。纹饰有蟋龙纹、夔凤纹、卷云纹，还巧妙地运用细弦纹将镜背分为内外区及多种色彩的调配。

透雕镜的镜背是一透雕的青铜片，镜面是光亮的白铜片，两者合贯为一镜成为透雕镜。按纹饰可分为蟠螭透雕纹镜和禽兽透雕纹镜，这类镜由于纹饰镂空、立体感强，有的镶嵌装饰性的绿松石，工艺价值较高。其形状有方、圆两种，小环钮，圆钮座，始见于春秋晚期，流行于战国中期，其后绝迹。

金银错纹镜，是一种将金丝、银丝嵌入镜背组成纹饰的镜子，制工精细。按纹饰可分为金银错狩猎纹镜和金银错虺龙纹镜两种。前者主要纹饰分为三组，分别用“金错”细线表现骑士持剑与虎搏杀、两怪兽互斗，以及一只凤鸟的图案。三组图案之间饰有双龙涡纹，周围配以“银错”小涡纹，堪称镜中之珍品。后者主题纹饰为六条错金银的虺龙缠绕。这一工艺流行于两周三晋地区，时间为战国早、中期。

综上所述，春秋战国铜镜不仅出土数量多，而且纹饰变化繁多、种类复杂，形成了第一次铸造高峰。总体特征为：圆形居多，三弦钮，方或圆形钮座，素窄或宽卷缘；图案花纹以地纹衬映主纹的手法，使图案更富层次感。这一时期铜镜质地簿而轻巧，直径以 20 厘米以内为多，重不过一二百克至三四百克。晚期出现少数大而厚重的镜子，直径超过 20 厘米，最重的达 750 克左右。

五、秦至西汉铜镜

秦王朝存在的时间很短，据目前资料所知，秦朝铜镜传世品数量并不多。秦镜的特点是：质地较战国时期稍厚，镜体较大，纹饰以夔纹为主。

西汉早期铜镜的边沿为较高的素卷边或较窄的素平缘，镜体比秦镜厚，纹比较规则，主要花纹有蟠螭纹及草叶纹等，铭文字体比较方整，而且多处在有花纹的地方。镜钮较小，钮座以圆形居多，方座较少。

西汉中期，镜的厚度加大，其纹饰除早期的草叶纹外，又新出现了星云纹。这时的镜钮除星云纹镜作联珠式鼻钮外，其他铜镜均作半圆形钮或兽形钮，钮座为柿蒂形或联珠形。镜上一般均有铭文，而铭文的内容以古语为多，如“长乐未央”、“千秋万岁”、“家常富贵”等。有的三言一句，如“君行卒、予志悲、久不见、侍前稀”；有四言一句的“见日之光，天下大明”或“见日之光，长毋相忘”；有六言一句的“内清质以昭明，光辉象夫日月”；有七言一句的“清冶铜华以为镜，照察衣服观容貌”。

西汉晚期镜体较厚，除见日之光镜、照明镜继续流行外，出现了规矩纹镜、兽带纹镜及鸟兽纹镜。这时铜镜的边沿宽而平，叫做宽平缘。平缘比内区明显增厚，在宽平缘上一般均饰流云纹及锯齿纹，钮座外多作方带纹或带有十二辰文字，外区饰有规矩纹，花纹多纤细有力。镜上的铭文很多是反映当时人民愿望的，如“左龙右虎辟不祥，朱雀玄武顺阴阳。杜氏作镜四夷服……风雨时节五谷熟”等词句。

王莽及东汉时期最流行的铜镜是规矩纹镜。到了东汉中期，除规矩纹镜继续流行外，还出现了连弧纹镜、夔凤纹镜。南方长江流域多流行神兽纹镜和画像纹镜。夔凤纹镜质地厚重，边沿宽而平。神兽镜镜体较薄，正面微凸。这一时期铜镜花纹的特点是：比西汉时期繁缛而细密，铭文字体活泼而流畅。东汉晚期铜镜的花纹由以前的低平向高起的浮雕发展，连弧发展成半圆形，还有上方块形的，并在方块上有一字、二字或四字的铭文，这种镜子一般称为“章文镜”，意思是说像印章一样，还有的镜钮附近有“位至三公”或“君宜高官”等铭文。

到了两汉时期，战国时期流行的弓形钮，逐渐让位于乳状半圆形钮，而且越到晚期钮的形制越大。晚期除半圆钮以外，还有兽形钮和联峰钮，钮座多为柿蒂形或联珠形，镜的质地由薄逐渐增厚，铜镜的边沿由卷边逐渐变宽，并在宽平沿上饰有花纹。汉代铜镜铭文内容之丰富，辞句之典雅，值得细细品味。同时这些铭文内容又为我们研究汉人政治、经济、文化及伦理思想等提供了实物文献资料。纵观出土于蕲春县的数十面汉代铭文镜的内容，主要有如下一些文化特征：

第一，表达男女爱慕之情或亲情、友情的主题思想。此类题材的铭文镜不仅数量多，而且内容丰富。究其原因，大概是镜子能照见人影，是人们尤其是女子最喜爱用的东西，自然容易令人产生许多诗意的联想，所以表达男女间相互思慕的铭文居多。如鱼咀墓出土的两面镜：一面为蟠螭纹镜，三弦钮，卷云纹钮座，钮座外有同心圆四周，同心圆圈间铸饰铭文一周 14 个字：“愁思曾，愿见忠，君不悦，相思愿毋绝。”另一面为规矩草叶纹镜，圆拱形钮，钮面模印着吻部相对的两兽头，且分别与座面的兽身相连，方框钮座，钮座四角各置一乳钉，座外有铭文“常乐未央、长毋相忘”八字，主题图案是在规矩纹所分的四区八等份的镜面上满布麦穗草叶纹。

第二，表述祈求国泰民安、五谷丰登或福禄富贵的美好愿望。如“君宜官秩”、“长宜子孙”、“长宜高官”等铭文，在陈家大地及鱼咀两处东汉墓所出土的规矩镜中反复出现。除此之外，值得详细介绍的有对面山墓地的两件有典型意义的铭文镜：一件为方枚四兽镜（有残缺），圆台形钮，其上浮雕一条盘龙，连珠圆底，一周节齿纹将其分为内外两区，每枚印间饰一浮雕兽。外区由里及外是一周高凸棱，一周较低的铭文带和一周变形的流云纹，铭文为“熹平五月丙午日作竟自有方，除去不详宜吉市，大吉利，幽谏三商，天王日月，上有东王父西王母，主如山石……”另一件为变形四叶兽首镜，主纹为蝙蝠形四叶纹，四昧内角各有铭文“长宜高官”。四叶间饰带云气的兽首，其外一周铭文为：“青盖作竟四夷服，多贺国家人民息，胡虏殄灭天下复，风雨时节五谷熟，长保二亲得天力，位至三公”。

第三，带有浓郁的道家思想，希求长生不老，羽化升天成仙。这类题材的铭文之所以多半在汉代十分盛行，主要是与当时在统治者当中求仙仿

道的风气有关，这种风气反映到镜铭上也就是顺理成章的事。如在陈家大地及鱼咀两处东汉墓出土的近10件四灵镜、八禽镜中的铭文主要有三种：一是“尚方作竟真大巧，上有仙人不知老，渴饮玉泉饥食枣，浮由天下”；二是“尚方作竟真大巧，上有仙人不知老，渴饮玉泉饥食枣，由天”；三是“尚方作竟真大巧，上有仙人不知老，渴饮玉泉饮食枣，浮游天下敖四海，寿如金石鸟园”。

第四，抒发高尚远大情怀与心志，追求高风亮节的气质。此类题材的内容多集中在西汉的铭文镜中。如陈家大地出土的一件昭明镜，圆钮，圆座，座外饰内向八连弧纹一周，外为两道辐射纹夹铭文带一周。铭文内容为“内清以昭明，光象日”，每个字之间均以“而”字相隔。另一件出自付家山墓地的昭明镜，圆钮高凸，连珠纹座，座外依次第一圈饰月牙表纹和卷云纹，中圈为连弧纹，外圈为一周铭文“内清以昭明，光象夫日月，心忽扬忠，壅塞而不泄”，计19字。

第五，标榜用材和制作工艺精良。汉代类似今人商业性广告促销用语已广泛用于铭文之中。如“尚方作竟真大巧”、“青盖作竟四夷服”等等。这些铭文说明汉代铜镜已不再是王公贵族阶层独享的东西，而是广泛地进入了市场。

六、隋唐铜镜

隋代的传世铜镜并不十分多，但在装饰花纹方面比汉代有了新的发展和变化。如灵山镜、十二生肖镜、照日菱花镜、菱花出莲池镜、光流素月镜、灵山孕宝镜、盘友丽匣镜、赏得秦王镜、仙山并照镜等，取代了两汉时期的规矩纹镜、神兽纹镜与画像镜。

社会经济的发展和对外文化交流的日益开展，促进了唐朝手工业的进步和社会的繁荣，以扬州为中心的铜镜制造业达到了全盛时期，因此唐代传世的铜镜数量很多。从目前所见到的大量传世品来看，它在形制与纹饰上突破了以前造型轻巧和图案上的拘谨，出现了许多充满活力的图案，如鸾翔凤舞、海兽葡萄、真子飞霜、双鸾衔绶、云龙纹、鸟雀蜂蝶纹、月宫桂树纹、狻猊纹、飞仙纹、宝相花纹、八封纹、万字形纹、打马球纹、双凤麒麟纹、鸳鸯鸟雀纹、仙人乘鸾纹、双龙禽蝶纹、对凤抚琴纹、犀牛纹、鸳鸯双狮纹、双马纹等。所有这些纹饰都是前所未有的。在装饰技巧上，还有金银平脱和镶嵌螺钿等。这时的铜镜图案真可谓繁华似锦、百花争艳、绚丽多彩。铜镜的形制以圆镜为主，方镜数量较少。其质地厚且重，因含锡量大而呈现为灰白色。镜钮以兽形或者圆形居多。

七、五代、宋、辽、金、元铜镜

在中国的历史上，五代十国时间较短，所见到的铜镜数量也十分有限，但它在铜镜发展史上却起着由唐到宋承前启后的作用。在形制上：一方面继承了唐代的凸缘素镜，以及高缘弦纹镜等；一方面改变了唐代铜镜胎体厚重的作法，所铸之镜趋向轻薄，镜钮多为小圆钮。镜的造型除圆镜、方镜以外，还有“亚”字形镜。铜镜的装饰花纹有鸾凤齐飞、花鸟、锦纹、莲花、缠枝花草等。

到了宋代，由于用铜量大，加之铜的拥有量十分有限，政府对于用铜制镜严加限制。从现在所见到的宋代铜镜来看，宋代铜镜在以下几个方面有着明显的文化特征：数量显著减少；铜质多为黄铜；纹饰趋向于简化并出现了一些新的内容，如达摩渡江纹、犀牛望月纹，以及双鱼纹、缠枝花草纹等；另外还有铭文镜。

在铜镜的形制上，北宋初年多仿唐镜中的亚字形、八棱形、菱形等。到北宋中后期，镜的形制发生了变化，将八棱镜改作六棱镜，将菱形镜改为委角镜，镜钮由大向小发展。南宋时期铜镜制造以湖州和饶州为中心，并出现带把镜、长方形镜、心形镜、鼎形镜、钟形镜等新的形制。

宋代铜镜铭文比较常见的为商标铭记，且具有先后次序。一般来说是先标地名，次标家族，再是姓名，最后是“照子”或者“照子记”等字样。如“湖州南庙前街西石家念二叔真青铜照子记”。有的标明铜镜的用料是精炼而成的，如“饶州叶家久炼青铜照子”。有的标明铜镜的价格，以显示明码实价，如“湖州符十真炼铜照子每两一百文”。有的标明制造的年款，如“湖州铸鉴局乾道四年炼铜照子宫（押）”。其他年款还有元祐、崇宁、嘉熙等。有的铭文属于吉语性质的，如“安明富贵佛敛而镜”、“菱芳耀日冰光照室”。

根据目前的考古查证，辽金时期铜镜的内容是相当丰富的。归纳起来，这一时期的铜镜可分为仿制和自制两类。仿制铜镜主要仿汉、唐等。仿汉铜镜以连弧百乳及昭明镜为多，多带有汉字铭文，其特点是浑厚古朴；仿唐多为海兽葡萄镜，镜体多厚重，纹饰较呆板。除汉、唐时期以外，还有仿六朝的神兽镜、仿宋的花鸟镜。这种仿制铜镜的出现，主要是因为当时铜禁得很严，而铜镜又确实为人民生活所必需。因此，当时的铸镜匠人为了掩官府的耳目，将仿制品说成为旧物，以避其检查。自制铜镜花纹多为人物故事、双鱼等，在铜镜的边沿多刻有官府检验时的款识，同时有纪年镜，如：辽代的“天庆十年”镜，“天庆”是辽代天祚帝耶律延禧的年号，“天庆十年”为公元 1120 年；金代有“承安三年”镜，“承安”为金章宗完颜景的年号，“三年”为公元 1198 年；此外还有“大定通宝”和“泰和重宝”钱文镜。金镜花纹多为寓意吉祥的内容，如童子戏花象征子孙富贵、鱼纹象征宝贵有余等等。

元代时期的铜镜多圆体和带把镜，并在铜镜的边沿刻有铭文，其内容有人名、吉语和某地某官造等，如平安宝贵、侍家清白、吕家包造、子良、仲圭、山东东路转运司、南巡院、镜子局等。花纹以人物故事及花卉兽为主，如四凤五兽纹、牡丹凤凰纹、双鱼纹、孔雀纹、蕉石人物纹、仙女祝寿、游月宫等。

八、明清铜镜

在明代时期的铜镜传世品中，有仿制与自制两种形式。仿制品多仿汉、唐时期铜镜，与其不同处在于：铜质为黄铜，在纹饰上仿品比较粗糙，缺乏汉、唐时期的神韵。明代自制铜镜的特点是：镜体大而厚重。在纹饰上主要有：鸟兽纹、牡丹纹、龙纹、观音大士纹、双凤纹等等。铜镜的铭文，一般多为年款、吉语以及姓名或字号。年款有洪武、隆庆、万历等；吉语有长命百岁、金玉满堂等；店铺有冯泰华造镜、张小山镜、近河自造镜、任小轩镜、湖州孙家仁甫镜、陈明善造镜等。

清代铜镜数量较少。现在北京故宫博物院收藏有清康熙、乾隆时期清宫造办处铸造的铜镜，其造型与纹饰多系仿古，并带有康熙及乾隆的年款，如：康熙时期的五岳八封镜，乾隆时期的五岳真形镜、状元及第镜、舞凤狻猊镜、长宜子孙镜、万年祥瑞镜、仁寿五福镜、鸾凤和鸣镜、元华水浮镜、连中三元镜。不带年款的有：五子登科镜、福寿康宁镜、喜报三元镜、折枝花卉镜等。

第八章

佛像

第一节　金铜佛像的分类与造型

一、金铜佛像的分类

中国佛教的金铜佛造像依照语言和流行地区划分为汉传、藏传和南传三大系统，其中流传地域广泛，影响最大的是汉、藏两系佛教造像。

汉传佛教造像与藏传佛教造像在题材、风格上有着明显的区别，我们习惯上称之为“汉佛”和“藏佛”。汉佛像主要接受的是印度显教流行期（公元1—7世纪）的犍陀罗、马土腊等几种造像风格和手法；而藏佛像则主要受印度密教期（公元7—12世纪）的东印度、尼泊尔、斯瓦特、克什米尔等几个艺术流派的影响。接受不同外来艺术风格的影响，是造成二者之间具有显著区别的主要原因。一般来说，汉佛像造型相对简单，形象敦厚温和，大多是一头二臂，以寂静像居多，在总体上体现为一种汉族人的形体特征和艺术表现形

清代时期・镏金度母佛像

式，外来艺术因素保留不多；而藏佛像以愤怒形象居多，特别是本尊、空行护法等造像，大多是多面多臂或异类身，有坐、立、飞、舞等各种姿态，形象怪异奇特，在整体上较多地沿袭了印度、尼泊尔艺术成分，并融合了本民族的审美情趣和艺术表现形式，由此形成迥乎于汉佛像的形象特征。

二、金铜佛像的造型

佛像一般形象为顶有肉髻，眉间有白毫，朴素简单，但超然、庄重。在藏传佛教中，佛的形象除了庄严妙好的比丘相外，还有菩萨装束的装饰佛，和形如明王的愤怒佛。

1. 释迦佛像

释迦牟尼像是佛教中供奉最多的佛像。我们常见的金铜像中一般可见："诞生像"，为一童子像，一手指天，一手指地；"成道像"，结跏趺坐，左手横置左膝上为禅定印，右手触地印，表示降魔成道；"说法像"，结跏趺坐，左手定印，右手向上屈指作环形，名为说法印；"涅槃像"，侧身卧，双脚伸直并拢，左手置身体上，右手支颐，双目微闭，自在安详。另外，按佛像的身姿又可分为：立像、坐像和卧像，其中全跏趺坐最为普遍。

2. 汉地佛像

在汉地佛像中，阿弥陀佛的造型为手作定印或转法轮印的结跏趺坐像，或作接迎印的立像。在藏传佛教中又称长寿佛，形象多为结跏趺坐，双手禅定印，体态似一位端庄的女性。其中，手中捧着吉祥花宝瓶的是无量寿佛，手中捧金刚杵的是无量光佛。

3. 药师佛像

关于药师佛的形象，无论坐佛、立佛，必左手托药钵，右手捻一颗两头尖似枣形的药丸，以示他为甘露医王，治病救人。在藏传佛教中略有不同的是，药钵中有时长有几片吉祥花叶，右手捻一枝吉祥药草。

4. 弥勒佛像

弥勒佛像多结跏倚坐。造像或双手作说法印；或左手置于膝上，右手作无畏印；还有作双脚交叉的，称交脚弥勒。唐末后出现了大腹便便、笑口常开的弥勒佛化身。元、明、清时藏传佛教也偏爱供奉弥勒，小型藏密的金铜佛像中，也可见许多弥勒造像，佛装或菩萨装。最明显的标识是头冠上有宝塔，左手或左肩有军持（净瓶）。

5. 燃灯佛像

燃灯佛一般多与释迦佛和弥勒佛组成过去、现在、未来“竖三世佛”，在释迦佛的左边。形象是跏趺端坐，神态庄严，作说法印，即两手皆以拇指与食指相触。

6. 大日如来佛像

大日如来佛有两种形象：大日智法身，手印是右手握左手大拇指，置于胸前为智拳印；大日理法身，手印是仰手掌，右手上，左手下，两拇指相触，置于膝上。而且这二佛之一必为多宝佛。

三、金菩萨像造型

菩萨在佛教中地位仅次于佛，一般头戴花冠，身披天庇，全身璎珞珠宝严饰，手贯环钏，衣曳飘带，为在家居士形象。佛认为菩萨毫无性别，并且可在世人面前根据需要作不同的化身。在我国南北朝时期，菩萨像有男的，也有女的；唐代之后趋于女性化；宋代以后完全变成仕女形象。

1. 文殊菩萨像

常见的文殊菩萨形象是：顶结五髻，手持宝剑，骑一头青狮子。另有一种千臂千钵文殊，颇似千手千眼观音，不同的是各手都拿着一只钵。晚期的文殊菩萨也有不骑狮的，体态婀娜如女性形象，左肩莲花上放置经箧，右肩莲花上放宝剑，俗称“左经右剑”。在藏传佛教中文殊形象有多种，有寂静相也有愤怒相，寂静相与汉式造像相似，但总有一只右手是高举智慧宝剑的。

2. 汉传佛教观音像

早期多为长有胡须的善男子，唐代晚期开始完全女性化，一直到明清时期，显教中的观音一直如一位善良的女性形象。藏传佛教的观音也分慈悲相和愤怒相。慈悲相中的藏式千手千眼观音是与十一面观音组合成的，有十种面相。骑吼观音，分二臂和六臂二种，他的典型标志是右手边总有一支三叉戟，戟柄上缠着一条蛇索。愤怒相的观音也有四面观音。另外，有双身观音将明妃搂在怀中的，这是藏密特有的造型，汉地很罕见。

3. 普贤菩萨像

一般是菩萨装，骑白象。而在藏传佛教中有法身普贤，往往是双身形。

4. 地藏菩萨像

地藏菩萨早期形象为菩萨装，手持锡杖，而唐代以后则是比丘形象，双手各持宝珠和锡杖，有时头戴风帽，旁边还有一条叫“地听”的狗为其坐骑。

第二节　汉传佛教造像简史

金铜佛造像相对独立、自成体系。原始佛教不主张造像：一是因为释迦牟尼不主张造像；二是佛教徒认为释迦是超乎凡人的至圣，是不能以普通人形象来描述的，所以用佛足、菩提树来象征佛陀的存在。直到公元前1世纪左右，才出现了真正的佛的形象。一般认为，佛教从东汉明帝时期传入我国，而佛教造型也是从东汉开始的。

一、魏晋南北朝时期

金铜佛在中国佛教初传期被称作金人或金泥铜像。到了东汉末年，下邳相笮融施造可容纳3000人的佛寺，于中“以铜为人，黄金涂身，衣以锦采”，一般认为即是金铜佛像，这是中国立寺造像首次见于史载。随着古代中国与南亚次大陆的佛教文化交流，在印度显教期出现的犍陀罗、马土腊和笈多艺术，以及密教期形成的东印度帕拉、尼泊尔、斯瓦特和克什米尔等造像模式先后传入中国。北魏初期佛像就有较多的犍陀罗佛像痕迹，同时又受到马土腊造像的影响。佛的造型多为坐姿施禅定印，发髻呈水波纹状，通肩大衣薄柔贴体，衣纹走向呈“U”形或变形“S”状，与中国人物画“曹衣出水”的技法有异曲同工之妙。随着云冈石窟的开凿，金铜佛也呈现出新的风格，其中以释迦牟尼佛坐像最具特色，其额宽颊丰、鼻挺嘴小、大耳垂肩。身穿袒右肩式大衣，内着纹线细密的僧祇支，结跏端坐于四方台座上。光背为大舟形，由光头背和身光背两层纹饰组成，内饰化佛。这类造像流行于黄河流域的广大地区，成为北魏迁都洛阳

前的主导样式。北魏晚期佛像以龙门风格为主导，出现了形象上的“秀骨清像”和服饰上的“褒衣博带”，可谓是清谈玄学的南朝士大夫的写照。西魏造像面庞丰圆，体躯壮实，褶襞稠密。东魏和北齐的金铜佛，继承了北魏造像的某些样式。东魏承北魏清瘦的遗风，像身衲衣贴体，褶襞较为简洁。北齐造像身体修长，衣着轻柔而线条简洁，显示了向隋唐造像过渡的新作风。

二、隋至宋辽时期

到了隋代，佛的造像保留了北齐、北周的遗韵。佛造像广额丰颐，躯体敦实、姿势显得凝重呆板。菩萨像多是头戴花冠和发髻冠，前腹挺起，站立的重心向前倾，身体比例略显失调。璎珞颗粒粗硕，深垂过膝。缯带和帔帛在体侧低垂，缺乏动感。流行的铜鎏金菩萨像，身材修长，莲瓣状背光呈前拱状，上端尖锐，火焰纹浅而细腻，佛床为双重式四足方型，有的錾刻铭文。

唐代金铜佛在形体上以丰腴为美，佛头饰螺发，面庞及像身圆润浑厚，胸部可见肌肉凸起，天王力士像的肌肉感尤为突出。菩萨像以女性成熟丰盈的体态作为表现形式，多束高髻，上躯袒露，或斜披络腋，下着羊肠大裙。从胸部至腰际形成突出的弧线，并配以像身的外轮廓和帔帛的曲线，构成造型上的三折枝式，这是唐代菩萨像最流行的样式。唐代佛造像的衣纹起伏流走自然，特别是一些坐姿佛像，垂落于座前的衣绉布排有序、繁而不乱，富于时代感。

宋代造像以写实著称，基本是依据世俗的审美情趣和要求来塑造佛像，当时最流行的题材是观音及罗汉。此时的菩萨像如同现实中的贵妇，头戴花冠或发髻冠，中嵌宝珠，饰有繁复的蔓草纹，身披网状璎珞珠饰，衣褶宽大流畅，呈现出一派富贵气象。佛像的衣着也在继承前代的基础上出现了一种内着“V”领僧衣、外斜披袈裟的新样式，这实际是将宋代僧人的衣着借鉴到佛像上。

辽代佛像在沿袭中原文化艺术传统的前提下，又融合本民族的特色而进行创造性的发挥。佛像面庞丰圆，肉髻呈缓丘状，身着袒胸衲衣，下着衣裙；菩萨像多头戴花蔓冠，冠箍的形制较特别，束发披肩，装饰较宋简洁。坐像上身挺拔，双膝紧收，而立像则两腿显得板直。台座均为束腰式，多见上部仰莲宽肥舒展，下承圆形或六角、八角形的底座，表现出一种权衡之美，有别于宋像。

三、元明清时期

元、明、清三代随着藏传佛教在内地的传播，汉式传统造像虽然在承袭前代风格的基础上继续发展，但已呈衰落趋势。明代嘉靖以后，特别是万历年间，汉地造像又独盛一时，传世品较多。这时的汉传佛教造像，比例比较适中，身躯饱满结实，线条简洁流畅，丰腴而不虚，近人而不俗；像身胸、腹的起伏和平简的外衣形成对照，富有整体感。清代的汉传佛教造像的主要特征是颊丰颐满、弯眉细长、鼻高且直、宽肩细腰。佛像大都是着袒右式衲衣，质地显得比较厚实。菩萨像多为汉式装束，服饰贴体而轻柔，衣纹和衣饰的刻画运用写实手法，真实感较强，只是在表现手法上显得纤巧无力，缺乏艺术感染力。

第九章

古钱币

第一节　古钱币概述

古钱币是中国几千年来经济活动的实物见证，它在人们的使用、流通下，折射出中国古代社会政治、经济、军事、文化和艺术等各个方面。

虽然我国研究、收藏钱币的历史非常悠久，但在不同的历史发展时期，钱币收藏、研究的对象和内容却各不相同。在清代的钱币学家心目中，钱币主要指的是历代铸行过的铜质货币，而且大多数是方孔圆钱，人们称之为“泉币”、“古泉”等。古时，古钱学的研究偏重研究钱币的形制、文字、书体、重量等。因此，相对于其他学科领域的研究而言，钱币学作为一门独立的学科，发展得十分缓慢，始终停留在对钱币本身的考证上。事实上，钱币的币材、形制、重量、成色等等，深受当时社会经济发展水平和状况的影响，因此钱币成为研究古代社会经济发展的重要资料之一。

我们所指的狭义上的“钱币”，质地包括铜、铁、铅、锡等，但以铜居多（含明清时期的雕母、母钱和样钱），一般指官铸钱币，这是当今钱币学研究、收藏与鉴赏的主体。早在商代中晚期，随着金属冶炼技术的提高，我国出现了铜贝，这也是世界上最早使用的金属铸币之一。春秋战国时期出现了由农具、工具、海贝等演变而来的布币、刀币、圜钱、蚁鼻钱等，直到秦统一中国才将战国时期秦的方孔圆钱——半两钱推广到全国，统一了货币。方孔圆钱这一货币形式一直沿用到民国初年，前后使用了2200多年之久。汉武帝元狩五年（公元前118年）铸造的五铢钱，一直使用到隋朝末年，一共739年，也是历史上推行时间最长的一种货币。唐高祖武德四年（公元621年）七月行开元通宝钱，从此中国钱币不再以“铢”、“两”命名，开创了以“通宝”、“元宝”名钱之新制，是货币品类新旧更替过程中的一次飞越和突破。通宝币制创立于唐代，鼎盛于两宋，复兴于明清，运行长达千余年，是中国历史上最重要的货币制度。政府规定，一枚开元通宝为一文，十文为一两，这成为以后历代铸行货币之制，也深深影响了周边一些亚洲国家。

第二节　先秦铜币

秦以前，我国金属铸币业处于发生和初期发展阶段。自商代时期开始出现铜贝币后，随着交换的日益发展，一直持续到西周春秋之际，出现了仿农具铲的原始布币和仿贝的铜贝币等。春秋战国时期（公元前770—前221年），各种铜币得到很大的发展，数量很多。各种货币的分布大概是：西周三晋（韩、赵、魏）主要流通各种形制的布币；燕齐主要流通刀形币；江南的楚主要使用铜贝币；西边的秦较早地铸行圆形铜钱。

战国中期以后，各国相邻的地区，往往铸造与邻国相同形式的货币，以便于交易。譬如燕铸造与魏韩方足布相仿的布币，楚在此境铸造长形布币等。

至战国晚期，随着商品交换更加频繁，各国逐渐铸行使用、携带方便的圆形货币。由此，中国铜铸币开始逐步走向成熟。

一、布币

布币是从农具铲演化而来的铜铸币。中原地区土地肥沃，水利条件优越，是农业生产的主要地方。在还没有货币的阶段，作为生产必需品的农业工具是人们最乐于交换的等价物。铲形铜币是我国早期的货币形式之一。最早的铲形币是大形的原始布币，它保留着较多铜铲的特点：体形大，币身较厚，銎部中空，并向下延伸到币身中部以下。

到了春秋时期（公元前770—前476年），铲形币缩小为空首布币，銎仍然中空，甚至还有原来固定铲柄的孔，但没有伸到布身；布身较平薄，已经不能真正用来铲土了。

空首布主要有三种形式：平肩、斜肩和耸肩。币身铸三条竖线。一般都铸有文字，主要是数字、干支、天象、物、地名和符号等，主要是周、郑、卫、晋等国的货币。

平肩和斜肩空首布，在今河南洛阳一带多有出土。大型平肩空首布，一般通长 9.3—10.1 厘米，重 22.5—35.5 克。币面文字种类近百，多是向上一字，如一、十、甲、雨、黍、贝、鬲、益、周、宋等。多字的个体较小，如安臧、安周、市东小化、市南小化等。

斜肩空首布的文字，多是地名，有的纪釿，如“三川釿”。三川是地名（今河南洛阳东北），釿是重量单位。

耸肩尖足空首布，是晋的铸币，有的没有文字；有的有纪地，如甘丹（即邯郸）。

空首布铸造量并不少，晋都新田遗址（今山西侯马）一处铸钱遗址出土空首布首的芯成万数。但是因年代太久了，每一枚都是很宝贵的。尤其是大型空首布，有黍、臣、喜、祝、利、巨、史、穆、阜、封、盱、宁、壬午、市东小化、市南小化、臧、甲等方肩空首布，都是难见的珍品。形制较小的，以铸有东周、安周、贸丘等字的为稀罕。斜肩空首布里，“武”字的较多，“琥采”极少。耸肩空首布中无文的不少，有“甘丹”等文字的少见，前面所说的五字布，更是绝无仅有的一枚。

战国时期的平首布，主要有尖足、方足、圆足和桥足布，还有一些形制特殊的，叫作异形布。

赵国主要铸行尖足布、圆足布和方足平首布。尖足一般在首部有两条竖线、身部中间一条竖线。在正面铸地名，有的在背面还有纪数文字。

早期的尖足布，有大小两等，小的是大的一半，如晋阳和晋阳半、蔺和蔺半、邪和邪半、榆即和榆即半等。

后期的尖足布都是小型的，和原来的半布差不多。数量很多，正面纪地名，背面纪数。

赵国铸造的圆足布，也分有大小两等，主要有蔺、离石等。大的一般高约 7.4 厘米，宽约 3.8 厘米，重约 9.6—10.2 克。小的一般高约 5.1 厘米，宽约 2.6 厘米，重约 6.4—7 克。背文多为纪数。

赵国还铸造了一种三孔布，形如圆足布，在首和两足部各铸一圆孔。

面文是地名，背文纪重量和纪数，单位为两和朱（铢）。有大小两等：大的通长约 7.2 厘米，宽约 3.8 厘米，重约 15.8 克，纪重一两；小的通长约 5.2 厘米，宽约 2.7 厘米，重约 8.2 克，纪重十二朱。三孔布传世的数量极少，共计才 30 种，每一枚都是极其宝贵的。

魏国铸行桥足布和方足布。

桥足布比较厚重，有平肩和圆肩两种。钱文纪地纪重，以钎为单位。分大、中、小三表：大的二釿，中的一釿，小的半釿。如安邑二釿、安邑一釿和安邑半釿。

公元前 362 年，魏国迁都大梁（今河南开封）。后来铸造了四种当布，形制仍然是桥足，四种分作二组。一组是正币和半币，一组重宅斤币。钱文分别是：

梁重币五十当，重 17.4—29 克。

梁重币百当，重 7.21—15 克。

梁正币百当，重 10.8—16 克。

梁半币二百当，重 7.03 克左右。

魏和韩铸行了大量方足小布币，面文纪地，有的背有纪数的文字。数量非常多。重量不等，约在 4.8—7 克左右。

有的方足布，钱文为“东周”，显然是周的铸币，非常罕见。

燕的方足布数量不如魏韩多，特征是肩部较尖、腰部向内弧、足部向外略撇，有的背部有左、右等字。

韩国和楚国铸行过异形布。韩的异形布，布首上端向外伸出成锐角，故也称锐角布；有的两足相连处没有横裆，有大小二种，都比较厚，钱文纪地。

楚国北境铸行的布币，形制也很特殊。共有两种，其中一种长形大布，长 9.8 厘米，宽 3.5 厘米，重约 34.5—37 克。首部有大圆孔，面文“殊钱当忻”，背文“十货”。还有一种小布，形如两枚方足小布双足相连，也称连布。长 8 厘米，宽 2 厘米，重约 7.5 克。两端的布首各有一孔，面文“当忻”，背文“四钱”。4 枚小布相当于 1 枚大长布。

春秋战国时期的布币种类形制都很多，不能全部叙述，主要的品种大概如此。

二、刀币

刀币主要是燕国的刀币和齐国的大刀币。

关于燕国铸行的刀币，早期的有针首刀币和尖首刀币，简称针首刀和尖首刀。

针首刀，背成弧形，刃部内凹，长柄的正面有两道竖线，柄端有环。刀尖尖锐如针，故名。一般长14—16.5厘米，宽1.9—2.2厘米，重15.5—18克；有的较小，长13.8—15厘米，宽1.8—2厘米，重14.7—16.5克。有的没有文字，有的有一二个字。

尖首刀，形体比针首刀大，首部尖而不锐。其他形制与针首刀相似。有的铸有文字标记，如刀、化、上化等。

数量最多的燕刀币是币面有一字的刀币，原释作“明”、“易”，有的释作“匽”或“邑”。匽即燕，邑作燕都讲，称之为“燕”刀。燕刀的形制有弧背和磬折两种。刀背和刀柄连接处成弧形的叫弧背，一般长12.8—13.5厘米，宽1.6—1.9厘米，重14—19克。磬上的折线状称磬折，一般长12.4—13.3厘米，宽1.5—1.7厘米，重12—18克。燕刀币面匽字写法形状各不相同，柄上和前边廓线共计三条线，向上侵入刀身的程度也不相同。背部文字种类极多，有纪数、纪铲号、纪名物等。

燕国还铸造了一种面文匽、背文纪地的刀币，所纪地名并不是燕国的本土，如背文“成白”。有的更铸明是“齐化”，如“齐化”、“莒冶齐化”、“莒冶法化”等。齐化是齐国货币的意思，莒也是齐地。有人考证，公元前284年，燕将乐毅帅燕、秦、魏、赵、韩五国之师攻齐，连下包括齐都临淄（今山东临淄）在内的七十余城。上述燕刀，即占据齐地时铸行的燕国形制的货币。这些燕刀，极为稀少。

齐国铸的刀币，体形较大，俗称大刀。早期的背部外廓线中断，晚期的不中断。币面文字多为地名加法化，背面有三道横纹，突起钉纹和文字、标记。

因币面文字数而有六字刀、五字刀、四字刀和三字刀之分。最多的有六个字：“齐建邦跞法化”，长18.2—18.8厘米，宽2.8—2,9厘米，重42.3—47克，铸造得很规矩整齐，数量不多。

五字刀有即墨、安阳两种，如：“即墨之法化”，大的长18.5—18.8厘米，宽2.8—3厘米，重59—61克；小型的长14—16厘米，宽2—2.2

厘米，重 33—33.5 克。背字有“辟封”、“大行”、“日”、“卜”等多种。

安阳之法化，背文有“上”、“日”等字，一般长 18—18.6 厘米，宽 2.8—2.9 厘米，重 46—48.5 克。

四字刀，除小型即墨刀外，多数是“齐之法化”，背文有“法甘”、“化”、“上”等多种。一般长 18—18.9 厘米，宽 2.7—3 厘米，重 44.5—50.5 克。

五字刀和四字刀的数量都不多，小型的即墨刀更是整齐规矩，惹人喜爱。

三字刀“齐法化”数量较多，铸造技术差异很大，有的规矩、有的潦草。重量的差别也不小，前部除三线、钉纹外，多有一字，如“吉”、“土”、“日”、“上”等。

齐国刀币中，有一枚残刀，是孤品，币面留有“莒邦”二字，且只剩有三条纹线。宽 2.3 厘米，残留长度为 4.6 厘米。

战国刀币中还有一种，形制平直、体形较小，俗称小直刀。是赵国和地处赵国包围中的中山国所铸。刀形平直、薄小。主要有：

(1) 甘丹（邯郸）、甘丹化，一般长 12.3—14.9 厘米，宽 1.1—1.6 厘米，重 10.2—13.2 克。

(2) 成、成白、白化、白人化等，白即柏。尺寸和重量与甘丹直刀差不多。

(3) 蔺直刀，长约 11 厘米，宽 1.1 厘米，重 8.2 克。

(4) 晋阳直刀，长 9.2—10.3 厘米，宽 0.92—1.2 厘米。有的称晋阳化、晋化、晋阳新化等，还有更小的称晋半。

直刀的数量都不多，“蔺”和“晋阳”各种称呼的小刀尤其珍贵。

三、圜钱

自战国中期以后，各国开始铸造圆形圆孔的圜钱。

魏国圜钱：

(1)“共”字圜钱，共（今河南辉县）地所铸，圆形圆孔无廓。一般钱径 4.4—4.65 厘米，重 14.8—18.5 克。有大字和小字之分，小字在穿左的品种较小。

(2)“垣”字圜钱，垣（今山西垣曲）地所铸，无廓。钱径 4—4.2 厘米，重 9.2—10.6 克。字在穿左的较小。

(3)“共屯赤金”圜钱，共地所铸。钱径4厘米左右，重10克以上，极少见。

(4)“济阴”，直径3.35厘米，小的直径2.6厘米左右，重7—9.5克。

赵铸的圜钱，面有外廊，主要有：

(1)“蔺”（今山西离石镇）圜钱，钱径3.5厘米，重约11.2克。

(2)“离石”（今山西离石）圜钱，钱径3.5厘米，重约10.6克。

这两种圜钱都很少见。武安（今河北武安西南）圜钱径4.25厘米，重11.6克。

周铸造的圜钱较小，有内外廊。一种是东周（今河南巩县）所铸的“东周”，径2.5厘米，重4—4.5克。一种是西周（今河南洛阳）铸的“西周”。它们的数量甚少，极罕见。

燕国铸圜钱的时代较晚，圆形方孔，应该叫“圆钱”较为合适。主要有：

(1)“一化”圆钱，有内外廊。钱径1.8—1.95厘米，重1.1—2.65克。

(2)“匽化”圆钱，无廊。钱径2.8厘米，重4.2—4.6克。

(3)“匽四”圆钱，无廊。很少见。

齐国铸造“賹化”圆钱，有外廊，圆形方孔。

(1)“賹化”圆钱，钱径2.2厘米，重1.1—2.3克。

(2)“賹四化”圆钱，钱径2.9厘米，重4.7—6.7克。

(3)“賹六化”圆钱，钱径3.5厘米，重7.4—10.8克。

秦国在战国时期铸造的圆形钱币，是圆孔的圜钱，面文“珠重一两”，还有顺序号，有的说是纪年，目前已见的有十二、十三和十四。钱币直径3.8—3.9厘米，一般重11.5—14.7克。个别轻的8克多，重的达15.6克。这种币无廓，周边薄中间突起，钱文较高，但数量极少。

(1)两锱，写作“两甾”，一锱是六铢，二锱则是半两。圆形方孔，有外廓，两字上横很短。直径2.9—3.2厘米，重8克左右。

(2)半两钱。半两钱从战国中后期，一直使用到西汉武帝元狩五年（公元前118年）以前。旧说半两钱，是秦始皇公元前221年统一全国，实行货币统一时铸行的。解放后考古发掘的成果，陆续对这一过去的论断提出了相反的证据。特别是近年来的一些出土物，更直接证明在战国时期秦国已经铸行了半两钱。

在四川青川郝家坪战国墓中，半两钱和秦昭王元年（公元前306年）的木牍同出，说明半两钱不会晚于昭王元年。再参照其他战国墓出土的半两钱，大概可以给战国时期秦国铸行的半两钱做一概括的描述，借以从众多的半两钱中分辨出来。

秦国战国时铸行的半两钱，在钱文的书写上带有战国时期的特点，如㒳字的上横比较短，和两甾的两字相似；半字的下横也比较短。文字的篆法古拙，文字突起。铸造的钱面和背不太平滑，有的钱还沾有铜渍。铸造时进铜汁的流道比较宽，达1厘米多。一般战国秦半两钱直径2.7—3.21厘米，重3.9—6.7克，还有过轻或过重者。秦相吕不韦，封文信侯，铸“文信”钱，面有四矩纹。直径2.4—2.5厘米，重2.9—3.4克。秦始皇弟长安君，铸行“长安”钱，直径2.1—2.3厘米，重1.8—2.1克。这两种钱数量都不多。

第三节 秦汉铜币

前221年，秦国统一中国，建立封建主义中央集权的专制政权，实行了一系列统一措施，也统一了全国的货币，把战国时期秦国已在行用的半两钱，推广至全国。

汉灭秦后，曾对秦的半两钱进行过几次改革，有吕后时铸的八铢半两和五分钱、文帝时铸四铢半两、武帝的三分钱等。直到武帝元狩五年（公元前118年），罢半两钱，铸行五铢钱，从此开创了行用500余年的五铢钱制。

西汉末期王莽篡权以后，实行过四次货币改制，铸行了式样繁多的货币。东汉建立以后，光武帝复行五铢钱，直到汉朝灭亡，五铢钱一直是行用的唯一货币形式。

一、秦汉半两

秦完成统一大业后，接着实行车同轨、书同文等统一措施。据《史记·平准书》记载：秦以黄金为上币，以重半两（十二铢）钱文“半两”的铜钱为下币，统一全国的货币。秦始皇废除东方六国原来行用的刀、布、贝等各种形式的货币，统一铸行圆形方孔的半两钱，结束了重量不同、计量单位不同、钱币形制不同的紊乱情况，对商品交换的发展、各地的物质交流，无疑是有利的。

秦始皇统一货币，颁行的半两钱，奠定了我国铜钱币形制的基础。在此后一千多年里，无论是统一形势下通行全国的货币，还是分裂的历史阶段，割据政权铸造的区域性货币，都是圆形方孔钱，直到清末才被机制无孔圆钱所取代。

秦从完成统一至二世而亡，前后才 16 年。但所行半两钱，从湖北云梦睡虎地秦墓到始皇陵附葬坑中都有出土的。秦半两的铸造不是很规范，有的比较规整，如：睡虎地 23 号墓出土有两枚。一枚面有内外廓，径 3.11 厘米，重 6.5 克。一枚有外廓，径 3.21 厘米，重 6.8 克。钱文篆法清瘦俊美，半字下横较短，两字上横很短。有的轻小粗漫，如：秦始皇陵附葬坑出土的几百枚半两钱，最大的直径达 3.4 厘米，最小的只有 2.23 厘米。有的钱形不整，肉少穿广，重量只有 1.35 克。

出土的传世的秦半两钱数量不少，和汉代半两钱区分起来不容易。原来多以文字高突、粗放的作秦钱，以文字规整、较平的作汉钱。若以近年出土的实物证之，则不尽然。秦代半两钱也有文字较平、笔划清秀的。若以笔划特征分辨，则两字上横短的属秦，上横和下边的三框等长或更长的属汉，但也有个别的例外。这就需从文字意味、铸口大小、肉穿比例等多方面综合比较才好区分。

秦末陈胜、吴广农民起义，项羽、刘邦相机起兵。前 206 年，刘邦建立汉，史称西汉。刘邦因“秦钱重难用，更令民铸钱”。允许民间私自铸钱，致使秦末以来的榆荚半两钱泛滥。因钱既小且轻，如榆树之荚，故称榆荚，也称荚钱。钱轻小贬值，物价腾贵。《史记·平准书》记载：当时一石米要一万钱。至高后吕雉时，开始整顿币制，高后二年（公元前 186 年）秋七月“行八铢钱”。钱重八侏，文曰“半两”，并禁止私铸。

高后八铢半两，应该是比后来的四铢半两、三分钱稍大。吕后六年（公元前 182 年）又铸五分钱（其重为半两的 1/5），钱轻小规整，和私铸钱有明显区别。

汉文帝时又一次放开铸币权，废除了盗铸令，颁行四铢钱。规定钱文仍是“半两”，重量是四铢。比高后八铢轻，又比五分钱重，轻重、大小适中，时称其便。

文帝四铢半两钱上文字清秀，铸造规整，“半”字下横和“两”字上横较长，多数有外廓，有的内外廓齐备，钱径 2.3—2.5 厘米，重 2.6—3.2 克。大小相差不远。

汉文帝实行四铢半两，放民铸钱，并不是放任不管，而是有检查监督措施。1975 年湖北江陵凤凰山 168 号墓出土了一件称钱衡，上面定明必须用标准砝码，如用轻衡或重衡，都要受罚。有了相应的措施，使四铢半两钱的铸行有了基本的质量保证。

西汉武帝时期（公元前 140—前 87 年），对货币进行过多次整顿和改革。鉴于文帝时颁布的四铢半两造成的铸造混乱，武帝即位后，即着手整顿货币。《汉书·武帝纪》记载：建元元年（公元前 140 年）“春二月，行三铢钱”。币面文字为“三铢”，法定重量如钱文所标，使货币文字和重量相一致，规定与四铢半两价值相等。因民间私铸严重，至建元五年（公元前 136 年）春，“罢三铢钱，行半两钱”，这次铸造的半两钱，为防止人们磨边取铜，特铸有外廓。但是，因为铸币权还没有集中起来，故私铸钱的轻薄质劣仍未能解决。

三铢钱从建元元年（公元前 140 年）至五年（公元前 136 年），铸造、行用了 4 年，数量甚少。三铢钱继四铢半两钱之后铸行，在形制上和半两钱有不少相似之处，如穿较广，面穿大于背穿，文字纤细清秀。所见三铢钱的重量多在 2 克左右，径 2.1—2.3 厘米，穿广 0.7—0.9 厘米，面有外廓。

建元五年至元狩五年（公元前 118 年），18 年间所行用的半两钱，和文帝四铢半两、武帝三铢相近，重量是半两钱的 1/3，也称三分钱。其币面文字方正清晰，重量在 2 克左右，径 2.1—2.3 厘米，穿广 0.7—0.9 厘米，有面廓，背平夷。

二、两汉五铢

武帝元狩五年（公元前 118 年），罢半两钱，行五铢钱，创建五铢钱制。法定每枚重五铢，钱文为“五铢”二字。五铢钱经两汉、魏晋南北朝、隋，至唐高祖武德四年（公元 621 年），历时 700 多年，是中国古代行用时间最长的货币。

五铢钱，钱面文字只“五铢”两个篆字，钱币形制都是圆形方孔，但因跨越朝代太多，铸造和流通时间太久，故而存在着明显的时代前后的差

别。同一时代的五铢钱，又有版别、记号、字体等方面的不同，是收藏或喜爱古钱币者非常注意的问题。下面，只介绍西汉和东汉五铢。

汉代五铢数量很多，史志记载自武帝元狩五年初铸五铢钱，至平帝元始年间（公元 1—5 年），成钱数量巨大，其中还不包括无法统计的私铸钱。其铸行时间的先后，有的有历史记载，再结合出土文物，可以比较准确地指明；有的则缺乏有力的佐证，还只能采取分类的办法做大概的区分。

如武帝铸行五铢钱，前后有几次变动。首次即《汉书·武帝纪》所载："罢半两钱，行五铢钱。"《史记·平准书》载：令诸郡国铸五铢钱，在钱币背布也铸周廓，使民不能磨背取铜。这时期的五铢也称为郡国五铢。

元鼎二年（公元前 115 年），武帝令京师钟官铸赤仄五铢，一枚赤仄钱当五枚郡国五铢。

元鼎四年（公元前 113 年），武帝废赤仄五铢，并禁郡国铸钱。专令上林三官（均输、钟官、辩铜令）铸造，称三官钱，令天下非三官钱不得行用，实行货币专铸。

第一，对于郡国五铢的确认，有赖于近年安徽、山东、河南、湖北等地出土的郡国五铢钱范所显示的特点。从中得知：各郡国所铸五铢，只在钱币形制、钱文等大的方面遵照武帝指令行事；至于文字书写特点，钱的钱币所用记号，钱的大小、轻重及铸造技术等方面，都存在着千差万别。总的说来，郡国五铢的文字欠工整，书写得比较随意。"五"字的写法：有的细长，有短粗；有的直笔如二个相对的三角形，有的缓曲，有的甚至曲如二个相对的馒头；有的端庄秀美，有的歪斜。"铢"字的写法：金字头有的成三角形，有的如带双翼的箭镞。

有的钱上除文字外，还有标记花样翻新，是郡国五铢的又一特点。

穿上：横廓、细三角、粗三角、竖划、方星、小星等。

穿下：横廓、半圆、三角、月形等。

还有穿四角作决文，以及用二种标记同时施用的情况。凡是有标记的郡国五铢，都是比较少见的，故而收集不易。

总的说来，虽然郡国五铢在制作上有的工整、有的草率，钱币颜色不同，但其字体仍是汉初的篆书，笔划利落，钱币大小相差不远，穿孔的大小也基本差不多。据选取标本测量，钱径多 2.5—2.6 厘米，穿广 0.9—1

厘米，个别的过大或过小，重量多在 4 克左右，比规定还超出 0.7 克多。所以说，郡国五铢除个别的以外，大多数不是轻薄的私铸钱可以比拟的。

第二，三官五铢是汉武帝实行货币专铸，由上林三官统一铸造的货币。1979 年，在原汉武帝京师上林三官铸钱遗址附近，今陕西澄城坡头村出土了 41 件五铢铜钱范，有的范柄上刻有“辰刊”二字。钱范刻工精细，钱形整齐划一，文字秀美，每枚钱穿上都有一横。汉开帝铸三官五铢的元鼎四年，正是戊辰年，因此这批钱范可作为识别三官五铢的标识。一般说来，三官五铢的大小一致，径 2.55 厘米，穿广 1 厘米左右，重 4 克以上。铸造得钱形规整，外廓比郡国五铢宽且高，背有内外廓也是又高又挺又规矩整齐。钱文既修长秀美又规矩严谨，最突出之处，在于钱面穿上有一条深且直的横廓，或穿下有浑厚丰满的半圆形记号。武帝三官五铢制造精美，加工细致，尺寸、重量适中，是五铢钱中的精品。

西汉五铢比较精且美的还有宣帝五铢。铸造得整齐，不逊于武帝三官钱，文字更加秀美。

第三，东汉五铢始于光武帝建武十六年（公元 40 年），其后又有灵帝中平三年（公元 186 年）铸四出五铢，献帝初平元年（公元 190 年）董卓铸小钱等。

东汉五铢钱的一个共同特点是铢字的朱字头是圆笔，称圆折。前期钱形较大，字体端庄，后来的较轻薄，也有多种符号标记，如穿下星、穿上星、穿上横道、穿下横道、穿上多条竖纹等。还有的铸造较粗劣，面或背多一块突起，然后在上面刻划阴文符号，很特别。

民间为谋利，有的把一枚五铢钱中间部分凿去，外圈成环五铢，中间部分成剪轮五铢当两个钱使用。

灵帝中平三年（公元 186 年）开始铸行的五铢钱，背穿廓四角各伸出一道斜线，称上出文。四出五铢比较容易辨认，只看背文四出就行了。

献帝初平元年（公元 190 年），董卓用五铢钱和洛阳、长安的铜人、铜台等铸成小铸，制作不但薄小，而且粗劣不堪，没文字、轮廓可言。当时买一石谷，需数万枚小钱，有的地方干脆不用钱，实行以物易物。东汉光武帝恢复的汉代五铢钱制，至此遭到彻底破坏。

三、新莽钱币

西汉末年，王莽篡夺汉帝的权力，立国号为新，采取了一系列复古改制的措施，妄图挽救社会危机，对货币先后共进行过四次改制，使用的币材包括金、银、铜、龟壳、贝等，钱币形制也很多。这里只介绍其中的铜铸币。

第一，汉孺子婴居摄二年（公元 7 年），王莽进行第一次货币改制。发行了三种新币："一刀平五千"、"契刀五百"和"大泉五十"。

"一刀平五千"，长 7.5 厘米左右，一枚值 5000 枚五铢钱。形如环首刀，刀首如方孔圆钱。刀身平直，一面有坡形刃部。面、背有内外廓。首部作错金"一刀"二篆字，刀面铸"平五千"三个篆字。钱形规矩、铸造精好、轮廓整齐，错金字平坦光灿，是难得的珍品。

"契刀五百"，形状、大小如"一刀平五千"钱，一枚值 500 枚五铢钱。首部铸"契刀"、刀面铸"五百"篆字。铸造规整，也是比较难得的钱币。

"大泉五十"法定重 12 铢，值 50 枚五铢钱。方孔圆钱，面背均有内外廓，面书"大泉五十"四个篆字。大泉五十行用的时间比较长，直到王莽第四次改革货币时才停止铸行，所以版别很多。字体有丰满、瘦长之别。有的书法特殊，成为稀见品。还有合背、传形等铸造差错所造成的稀少品。形制上的四出文大泉五十和重轮大泉五十，也比较少见。

第二，王莽正式称帝后，于始建国元年（公元 9 年），进行第二次货币改制，废止"一刀平五千"、"契刀五百"和一直行用的五铢钱，发行"小泉直一"和原来的"大泉五十"，同时使用，以小泉代替五铢钱。

"小泉直一"，径六分（1.38 厘米），重一铢。方孔圆钱，面背均有内外廓，面有篆书"小泉直一"四字。

第三，始建国二年（公元 10 年），进行第三次货币改制，实行宝货制，用金、银、铜、龟壳、贝为币材，六种货共二十八品，统称"五物六货二十八品"。其中的泉货六品和布货十品，是铜铸币。泉货六品："小泉直一"、"么泉一十"、"幼泉二十"、"中泉三十"、"壮泉四十"、"大泉五十"。布货十品："小布一百"、"么布二百"、"幼布三百"、"序布四百"、"差布五百"、"中布六百"、"壮布七百"、"第布八百"、"次布九百"、"大布黄千"。

其中的一十、二十和几百，是以"小泉直一"为基数的，如："壮泉四十"，即一枚壮泉，当四十枚"小泉直一"；"大布黄千"当一千枚"小泉直一"；其他各泉、布均是如此。

泉货六品的“小泉直一”和“大泉五十”是原来铸行的，其他四泉的形制与其相同，尺寸和重量依次递增。四泉的法定尺寸和重量为：

“幺泉一十”，径七分（约1.61厘米），重三铢。

“幼泉二十”，径八分（约1.84厘米），重五铢。

“中泉三十”，径九分（约2.07厘米），重七铢。

“壮泉四十”，径一寸（约2.3厘米），重九铢。

这四种泉货都很难得，中泉和壮泉更是极其罕见。

布货十品，采形于先秦的平首方足布，比方足布狭长平直，首部有一圆穿，面背均有内外廓，并有一道中线。面文篆书四字，法定尺寸和重量，成递增状：

“小布一百”，长一寸五分（约3.45厘米），重十五铢。

“幺布二百”，长一寸六分（约3.68厘米），重十六铢。

“幼布三百”，长一寸七分（约3.91厘米），重十七铢。

“序布四百”，长一寸八分（约4.14厘米），重十八铢。

“差布五百”，长一寸九分（约4.37厘米），重十九铢。

“中布六百”，长二寸（约4.6厘米），重二十铢。

“壮布七百”，长二寸一分（约4.83厘米），重二十一铢。

“第布八百”，长二寸二分（约5.05厘米），重二十二铢。

“次布九百”，长二寸三分（约5.29厘米），重二十三铢。

“大布黄千”，长二寸四分（约5.52厘米），重二十四铢。

布货十品形制统一、规整。版别存在的差别在面背的中线：有的中线越过布首的圆穿，直达顶部，称通顶；有的只到圆穿，称不通顶。因铸行时间不长（公元10—14年），铸造整齐，除“大布黄千”以外，都很难得，其中的序布、差布和中布，极为罕见。

王莽的六泉十布，各成序列，成组成套，排列起来整齐美观，有很高的收藏价值，但要收集齐全，殊为不易。

第四，王莽天凤元年（公元14年），又进行了第四次货币改制。铸行两种货钱，一是方孔圆形的货泉，一是方足布形的货布。

“货币”，仿平首方足布形。长5.5厘米，宽2厘米左右。标准重量为二十五铢。比前次发行的十布的首部宽大，穿孔加大。肩平窄，深裆，足长且直。比例非常适度，古意盎然。面背内外廓纤细精致挺拔，中线不通顶。钱文为篆书“货布”二字，笔划舒展刚劲、纤细有力，人称垂针篆。

铸工精良、钱形规整，廓线字划细而不弱，突起不超过 0.3 毫米，但极具力度感。它是古代钱币中最精致美观的一种，往往被当作古钱的象征图形，出现在书籍、杂志的封面设计中。

“货泉”，方孔圆钱。标准重量为五铢，径一寸（2.3 厘米）。有面背内外廓，文字优美，泉字中间一竖断笔。铸造精致，文字笔划和廓线均深峻利落，是很精美的一种古钱。版别较多，钱文有大字、小字、肥、瘦等不同，需要仔细比较、分辨，凡书法不同于一般的，就是比较少见的版别。货泉也有剪轮、小钱等实物传世。

比较特殊的是一种非常厚大的货泉。钱面背、文字都和普通货泉相近，只是极重厚，中部突起，截面如橄榄，俗称饼钱。有的两枚饼钱相连，俗称连钱。

与货泉、货布在制作精、书法美等方面非常相近的莽钱，还有“布泉”。方孔圆形，面背均有内外廓，面有垂针篆书“布泉”二字，泉字中间竖笔中断。径 2.5 厘米，重约 3.4 克。布泉制作极其精美，外轮修整得光洁滑润、熠熠闪光。而且“布泉”的外廓极有特点：它不是平的，而是外高内低的坡，中部有略向下凹的斜坡，钱面廓线内侧几乎与肉部等高。“布泉”是圆形莽钱中最精美的一种。

更始二年（公元 24 年），淮阳王刘玄曾铸行“五铢”。人们把一种面背有内外廓，文字较工整，铢字圆折的五铢钱，认作淮阳王所铸。

第四节　三国、两晋、南北朝和隋代的货币

三国、两晋、南北朝在中国历史上共存有 300 多年的时间，是古代分争割据、战争频繁的时期，先后或同时并存过 30 个政权。战乱中，民间交换多以谷帛、盐米，有的地方沿用旧钱。有的政权为整顿经济发行过货币，铸造五铢钱，或另行鼓铸其他面文的钱，在部分地区行用，致使这一阶段的钱币品种很多，比值混乱。

隋统一了大江南北，又铸造了五铢钱在全国通行。

一、五铢钱

汉行五铢钱 300 多年，影响很深，三国至隋的这一时期，五铢钱仍在行用。

三国时期的曹魏，占据着黄河流域的广大地域，势力伸展至长江以北。魏地主要流通五铢钱。魏文帝曹丕，于黄初二年（公元 221 年）曾明令禁止使用五铢钱，令用谷帛进行交易。到明帝太和元年（公元 227 年），又铸行了五铢钱，后称为“魏五铢”。其特点是钱文的笔划较肥，五字交笔处弯曲，铢字的“朱”继承东汉“五铢”的写法作圆折，外廓较宽。一般钱径在 2.5 厘米左右，重 3.4—3.5 克。

刘备和他建立的蜀汉政权，铸行过“直百五铢”、“直百”、“五铢”等。“直百五铢”虽叫“直百”，也还是以五铢钱为单位的钱币，故列于此节叙述。刘备铸“直百五铢”的时间较早，原产生于一个很特殊的情况下。

《三国志·蜀志·刘巴传》注引《陵零先贤传》记载：建安十九年（公元 214 年），刘备攻打刘璋，他和众将士说，要能击败刘璋，城内府库所藏，全部分发给他们。成都一破，士卒纷纷拥向府库，宝物藏品被抢一空。刘备为军用不足而忧虑，刘巴说：这很容易解决，赶快铸直百钱，以平诸物价，开设官市，派官吏管理。刘备采纳了刘巴的建议，数月之间府库就充实起来了。

蜀的“直百五铢”，后来在蜀汉各地行用，质地、大小、轻重变化都很大。刘备铸的“直百五铢”较后来的厚重。一般钱径 2.6—2.8 厘米，重 8—9.5 克，轻小的不足 3 克。“直百五铢”钱背多有阴文标识，如纪数、符号、吉祥字等多种。蜀汉还铸过一种直百钱，数量很少，大的直径不足 2 厘米，轻小的重量只在 0.5 克左右。

出土和传世的蜀汉钱，还有五铢钱，俗称“五铢”，钱的形体较小，直径约 2 厘米左右，重约 2.5 克左右。钱文的笔划较肥、字形瘦长。背有阴文纪地或纪数，还有一种有内廓。

三国中有两国行用五铢钱，或以五铢钱为基本单位铸大钱。江东的孙吴铸造的是大泉，留待下节介绍。

司马氏代魏并兼并了蜀、吴，建立了统一的晋朝，史称西晋（公元 265—316 年）。直到东晋（公元 317—420 年）元帝时，吴兴的沈充才铸造了小钱。此前，晋一直沿用汉、魏五铢等旧钱。沈充所造“五铢”，称“沈充五铢”，俗称沈郎钱。很轻小，有外廓，钱文写作“五铢”，一般直径1.9厘米左右，重1.2克左右，和各种古钱并行。

与此同时的各个割据政权，或用旧钱，或另铸新钱。直到南北朝时期，南朝的萧梁（公元502—557年）又开始铸行五铢钱。其后的陈和北朝的北魏、西魏、北齐等，也铸造了各式五铢钱。

梁武帝天监元年（公元502年）铸造五铢钱，称“梁五铢”。还铸了一种没有外廓的五铢钱，俗称公式女钱或女钱。两种“五铢”并行使用。

梁五铢，规定重五铢，钱面文字秀美、篆法严紧工整，一般直径2.4厘米，重3.48克。

公式女钱属官铸小钱，径2—2.1厘米，重1.4—1.6克。虽然轻小，铸造得并不草率。

梁元帝承圣年间（公元552—555年），铸行过五铢钱，面文“五铢”，穿上下各有一星，俗称两柱五铢。梁敬帝太平二年（公元557年）的五铢钱，在穿上下各一星，背穿左右各一星，俗称四柱五铢。均比武帝五铢轻小，铸造工整。

陈代梁后，文帝天嘉三年（公元562年）铸五铢钱，俗称“天嘉五铢”。铸造精美，文字清秀，铢字的金部略小于朱字，二字外离轮，内离穿。外廓较宽，一般直径2.35厘米，重3.35克。以一枚五铢钱当十枚民间流通的鹅眼小钱，整顿混乱的货币流通局面。

陈宣帝太建十一年（公元579年），铸造“太货六铢”，径2.5厘米，重3克，与五铢钱并行。最初规定一枚当十枚五铢，因重量不够五铢钱的10倍，造成混乱，陈宣帝死后，也就废止了。“太货六铢”篆文精好，内外廓齐整，是南北朝时期最精美的货币。

北方拓跋氏建立的北魏（公元386—534年），迁都洛阳以前的一百多年间，使用谷帛交易。孝文帝于公元493年迁都洛阳，努力学习汉族文化，第三年即太和十九年（公元495年），铸铜币，钱文为“太和五铢”，径2.5厘米，重3.4克。允许人民按照规定标准自行铸造。故也有小钱，径2厘米左右，重约2.6克。太和五铢因篆写文字笔画的区别而有很多版别。把年号和五铢合在一起作钱文的办法，孝庄帝继承下来。他于永安二年（公元529年），铸造“永安五铢”。

“永安五铢”，宽缘，五字交笔平直，如两个对顶的等边三角形，直径

2.2—2.3 厘米，重 2.9—3 克。永安五铢出台不久，就有小钱出现，小钱径约 1.8 厘米，重约 2 克。

北魏分裂成东魏和西魏。东魏仍然使用“永安五铢”。孝静帝武定初（公元 543 年），收集旧钱改铸新钱，钱文仍然用原来的字样。“永安五铢”有的背有四出文，有的有纪文。

北魏宣武帝永平三年（公元 510 年），铸行过五铢钱，比天嘉五铢穿大，字长，无内廓。北魏分裂后，西魏一直以五铢钱为主要货币，并于大统六年（公元 540 年）和十二年（公元 546 年）两次铸造“五铢”。西魏五铢宽缘小字，有的五字靠穿有一竖廓，开隋“五铢”特征的先河。“铢”字的“朱”部上下方折，铸造精好。

北齐代东魏，天保四年（公元 553 年）铸“常平五铢”，重如其文。常平五铢的文字秀丽，铸造规整。

隋（公元 581—618 年）是铸行五铢钱的最后一个朝代。公元 581 年隋文帝杨坚代周，同年九月铸行五铢钱。《隋书·文帝纪》记载：新钱“文日五铢，而重如其文”。后又下令以百钱为标准，各地设置标准钱样，凡不同的毁化为铜并充公。

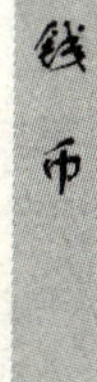

隋代五铢钱，宽缘小字，五字靠空处置一竖廓，铸造规矩整齐。基本有两种：一种五字交笔平直，铢字金头向内倾斜，称直笔五铢；一种五字交笔处弯曲成弧线，铢字金头不歪，称曲笔五铢。曲笔五铢的颜色发白，俗称白钱。

隋五铢一直到唐高宗武德四年（公元 621 年），才被开元通宝钱所取代。行用了七百多年的五铢钱才正式被废止。

二、其他货币品种

三国至南北朝的 30 个政权中，除去铸行各式五铢钱以外，还有很多品种。

三国孙吴，大帝孙权于嘉禾五年（公元 236 年）铸大钱，一当五百；赤乌元年（公元 238 年），又铸当千大钱。出土和传世的吴钱，目前已见的有“大泉五百”、“大泉当千”、“大泉二千”和“大泉五千”四种。大泉五百钱较多，有内外廓，一般径 3 厘米左右，重约 7 克。大泉当千钱的大小非常不等，大的一般径 3.8 厘米、重 14.5 克，小的直径只有 2.5 厘米、重不过 3.5 克。大泉二千钱数量很少，近年偶有出土。大泉五千极其罕见。

东晋时期，羯族人石勒占据着黄河中下游的大部分地区，建立赵，史称后赵。铸造“丰货”铜币，篆书。巴蜀地区，李寿汉兴年间（公元338—343年），铸造了“汉兴”钱。有直读、横读两种。一般钱径1.67厘米左右，重0.7—1.1克。有的汉兴钱背面有“王”字。丰货钱是对铢、两为钱文传统的突破。汉兴钱是我国古代以年号为钱文的开始。

匈奴族首领沮渠蒙逊占据着凉洲张掖一带（公元397—439年）。沮渠蒙逊永安年间（公元401—412年），铸造了“凉造新泉”铜币。传世数量极少，近年来在陕西西安、甘肃武威，共出土了10多枚。“凉造新泉”篆书对读。有的较小，钱径1.8厘米，重1.4克；有的较大，钱径2.06厘米，重2.3克；多数在1.8—2厘米之间，重1.4—1.7克之间。甘肃博物馆有一枚凉造新泉直径2.11厘米，重1.8克。钱文有大有小，泉字中竖不断笔。

匈奴人赫连勃勃在407年自称大夏天王。在真兴年间（公元419—424年）铸造铜币，面文“太夏真兴”，真书旋读，面背均有内外廓，钱形小巧，铸造尚称整齐。据说还有“嬲虞峙钱”和“羲通”二种篆书钱。三种夏钱都是数量绝少的品种。

南北朝时期，南朝的刘宋文帝在元嘉七年（公元430年）铸造“四铢”钱，形制和钱文均仿五铢钱，也有的有星点记号。直径2厘米以上，2.5厘米以下，重1—3克。

孝武帝孝建元年（公元454年）春正月，铸行“孝建四铢”钱，正面是年号“孝建”，背文为纪重“四铢”。其实孝建四铢从始铸起，就不足四铢，是减重官钱。《宋书·颜峻传》就说，世祖（孝武帝）继位铸孝建四铢。所铸钱形式薄小，轮廓不成就。出土的孝建四铢文字甚优美，叫韭叶篆，背部“四铢”二字，有横置、竖置、倒置等各种形式。直径在1.5—2.5厘米之间，重量0.4—2.5克之间。

刘宋废帝永光元年（公元465年），铸“孝建”钱，重二铢。文字有玉筋和韭叶篆两种，无外廓，轻小。直径1.5—2厘米以下，最轻的只有0.5克。同年二月还铸行了年号钱“永光”铜币。篆书，有内外廓，轻小。同年九月改元景和，又铸“景和”钱。肉窄穿阔。两种年号钱都极罕见。

北朝的北周武帝保定元年（公元561年），铸行“布泉”，一枚当五枚五铢。外廓隆起，字用玉筋篆，很秀丽。泉字中竖不断笔，是与王莽时泉字写法根本不同处。钱径 2.5 厘米，重 4.3 克。

武帝建德三年（公元 574 年），改铸“五行大布”。一枚当布泉十枚。篆文精好，周廓整齐。有大小之别，一般的钱径 2.7 厘米、重 3 克，小的钱径 2.3 厘米、重 2.1 克。铸造工整。

静帝大象元年（公元 579 年），铸造“永通万国”，以一枚当“五行大布”十枚。书法极华丽，周廓齐整，铜色发青白光泽，是东汉末期以来最精美的货币。

另外还有“太平百钱”、“平当五铢”和“定平一百”等钱，属东汉末至三国时期的钱币，至于是哪一国家，什么时候铸造的，至今仍是在讨论当中的问题。

第五节　唐、五代铜币

唐代是中国历史上封建经济和文化发展的鼎盛时期，由于较长时间处于安定统一的社会环境之中，为商业的长足发展提供了良好条件，货币经济繁荣。唐初发行的“开元通宝”，不但在当时对商品交换起了促进作用，而且成为后世制钱的典范。随着对外物资交流的加强，开元通宝流传到境外。

五代十国的割据政权，铸造了很多种铜币，有的也很精美。

一、开元通宝

在唐代（公元 618—907 年）近 300 年间，使用过的货币主要有开元通宝、乾封泉宝、乾元重宝、建中通宝、大历元宝等。其中以开元通宝铸造量最大，流通时间长，是唐代的最主要的货币。

唐高祖武德四年（公元 621 年）七月，废除开国以来仍在沿用的隋代五铢钱，行开元通宝钱。钱文由当时的书法名家欧阳询书写。规定钱径八分，重二铢四絫，十枚重一两。后来称一两的 1/10 为一钱，即一枚开元通宝钱。我国的衡制由铢、两、斤向钱、两转换。

此前的半两、五铢等钱，都是以本身的重量为钱文。开元通宝脱离了重量的束缚，名为通宝，意为流通宝货。这种钱的制度，开创了我国货币文字的先河，前边二字是冠在通宝（或元宝、重宝）上的年号（朝代或国名），标明是某年号时（或某朝）的通行钱币，沿用近1300年。开元通宝钱的大小和重量都很适当，成为后世制钱（平钱）的标准。天宝年间（公元742—755年），规定开元钱的金属成分为铜83.32%、白蜡14.56%、黑锡2.12%，改变了钱币成色不一的状况。

开元通宝钱数量很多，最精美规整的是武德年间及以后一段时间内铸行的早期钱币。这时多数的钱径2.4—2.5厘米，穿广0.7厘米，廓宽0.2厘米，重4.5克左右。

开元通宝钱上的字体为隶书，写得端庄匀称。元字第一笔作短横状，第二笔左端翘起，称左挑。通字的甬部第一笔张得较开，走部的前三笔成三个不相连接的小撇。宝字贝部中的两笔作短横状，与左右的竖笔不相连。形制方面大小适当，面背内外廓都很规整，钱文清晰有力度。铸造得精美规范。

武德开元有的铸有星月标记，月多数是细长的斜线，位置和方向都没有规律可寻；也有的月是比较短而弯的月形。

唐武宗会昌六年（公元846年），令各州以州名铸钱，如京师铸的为京钱。大小如开元通宝。所见会昌年铸的钱，面文仍是开元通宝，背铸地名。称作“会昌开元”。

会昌开元铸造得好坏不一。文字特点是：元字的第一笔比武德开元的加长了，第二笔左挑右挑都有。通字甬部第一笔较扁，走部前几笔连成如左右折的一笔。最明显的特点是背部有字，目前已见的有25种：京（京城）、洛（洛阳）、兰（兰田）、兖（兖州）、梁（梁州）、并（并州）、荆（江陵）、昌（扬州）、襄（襄州）、越（越州）、宣（宣州）、洪（江西）、潭（湖南）、润（浙西）、鄂（鄂州）、平（平州）、兴（兴元府）、广（广州）、梓（东川）、益（西川）、福（福州）、丹（丹州）、桂（郴州）、杨（杨州）、永（永州）。背部的字体不统一，在穿上下左右的都有，如京在穿上、永在穿下、潭在穿左、兰在穿右；梁有穿上也有穿右，福字也是这样等等。

会昌开元虽然只铸行了一年，但多数并不十分难得，只是背平字在穿下反置的，背福、永和丹字的比较稀见。尽管如此，因数量多，收集齐全也并不容易。

除去精美的武德开元和粗滥的会昌开元以外，还有很多介于二者之间

的开元通宝，应该是唐初至晚唐之间行用的钱币。其中有很多铸有星、月记号，还有花穿、花缘等样式。很难一一例举，只择较稀少的版别列于下边，以供参考：

开元通宝的元字，第二笔以左挑为多数，如果左右端都向上挑起，或是右端挑起，称作双挑和右挑，都是数量比较少的版别。如果两端全不起挑，同样属例外，数量较少。

星月标记有几种。有的背部穿上下各一月，有的上月下星，还有一种罕见的星在月上叫月孕星。

唐德宗建中年间（公元780—783年），曾铸当十大钱。但实物极其罕见，《古钱大辞典》收有一枚。1984年第四期《中国钱币》报导，陕西发现了一枚，钱径10厘米，重10克，“钱文书体与初唐小平笔画相似”。《古城大辞典》上的钱文也有相同的味道，只是元字的第一笔较长。

唐代的开元通宝钱使用了近300年，铸造精好，大小适中。宋元及以后的窖藏中还多有开元钱。

二、年号钱

唐代使用的钱币，除以“开元通宝”为主外，还发行过年号钱，都是在货币经济或政府财政发生困难的特殊情况下，所采取的措施，也都没有得到预期的效果，因此没有坚持下来，也就没能取代“开元通宝”。

第一次是高宗乾封元年（公元666年）。当时私铸恶钱流通于市，有沙涩、鹅眼、排斗、熟铜等诸多名目。为整顿钱法，铸造“乾封泉宝”，以一枚当开元钱十枚，并行流通。新钱径一寸，重二铢六絫。实测径2.5厘米左右，重3.3—3.5克。因比价不合理，反倒造成市场物价腾涨，第二年就停止了。数量很小。

第二次是肃宗时（公元755—763年）。因为安史之乱破坏了社会秩序，经济混乱，市场凋敝，军费开支浩大，政府财用匮乏。于乾元元年（公元758年），铸行“乾元重宝”，规定新钱径一寸，一枚当“开元通宝”十枚，并有的背铸瑞雀、祥云、同心结等图形，版别很多。乾元二年（公元759年），又铸造重轮“乾元重宝”，背外廓作一宽一窄两个重轮，也叫重棱钱。径一寸二分，一枚当开元钱五十枚。因重轮乾元和开元钱的比价太高，故盗铸风起，京城有人毁佛像、钟磬铸钱，减重非常严重。一般的径3.5厘米，重12.3克。铸有星月或祥云图形的很少。

此外，唐西北驻军于代宗大历年（公元766—779年），铸造“大历元宝”平线，径2.3厘米，重3克。德宗建中年间（公元780—783年），铸造的“建中通宝”径2.1厘米，重1.8—2克。还有更轻小的“中”字钱。这三种钱都不多见。中字钱更少见。

发动安史之乱的史思明占据东都洛阳以后，铸造了“得壹元宝”和“顺天元宝”大钱，一枚当平钱一百枚。宽缘隶书，铸造得较规整。有各种记号，“得壹元宝”背铸有星月、月、月孕星等。数量不多。

三、五代十国钱币

唐朝灭亡以后，中国进入五代十国时期（公元907—960年）。这是中国古代又一段政治分裂、经济混乱的历史时期。各个地方政权交错建立，极为混乱。他们使用的货币也是品种庞杂，大小、质量极不平衡，只能作简单的介绍。

五代是指主要在黄河流域先后建立的五个朝代：后梁、后唐、后晋、后汉和后周。

公元907年唐灭亡，后梁建立。开平年间（公元907—910年），铸造了“开平通宝”大钱。宽缘小穿，钱文随意苍劲，极其罕见。

李克用之子李存勘，于公元923年建立后唐。后唐天成年间（公元926—929年），铸“天成元宝”，元宝二字仿开元通宝，元字第二笔右挑，极其难得。

石敬瑭原任后唐河东节度使，公元936年灭后唐，建立后晋。天福三年铸行“天福元宝”，径2.1厘米，重1.5克。有大字窄廓、小字廓略宽等。有的同一币面四字大小悬殊，铸造不精。各种天福钱的数量都不多。

后晋政权也是被它的河东节度使所取代。刘知远建立后汉后，于乾祐元年（公元948年）铸行“汉元通宝”钱，径2.4厘米，重3.5克。只在开元通宝钱范上改动一个字，用“汉”字取代“开”的位置。铸造尚整齐，背上铸星月等记号，背穿上有月孕星的较少。

公元951年郭威灭后汉，建立后周。世宗柴荣公元954年即位，改元显德。《新五代史·周世宗本纪》记载，显德二年，柴荣废天下佛寺3336座，毁佛像铸钱，以解决当时国中钱币缺乏的困难。钱文为“周元通宝”。采用开元通宝的形制和字，只改“开”为“周”。阔缘，制作很工整。钱径在2.4—2.5厘米左右，重约4.2—4.7克。背部多铸有星、月、横文等标记。以合背钱为少见。

黄河流域的五个王朝先后存亡的同时，南方也处于纷争战乱之中，先后有吴、南唐、吴越、闽、楚、南平、前蜀、后蜀、南汉等九个较大的政权。山西中部还有一个以太原为都城的北汉，统称十国（公元 907—979 年）。

十国时期，民间多使用唐代的开元通宝钱。民间私铸小钱多以铅滥充。十国中的南唐、闽、楚、前后蜀和南汉等六国，先后铸行过货币。

王建原是唐帝所封蜀王，907 年称帝，国号蜀，史称前蜀，建都成都。永平年间（公元 911—915 年）铸“永平元宝”；通正年（公元 916 年）铸“通正元宝”；天汉年（公元 917 年）铸“天汉元宝”；光天年（公元 918 年）铸“光天元宝”；王衍乾德年间（公元 919—924 年）铸“乾德元宝”；咸康年（公元 925 年）铸“咸康元宝”。其中只有“通正元宝”和“天汉元宝”较规整。

福建闽王王审知之子王延钧（璘），公元 933 年称帝，国号闽，建都长乐（今福建福州）。公元 943 年王延钧弟王延政，在建州（今福建建瓯）称帝，国号殷，公元 945 年又改为闽。王审知、王延曦和王延政均发行过货币。王审知（公元 905—924 年）铸过“开元通宝”，有平钱和当十大钱。当十大钱（背星）极其罕见。王延曦永隆年间（公元 939—942 年）铸的当十“永隆通宝”大钱，径 3.87 厘米，重 15.8 克，背铸“闽”字。王延政天德年（公元 943—945 年）铸的“天德重宝”，径 3.5 厘米，背有“殷”字。这两者都是极其罕见的。《古泉汇》还载过“启龙通宝”和“永和通宝”，但目前尚无实物为证。

马殷建立的楚，建都长沙。历六王，公元 45 年。他曾铸行过：

（1）“乾封泉宝”大钱，隶书，背铸“天”字或“天府”二字，铸造规矩整齐，极罕见。平书“乾封泉宝”，钱形较小，书体流畅，也极稀有。

（2）“乾元重宝”大钱，隶书，大字窄轮，内穿较宽，极罕见。

（3）“天策府宝”大钱，真书钱文，内外廓齐整，铸造尚精。

公元 934 年孟知祥在四川建国，称蜀，史称后蜀。孟昶广政年间（公元 938—965 年）铸“广政通宝”平钱，隶书，径 2.2 厘米左右。数量不多。还有一种极罕见的“大蜀通宝”平钱，也是后蜀的铸币。

公元 937 年李昇代吴，建唐，史称南唐，都金陵（今江苏南京）。李璟在位时（公元 943—960 年），铸行过几种货币：

（1）保大年间（公元943—957年），铸“保大元宝”大钱，背“天”。数目极少。

（2）中兴年（公元958年），铸“永通泉货”大钱，钱文有楷书、篆书两种。

（3）交泰年间（公元958—960年），铸“唐国通宝”大、小钱。平钱径2.4厘米，重4.3—4.5克。钱文有楷书、篆书和隶书三种写法，阔缘。大钱的数量很少。

（4）“大唐通宝”平钱，径2.2厘米，重2.6克。“大唐”二字楷书，“通宝”二字隶书。

（5）“开元通宝”平钱，径2.5—2.5厘米，重2.4—3.9克。有篆书、隶书两种写法。文字工整，隶书开元极具唐开元的神韵，字小、穿狭、缘特阔，是与唐开元钱明显的区别。南唐的篆书开元和隶书开元，可成对品，俗叫“对钱”，是对钱形式的开端。

公元917年刘龑建都广州，国号为越，后改作汉，史称南汉。乾亨年间（公元917—924年），铸行“乾亨重宝”、“乾亨通宝”。文字、铸造均欠精。通宝的数目稀少，极罕见。

五代十国时期，除南北的这十五个封建割据政权以外，还有一些较小的政治力量。幽州的刘仁恭铸造过“永安一十”、“永安一百”、“永安五百”、“永安一千”；刘守光铸造过大钱“应圣元宝”背拾、“乾圣元宝”背百和“应天元宝”背万等，均极罕见。

传世有“大齐通宝”平钱二枚，只见过拓片。有人说是黄巢起义军所铸，也有人认为是十国时徐知浩称帝（公元937年）时所铸。“大齐通宝”是泉界颇具盛名的品种。

第六节 两宋铜钱

宋朝（公元960—1279年）的都市繁荣，除原有的一些大城市外，手工业、商业集镇大量涌现。著名的瓷器产地景德镇就建于北宋。说明这一时期的商品丰富，商业发达，所需流通的货币数量很大。宋代钱币的特点是以年号为钱文，即年号钱。两宋共计改年号50多次，也就有50多种钱。每种钱往往又有真、草、隶、篆、瘦金体等多种书体；每种书体又有写法上的差别。同一年号的钱还存在元宝、通宝、重宝之分，个别的如南宋的嘉定铁钱，有十七八种名称。再加上质地的不同等等情况，使宋代钱币成为我国历代钱币中，品种最多、版别最繁的钱币，也成为货币爱好者最喜爱的钱币。

一、北宋铜钱

北宋从建国开始铸钱，宋太祖赵匡胤建隆元年（公元 960 年），铸“宋元通宝”，书体仿八分，阔缘，径 2.6 厘米，重 3.4 克。其版别很多，一般的穿宽 0.7 厘米左右。穿宽在 0.9 厘米左右的称广穿，多是铸铁钱印范用的母钱（俗称铁母，或印范钱），是比较少见的品种。据介绍有的“宋元通宝”，面穿达 1.14 厘米，背穿 1.02 厘米，甚是稀罕。“宋元通宝”的书写方法，多是元字第二笔左端翘起，俗称左挑。右挑和两端都不翘起者稀少。另外还有背铸星、月符号的。

宋太宗赵光义太平兴国年间（公元 976—983 年），铸“太平通宝”，是宋朝第一种以年号为钱面文的年号钱。字体是楷书兼有八分体。径 2.5 厘米，重 3.4 克。背部也有星、月等。和“宋元通宝”一样，以广穿的铁母为珍贵。

太宗淳化元年（公元 990 年），铸“淳化元宝”。皇帝亲自书写钱文，称御书钱。有真、行、草体，开钱文使用草书的先河。“淳化元宝”对钱开了宋代对钱之风。“淳化元宝”以真书，淳字的三点水凑得较近的叫缩水淳化，比较罕见。公元 995 年，太宗改元为至道，铸“至道元宝”御书钱文，有真、行、草三体。淳化钱的铁母钱，有大字广穿和小字广穿之分，都比较珍贵。行书和隶书的铁母，背有俯月的更珍奇。

宋真宗赵恒年间（公元 998—1022 年），铸造了咸平、景德、祥符和天禧钱。

（1）咸平元年铸“咸平元宝”，真书旋读。径 2.5 厘米，重 3.7 克。

市面上有宝塔咸平钱，很厚，钱大小不等，能依次码成塔形。不是行用钱，是作塔门用的环钮。

（2）景德元年（公元 1004 年），铸“景德元宝”，真书旋读。径 2.5 厘米，重 3.7 克。

（3）大中祥符元年（公元 1008 年），铸“祥符元宝”和“祥符通宝”，真书旋读。径 2.5 厘米，重 3.4—4 克。背有星或星月，少见。“祥符元宝”铜钱是平钱，大铜钱是铁母，极罕见。

(4) 天禧年间（公元 1017—1021 年），铸“天禧通宝”，真书旋读。径 2.5 厘米，重 3.8 克。有大字、小字之分。以细缘者为贵。

宋仁宗赵祯时（公元 1023—1063 年），铸有天圣、明道、景祐、康定、庆历、至和、嘉祐等七种钱。

(1) “天圣元宝”始铸于天圣元年（公元 1023 年），有真、篆二种书体成对钱。有的圣字（聖），下边的王字写成正字，叫正圣天圣。

(2) 明道元年（公元 1032 年）始铸“明道元宝”。有真书、篆书两种成对钱。径 2.5 厘米，重 3.9 克。

(3) 景祐元年（公元 1034 年）始铸“景祐元宝”。有真、篆两种书体，成对钱。径 2.5 厘米，重 3.7 克。有的真书钱上“通宝”二字为隶书；有的真书钱“通”字作隶书，比较少见。

(4) 康定年铸的“康定元宝”，未见铜钱，只见到铁钱。

(5) 庆历年间（公元 1041—1048 年），铸造了“庆历重宝”，当十大钱，有宽缘、窄缘之分。钱形大小不一，一般的直径约 3 厘米，重 6.6—7 克。

(6) 至和年间（公元 1054—1055 年），铸造了“至和元宝”、“至和通宝”和“至和重宝”。“至和元宝”是平钱，有真、篆两种书体，成对品。旋读。径 2.4 厘米，重 3.4 克。“至和通宝”也是平钱，有真、篆两种书体，成对品。直读。径 2.4 厘米，重约 3.4 克。“至和重宝”有折二、折三两种，直读，真书。1984 年河南汤阴出土一枚旋读“至和重宝”直径 3 厘米，重 3.8 克。折三钱背上有“虢”字和“坊”字的是罕见的珍品。还有“至和重宝”铁母，也是罕见的。

(7) 嘉祐元年（公元 1056 年），铸造旋读的“嘉祐元宝”和对读的“嘉祐通宝”，都是平线，有真、篆两种书体，成对品。径约 2.5 厘米，重约 3.6 克。“嘉祐元宝”真书有大字、小字、挑元等版别。

宋英宗赵曙时（公元 1064—1067 年），铸造“治平元宝”和“汉平通宝”。元宝旋读，都是平线，有真、篆两种书体，成对品。

宋神宗赵顼时（公元 1068—1086 年），铸造了熙宁、元丰钱。

(1) 熙宁年间（公元 1068—1077 年），铸造了“熙宁元宝”、“熙宁重宝”铜钱，“熙宁元宝”、“熙宁通宝”铁钱。“熙宁元宝”平钱，有真、篆两体，成对品。径约 2.5 厘米，重约 3.6 克。有的真书“熙宁元宝”中

“元宝”二字为隶书。真、篆体背上有“卫”字的对品难得。“熙宁重宝”有真、篆两体，可成对品。有折二、折三和折五。有背星、月等记号。

(2) 元丰元年（公元 1078 年），铸“元丰通宝”。平钱有篆、隶、行三种书体。折二有篆、行两种书体，折三只有铁钱。平钱直径约 2.5 厘米，重约 3.6 克。元丰钱版别很多，隶书平钱通字的走部三点成三撇，据说是苏东坡所写，俗称东波元丰，很珍贵。隶书平钱大字，背月痕等都罕见。篆书平钱有一种广穿小字的，数量也不多。另外还应注意篆书元丰钱，有方口丰、圆口丰等区别。如果铸造精好的元丰折三钱，必是少见的铁母。

宋哲宗赵煦时（公元 1086—1100 年），铸造了元祐、绍圣和元符钱。

(1) 元祐年间（公元 1086—1093 年），铸造“元祐通宝”。有篆、行两种书体，成对品。有平钱、折二，折三是铁钱。平钱直径约 2.5 厘米，重约 3.6 克。有背穿上“陕”字的对钱，极其难得，篆书的尤其珍贵。折二元祐铁母，有篆、行书的对钱，极罕见。折三型的也有非常珍贵的铁母。

(2) 绍圣年间（公元 1094—1097 年），铸“绍圣元宝”和“绍圣通宝”。“绍圣元宝”有篆、行、隶三种书体，有平钱、折二，折三是铁钱。元宝平钱有细字阔缘大样钱，还有背星对钱、背月对钱等。平钱的三种书体中，隶书的很罕见。“绍圣通宝”只有平钱，真书。

(3) 元符年间（公元 1098—1100 年）铸“元符通宝”、“元符重宝”。通宝有真、行、篆三种书体，可成对品。有平钱、折二，折三是铁钱。重宝只是样钱。有篆书铁钱的小平母钱，特点是字纤细，宝字内有两个“王”字，称双王宝，贝下的两足作两竖形，极其难得。

宋徽宗赵佶时（公元 1101—1125 年），铸造了建国、圣宋、崇宁、大观、政和、重和、宣和等钱。

建中靖国年间（公元 1101 年），铸有“建国通宝”、“圣宋元宝”和“圣宋通宝”。

(1)“建国通宝”只见篆书平钱，数量极少。

(2)“圣宋元宝”有真、行、隶、篆四种书体，可成对品。隶书“圣宋元宝”平钱数量极少。细缘大字大样的真、篆对品数量不多，行、篆对品则更是稀少。折三钱是铁钱，有铁母传世，极罕见。平钱直径约 2.5 厘米，重约 3.8 克。折二直径约 3 厘米，重约 7.4 厘米。

“圣宋通宝”数量极少，篆书背有“当伍”二字的最罕见。

(3) 崇宁年间（公元1102—1106年），铸“崇宁通宝”、“崇宁元宝”和“崇宁重宝”。

“崇宁通宝”是宋徽宗赵佶亲书瘦金体钱文，铁划银钩非常美观，有小平、折十两种。平钱直径约2.5厘米，重约3.25克。折十钱重约平钱的三倍。版别主要有广穿、崇字下部是木而不是示（俗称木崇）、崇字偏左（进崇）、崇字偏右（退崇）等。大字崇宁通宝大钱，数量最少。

“崇宁元宝”只有折二隶书钱，而且数量不多。

“崇宁重宝”是隶书折十钱。一般直径3.5厘米，重11—12克。光背居多，背穿上有“十”字纪值的只在日本有一枚，未知真伪。版别主要有：大样小样，大字小字，宁字下部的丁字长、短，中间的皿字阔、窄，及钱缘的宽、窄等。

(4) 大观元年（公元1107年），始铸“大观通宝”。瘦金体，有平钱、折二、折三和折十。平钱一般直径2.5厘米，重3.8克左右。行书大观平钱很罕见。折二、折三铜钱较少。“大观通宝”折十钱极精美，直径约4.1厘米，重约19—20克。

(5) 政和年间（公元1111—1117年），铸“政和通宝”和“政和重宝”。“政和通宝”有真、隶、篆三种书体，有大字小字、细笔粗笔之分，还有隶书钱上有楷书字的版别。平钱直径约2.5厘米，重约3.8克。折二直径约2.7—3厘米，重约5.6—7克。“政和重宝”是铁钱，铜的是铁母，极难得。

(6) 重和年（公元1118年）铸“重和通宝”。宋徽宗在政和八年（公元1118年）十一月，改元重和。第二年二月改元宣和。重和年号只用了三个月，故重和钱数量很少。只见到隶、篆书平钱，篆书的更少见。直径约2.5厘米，重约4.3克。

(7) 宣和年间（公元1119—1125年），铸造“宣和通宝”、“宣和元宝”。“宣和通宝”有隶、篆两体，可成对品。平钱隶书有巨头、大字圆贝宝、楷通、楷和、楷宣等，都是难得的版别。瘦金体“宣和通宝”背穿上有“陕”字的。折二钱也有对钱。

“宣和元宝”有隶、篆两种书体，可成对品。仅见平钱，对钱难得，大样也难得。

宋钦宗赵桓即位后，第二年改元靖康（公元1126年），仅一年时间即被金兵携去。所铸“靖康通宝”、“靖康元宝”，数量很少，都是难得的珍品。“靖康通宝”有真、隶、篆三种书体。“靖康元宝”有隶、篆两体。分平钱、折二。通宝平钱，目前仅有一二枚；元宝平钱也不过四五枚。湖北、陕西和河南等省，近年出土了靖康折二钱，非常珍贵。陕西出土的“靖康元宝”篆书体折二钱，直径3.04厘米，重6.8克。河南出土折二对钱，直径3.05厘米，穿宽0.87厘米，厚0.19厘米。篆书的重8.9克，隶书的重8.15克。这些都是属于孤品的钱币。

靖康钱历来为收藏家所珍爱，故早有赝品流入市场。如楷书“靖康元宝”平钱，从来没有真钱传世和出土。

北宋历9帝166年35个年号，铸钱30种，类别、版别无法统计。北宋铜钱大多精好，尤其是神宗朝的元丰，徽宗朝的崇宁、大观，书法俊逸潇洒，铸造规整精致，是历代钱币中最美观的。

二、南宋铜钱

靖康元年（公元1126年），金兵攻陷开封，掳去钦、徽二帝，北宋灭亡。赵构登基，以临安（今浙江杭州）为行都，史称南宋。

南宋继承北宋的传统，铸造年号钱。

宋高宗赵构时（公元1127—1162年），铸建炎、绍兴钱。

（1）建炎元年（公元1127年）铸造“建炎通宝”、“建炎元宝”和“建炎重宝”。“建炎通宝”有真、篆两种书体，可成对品。分平钱、折二、折三。真书平钱字含隶书味道，宝字多从缶。有的体近瘦金，宝字从尔，细缘小字，品种难得；大字背穿上“川”字也很少。平钱直径约2.45厘米，重约3.5克。折二直径约3厘米，重约7.4克，也是字体近似瘦金体的较少。折三直径约3厘米，重约9.2克。

“建炎元宝”有真、篆两体平钱，数量极少。直径约2.45厘米，重约3.5克。

“建炎重宝”只见篆书折三钱，数量也少。

（2）绍兴年间（公元1131—1162年），铸有“绍兴元宝”和“绍兴通宝”。“绍兴元宝”有真、篆两体，可成对品。分平钱、折二，对钱难得。大钱有背星、月和星月等记号。

“绍兴通宝”真书，也分平钱、折二、折三等。背有“三”的折二钱很宝贵。广穿平钱是铁母，极罕见。

传世品中有一种“绍兴通宝”大钱，铸造规整，钱文楷书近似瘦金体。“绍兴通宝”多作对读，对钱旋读，传世仅两枚，极其珍贵。

宋孝宗赵昚时（公元1163—1189年），铸造了隆兴、乾道、淳熙钱。

（1）隆兴元年（公元1163年）始铸“隆兴元宝”和“隆兴通宝”。“隆兴元宝”有真、篆两种书体，可成对品。铜钱只有折二。“隆兴通宝”只见过折二铁钱。

（2）乾道元年（公元1165年）始铸“乾道元宝”和“乾道通宝”。“乾道元宝”有真、篆两种书体，铜钱只有折二。平钱铜钱是铁母，极罕见。折二背有字的是铁母，也很珍贵。“乾道通宝”是铁钱，铜钱只见大钱，数量极少。

（3）淳熙元年（公元1174年）始铸“淳熙元宝”和“淳熙通宝”。淳熙七年（公元1180年）以前，有真、篆两种书体，可成对品。分平钱、折二等，背面有上月下星或背月等记号。真书平钱只有一种淳字三点距离较近，与缩水淳化近似，宝字近隶体，极为罕见。

从淳熙七年（公元1180年）起，停止铸造对钱，只用真书为钱文，背铸纪年或纪监文字，这种制度一直实行到宋末。钱文的书体逐步规范化，成为中国书法史上的宋体字。故淳熙七年，是宋代钱币铸造史上的一个转折点。此后南宋的铜钱，主要有：

光宗赵惇时（公元1190—1194年），铸“绍熙元宝”和“绍熙通宝”。

宁宗赵扩时（公元1195—1224年），铸庆元通宝、元宝，嘉泰通宝、元宝，开禧通宝、元宝、嘉定通宝、元宝等。

理宗赵昀时（公元1225—1264年），铸大宋元宝、通宝，绍定通宝，端平元宝、通宝、重宝，嘉熙通宝、重宝、淳祐元宝、通宝，（宝祐年间）皇宋元宝，开庆通宝，景定元宝等。

度宗赵禥时（公元1265—1274年），铸“咸淳元宝”，只有背“元”至“八”，共计八年的平钱和折二钱。八年（公元1272年）以后的未见。

公元1279年南宋灭亡。在此期间（公元1180—1272年），铜币的数量和质量，都不如北宋，但也有很多精品和数量极少的珍贵品种。如：

“淳熙元宝”折二，背“正”、“泉”，窄缘真书平钱铁母；篆书折三，背穿上“利”、楷书折三，背穿上“同”铁母等，均罕见。

在铜钱钱文统一为楷书后，铁钱仍不受此限，有篆书，隶书等体，凡属这些书体的铜钱，多是仅见的铁母。传世“绍熙通宝”篆书折二，背

“定三”、“春三”（春即湖北蕲春监，定是河南定城监），均属铁母，极罕见。

“庆元通宝”背穿上“永”大钱，楷书仿瘦金体，数量极少。“庆元元宝”折五铁母，有背穿上“川”，左右“三、六”、“卅、七”两种，是仅见的品种。

“嘉泰通宝”大钱，数量极少。

“开禧通宝”平钱，背穿上“同（即安徽同安监）”下“二”铁母，文字美，制作精，是仅见的珍品。

“嘉定通宝”背穿上“同”下“三”，是同安监嘉定三年，铸折二铁钱的母钱，极罕见。

“大宋通宝”背“当拾”，真书大钱，字美钱精，存世极少。

“端平元宝”折三、折五，是铁钱，有背穿上“定伍”下“北下”，折五铁母，是仅见的珍品。“端平重宝”当五钱，钱文兼瘦金体和黄庭坚二家之神韵，雍容潇洒。存世仅 20 多枚。

“嘉熙重宝”折三钱，背四出文的数量少。

“淳祐通宝”，背无纪年数字，平钱、折二和折三均光背，亦均罕见。当百大铁，背有“当百”二字，以通字甬头作三角形的罕见。

南宋末年曾铸造行用钱牌。吴自牧《梦梁录》记载：“朝省因钱法不通，杭城增造锇牌，以便行用。”钱牌也称作夸牌、大牌。文字和“淳祜通宝”钱相近。有铜、铅两种。大面额的是铜牌，长方条状，上部有穿孔。有上端圆角、上下两端圆角和上下均方角三种形制。一面为“临安府（今杭州）行用”，另一面有“准贰伯文省”、“修叁伯文省”、“准伍佰文省”三种，均极罕见。市上流行伪品甚多，其基本破绽是文字规整有余、自然流畅不足，模仿意味明显。

铅牌面额小，有“拾文”、“肆拾文”。

宋室南迁以后，高宗赵构为聚集兵力，实行招扶政策，特铸行“招纳信宝”铜钱。其窄缘小穿，楷书大字，背穿上“使”，穿下押文。虽非正常行用货币，却是一个特殊历史时期的产物，而且传世数量极少，非常难得一见。

第七节　辽、西夏、金、元铜币

辽（公元947—1125年）、西夏（公元1032—1227年）、金（公元1115—1234年）和元（公元1271—1368年），是北方少数民族建立的政权。他们有的地域偏远，有的铸钱数量不多，有的钱币被后世销熔后另铸新钱。所以他们用本民族文字或汉字铸造的铜币，有不少属海内孤品或罕见珍品，是中国货币史中非常宝贵的财富。

一、辽代铜钱

辽是契丹族建立的政权。据说在没有年号以前，他们已经铸造钱币。泉学界认为“通行泉货”、“开丹圣宝”、“丹巡贴宝”、“百贴元宝”等非年号钱币，是早期契丹钱。其中“通行泉货”实物，1981年内蒙古才出土了一枚，极其罕见。

辽的年号钱也早于称辽以前的契丹时期。契丹首领耶律阿保机统一契丹各部，建立了国家，史称契丹。公元947年辽世宗改国号为辽。公元947年以前，耶律阿保机和他的儿子耶律德光，都已采用年号。耶律阿保机的年号有神州（公元916—921年）、天赞（公元922—925年）。耶律德光的年号为天显（公元926—937年）、会同（公元938—946年）。《古钱大辞典》和《契丹铜钱币》载“天 通宝”真书、隶书各一枚，认为是契丹天显年间所铸。对此，泉家还不能完全赞同，有人认为是安南钱。20世纪90年代有报导说，沈阳市出现了一枚“天显通宝”，直径2.3厘米，重2.85克。通字末笔尾部上挑，锈色灰白。

目前比较一致的意见认为，“天显通宝”是辽代早期的年号钱，铸于太宗耶律德光天显年间（公元926—937年）。有一枚于20世纪40年代初，被日本人购去。据传还有一枚，在德国柏林博物馆，第一次世界大战时，淹没于断壁瓦砾之中。

耶律德光会同年间是否铸过钱，史志均无记载，多年来也没有实物面世。1990年有人得到一枚“会同通宝”，直径2.41厘米，重4克。此一发现，不仅多了一枚海内孤品，而且可补史志之阙。

公元981年，内蒙古巴林右旗，出土了一枚“天禄通宝”，直径2.4

厘米，重 4 克，铸于辽世宗天禄年间（公元 947—950 年）。这是一次重大发现，所出“天禄通宝”是海内孤品。

辽穆宗耶律璟应历年间（公元 951—968 年），铸“应历通宝”。郑家相《辽钱考》载只见过四枚，极其珍贵。

辽景宗耶律贤保宁年间（公元 969—978 年），铸“保宁通宝”。《古钱大辞典》有图，直径 2.3 厘米，重 2.65 克。存世不过二三枚。

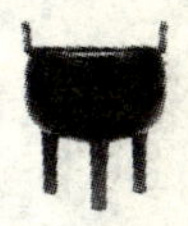

辽圣宗耶律隆绪统和年间（公元 983—1011 年），铸“统和通宝”。直径约 2.4 厘米，重约 2.7 克。存世二十五六枚，有大样、小样，厚肉、薄肉等区别。

辽兴宗重熙年间（公元 1031—1054 年），铸“重熙通宝”。直径约 2.4 厘米，重约 3.4 克。

辽道宗耶律洪基时（公元 1055—1100 年），每 10 年改换一次年号。耶律洪基在位 46 年，用了 5 个年号。铸了 5 种年号钱：

（1）“清宁元宝”、“清宁通宝”，铸于清宁年间（公元 1055—1064 年）。平钱直径 2.2—2.4 厘米，重 3.1—3.4 克，钱文近隶书。大钱径 3.9 厘米，钱文楷书，笔划粗壮。传世还有一种细缘广穿大钱，钱文“清宁二年”旋书旋读，很奇特，未见实物，不知真假。

（2）咸雍年（公元 1065—1074 年），铸“咸雍通宝”。有大小之别，平钱直径约 2.4 厘米，重约 2.7—3.6 克。大型直径约 3.5 厘米，中型约 2.7 厘米。

（3）大康年（公元 1075—1084 年），铸“大康元宝”、“大康通宝”。元宝直径约 2.3 厘米，重约 3.4 克。通宝直径 2.3—2.4 厘米，重 3.3—3.5 克。

1972 年，哲里木盟出一大钱，钱文“大康六年”，直径约 4.85 厘米，铸造较好，文字舒展，极罕见。

（4）大安年（公元 1085—1094 年），铸“大安元宝”。直径 2.3—2.4 厘米，重 2.65—3.9 克。版别有长安、短安等。西夏也铸造汉文大安钱，钱文为“大安通宝”，文字规矩整齐、铸造精好、容易区别。

（5）寿昌年（公元 1095—1100 年）铸“寿昌元宝”。直径约 2.3 厘米，重约 3.9 克。

天祚帝时（公元 1101—1125 年），铸乾统、天庆两种钱币。

乾统年（公元 1101—1110 年），铸“乾统元宝”，平钱直径约 2.3 厘米，重2.65克。大钱有大小的区别，字也有大小的区别。钱文宝下贝部下方，有圆形、方形。

天庆年（公元1111—1120年），铸“天庆元宝”平钱和“大辽天庆”大钱。“天庆元宝”平钱，“天庆”二字楷书，“元宝”二字隶书。西夏醒宗天庆年间也铸有“天庆元宝”汉字平钱，但钱文楷文，铸造精好。“大辽天庆”大钱直径在4.5厘米左右，钱文楷书，笔划粗壮，笔意近似南宋的淳祐钱，铸造规整，存世极少。有人认为此种钱是辽太平九年（公元1029年）延琳的兴辽政权所铸。

对于辽代钱币，丁福葆《古钱大辞典》、李侠《契丹铜钱币》和郑家相《辽钱考》等著述均有记载，并对存世的辽代铜币做过逐一的分析和研究。对传世“乾亨元宝”、“太平元宝”、“保大元宝”等在《古钱大辞典》上有载，而《辽钱考》等力主其假。随着考古发掘工作的开展，出土品日渐丰富，对前人的考证方可作出正确判断。

二、西夏铜钱

西夏是鲜卑后裔党项人建立的国家，在今宁夏、内蒙古、甘肃和陕西等地区。西夏铜钱目前发现的品种不多，数量很少。从赵元昊明道年起，至末主宝义二年，历时近200年，年号30多个，已见钱币品种只有10多种。

迄今所见最早的西夏钱，是毅宗赵谅祚福盛承道年（公元1053—1056年），铸造的西夏文“福盛宝钱”，数量极少。近年宁夏盐池出土了两枚：一件直径2.35厘米，重4.8克；另一件直径2.34厘米，重4.8克。非常宝贵。

惠宗赵秉常大安年（公元1075—1085年），铸西夏文“大安宝钱”。最近出土了一枚汉文“大安通宝”。都很罕见。汉文“大安通宝”，字和北宋的“太平通宝”很相近，直径2.33厘米，重4.04克，背穿上仰月。面世仅此一枚，极端宝贵。

崇宗赵乾顺时（公元1086—1139年），铸过贞观、元德钱。

（1）贞观年（公元1101—1113年）铸造的西夏文“贞观宝钱”，只发现过一枚。

（2）元德年（公元1119—1126年）有“元德通宝”平钱和“元德重宝”折二钱。元德钱都很罕见，1987年内蒙古出土了三枚隶书平钱；伊克昭盟出土一枚真书元德平钱，直径 2.21 厘米，重 3.95 克。“元德重宝”真书折二钱，也只有一枚。

仁宗赵仁孝时（公元 1140—1193 年），铸造了天盛、乾祐钱。

（1）天盛年（公元 1149—1169 年）铸的汉文真书“天盛元宝”平钱，是西夏钱中数量不少的品种。有“天盛元宝”背穿上“西”字的铜钱，是铁母，也是仅见的孤品。背有星的天盛钱，也很少见。

（2）乾祐年（公元 1170—1193 年）铸“乾祐元宝”平钱，钱文有真、行两种书体。真书乾祐有长元、短元之别，短元的是铁母，仅见一枚。大字乾祐钱也是仅见的品种，钱直径 2.2—2.4 厘米，重 3.4—4.8 克。

乾祐年还铸了西夏文“乾祐宝钱”，极罕见。

桓宗赵纯祐天庆年（公元 1194—1205 年），铸西夏文“天庆宝钱”、汉文真书“天庆元宝”。两种钱都很难得，宝钱和元宝背穿上月更罕见。

襄宗赵安全皇建年（公元 1210 年），有汉文真书“皇建元宝”平钱。直径 2.4—2.5 厘米，重 4.2—4.7 克。

神宗赵遵顼光定年（公元 1211—1222 年），铸汉文“光定元宝”。有真、篆两种书体，可成对钱，真书钱不少，篆书光定一直难见。1984 年银川贺兰山首次出土了篆书“光定元宝”，极其宝贵。

西夏钱品种不多，稀罕品不少，是泉界普遍重视的品类。故早已有人根据西夏年号，仿西夏钱文特点进行伪造，不可不查。如“天授通宝”、“正德通宝”、“大德通宝（元宝）”、“乾定元宝”等钱，西夏有这些年号，便有人制造。方若曾指出：“正德元宝”四字不连贯；“乾定元宝”中二字似取之“乾祐”，左右二字取之“光定”；“大德通宝”德字同明代的“宣德”钱，为宣德后铸。另外《古今钱略》所载“应天元宝”，《古钱大辞典》附图下已注明是伪品。

三、金代铜钱

女真族完颜部阿骨打，公元 1115 年建立金朝，都会宁（今黑龙江阿城南）。公元 1127 年攻占开封，灭掉北宋，和南宋政权隔江对峙。公元 1125 年迁都于燕京（北京）。公元 1234 年灭于元。

金初期注重通用白银，后来主要使用纸币，并是我国最早取消钞界的地方。铸造铜钱以前，使用的是宋、辽的旧钱，从海陵王完颜亮正隆年间（公元 1156—1160 年）起，才开始置炉铸钱。“正隆元宝”平钱，文字规整，铸造精好。正字有出头不出头之分，正字末笔长过第四笔的，叫出头正隆，数量较少。还有宝字内尔字，有直写、弯写、撇写等区别。

公元1161年完颜亮率兵进攻南宋，败于采石矶。皇室庶支的完颜雍被拥立为帝，改元大定，铸“大定通宝”，钱文仿宋徽宗的大观钱，文字兼刚劲秀丽于一身，影响到元代钱文、元末农民起义军钱文及明初的钱文。有平钱和大型两种，钱背有光背，前穿上申、酉和穿下申、酉等。平钱颜色白亮，极精致美观。宽缘大型小字的，数量较少。铁母更是罕见。

大定二十九年（公元1189年），章宗继位，停铸大定钱。到泰和四年（公元1204年），又开始铸铜钱，为“泰和通宝”和“泰和重宝”。“泰和通宝”，楷书，有平钱、折二、折三和折十共四种。各种都很罕见，尤其是当十大钱，仅有三品传世。有肥字、细字、大样、小样等版别。市上有一种假钱，仿自细字小样的“泰和通宝”。作伪技术很高，只是肉部砂眼明显，比真品略显粗糙。选择时须细加审视。“泰和重宝”是篆书当十大钱。文字秀美，篆如玉筋。牍别有肥笔、瘦笔，和字的禾部有阔禾、窄禾，钱型有大样、小样等。

卫绍王崇庆年（公元1212年），铸造的“崇庆元宝”篆文大钱，“崇庆通宝”楷书平钱、折二；至宁年（公元1213年）的“至宁元宝”楷书大钱；宣宗贞祐年（公元1214—1216年）的“贞祐通宝”，楷书大、小钱，都是难见的。

金时还有两种铜钱：一是刘豫的阜昌钱，一是移刺窝斡天正钱。

刘豫本是宋朝山东济南官员，北宋灭亡，刘豫降金。建炎四年（公元1130年）被金立作傀儡皇帝，国号齐，年号阜昌，绍兴七年（公元1137年）被废。铸有“阜昌元宝”平钱，“阜昌通宝”折二和“阜昌重宝”折三。钱文有真、篆两种书体，成对品。

阜昌钱铸行时间不长，又是地区性钱币，传世不多，但制作很精，一直是泉界注重收藏的对象。平钱直径约2.6厘米，重约3.4克。折二直径约2.8厘米，重约7.8克。各种阜昌均罕见，篆书折二更罕见。近年陕西出土了阜昌折二对钱，极其宝贵。

移刺窝斡是金境西北路契丹族人。正隆六年（公元1161年）率部反金称帝，年号天正。现仅有两枚“天正”钱，被认为是移刺窝斡天正年所铸。钱直径2.3厘米，重3克。面穿上下为“天正”二字，左右均有星月形，背部穿右也有星月形。

四、元朝和元末农民起义军铜钱

公元 1206 年，成吉思汗建立蒙古汗国。其孙忽必烈公元 1260 年自立为大汗，公元 1271 年迁都大都（今北京），改国号为元。公元 1368 年元朝灭亡。

元朝以纸币和白银为主要货币，也铸造了少量的铜钱。元朝初年发行纸币，公元 1236 年发行过交钞，以银为本位。公元 1260 年又发行丝钞，以丝为本位，二两丝钞值银一两。这时期还仿宋铸造铜钱，用宋的“宣和通宝”为正面，背铸“半分”，面用“大观通宝，背半钱”等。半分和半钱是折白银的数量或是和纸币的折算数值。

元朝铸造的铜币，数量最多，种类繁杂的是庙宇钱，或称供养钱，不是正式货币，将另行介绍。真正流通货币只有六个年号的若干品种。

（1）元世祖忽必烈，改国号为元以前，在中统年间（公元 1260—1263 年）铸造了“中统元宝”。钱文有楷、篆两种书体，成对品。存世不超过 10 枚。忽必烈于至元八年（公元 1271 年）改国号为元。至元二十二年（公元 1285 年）铸“至元通宝”，钱文有汉文楷书和八思巴文两种，似可分为小平、折二、折三。数量也不多。

（2）元成宗元贞年（公元 1295—1296 年），铸“元贞通宝”。汉文楷书钱数量很少，八思巴文折二钱更罕见。大德年（公元 1297—1307 年）铸“大德通宝”，有汉文楷书和八思巴文两种，都不多见，尤以八思巴文大德钱，俗称蒙文大德，更为罕见。

元武宗至大年（公元 1308—1311 年），铸“至大通宝”、“大元通宝”和“大元国宝”。“至大通宝”汉文楷书，平钱数量不少，折二钱罕见。“大元通宝”，八思巴文折十大钱较多，汉文平钱极罕见。“大元国宝”折十钱，钱文篆书，背铸有篆文“至大”二字。元代钱币中独此一例，与大小元钱风格迥异。

曾出土过一枚元英宗年间的四种文字的大钱，一面是汉文“至元通宝”，另一面穿上下是八思巴文，左边是西夏文，右边是突厥文，译出来是“至治通宝”。目前，未见其他至治年间的正式铜钱，只此一件与至大钱的合铸钱，甚为奇特。

元顺帝至正年（公元 1341—1368 年）铸“至正通宝”和“至正之宝”权钞钱。

“至正通宝”面文汉文楷书，分小平、折二、折三、折五和折十，五个等次。小平钱背穿上有八思巴文的地支纪年：寅（庚寅，至正十年，公元1350年），卯（辛卯）、辰（壬辰）、巳（癸巳）、午（甲午），背寅、午的数量较少。折二、折三、折五的背文，都有用八思巴文地支纪年的，从寅至午。折二和折三还有用八思巴文、汉文纪值。折二背穿上八思巴文二，穿下汉文二；折三背穿上八思巴文三，穿下汉文三。折三、折五和折十，有背八思巴文纪值三、五、十。折五和折十又有八思巴文地支纪年和汉文纪值的。折十单有一种上八思巴文十、下汉文一两重。大小五等，交错组合成30多种。其中，背上三（八思巴文）下三、折三背寅（八思巴文）、各种背文的折五、背上八思巴文纪年下十和上八思巴文十，下一两重等钱，数量比较少。

“至正之宝”是权钞钱，配合至正交钞纸币的面值。背文穿上一“吉”字，穿左“权钞”二字，右有“伍分”、“壹钱”、“壹钱伍分”、“贰钱伍分”和“伍钱”五种，都很罕见，“五分”的最罕见。

元朝末年农民起义军建立了几个政权，他们发行的货币因数量不多，流传下来的更少。

张士诚占据苏州，建国号大周，元至正十三年（公元1353年）创年号天祐，铸“天祐通宝”，面文楷书，背文篆书纪值，有小平、折二、折三和折五，其中折二最少。传世有一枚光背天祐小平，是孤品。

至正十五年（公元1355年），刘福通立韩林儿为皇帝，国号宋，年号龙凤，铸“龙凤通宝”，有小平、折二和折三，数量很少，尤其以大字大样的更少。

徐寿辉起兵于湖北黄冈，建立政权。至元十八年（公元1358年），改元天启，铸“一启通宝”。第二年改元天定，铸“天定通宝”。两种钱都有小平、折二和折三。“天启通宝”与明代天启通宝相比，文字清秀洒脱。天字笔划较瘦，笔意放开，通字的甬部细长，走尾不上挑，宝字贝部秀丽自然。最有特点的是启字，徐天启的启字，第一笔点作小横，第二笔撇上端伸出与小横相连。徐天启各种钱的数量都很少，有一枚篆书天启折二，是孤品。

至正二十年（公元1360年），徐寿辉的部将陈友谅杀了徐寿辉，改国号为汉，改元大义，铸“大义通宝”，有小平、折二和折三。“天定通宝”和“大义通宝”，数量较多，铸造粗糙。

元末农民起义军中，朱元璋的一支在江南取得发展，公元1356年攻占集庆（今南京）。公元1361年设宝源局，铸“大中通宝”。随着势力的扩展，在各地设局鼓铸“大中通宝”，有小平、折二、折三、折五和当十。

光背的，从小平至折五光背，当十背穿上“十”。纪地的，有浙、豫、福、广、京、济、鄂、桂和北平，共九种，平钱背京、济、鄂的少。折二、折三、折五钱，除背浙字的以外，都不多。

纪值的多有地和值两种文字，如桂二、广三、五福、济十等等。当十钱背鄂十、十广、桂十等少见。

大中钱是元末农民起义军钱币中数量最多、版别最多的品种。

第八节 明清钱币

明初期沿袭元代纸币制度，从洪武年间就发行“大明通行宝钞”，成为定制。明后期纸币贬值，铜钱铸造开始增多。崇祯十七年（公元1644年），李自成在西安建立大顺政权，铸“永昌通宝”钱，分小平、折五两种；张献忠在成都建立大西政权，铸“大顺通宝”等钱。明亡以后，明代藩王纷纷自立抗清，设官署，建年号，又各自铸有钱币，以永历钱铸量最大，传世较多。

清代的币制以银为本、钱为末，但民间使用的主要还是铜钱。最初，努尔哈赤铸“天命汗钱”、皇太极铸“天聪汗钱”。清朝建立后，从顺治开始历代相沿，各朝都铸造以年号为名的制钱，面文是年号加“通宝”或“元宝”，背文为满文或满汉合璧，分纪局、纪地、纪值，或星、月、圆点等。清政府除在中央工、户两部设局铸钱外，各省亦允许设局铸钱，制钱成为主要通货，白银作为大额支付而行使货币职能。咸丰年间发行了当五、当十，直至当五百、当千的多种钱币。清末，币制发生了极大的变化，机器压制的铜币取代了方孔钱，银元和新式钞票开始进入流通领域。咸丰元年（公元1851年），洪秀全在广西发动起义，国号“太平天国”，初期曾铸行“通宝”钱；咸丰三年（公元1853年）定都南京（后改天京）后，铸造太平天国钱币，版式繁多，背文为“圣宝”等字。

第四篇

中国青铜器的纹饰

青铜器上的纹饰既能勾勒轮廓，又能起到装点作用，使器物夺目、华美。更重要的一点就是，千奇百怪的纹饰反映了当时的社会生活情况。从研究青铜器角度来看，青铜纹饰所带有的史料价值远远超过其本身的艺术价值和观赏价值，所反映的是古代社会的经济、文化、政治与宗教情况，可以说就是中国古文明的再版。

青铜器是商周艺术文化的代表，也是贵族社会文化的产物，它不仅作为日常生活用具，更是宗教祭祀重要的礼器，因此青铜器发展史可称为商周文明发展史。商代前期青铜器的纹饰非常质朴、结构粗犷，最常见的纹饰是饕餮纹。西周时期新出现了长鸟纹，凤纹也颇为流行，晚期时那些象生动物纹饰已经绝迹了。春秋战国时代前代的那种带有浓重宗教色彩的传统已经被打破，地域性及创新精神被更多地表现。秦汉以后，镶嵌工艺不断发展，纹饰不再占有重要意义了。

第一章

青铜纹饰的发生、发展

青铜器上的纹饰既能勾勒轮廓，又能起到装饰作用，使器物夺目、华美。对于史学家来说，青铜纹饰所带有的史料价值则远远超过其本身的艺术价值和观赏价值，它所反映的是古代社会的经济、文化、政治与宗教情况，是中国古文明的再现。

中国古代青铜器上的纹饰，始于夏代晚期，最早出现在容器上的是实心的连珠纹。二里头遗址出土的两件兵器，一件戈的内部饰有仿玉器牙琢形式，另一戈饰简单的变形动物纹。因为夏代晚期的青铜容器至今发现的很少，纹饰资料也不丰富，因此如果从夏代晚期的陶器和玉器装饰情形来推断，当时应该以动物形纹组合为主。如：在与青铜兵器同墓出土的玉柄形器上已有多叠层的兽面纹装饰；在偃师二里头遗址出土的陶器上，已有动物的头部和龙浮雕。

商代早期青铜器纹饰主体已是兽面纹，以粗犷的勾曲回旋的线条构成，全是变形纹样。除兽目圆大为象征外，其余条纹并不具体表现物象的各个部位。纹饰多平雕，个别主纹出现了浮雕，这个时期的纹饰都以雷纹为底纹是一大特色。此外，商代早期的几何纹极其简单，有一些粗糙的雷纹，还有单列或多列的连珠纹，乳钉纹也已经出现。

到了商中期纹饰分为两类：一类是对早期变形动物纹的改进，原来粗犷的线条变得较细而密集，如阜南龙虎尊和嘉山泊岗的主纹兽面纹已较精细。第二类是出现了用繁密的雷纹和排列整齐的羽状纹构成的兽面纹。这类兽面纹最突出的特征就是双目突出，这可以从河北藁城出土的甗和故宫博物院收藏的大罍得到证明。此外，商中期已采用较多的高浮雕附饰，但线条轮廓有浑圆感，与晚期浮雕轮廓线峻直锐利的风格不同。

商代晚期是我国青铜器发展的一个高峰期，同一种器物的式样多姿多彩，纹饰千变万化，所以这时期出土的青铜器时间差距不是太大，但器物差异较大。可见，商晚期的青铜器无论式样，还是纹饰犹如百花齐放，五彩缤纷，大大提高青铜器的观赏价值。而从文物鉴定的角度来说，无疑增加了鉴定的难度，鉴定难度大，反过来又使研究赏析更富有情趣，青铜器也更具有吸引力。

商代晚期至西周早期是我国青铜纹饰发展的鼎盛期，这个时期器型多种多样，花纹繁缛富丽。西周早期虽然朝代更替了，但统治阶级用礼器统治人们的思想没有改变。所以，青铜礼器发展的大环境没有改变，这样青铜上的纹饰还是按照为礼器服务的思想不断发展。商代的许多纹饰在西周时期仍然在使用，如：商代晚期兽面纹的变化形式有牛角形、羊角形、内卷角形、曲折角形、虎头形等纹饰。西周时期特有的纹饰特征是中后期形成的，这时青铜器胎体开始变薄，纹饰逐渐简化，流行的纹饰主要为：窃曲纹、波曲纹、凤鸟纹等。另外，还出现了许多无纹饰的素器，在这些素器当中也有饰几道纹的。

西周中期，春秋晚期至战国，由于铁器的推广使用，铜制工具越来越少，所以相关的纹饰资料就更少了。到了秦汉时期，随着瓷器和漆器进入日常生活，铜制容器品种大大减少，装饰简单，多为素面，胎体也更为轻薄了。

商代青铜器上纹饰的渊源可追溯到荒古的时代，并且不只一种简单的文化留有的迹象，这是社会发展过程中许多文化的选择、融合、继承和发展而体现出的新面貌。从考古实例看，它的主脉络的联系是存在的。所以，纹饰是青铜器和古代社会中的情感语言，反映着商代人的精神追求和理想。如果说青铜器是中国古代文明的物质载体，那纹饰便是文明图象的注释，体现出中国古代人旺盛的生命意识。

我国异彩纷呈青铜器纹饰，大致可分为如下几大类，即兽面纹、龙纹、凤纹、各种动物纹、火纹、各种兽体变形纹、几何纹和人物画像等；下面我们将对各类进行详细的介绍。

第二章

动物纹

青铜器纹饰种类繁多，其中要数动物纹出现最早，表现形式最为丰富。这些纹饰中的动物形象已经变形化、图案化，大多属于虚构的奇特动物，有的甚至已经无法准确地推测它们的原形到底是哪些物象。这类纹饰有的可能来自原始先民的图腾崇拜，有的可能反映了原始人对神秘莫测大自然的理解和幻想，是远古时代各种文化长期融合、选择、继承和发展的结果。殷周青铜器上的变形动物纹样，常跟精细的几何纹综合起来使用，利用深浅凹凸的浮雕构成纷繁富丽的图案。

第一节 兽面纹

兽面纹旧称饕餮纹。饕餮之名始于《吕氏春秋·先识览》，上著有“周鼎著饕餮，有首无身，食人未咽，害及其身，以言报更也。”宋代人将青铜器上所表现的以兽的头部，或以兽的头部为主的纹饰都称为饕餮纹。这类纹饰实际上是各种各样的动物或幻想中的物象头部正视时的图案。后来有不少著作中称它为兽面纹。兽面纹比饕餮纹的说法更科学、具体，前者指出了这种纹饰的构图形式，后者却只限于“有首无身”这样的定义，而绝大多数纹饰的实例却并非如此。

兽面纹的特点是：以鼻梁为中心，两侧成对排列，上端第一道是角，角下有目。形象比较具体的兽面纹在目上还有眉，目的两侧有的还有耳。

多数兽面纹有曲张的爪，两侧有左右展开的躯体或兽尾，少数简略的形式没有兽的体部或尾部。所有的兽面纹基本上是按这一模式塑造而成，所不同的是随着时代的发展在表现方法和技巧上有所不同。

早商时期·饕餮纹

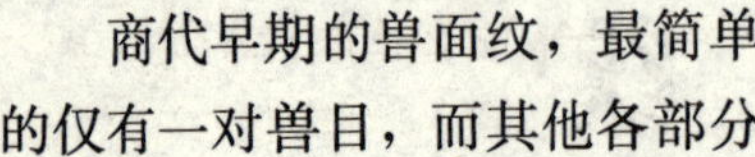

商代早期的兽面纹，最简单的仅有一对兽目，而其他各部分都省略了。一般的纹饰都由横条或直条的复线或单线为主体的末端呈勾曲形的条纹构成，并派生出简单的雷纹。小器的纹饰很单调，大器的纹饰显得复杂一些。纹饰线条有粗犷和纤细两类，有时一件器物上的两个图案各用不同的线条构成。

商代中期的变化是突出目纹，有的比例相当大，炯炯有神。大体上商代中期图像的线条和结构比商代早期的图像更为复杂。纹饰很少用粗条纹构成，而是用大量回曲形的雷纹和并列的羽状纹构成。整个兽面纹的神秘气氛比早期更为强烈，但图案仍是抽象的。兽面的主干和地纹的区别不明显。

商代晚期的兽面纹有三种形式：形象具体的、肢体省略的和变形的。形象具体的兽面纹的特点是扩大了角的部位，兽目相对缩小，脸颊和两肋额顶、兽腿、爪、体躯和其余的地纹用平雕和浮雕相结合的手法，这也是最常见的一类兽面纹。肢体省略的兽面纹是只有平雕或浮雕的兽面，没有兽体的其余部分，但仍然是图案结合的象征性省略，与所谓“有首无身，食人未咽”的形象没有太大关系。变形的兽面纹分为三种：一种是只保留角、目、鼻、耳、爪等彼此各不相连的线条，多数是素面的，仅有少数有地纹，但是没有纹饰实象的整体感；第二种是只表现一对兽目，其余部分都以细密而有规则的雷纹组成，是构图的退化现象；第三种虽然只剩下象征性的大兽目，但其余条纹仍然做得相当精丽，不因其变形而简陋粗率。

商代晚期至西周早期的兽面纹最为发达，种类也非常多，虽然它们的形象结构是公式化的，但突出的角型却很不相同，这是区别于各类兽面纹的主要标志。角型有的是比较常见的，如河南安阳侯家庄 1004 号墓出土的大方鼎，铭文为牛的方鼎花纹称为牛头纹，铭文为鹿的方鼎花纹称为鹿

头纹。这些器物上纹饰中的角型很清楚，有的呈弯曲状，从角根向外卷，犹如羊角；有的从角根展开角尖向内卷，近似于牛角；还有的是上述两类角的变形，既不像牛角，也不像羊角，可分别称之为上卷角或卷角。现将各类兽面纹简述如下：

一、环柱角型兽面纹

角为半环形，中间有一根短柱与额顶相连，这是一种动物角的变形，而在实际生活中还未曾见到过有此类角的动物。环柱角型兽面纹初见于商代早期，至商代中期时的青铜器中反而少见，商代晚期和西周早期盛行起来。

二、牛角型兽面纹

此类角都类似于实际的水牛角，角根横向，角尖上翘而内卷，有的向两侧展开的体躯，牛的痕迹很明显，可认定为牛纹。

三、外卷角型兽面纹

类似牛角型的兽面纹，其角回环多转，与牛角型兽面纹有较大的区别。

四、羊角型兽面纹

其实体为羊头，角根上翘且向上内卷，犹如四羊方尊羊头的平面图，这种角型的兽面纹，很少有羊蹄的，大都有非蹄足且锋利的兽爪。

五、内卷角型兽面纹

这是牛角的变化形式，但又不是真正的牛角。粗大的角根横置于兽头的额顶两侧，角尖上伸后再向内弯曲。这种角型最早出现在商代早期青铜器上。商代中期的内卷角直接从两侧延伸而出，角尖上伸再向内弯曲，这种形状的角在真实的动物中是没有的。内卷角型兽面纹盛行于商末周初，个别的还见于西周中晚期。

六、曲折角型兽面纹

角根在下，角尖向上折曲而下，再向外弯曲而上翘，弯曲之处都为方折形。这种角不见于任何动物，但与西北高原上的一种大角羊的角有类似之处，这种羊角向两边下垂，角尖向外翘出。或许当时纹饰造型时就取自此类动物的角型。

七、龙角型兽面纹

这是一种较为奇异的兽面纹，即兽角用完整的龙形表现。龙体也为曲折或扭曲形。但龙角型兽面纹并不普遍，只见于做工精细的器上。

八、长颈鹿角型兽面纹

角作上小下大的瓶形体，在实际动物中只有长颈鹿才有这种角，旧称龙角，是较晚兴起的角型之一。这种角型有时内侧岐出一刺，当属同一类物象。

九、虎头型兽面纹

真实的虎双耳竖起，但不很大。青铜器纹饰中的虎头纹双耳竖起，相当夸张。虎耳为开口向下的“C”状，与内卷角的式样有相似之处，区别在于内卷角的角根肥大，角端尖锐，虎头型的耳部置在额顶角的地位，两端都是呈圆势。

十、熊头型兽面纹

此种纹饰额顶的耳呈很夸张的宽而长状，与虎耳不同，面目也伟壮，当属熊类。

十一、龙蛇集群型兽面纹

兽面纹在西周晚期时完全衰落，至春秋早期已无所见。但在春秋晚期至战国早期的部分青铜钟的鼓部，重新出现了兽面纹构图。兽头的眉、额、面颊和口等各部位，都以卷曲缠绕的、小的龙蛇图形组成，成为龙蛇集群式的兽面纹。

以上11种变化皆属商周时期大、中型青铜器的兽面纹。两侧往往有鸟纹或小龙为配置，从商代到西周都有，周康王以后青铜器上兽面纹的配置情况就大大地减少了。

变型兽面纹即蜕化的兽面纹，是共、穆王之后出现的，由体解型的兽面纹发展而成。此类纹饰的特点是：不辨角型，或只有象征性却无定状的角型，也没有明确的兽体。除目纹（有时很小）之外，其余都是一些无意义的、对称的横与竖的弧线，中间有两条蜕化了的鼻准线，兽耳和兽爪都不作具体描绘，但从整体来看，仍能依稀辨认出是兽面纹。兽面纹有的呈带状，也就是同类线条无意义的延长。这样的纹样在西周中晚期出现的很多，有的被误认为是窃曲纹。

第二节　兽体变形纹

兽体变形纹是由动物体躯组成的各种图案，这些动物的头部都省略了，体躯也随着图案而变形。兽体变形纹的主体不具备某些动物的整体形状，只是象征性兽体残余的变形，是在现实生活中不可能存在的动物。此类纹饰在青铜器上表现的形式有鸟兽合体纹、兽目交连纹、兽体变形纹，还有波曲纹、鳞纹、蕉叶纹、羽翅纹。

一、鸟兽合体纹

有一段曲折形的体躯，一端是龙头，一端是鸟头，实际生活中没有这种形态的兽，应属图案结构的变形，这种纹饰在商末周初也个别出现。

二、兽目交连纹

为两兽的某一部分相互连接，所接触之处有一目相连结。其表现形式有的两兽头部相接，连接处为目纹；有的两兽体躯相接；还有的两尾上下相接或左右相接，连接处均为目纹。春秋晚期的莲鹤方壶，盖边上就是两尾相结的兽目交连纹，与交龙纹的区别是相连接而不是交缠，并在连续处有一目。这类纹饰旧称穷曲纹或窃曲纹，盛行于西周中晚期到春秋时代。

三、鳞纹

以龙蛇体躯上的鳞片排列组成的纹饰，排列的方式有连续式、重叠式、并列式三种。连续式是完全相同的鳞片，按纵向交错排列，可铺开一个很大的面。重叠式鳞纹排列方式如鱼鳞相叠，也是纵向形式。这两种鳞纹都可作为主纹，一般饰于器物的腹部，如：西周中期仲义父鑐，腹部是很有规律的鳞纹；上村岭虢国墓地出土的鼎、匜、壶上也饰有鳞纹。并列式有大小相同或大小相间的鳞片横置作带状，也有作二层横列。这类鳞纹旧称重环纹，一般饰于鼎和簋的腹上部，如西周的孝王师兑簋，就是这样的纹饰。盛行于西周中晚期。

四、蕉叶纹

两兽的体躯作纵向对称式排列，一端较宽，一端尖锐，呈蕉叶状。此类纹饰大多施于觚的颈部和鼎的腹部。盛行于商末周初。

五、羽翅纹

呈“V”型羽翅状，盛行于春秋晚期至战国时期。它的粗端呈雷纹盘旋，细端呈尖锐状，常用多叠形式整齐排列，在一件青铜器上可有数千个之多。

六、兽体卷曲纹

每个图案的个体是一根弯曲的线条，有的呈“C”形和“S”形的图案，也有的呈横“∽”形，近似卷曲回顾的龙，但它不辨首尾。过去也有称其为蟠虺纹的，实际上蟠虺纹是一种小蛇状的纹饰，头尾还是可以分辨的。这种纹饰盛行于春秋战国之际。

第三节 龙 纹

龙纹包括夔纹和夔龙纹。在宋代以来的著录中，青铜器上凡是表现一只足并类似于爬虫的物象都称之为夔，这是引用了古籍中“夔一足”的记载。其实，按照孔丘的解释，“得夔一已足”，而非为夔是一足动物，实际上一足动物是双足动物的侧面象形。青铜器中盉、罍等盖上的立体龙的形象，从来都是有两足，有的在尊或簋的耳部以整体龙作为装饰，就有两足或四足，从没有立体一足的龙，所以这里不采用夔纹这个传统名词。

商代早期纹饰较为抽象，龙纹的形象也不大具体，但是商代中期的龙虎尊，肩上的龙已很形象，有实吻和长颈鹿角，体躯蜿曲如蟒蛇曲尾。四羊方尊肩部的龙为尖吻，呈长颈鹿角状，鳞片更加形象，且有兽爪。

青铜器纹饰中，凡是蜿蜒形体躯的动物，都可归于龙类。龙在商代人的心目中，大概是多种多样的。古籍中对龙的形象记载也很不相同。侯家庄西北岗殷陵出土的中柱盂，能转动的中柱上有四条龙，角型分为两种：一为长颈鹿角型的龙，另为尖状的有螺旋转纹的龙。后者龙角的筒形可呈泪状，所以有这种角形和体躯的动物也是一种龙。令方彝器颈上有鳞节，非常生动，但这条龙却长有一个虎头，是虎头型的龙。此外，还有曲折角状的龙。以上为商代与西周早期青铜器上龙的种类。按照图案的结构，龙纹可分为爬行龙纹、卷体龙纹、交体龙纹、双体龙纹、两头龙纹等，简述如下：

一、爬行龙纹

爬行龙纹在青铜器上大都呈对称式排列，一般情况下它们是：龙的侧面形象，呈爬行状，通常龙头张口向下，上唇向上卷起，下唇向下卷或向口里卷，额顶有各种不同的角型，中间为躯干，下有一足呈爪形，也有的无足，尾部常弯曲上卷。爬行龙纹中大部分角型与兽面纹相同，如内卷角龙纹、外卷角龙纹、曲折角龙纹、长颈鹿角龙纹、螺旋角龙纹和虎头龙纹等，盛行于商代中晚期到西周早期。此外爬行龙纹中还有一种形式，就是长冠龙纹，它取消了龙纹头上的角而代以凤的长冠，但头部还是兽头，而不是禽鸟的头。这种龙纹体躯较长，中间有一足或作鳍形，尾部分开向上下卷曲。长冠龙纹初见于西周早期，盛行于西周中期。此种兽类的体躯也有的类似于鸟形，或是图案的变形。

二、卷体龙纹

卷体龙纹是龙的体躯蜷曲的形象。卷体龙在前期有两种形式：一种是蟠龙，单个卷龙纹，也称蟠龙纹，龙头居中，体躯作圜形盘转成圆形，这种龙纹大多施于盘的中心，盛行于商末周初；另一种龙的形象上部作直立形，下半部卷曲似盘坐状，例如火龙纹的龙大多是这样的形状，盛行于商代晚期到西周中期。后来出现的钟的鼓部，也有类似龙的形状。

三、交体龙纹

交体龙纹是龙体部交缠的形象，盛行于春秋战国之际。关于它的记载见于《周礼·春官·司常》：上有“王建大常，诸侯建旂。”郑玄注：“诸侯画交龙，一象其升朝，一象其下覆也。”又《释名·释兵》：“交龙旂，旂，倚也。画作两龙相依倚也。”据此，交龙的形象是一上一下，下者升上，上者旋下，两体交缠，称为交龙。在青铜器中以“x”和“∞”形结构为基础而变化出各种非常复杂的交龙像：有的两龙相交，也有的群龙交缠。在青铜器上，交体龙纹的体躯是比较粗壮的，旧称蟠螭纹；经过变形缩小的交体龙纹，旧称蟠蛇纹。

四、双体龙纹

双体龙纹以龙首为中心，体躯向两侧展开，旧称双尾龙纹。其实它的基本模式和兽面纹的体躯向两侧展开的规律相同，因为这种图案常饰于器颈部的狭长范围内而呈带状，使龙的体躯有充分展开的余地，实际上是龙的正视展开图。这种纹饰盛行于商代晚期到西周中期。

战国早期·镶嵌龙凤纹壶

五、两头龙纹

一条兽体的两端各有一个龙头，旧称两头兽纹。在青铜器上，这种纹饰的体躯大多呈一条斜线或曲折形线条。在实际的主体物象遗存中，从未有过一身而前后两头的龙形，可能是两条斜角龙纹连为一体而成了两头龙，这主要是图案的变形现象。两头龙纹的两个头有的不相同，通常一个是正面一个是侧面。简单的独体两头龙纹，大多见于西周中晚期；缠绕式的两头龙纹则盛行于春秋中晚期。

第四节　凤鸟纹

凤鸟纹包括凤纹和各种鸟的图案，一般比较形象。最早的鸟纹发现于新石器时代，如上海青浦福泉山良渚文化遗址出土的玉琮上有明确的鸟纹。美国华盛顿佛利尔美术博物馆收藏的中国新石器时代的可能属良渚文化的玉璧上，也刻有非常形象的鸟纹。

在青铜器上，虽然商代早期和中期已有了变形的鸟纹，但常处于纹饰中次要的背衬地位，如四羊方尊上的凤纹和凤纹方尊是殷墟晚期前段颇为罕见的纹饰。殷墟晚期饰有兽面纹斝的双柱是透雕冠垂背的凤形。到了商末周初及至西周中期昭、穆之时，青铜器纹饰中凤鸟纹大量出现，特别是西周早期到穆、共王时期，被人称之为凤纹时代。

凤纹除了华丽的冠外，它的体躯和尾部也有很多变化，凤的冠大致有多齿冠、长冠和花冠三种形式。多齿冠凤纹盛行于商末周初，冠呈多齿形，宽尾下垂，装饰很华丽，多齿冠在凤纹中极为少见。长冠凤纹是在凤的头部有一条逶迤的长冠垂于颈后，长的可达背部，尖端呈向上或向下的卷曲。这类凤纹体躯很多是卷曲的，并有长尾或尾部下垂，盛行于殷商中期到西周晚期。花冠凤纹盛行于西周时期，花冠是凤头部长冠的修饰，表示凤冠华丽的绶带。花冠有的呈长羽飘举状，可垂于胸前；有时花冠可垂至足部，然后再向上卷，尽量发挥它的装饰作用。

鸟纹中绝大部分的鸟喙是闭合的弯钩形，和鹫鸟的喙相似；个别的鸟喙也有张开的，见于西周早期的式样。鸟纹都有角或毛角，角的形式大致有弯角、长颈鹿角和尖角。弯角鸟纹盛行于商末周初，在鸟的后脑有一弯角，角根较宽、向下弯曲、角尖向上。长颈鹿角鸟纹盛行于商末周初，鸟头上有长颈鹿角，这与兽面纹所见长颈鹿角相同，但作横向安置。尖角鸟纹也盛行于商末周初，鸟的角根粗大，上端尖锐如尖耳状。鸟纹的体躯，大多只是一个禽体的外形，没有羽翅，有时因图案结构的需要，有呈长条卷尾形的，类似鸟首龙体。

鸟的尾部变化较多，有长尾、垂尾和分尾等几种形式。长尾鸟纹中鸟的尾部是整个体躯的三倍，极度夸张，长尾的尾端有上卷与下卷之分。垂尾因尾部较宽而作下垂状，这在凤纹中比较多。分尾是因构图变化，使尾部与体躯分离，分尾的尾端也有上卷和下卷之分。

一、长喙鸟纹

大多见于西周中期。体躯是鸟，头部有一特长的喙。

二、鸾鸟纹

盛行于西周中晚期。鸾是鸣声优美的神鸟，形象如鸡，举首而立，多饰于乐器中的鼓的右边打击处。鸾鸟鸣声如音乐，这是用途和纹饰相应的实例。

三、鸱枭纹

盛行于商代中晚期。多为鸱枭的正面图形，特别强调鸱枭的大圆眼，头上有一对毛角，两翅较大；有的只表现鸱枭的头部和两翼。河南温县小南张出土的徙斝，腹部就是鸱枭纹。

四、雁纹

属春秋晚期纹饰。雁纹是鸟纹中写实的形象，这种纹饰仅见于山西省浑源县李峪村出土的鸟兽龙纹壶上，作曲颈伫立的群雁状，具有北方地区的风格。

第五节 各种动物纹

青铜器动物纹的主体是马、牛、羊、鸡、犬、豕六畜，象、鹿、犀、虎、兔等野生动物，和一些变形的动物，如长鼻兽、蜗身兽。此外还有一些小动物，如蛇、蝉、鱼、龟、蟾蜍等无所归属，也都列入动物纹，这些动物在青铜器上大多有类似的形象。

一、虎纹

在青铜器上，虎纹常以活动的形态出现。如安徽阜阳出土的龙虎尊，肩部有一虎，虎口咬一怪人；河南安阳妇好墓出土的青铜钺上有两虎共食一人头的纹饰；在著名的司母戊鼎的耳部，是对称两虎，虎口张开尾卷，虎口中间为一人头；山西浑源李峪村出土的鸟兽龙纹壶，腹部有虎食人的浮雕；著名的虎食人卣，器物的整个形象呈猛虎踞蹲形，前爪攫一似人非人的怪物。这些虎所食之人形，都不是常人，皆呈鬼怪之状。这类图像在当时相当流行。虎纹还有一种侧面的形象，如上村岭虢国墓地所出虎纹镜就是如此，两虎作圆形，首尾相接。

二、牛纹

商周青铜器上，饰牛角的兽面纹较多，作为整体的牛纹出现在青铜器上的却很少见，仅在商代晚期出现过一尊。颈部饰牛纹，整体造型也为牛的尊在山西浑源、陕西兴平等地都出土过，形象逼真。

三、象纹

象的形象比较明显，头部有一个向下或向上的长鼻，鼻下有咀。一般体躯巨大，并有四足。有的青铜乐器如钲、铙上，象纹一般作为边缘纹饰，体积很小。如：著名的九象尊腹部用简单的线条勾勒出九只象，首尾相接；河南洛阳出土西周成王时期的士上尊、士上卣，西周康王时期的邢侯簋，腹部均饰有对称的象纹；北京琉璃河出土的乙公簋，腹部是对称的大象纹，足部亦是象的造型，非常形象。象纹除作为纹饰外，还有象尊，是以象的整体造型作为青铜酒器，如湖南醴陵出土的象尊。象纹盛行于商代晚期到西周早期。曾经有些学者将长卷鼻的动物都归入象纹，但实际上象还应当有巨大的身躯和粗壮的足，如果缺少这一条件，应列入变形动物纹，而不应归入象纹。

四、鹿纹

河南安阳殷墟 1004 号墓出土的鹿方鼎，腹部饰有鹿角兽面纹，分枝角很突出。整体的鹿纹在商代未见。西周早期貉子卣上也饰有鹿纹，鹿头回顾作卧状，铭文中提到了赠鹿之事，与鹿纹正相应。春秋晚期和战国的青铜器上，也有少量的鹿纹出现，纹饰已用红铜镶嵌。

五、兔纹

兔纹形象写实，在青铜器纹饰中很少见，河南洛阳北瑶出土西周兔纹觯，颈部饰兔纹一周。

六、蜗身兽纹

此纹头呈龙形，头顶有一触角，唇上卷似象鼻，口内有上下交错的大獠牙，头下有一利爪，身负大蜗牛壳。当然，这并不是蜗牛的真实形象，而是变形。这类纹饰过去也称夔纹。蜗身兽纹大都见于在西周早期的青铜器上。西周成王时代的天亡簋和陕西泾阳高家堡出土的方座簋、尊、卣，主纹都是蜗身兽纹。它流行的时间很短，在西周中期的青铜器上已见不到此种纹饰。

七、蛇纹

蛇是一种软体动物，在青铜器上的蛇纹头部比较宽大，一双突出的眼睛，曲折形的身体有鳞节的装饰，尾部上卷。这种纹饰旧称蚕纹，而实际上蚕是没有眼睛的，且头部与体躯为等宽，尾部平直不能上卷。形象的蛇纹出现在商代中晚期，大多对称式排列成带状纹饰，尚没有作主体纹饰使用。西周时代蛇纹很少见，到春秋战国再度盛行，但结构趋向自由，个体精小，有的呈体躯卷曲和交连状，成为卷体龙纹和交体龙纹。

商代晚期·火蛇纹鼎

八、龟纹

龟是一种水生动物，在青铜器上的龟纹头作蛇形，大多呈侧面爬行状，有的介于龟、鳖之间的形状，前部隆起，常装饰于水器上。最早出现在青铜器上的龟纹是在商代中期；在商末周初的盘心内有龟纹作为装饰；春秋晚期的龟龙纹盘，侧面有形象的龟纹作为图案。

九、蟾蜍纹

蟾蜍作为纹饰在青铜器中很少见，盛行于商和西周时代。仅在盛放水浆的容器上可见数例。蟾蜍作兽头，背部有斑纹或圆形的疙瘩纹。

十、鱼纹

鱼纹作侧面游动状，有的体躯为平行线而上下无鳍，口紧闭；有的体部饰六角形及方形鳞片，有脊鳍、腹鳍各二个，或脊鳍一个，腹鳍二个。鱼纹大多出现在盘上，贯状排列，它在商和西周时期并不多见，但它延续的时间却很长，如：春秋早期郑伯盘内有一周鱼纹，首尾相接；春秋晚期龟鱼蟠龙纹长方盘上也有鱼纹。西汉伊始，鱼纹很风行，不仅在水器洗、锅上有，还利用鱼的立体造型做成扁壶，这与汉人以鱼喻多子有关。

西周·青铜蝉纹鼎

十一、蝉纹

蝉纹盛行于商末周初。商代蝉的形象没有翅翼，其形式有两种：一种是处于“发育”阶段的未成虫和成虫。由于它长方形的形象，横竖都可安置，在商末周初的青铜器上一般作为次要的纹饰，如：鼎的腹部蝉纹可直置，并在蝉纹外围作倒三角形图案，称为三角蝉纹；壶的圈足、卣的提梁用横置的形式排列。第二种是蝉多为成虫，有二足和四足，如西周成王时的保卣，提梁上饰蝉纹。

十二、长鼻兽纹

长鼻兽纹盛行于春秋早期，是兽纹的图案变形，为象鼻头和龙形体躯的结合。此类纹饰旧称象纹，但它没有巨大的体躯，也没有明确的口部，只能称为长鼻式的兽纹。

第三章

几何纹

几何纹是由几何形的图案组成的有规律的纹饰，有着形式上的变化和结构上的美感。这种纹饰在原始社会的彩陶上就已出现。青铜器上属于几何纹的形式较多，但在早期作为主要纹饰的机会却很少。在兽面纹、龙纹盛行的时期，它只能作为主纹的陪衬或地纹使用，只有在这些纹饰衰退的时期，才被大量起用。春秋战国之际几何纹作为主体纹饰已屡见不鲜。它们来源于自然界的动物、植物以及其他事物，经过抽象化、图案化而形成，有的还能明显看出它与其原型，如动物的目、鳞、角、躯体，植物的花、叶，自然界的火、云、雷、日、水波等的联系。

第一节 线形纹

一、弦纹

弦纹是青铜器上最简单的纹饰，为一根凸起的直线或横线。弦纹有时单独出现，没有其他纹饰，简洁朴素，线条明快。但在大多的情况下，作为其他复杂花纹界栏出现。

二、横条纹

横条纹旧称平行线纹、沟纹、瓦纹。初见于西周中期，宽阔的横条作突起或凹陷的槽，有的器物通体饰横条纹，如遹簋、师虎簋；也有的腹上部饰以其他纹饰。盛行于西周中晚期，春秋时代还继续使用，但已不多见。到战国时，敦上还有通体饰横条纹的。瓦纹由宽阔的横条凹槽组成，形成一排排仰瓦，也有的称作沟纹，常见于器物的腹部或颈上。沟纹由连续的直线条组成，除了条纹或粗或细、或凸起或凹陷外，没有太大变化，多饰于早期青铜器的腹部或底座上。

三、斜条纹

斜条纹初见于商代中期，西周时代还有使用。斜条纹构成“∧”字形，大多饰于分档鼎及鬲的下腹部。

第二节 圆形纹

一、连珠纹

这是青铜器中出现最早的纹饰之一。连珠纹是小圆圈的横式排列。在夏代晚期爵和斝的腹部，就有实体的连珠纹，作单行或双行排列，周围以弦纹作界栏。商代早期的连珠纹，是空心的小圆圈，并作为主纹。河北藁城台西出土的商早期罍，颈部饰二行、腹部饰三行连珠纹。但这一纹饰大多在兽面纹、龙纹、雷纹的上下栏作为次要的纹饰。以连珠纹作为界栏性的纹饰一般在商代早、中期，后来很少出现。有的连珠纹在空心小圆圈内还有一个点，属于商代中期的纹饰。连珠纹是用一个管状器在陶范上印制，因此圈与圈间距的疏密及横行排列的齐整度都不是很严格，但却很自然。

二、火纹

火纹旧称圆涡纹、涡纹或四纹。这一纹饰出现的较早，湖北境内屈家岭文化遗址中出土的新石器时代的陶器上就有火纹。《周礼·冬官·考工记》中有“火以圜”的记载。火纹是太阳的标志，因此它的特征是圆形，中间略有突起，沿边有四到八道放射的弧线，表示光焰的流动。青铜器上最早的火纹见于夏代晚期斝的腹部，形式比较原始，只有圜形，没有火焰旋转的弧线。商代早期火纹很普遍，斝的腹上、柱上都饰有火纹，且有明确的火焰。商代中期斝颈部饰兽面纹或龙纹，腹部饰六个或七个火纹。商代晚期和西周早期火纹的装饰以鼎、簋的腹部为多，其他酒器、水器上较为少见，这可能是食物的烹煮与火有关。自西周中期起，单个火纹的外圈常围以各种形式的雷纹。到春秋战国时代，单个火纹的装饰有极为华丽的火焰作双钩。火纹的流行时间持续很长，从夏代晚期直至战国，尽管变化不大，但从未间断过。

火纹除了可作为单个的图案外，还可与其他纹饰配合使用。与之配合的纹饰有龙纹、四瓣目纹、雷纹等。火纹与龙纹配合使用时有三种形式：一是火纹与龙纹一一相间排列，多呈带状，龙纹多作卷体或短体。二是火纹与双体龙纹相互配合，龙头居中，体躯向两侧呈波曲形展开，在体躯的上下饰有火纹。以上两种火龙纹同属于商末周初。三是以火纹为中心，两旁配置龙纹，作为一组火龙纹。

三、乳丁纹

乳丁纹为圆形凸起的乳突，排成单行或方阵。另有一种斜方格乳丁纹，乳丁各置于斜方格中，以雷纹填底。钟上有一种呈螺旋形的纹，也与乳丁相似。商代的乳突比较平坦，西周时代的乳突长而尖锐。乳丁纹有的饰于鼎、簋等器物的腹部作主要纹饰，甚至布满器物全身，如常见的乳丁纹簋；有的只作为辅助纹饰。

四、四瓣花纹

四瓣花纹的纹样结构类似于涡纹，但中心略呈方形，四周半圆曲线或者线条宽粗，或者由细线条盘旋成带，如同四瓣舒展的花。

五、贝纹

贝纹像贝壳的形状。在青铜器上常将单独的贝纹连接起来，组成几何图案。作为辅助装饰，饰在器身或器盖的口沿上。

第三节　曲形纹

一、环带纹

环带纹是宽阔的带状波浪起伏，连续屈曲而成，又称为波曲纹。单纯的环带纹饰很多，大多都经过加强和变化的处理；或使用两条平行波纹，上下波谷中填以眉形及口形纹样；或把两条波纹带上下相重，两带之间再装饰其他图案；或在主体为宽阔的带状体躯上下进行大幅度的弯曲。在环带纹波曲的中腰处常有一兽目或近似兽头形的突出物，波峰的中间用两头龙纹、鸟纹、鳞纹或其他简单的线条填充。环带纹常位于鼎、壶等器物的明显部位，为西周中晚期到春秋早期青铜饪食器和酒器的主要纹饰之一。西周时代的大克鼎、宣王时代的颂壶都在其腹部及颈部饰以波曲纹。春秋晚期齐国的洹子孟姜壶上仍然沿用了这类波曲纹。

二、绳纹

绳纹又称绹纹，由两条环带纹交错钮结，如同绳索。绳纹还可以由三条、四条，甚至九条单线绞结而成。另外一种复杂变形的绳络纹，是以两根并连的绳索交织而成套结，连成网格状，大多饰于酒器和水器的表面。

第四节 回旋纹

回旋纹的基本单位是螺旋形，通常用极细的线条，如同手指的螺纹，但有时也能见到粗壮的线条回旋盘绕。一般我们将圆形的回旋纹称为云纹，将有方折见角的称为雷纹。由此可见，回旋纹包括各式各样的云纹、雷纹以及云雷纹。回旋纹是青铜器中最常见最典型的纹饰，是我国图案形式的一大特征。

一、云纹

云纹变化极为丰富，从简单、朴拙的圆形到各种复杂的变形，其基本类别有圆形、“C”形、“T”形及“S”形，多饰于青铜器的颈部或足部。另有云气状旋成楔形，斜角相对；也有斜角相钩，近似环纹；还有云纹两端都向内回旋，云纹方向一上一下，相间排列。

二、云雷纹

回旋线条中既有方折角，又有圆形的纹饰，就是云雪纹。其表现形式有单个同一方向的旋转和两个“ᘓ”形及“S”形旋转等多种。商代中期兽面纹的主体有用大量的云雷纹构成的。商代晚期和西周早期的兽面纹、龙纹、鸟纹的空隙处，常填有云雷纹，而且云雷纹低于主纹，起陪衬作用。春秋战国之际粗犷的兽面纹、龙纹的体躯上，也有各种云雷纹变形图案。战国开始，云雷纹被线条活泼的流云纹所取代。

三、百乳雷纹

百乳雷纹盛行于商代中晚期到西周早期。百乳雷纹也称为斜方格雷乳纹，鼎、簋和罍的腹部常常用它作为主要纹饰。图案呈斜方格形，每一格的边缘为云雷纹，中间有一乳突。商代的乳突比较平坦，西周时代既长又尖锐。

四、曲折雷纹

曲折雷纹旧称波形雷纹。为西周早期的纹饰。在青铜器上，曲折雷纹较为少见。雷纹的主体作上下曲折状。粗线条的雷纹与细线条的雷纹一一相间。

五、钩连雷纹

钩连雷纹最早见于商代中期，盛行于商末周初。春秋战国时期盛行很富丽的钩连雷纹，粗细线条有用金、银和绿松石镶嵌的。一般器物的纹饰有作斜的“山”字形线条，并用斜线相钩连，“山”字形作粗线条，所填雷纹为细线条，也有“山”字形作虚线、雷纹作阴纹的。

六、三角雷纹

三角雷纹外围是三角形，内填以雷纹，三角形的一角向上或向下连成横列，形成大的锯齿带状。角向上，饰于簋腹上部；角向下，则饰于腹下端。这类纹饰盛行于商末周初。晚期的三角雷纹呈倒顺三角形交错排列，金银片或金银丝镶嵌底间。

另外，菱形雷纹、方块雷纹、长方形雷纹是在菱形、方形、长方形内填以雷纹，作连续式排列，并用金银丝和金银片镶嵌，盛行于战国时代。

第五节　其他纹饰

一、三角纹

三角纹盛行于战国时代，是几何纹中最基本的形式之一。但是单纯以三角形饰于铜器上是很少见的，一般是外围呈三角形，里面配以其他纹饰。基本纹式有三种：一种是尖角向上，排成横行，如同垂叶，一般饰于簋腹的上部；一种尖角，连续成行，仰立像连山，一般饰于器腹的下端；第三种是由等边三角形一倒一顺交错排列，连续成带，里面饰以云雷纹，常以金银片或金银丝镶嵌相间，构图严谨，富于装饰性。

二、方形纹

方形纹与三角纹相同，也是几何纹的基本形式，但一般不单独运用在青铜器中作纹饰，大都配置在其他纹饰中，构成综合变化的方形，或者连续排列成方块形、长方形、菱形、网格形，构成编织模样，常用金银镶嵌，通行于战国时期。另有一种变形的方形纹，基本特征是一个长方形的环，一端为半圆形，另一端或平直或内凹出角，整体略似现在的试管状，环有一重、两重或三重三种形式，所以又称作“重环纹”。一般以多个重环首尾相续组成环带，除单独饰于器物上外，还常饰在其他纹饰内。

三、窃曲纹

窃曲纹是西周后期的主要纹样。《吕氏春秋·适威》中说：“周鼎有窃曲，状甚长，上下皆曲”，所谓的窃曲纹，基本特点是：两端回旋呈“S”状，底纹常被细线雷纹填充，中间有一个到三个目形。窃曲纹是兽形纹解体图案化，糅合回旋纹而形成的。

第四章

人事纹

第一节 人面纹

人面纹是青铜器纹饰之一，盛行于商代时期，以后各代仍有少量沿用。有的只有面部，有的出了面部还有兽的身躯。人面宽眉、大眼、高鼻梁、翘嘴、一双大耳。有的人面包括有兽类的特点：上长长角，口中龇出獠牙，是半人半兽的神怪。如安徽出土的龙虎尊虎头下面的人形，藏于故宫博物馆的乳钉纹三耳簋的耳上部所饰人面纹。美国华盛顿弗利尔美术馆收藏的一件商代晚期的铜觥和盉，都有人面兽身的纹饰。这件觥的后足上有人形纹，人的双手放在腰间，躯体下部有一龙盘绕；盉的盖上是长有长角的人面，身躯则为作盘旋状的龙体，极为神奇。

人面纹盉

第二节 人事画像纹

用写实的手法描绘当时贵族的社会生活和勇猛作战的场面的纹饰称为人事画像纹。这类纹饰在青铜器上出现得较晚，已经初步摆脱图案纹饰对称和连续的表现手法。它采用流畅的线条，结合绘画和雕刻的手法，生动地表现人物的动态，描绘出各种场景，不但可以给人以美感享受，而且具有高度的学术价值。这些用绘画形式表现的画像，是后来绘画艺术的先驱。

战国早期·铜壶乐舞图

一、宴饮画像

在一个高台的中间，宾主飨饮酬酢，佣仆奉酒献豆，或有列鼎陈设，周围有鼓钟、击磬、奏瑟和歌舞等场面。场面生动，线条流畅。

二、弋射画像

射是先秦所谓的“六艺”之一，是当时贵族男子必修的技艺，有两种形式：一种是贵族们在弯弓拉矢，射向布侯的情景，侯上或有中箭的；另一种是数人张弓向天，以赠矢射鸟，画像中赠矢皆系有线。

三、采桑画像

图中的桑树枝条舒展，桑叶繁茂，有几个妇女或在桑树上采集桑叶，或在树下接着桑叶。从采桑者的服饰装束来看，应当属于贵族妇女，而不是一般的农民。

四、狩猎画像

图中有四匹马架车，车上旌旗飞扬，衬出车马迅捷飞走之态，驾驭者身体微躬，全神贯注御车。几个狩猎者或手持弓箭或执矛张望，向着成群的牛、羊、鹿、犀、象等大大小小的走兽追逐，有的兽已中数箭，也有作遁逃状。场面宏大，富有动感。

五、徒兵搏斗画像

一列徒兵持戈互相格杀，以两个人成对搏斗的形式排列。

六、攻城画像

如 1935 年，河南汲县出土的水陆攻站纹鉴。图中人物有 300 多人，器物类别有十余种。战士有的拉弓、有的持戈，旌旎在风中摇曳，敌我双方持兵徒步格斗。另一队步兵攻城、或以陻城或以云梯攻城，上有擂石下掷，城上既有被杀戮者的尸体，又有被杀戮者的尸体被从城上抛下，气氛紧张。

七、水战画像

在水上作战的场面，舟中有武装的士兵，奋力合作操舟；舟下有鱼、龟等物。

八、建筑画像

有大屋顶的楼台、帐包、城墙等建筑物的构件。

第五篇

中国青铜器的鉴赏

众所周知，故宫作为明、清两代的皇宫，仅收藏的青铜器物多达万余件，可见明、清两代的君王对青铜器的迷恋一如既往。几千年过去了，穿越历史风云的青铜器已经在人们的意识里，浸染了悠远浓重的神秘感。目前，随着生活水平的提高，人们对收藏、鉴赏文物的兴趣日益高涨。青铜器作为古代艺术中最早、最闪光的亮点，更是一段悠久历史的见证，具有极高的艺术价值，自然是收藏家和鉴赏者首选的收藏目标。在海外拍卖市场上，有着浓厚中国特色和文化积淀的青铜器得到了欧美藏家的青睐，买家以鉴赏能力强、财力雄厚的大收藏家及国外大博物馆为主。一般来看，由于青铜器年代久远，且真伪混杂，因而中国古代青铜器的收藏界发展缓慢，同时也使鉴赏工作变得异常困难，加之文字等方面的障碍，要真正鉴赏一件器物并非一件容易的事。

第一章

鉴定青铜器应具备的知识

第一节　历史知识

我们要鉴赏辨别一件青铜器，如果只了解青铜器的历史，以及其形态、纹饰、铭文、组合关系与铸造工艺等是远远不够的；若想成为青铜器鉴赏与辨伪的专业人士，还必须具备广博的、有关青铜器的历史知识。

中国古代青铜文明源远流长，开始于夏代的二里头文化期，在商末、西周时达到鼎盛阶段，战国末年衰退，至两汉时期仍有它的踪迹，绵延达 2000 年。青铜器是当时人们社会生活中的实用器物，又是人们思想观念、礼仪制度的“物化”，因此历史的风风雨雨都在青铜器上留下了痕迹。因此，只有掌握历史各个时代的文化特征和当时政治、经济、文化等方面的详细情况，才能做好青铜器鉴赏与辨伪这项工作。

清代·错银莲盖方鼎

例如：1976 年陕西省临潼地

区出土的利簋。有关它的断代只要具备鉴别方面的基本知识就足够了，但利簋更深远的意义却无法发掘出来。有些古书记载周武王在甲子日灭商，但由于日期十分具体，并且这些古书中有的被认为是伪书或成书很晚，因此引起部分学者的怀疑。但武王伐商灭纣又是历史上的一件大事，必须辨明，于是人们千百年来一直在这个问题上争执不休，遂成一段疑案。利簋的出土终于解开了这个谜团，而且有力地证明了那些记载它的古书的可靠性，从而大大提高了自己的价值。从这件事上，我们可以看出历史知识在鉴赏青铜器中的重大作用。

西周时期的礼仪制度已经很完善了，青铜鼎、簋等的出土往往有一定的规律，一次都会出土三个或五个从大到小依次排列的鼎，或成偶数的簋。关于列鼎形式，那就要借助文献解谜。据《礼书》记载：西周时天子用九鼎，诸侯用七鼎，卿大夫用五鼎，士用三鼎，以来表示他们的地位身份。那么这三鼎和五鼎的主人就是士和卿大夫，由此也可判断墓葬的规格，这些历史常识对于了解青铜器本身具有重要意义。通过对青铜器的研究，有时候我们会发现一些古书上没有记载的方国。比如：1974—1975年时在陕西省宝鸡地区茹家庄发现的西周国的青铜器。如果缺乏相关的历史知识，很可能只是对青铜器本身的形制等方面作出一些简单的鉴别，如仅指出它属于什么时代，而意识不到这是一个史书上失载的西周诸侯国。在某种程度上，明确后一点价值更大，因为通过它可以从多方面去分析研究这个失载的方国与周王室以及周边方国究竟有什么关系、文化渊源如何，这对于器物价值的认识很有意义。

拥有历代相传、从无间隔、浩如烟海的历史文献是中国传统文化的显著特点之一。虽然先秦文献不是太多，但是也可以清楚地看出它的基本线条，如帝王世系、重大事件与主要历史人物。正因为如此，对于现今发现的古代青铜器，我们都可以找到它所属的框架、占有的位置。可以说，缺乏历史知识就不能清楚某一件或一批青铜器所处的历史时期，当然也就无法准确地估量它的价值与作用了。

第二节　语言文字知识

中国青铜器最显著的特点之一就是具有铭文，这也是中华几千年古老文明的体现之一，更是中国青铜器与外国青铜器的一个重要区别。中国青铜器上的铭文不但数量多，而且很难懂。这主要表现在以下两个方面：

一是铭文的形体与人们通常比较熟悉的小篆不同，比较难辨识。有些字尚可找到后世与之对应的字，也有不少字已经找不到对应字了。后者中特别是那些独立于通篇铭文之外的族徽文字，形状奇特，远从宋代开始，历代文人就绞尽脑汁，却终不得其解。

二是语句简约，这是铭文比较难辨识的另一个难点。语句简约加上语法的特殊性，使通读铭文更为艰难。在古文字学界有这样的一种现象，有的学者因辨识出几个字而享有盛誉。这是为什么呢？就是因为辨识古文字的难度太大。因为几个关键字的认出往往对于青铜器研究具有重要意义。如果我们不认识字，或者对它不大了解，那么在鉴别青铜器时，势必失去这个优势。铭文做为青铜器三要素（形制、纹饰、铭文）之一，应该引起我们足够的重视。可以说在某种意义上，学习青铜器的形制与纹饰还是比较容易的。一个初学者可以在一两年的时间内掌握形制与纹饰方面的鉴赏技巧，但不可能在这么短的时间内掌握释读铭文的本领；而不掌握这一点，又怎样去认识利簋、何尊青铜器、中山王青铜器等有铭文青铜器的价值呢？

我们学习古文字知识，最好从李学勤先生的《古文字学初阶》读起，继而阅读高明先生的《古文字学通论》。同时读读段玉裁的《说文解字注》，一边熟悉小篆、古文、籀文，一边了解字义，这对认识金文大有好处。学习金文也要讲究方法方式，首先必须循序渐进，不要一开始就阅读艰深的著作。例如，有一些初学者由于不熟悉门径，还自以为这是努力学习，一头扎进繁难的考释中去，结果不但没有什么收获，反而产生厌烦心理。

第三节　艺术知识

中国古代青铜器是中国古代文化在物质方面的表现之一，特别是那些上乘的青铜器，总是体现了某一时期文学艺术的最高水平。一件好的青铜器，就外观而言，其形状与纹饰，以及铭文，构成了一幅立体的图画。要真正了解它，必须有绘画艺术、造型艺术的知识；要鉴别铭文书体，又必须具备起码的书法鉴赏能力。

一件青铜器的本质总是通过其外表神韵而透露出来。在现实生活中，有些真器制作并不好，相反有些仿造、伪造品制作得却很精细，但是仿造伪造者的刻意求真，往往作得过分，就像演戏演得过分就失真，而这种矫揉造作与原本的天真自然是不可同日而语的。我们应该都见过，高明的鉴别者根本不用到近处细察青铜器的每一局部，只要站在稍远处望一眼便知真假，其原因就在这里。当然这种通过表象抓住本质的功夫是长期实践的结果。

第四节 自然科学知识

青铜器是一种以某种物质形态出现的有形物体，因此对它的研究不同于其他学科，不但要有社会科学知识，还应具备一定的自然科学知识。比如：青铜器的化学组成及结构，青铜器的腐蚀现象及其机理，这些就属于物理化学的知识。如果对自然科学知识没有一定的了解，是无法对青铜器的颜色及其铜锈作出判断的，而这些又与青铜器的鉴定有着直接关系。总之，只有具备一定的自然科学知识，才能懂得怎样依靠科技方法来解决问题。

郑州南顺城窖藏所出的青铜器

第二章

青铜器的仿造与作伪

第一节　古铜器的仿造与作伪

仿古铜器是艺人们采取一种使铸造与绘画、雕刻、镶嵌相结合的特殊工艺手段，仿制古代散见于世、为数甚少的青铜文物，以供人们鉴赏和珍藏。

所有古玩当然是原件为贵，凡属仿造者皆为赝品。但在所有古玩中只有青铜器最为例外，仿制为世所许。古语云：其仿之精者，且与真器等价。如果伪制，则无论如何精美，也是不行的。伪制不同于仿制，仿的目的在于尊古，而伪制用意在于欺世。从历史上看，历代制器均仿前朝，如商仿夏、周仿商，5000年来除少数创新外，其余均为仿制。

春秋战国之交·子之弄鸟尊

不管是仿造也好，作伪也好，都与所仿真器当时的技术工艺及原材料上存在一定差别，进而形成了仿制青铜器的自身特点：

一是以铭文表明是仿制品。一般来说，宫廷所仿多铸有本朝年款，例如宣

德三年工部奉敕仿制之商周青铜器器底多铸有篆文书写的“宣德”二字。明末潞王所仿制器则有“潞国制”字样，并有器物编号。北京故宫博物院藏乾隆年间宫廷仿商周铜器也有“大清乾隆年制”铭文。历代地方官吏仿制品除注明年款外，还注明官称姓名。

二是仿制品在形制与气韵上多与原器有差异。这是因为既然是仿造，不像作伪，故不必追求逼真，往往只求形似，而不必严格地遵从古制，甚至还会有所变化，体现种种时代风格。宋代仿古器因多以商周原器为模式，故在形制上较为相像，但与原器相比，造型略显呆滞、粗拙，且体形一般较大，特别是鼎、爵、斝等器。此外，将仿古器纹饰与商周器物纹饰仔细对照，也可看出其不够精准。

第二节 古铜器的仿制简史

一、青铜器仿制的早期阶段

青铜器的仿制从文献上来看，最早可以上溯到春秋时期。据《韩非子·说林》记载：“齐伐鲁，索谗鼎，鲁以其赝往，齐人曰：‘赝也。’鲁人曰：‘真也。’齐曰：‘使乐正子春来，吾将听子。’鲁君请乐正子春。乐正子春曰：‘胡不以其真往也?’君曰：‘我爱之。’”由此可见，春秋时期为了防范强大国家的勒索，对一些珍贵的青铜器已经在进行仿制。不过这时的仿制水平还不算高，容易被人识破。

青铜器的仿制在汉唐时期也鲜有发现。西汉初年，寻找周鼎的风气日益盛行，于是出现了新垣平伪造古鼎，埋在汾阴，企图欺骗汉文帝获取富贵的事。汉唐时期，虽然已经出现了仿制古器，但受到当时社会条件的限制，数量很少。从汉

西汉·羽人像

武帝提出“独尊儒术”以来，儒家思想逐渐占据了统治地位，儒家学者一贯把“三代”的礼乐典章奉为楷模，“三代”青铜礼器因而备受历代儒学家的尊仰。商周时期的大量青铜器，在秦始皇统一六国后或毁于兵燹，或在秦始皇“销天下兵器为金人”的过程中被熔化。因此，由汉至唐，偶然发现一件青铜器即被视为“祥瑞”。例如，汉武帝元鼎元年，得鼎汾水上，乃改元为“元年”。由于统治者崇拜的原因，一旦被发现仿制，仿制艺人就将招致杀身之祸。在神秘气氛的笼罩下，研究者为数很少。清代学者阮元说：“自汉至唐，有能辨之者，世惊神奇。”

在唐天宝至南唐后主200余年间，官方在句容县设置工场，专事仿铸古代各铜器。只是仍然做标记于所制的青铜器上，标记多为监官自己的署名。其体轻薄，花纹细致玲珑，亦有微带青绿色或朱砂斑者，只是所有的青铜器不能完全像古器那标晶莹润泽。现在尚可见之于故宫博物院的铜器柜中。

二、宋代大规模仿造青铜

北宋时期可以说是青铜器大规模仿古和大批量造伪的时期。宋太祖赵匡胤发动“陈桥兵变”，从后周夺取了政权。为了掩盖这段不光彩的历史，更为了日后有利于自己的统治，宋朝从建立之日起就着力修定礼法典章。正如《宋史》所载：“宋太祖兴兵间，受周禅，收揽权纲，一以法度振起故弊。”

北宋王朝在修订礼典制度的过程中，崇尚复古，稽考先秦礼制。宋徽宗大观初年，设置议礼局“诏求天下古器，更制尊、爵、鼎、彝之属”。这就是北宋宫廷大规模仿制前朝青铜器的开始。此时，全国各地盗掘古墓成为一股风气，古代青铜器的出土也日益增多。北宋时期，随着青铜器大量的出土，人们自然不再视其为“祥瑞”和“神物”。一些人或出于玩赏的目的，或出于研究的要求，开始对古代青铜器加以收藏。当时最大的收藏地是宫廷，徽宗也成为当时最大的收藏者。他建造了一座宣和殿，专门用于收集古青铜器，据统计其数量达到2.5万多件。这是一座世界上最早、藏品最丰富的青铜器博物馆。

在古代，所有著名的青铜器无一例外地被仿制了。今天我们所见古铜器，大半皆为仿制品。当时除宣和仿古外，以后宋朝又于台州设厂，专造仿古各铜器，唯多系小雷纹花式。“大晟钟”、“政和鼎”和“宣和三年尊”

是宫廷仿制的代表性礼乐器。

青铜器的仿制从此滥觞开来。到了南宋时期，铜器常被销毁铸币，虽然宋代仿制古器传至今日者为数较少，但宋代仿制的意义在于它把仿古之风延续至元、明、清时代。

三、宋以后青铜器的仿制

元代官办的工场“出蜡局”专门从事铸造，多仿造青铜祭器，一般都铸刻本朝年款，字用楷体。器形虽说是仿三代，却带有浓郁的时代特征和韵味。元代时，私营铸造也很发达，像杭州姜娘子、平江王吉仿制古铜器皆有名，只是花纹多粗糙，与古器相去甚远。

明代的仿造规模甚大，留传于世的青铜器自然较多。明代的伪造情况，如高濂《论新铸伪造》（《遵生八笺》卷十四燕闲清赏笺上）所云：“近日山东、陕西、河南、金陵等处伪造鼎彝壶觚尊瓶之类，式皆法古，分寸不遗，而花纹款识悉从古器上翻砂，亦不甚差。但以古器相形，则迥然别矣。虽云摩养取滑，而入手自粗，虽妆点美观，而气质自恶。”明宣德年间，宣宗朱瞻基因见郊坛宗庙及内廷所陈设之鼎彝均非古制，遂生复古之心，于是在宣德三年敕谕工部仿照宋人《考古图》、《博古图》诸书所记商周青铜器器形，铸造仿古铜器，此外亦令仿造内府所藏名窑四款式典雅者铸铜器。当时所铸以上两类仿古铜器达 3300 余件。其中仿制古铜器最为精妙，多仿商周之器，炼铜既精，仿制尤妙，仿制之佳以宣德为最。这些仿古铜器除部分归宫廷留用外，还奉敕分与诸王府，因而得以流传至各地（《宣德彝器图谱》）。明末崇祯年间潞王朱常淓（号“敬一主人”）也曾大批仿制古铜器。

清初至嘉庆时期，由于经济的恢复和发展、统治者的提倡，金石学有了新的发展，作伪也兴盛起来。此时主要是仿照宋代青铜器图录作伪。据容庚先生研究，乾隆皇帝命臣下编纂的著录皇室藏品的《西清古鉴》、《西清续鉴甲编》、《西清续鉴乙编》、《宁寿鉴古》四书中，共录收有铭文的青铜器 1176 件（有铭文的铜镜不包括在内），其中伪器 317 件，可疑者 137 件，共计 490 件，约占总数的 41%，但多注重款式而作工低劣，不能与前代媲美。

道光至清末时期，一方面由于金石学者重视铭文，另一方面作伪器费力而易辨，因此此时作伪者大多转而在真器上摹刻伪铭以牟利。这种作伪风启始于西安，以号称“凤眼张”的张二铭最为有名。

民国初期，由于政治腐败、军阀混战，不但各地盗墓之风大盛，而且作伪之风更甚。北京、苏州、西安等大城市更是作伪的中心，在那里聚集着许多作伪的高手。当时由于西方近代科学技术的传入，作伪者运用新技术作伪，使作伪水平有了很大提高，例如：在制作铭文方面，用先拓本照相制版后再用化学药品腐蚀的方法作出铭文，比过去錾刻的伪铭要逼真得多。

随着对外交流的发展，作伪者利用外国人重视东方艺术、喜好新奇器型和纹饰的心理，致使伪作新奇器型、纹饰兴盛起来。例如：苏州作伪高手周梅谷伪作的车马猎纹方口圆壶（见容庚、张维持《殷周青铜器通论》图牍 205，1958 年版），十分新奇，蒙蔽了许多人。

第三节　各地青铜器仿古概况

古董商人曾将各地伪器按制作地称为“苏州造”、“潍县造”、“西安造”、“北京造”等。目前根据历代作伪地区当时情况及对后世的影响，分为东、西、南、北、中五区。其中东指山东潍县、济南，以潍县为主；西以陕西西安为主；南指苏州、南京、杭州等地，以苏州为代表；北指北京；中以河南开封为主。这些仿古作伪地区皆是地下文物丰富的地区。本文所说的仿古作伪现象皆以解放前为下限。

一、山东潍县

山东伪造青铜器最早始于春秋（鲁国）的“谗鼎”，潍县的作伪起于明代，其产品俗称为“潍县造”。在清代当地著名的作伪艺人有：范寿轩、展书堂、李懋修、赵允中、李玉彬、李玉堂、王荩臣、潘承霖、王海、胡延贞等人。他们一般是参照《西清古鉴》图录仿制，所以造型、花纹多不符合商周鼎器的规律特征，具体表现为：器体厚重、粗笨，采用组装法而非浑铸；耳、足、底等分铸，再用锡焊接成正器，焊接处上假锈，若将假锈拉下即露出焊锡。其作锈方法是：先用盐酸水泡器物，然后用铜末、铁末、硝镪水、盐酸混合抹在器上，埋入黄泥土中，再用温麻袋盖上，经三伏后挖出，铜末、铁末即腐蚀成锈。由于形成时间短，锈多为淡绿色，质浮松，地子与锈不易分辨，似锈非锈，有地无光，如故宫藏潍县造方螽罍等。

清代山东潍县的金石收藏家和考据家陈介祺酷爱青铜古器，他一生收集了许多藏品。潍县仿者大多仿造陈介祺的藏器，然后上蜡，做成“熟坑”，以冒充流传下来的真品。仿者大多以真器为范本，同时具备较为全面的仿制技术。因为有类似陈介祺这样的专家给他们做指导，因此他们仿造的青铜器颇能骗倒那些对真器见得少的收藏者。

其实，仔细观察淮县仿古作伪青铜器上的铭文就可察出破绽。故宫藏有半片西周初期残鼎，残高 21.2 厘米。解放前，商承柞先生在琉璃厂“尊古斋”看见了这块方鼎残片，上有 51 字铭，铭文内容文理驳杂，布局结构松散，字体呆板，笔划粗，显得臃肿。依照陈介祺先生的话：“古器文字，一行有一行之气，一字有一字之气。”可见，伪刻只能得其形，但神气和韵味是刻不出来的。

二、西安

西安仿古作伪由唐代开始。以仿造秦诏版和秦量器居多，把作伪铜器埋入地的时间比其他地区长，最多可达一二年之久。

秦诏版也叫秦量诏器，上刻秦始皇二十六年（公元前 221 年）统一度量诏书，或二世元年（公元前 209 年）。版的四角有孔，用以钉在量器上。秦量则是官方制定的标准量器。秦诏版和秦量器均为宝贵的历史文物，不但被世人所重视，而且也受到国家法律的保护。

西周早期・圉簋

西安地区在青铜真品上刻伪字始于清代。清咸丰二年（公元 1852 年）刊刻的《长安获古编》卷二有这样一段记载：西安知县刘喜海甚好古铜，对有铭文的古铜加价收买，而无铭文之器却一件不收。正是因为刘喜海的爱好，所以西安地区的古董商设法在无铭文的真器上錾刻伪字，以投刘氏所好。从此，在真器上刻伪铭之风便在西安兴盛起来。

当年刻字能手有凤眼张（浑号）、苏亿年、苏兆年。如番仲吴生鼎等皆出于他们之手，可参见《三代吉金文存》、《敬吾心室彝器款识》、《小校经阁金文拓本》。西安作伪铭者曾在故宫藏的一件西周初期的兽面纹盂（高 26 厘米，宽 39.8 厘米，重 6.78 公斤）上作伪。此盂现有铭 53 字，是仿春秋曾伯霥簠铭移刻的，字刻后进行过腐蚀，破坏了原来的氧化层，同时铭文第二行正数第二字和第三行正数第二字之间有錾破补痕，字旁有锈斑。此器是西周的，而铭文却是春秋时期的特征。

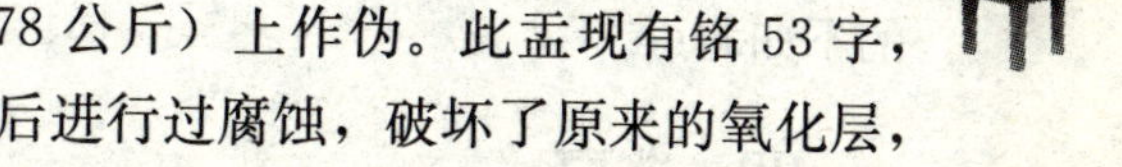

三、苏州

苏州是近代仿古作伪的重要地方之一，仿古作伪已有五六百年的历史。晚清至民国有老艺人颜湘舟、骆奇月、金润生、周楳谷、蒋圣宝、刘俊卿等。整器皆伪者，以周梅谷作得最精。他以拓碑、写字、刻印章出身，所作铭文的熟坑器，多内销，所作生坑器多外销，如《商周彝器通考》所著录的“车马人兽壶”，现藏于美国。刘俊卿则常仿作生坑器物，同时还加入铁锈。刘俊卿有一作伪小工厂，产品造型奇特、花纹精细，锈斑、皮色美观，专作生坑的青铜器行销海内外。另外，苏州一些伪造者将伪器运往河南等地，大多埋入墓中，然后再同收购者前去“发掘”，用此法骗人。

苏州地区的作伪特点如下：

（1）造型与花纹都用旧器翻砂铸造，形色逼真，如广东省博物馆所藏虎食人卣。

（2）胎质的合金成分与北京不同，冶铜时一般都加入银元或银元宝，所以生成的地子亮，闪白。

（3）皮色是用大漆调配各颜色作出来的，但结果不如真器光亮。点燃竹根，但不要很旺的明火，以冒浓烟为度，用油烟薰黑上蜡，作熟坑皮色。

（4）分铸组装时铸痕不打磨掉，无垫片，器身常出现砂眼。

（5）由于铜质好，花纹也流畅、利落。

（6）伪铭文錾刻得较深，而且规整，其边沿棱角硬，不如旧器棱色圆浑，此乃技术所限。

(7) 器物的口沿、扉棱的边缘及棱角发硬，缺少圆润柔和之感。

(8) 用化学药物腐蚀皮色。伪锈色比旧器的锈色浅而松散，仅一层锈。无层次，更无断面。

总之，苏州的伪器在铜料、皮色、锈斑、铭文等方面都有独到之处。铸造技巧较之潍县造精细得多，仿熟坑器物比北京的好，但伪造生坑器有的不如北京。

四、北京

北京成为仿古作伪基地之一是从辽金时期开始的。元、明时代也有仿制品，且收藏价值也很高。

“歪嘴于”是北京最早的古铜局“万龙合”的匠师，曾与清宫太监们一起修理过铜器，此人在辛亥革命前后去世。所幸他的技术、字号都由得意门生张泰恩继承。后来张泰恩将字号改为“万隆合”，人称“古铜张”。他既能刻伪字，又能作伪锈和翻砂，而且技艺颇精，所以很多北京的古董商人都找他做伪器，当时生意十分兴隆。他门下有十多位徒弟，功成业就者有 7 位：张文普、贡茂林、赵同仁、张书林、刘俊卿、张字英、王德山。他们和张泰恩一样，都是河北衡水县人。

北京的一些古玩铺是青铜仿器的交易点，其中仿造的纹饰和铭文大多采用刻凿的手法。据记载：河北冀县张济卿年轻时在北京修补黑铜器，后来学得一手好手艺。他能在青铜器上雕刻铭文，作伪锈，能将一堆破碎的古铜片恢复成原来青铜器的形状，而外形看不出一点破绽。

近代北京地区作伪锈的方法有四种：

(1) 吹锈法，即把器烤热，用配好的锈料，一次又一次地向器上吹喷，或用刷子弹锈料于器上，最后吹、掸成理想的锈斑，此法成锈能现层次，锈色更自然逼真。

(2) 酒精浸泡漆皮调色作锈，做出的锈色层次自然逼真，但极不牢固，指甲能抠掉，日后受潮湿也会脱锈露铜。

(3) 化学药剂腐蚀法，用铜末加酸，不同的酸分有不同的结果：碳酸铜、硫酸铜呈绿、蓝色；氧化铜呈黑、灰色；氧化亚铜呈红色。两三天即成一层坚硬的锈，自然，用手抠不动，用锤敲击锈脱，绝不见氧化亮地或小坑状。一器只能抹二三次，过多易损坏器身。

(4) 器造成修饰好后埋入地下，在土上常浇些酸碱类的药物，过三至四年，使器表生出锈来。这种锈色是无层次的很薄一层，锈下无氧化层，如故宫藏仿商“邙父乙”元鼎。

另外，北京作假地子（皮色）的方法有五种：

(1) 用酒精泡漆皮调色，皮色灰白，地子透油不牢固，手指抠及碰撞浸水皆掉落，如故宫所藏的仿制大丰簋、广东省博物馆所藏的“楚王孙”大钟。

(2) 用碳酸铵将枣皮红改作绿漆古色，腐蚀出来的皮色“翠绿”美观。此法盛行于解放前，称“真地子假皮色”。

(3) 用少量盐卤砂和高粱醋相配泡浸铜器，地子腐蚀成灰白色，色浮不入骨，单一色，如故宫所藏之伪父丁觯。

(4) 作黑漆古伪地色，方法有两种：一种是用硫化钾（俗称臭碱）作出黑地色，效果最好，至今仍用此法复制一些器物；另一种是用铅笔粉往器表反复磨擦，即能出现黑漆仿古皮色。

(5) 作浅绿色地子（俗称水银浸），方法有二：其一是将青铜器浸在硝酸银加湖绿的溶液中过15—20天，泡后用水冲洗即现绿色，不能用刷子刷，刷后会出现麻坑地，此法在后来失传；其二是用锡、铅往铜器上镀，冒充水银地，如故宫藏兽面纹觯和瓦纹匜即由此法作伪而成。

民国时期北京伪造铜器目的明确，即洋庄和出口，所以伪造的商周铜器无论造型、花纹都很逼真。这些伪器，为达到精细目的，器形上不留范线；由于胎质为新铜末经氧化故不见碎裂纹。花纹是用平头刃錾子（铲刀，商英改创，民国时刻花、刻字专用工具，以前不用）刻出来的花，地子是平地，纹饰千篇一律；因花纹是刻的，因此纹络中没有范瘤。铭文照本移刻，先用平头刃刀錾刻，再用硝酸来腐蚀，无刀刻痕。若氧化层被破坏，刻字有上大下小之形；若经作旧，字只能从铸或刻来分析；锈斑、地子层若假必有破绽。

五、洛阳

众所周知，洛阳是青铜器等古物出土甚多的地区。加拿大人怀履光在1928—1930年洛阳古墓被盗掘后，将出土的大量青铜器物劫往国外，《洛阳古城古墓考》上专门记载了这批文物，数量达500余件。此后，洛阳的古物更为国内外收藏家所注目。欧美、日本的古玩商公然提出要求，征购花纹考究的青铜器，因此洛阳作伪者为了投这些古玩商和收藏者的所好，大量地仿造名为“法国装”、“东洋装”一类的铜器。他们往往在铜器上复刻花纹，或堆漆仿色，以增强器物本身的“艺术性”。这样一来，欧美诸国在掠取很多青铜器真品的同时，也收罗了不少中国人亲手制作的赝品。

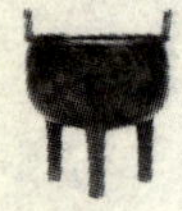

第三章

鉴定青铜器的方法

第一节 鉴定青铜器的具体步骤

医学术语中的“望、闻、问、切”也同样适用于青铜器的鉴定中，此外“摸”在鉴定中起到很重要的作用。总之，应调动感官由远及近地感受每一件青铜器远古的气息。鉴定青铜器的具体步骤如下：

一、望

就是站在稍远的地方来观察青铜器，这样有助于对整个物件的总体神韵进行把握。凡是上等青铜器会有一种巨大的吸引力，无须细瞧，一眼就可以看出。当然对于铜器来说，真器也不一定都是外观精致的，有很多真器制作粗糙，甚至破损，但是真器无论如何差总显得自然。而仿造尤其是伪造之器，竭力模仿原器，刻意追求形似，尽管下了很大的功夫，都会给人留下虚假和呆板、拘谨的印象。

当然要做到这一点是非常不容易的。一是要看得多，心里不断进行比较与揣摩，善于总结经验教训，方能做到熟能生巧；二是这种功夫的练就，仅仅凭多看还不行，还要加强艺术修养。

二、闻

青铜器在土中埋藏了上千年，不免带有土腥气，尤其是那些新出土的青铜器气味更浓。而宋代以后的伪作因为铜器质地上多是黄铜，而且埋在土中时间不长，所以很少有被腐蚀的，当然也就少有真品典型的土腥气。明清到近代，作伪者大量地使用化学药品，尽管也在土中埋藏些日子，沾染些土腥气，但总有一股酸气。

三、问

遇到一件或一批初见的青铜器，尤其是收集品或传世品，一定要问清楚它的身世，也就是它是在什么地方出土的，或者曾经被谁收藏过，来龙去脉要做到心里有数。

四、切

所谓的“切”就是要用手去摸、去掂量。大凡仿造、伪造之器都比较重，用手掂量起来有一种“死沉”感觉。而真品是经过上千年埋藏的，由于缓慢腐蚀、表面膨胀、比重下降，所以显得稍轻些。最重要的一点是伪器大多用蜡模制造，在作伪者未见到原物的情况下，用此法制造的青铜器的器壁都厚于原器，自然比原器分量重。当然这种轻重感差别是很微小的，全凭自己多掂量、多体会了。

五、摸

“摸”就是用手摸，当然是摸铜锈的情况了。凡是真器，由于在地下埋藏了数千年，表面的锈是一层一层生出来的，附着力很强，十分坚固，不容易剥落。摸的同时可以用手轻轻叩击铜器，听其声音如何。比如：陕西地区出土的青铜器，由于埋藏土层干燥，腐蚀不很严重，敲起来声音洪亮；而伪造得比较差的铜器，敲击起来声音发“闷”。当然一些伪造较好的铜器，敲击的声音也是比较洪亮的。声音的差别也需要自己通过实践来分辨。

第二节　青铜器鉴定中的常用术语

了解初步鉴定青铜器的一些方法后，要做好这项工作还必须知道鉴定中相关常用术语。而在收藏活动中，有大量的词汇来自传统，并没有科学

的界定。或者说，一些名词的法律界定是明确的，却并非科学和传统的界定，因此在公私收藏领域习惯上沿用了许多的术语和俗语。

一、与出土情况相关的术语和俗语

1.“生”或者“生坑”

“生”或者“生坑”是指铜器长期埋于地下，表面由于种种化学反应引起的质变，自然地、一层层地产生锈蚀，形成器表或绿、或红、或蓝、或紫、或兼有的锈色。同时，保持了出土时的本来面貌，没有经过出土后的进一步处理，没有受到生活中油垢等污染和长期直接用手把玩形成的表层变化，锈色和土沁色灿然的器物。

2.“熟”或者“熟坑”

“熟”或者“熟坑”指的是生坑铜器出土后受到生活中油垢等污染，或者长期直接用手把玩，表层已经变化，或者经过进一步处理，而使其天然形态变化为一种表面类似蜡质感而底层依然蕴含“生坑”原有的色泽。比如明清时期出土铜器，甚至宋代及宋代以前出土铜器，经过了“传世”的经历，器物表面已经表现出自然的“熟”、“老”。特别是清代中期，藏家喜欢将青铜器除锈、擦光、上蜡，加之常年把玩，就形成了“黑漆古”。

3.“水坑”、“脏坑”、“发坑”和“半发坑”

俗语中的“水坑”、“脏坑”、“发坑”和“半发坑”不仅是说器物呈现的表面特征，还特指出土地相应的土壤环境以及器物呈现的品质特征。

“水坑”是指如像水坑中捞出来一样，器物表面颜色漂亮，或湛绿湛绿，或油黑油黑，出土地点在长江以南、湖南一带居多。常与“水坑”器伴随出现的俗语还有“绿漆古”和“黑漆古”。

“脏坑”指器物表面附有杂色，极不美观，而且有不易去掉的恶锈，这种锈造假的最多，出土地点在北方一些地区，并伴有大量“有害锈”，甚至使得器物严重受损。

“发坑”和“半发坑”则指出土物表面似发酵过，不仅表面有积锈，而且积锈下凹凸不平或有膨胀状，而且质地本身都受到严重侵蚀，呈现出一种类似发酵、发泡状的疏松、胀裂。大部分出现这种坟起、鼓泡、胀裂现象的俗称“发坑”，部分或局部出现的古玩行里习称“半发坑”。

二、与颜色相关的术语和俗语

1. “绿漆古”与“黑漆古”

“绿漆古”与“黑漆古”是古董商对出土青铜器表面一层黑亮或绿亮似漆特殊腐蚀层的称谓，这类腐蚀层致密光滑泛蜡黄，对青铜器有很好的保护作用，这类锈层美观、古朴，是年代久远的象征，深受人们的喜爱。

“绿漆古”是铜器绿锈生成之后，在墓葬、窖藏常年浸水或者其他地质条件变化后，铜器表面的浮锈自然脱落而使绿色牢牢地浸染在器物上，由于年代久远在器物表层上形成的好似罩在上面的薄薄的绿漆，这就是俗称的“绿漆古”。

“黑漆古”与“绿漆古”成因相似，主要是取决于当地水质和土壤的酸碱度等。有器物长期传世形成的自然“包浆”，也有青铜器本身合金成分差异造成的原因。

一般来说，器物出土时即黑亮如墨，表面几乎没有绿锈者，多为春秋、战国、两汉时期的产物，而且战国、西汉的情况更加普遍，其中约90%属于战国时期铸造的。红、蓝色锈斑大多也出现在战国晚期青铜器上，尤以汉代突出，当为青铜中杂入铁等成分造成的。这种情况商周时期绝对不会发生。

2. “枣皮红”

青铜鉴定中的“枣皮红”来源于琉璃厂习语。“枣皮红”是特指有些青铜器绿锈下呈现的暗红色。

3. “包浆”

“包浆”，在古玩圈子里是个使用频率较多的词语，俗称“传世古”。它指铜器表面没有腐锈，而是经过氧化以及汗液等作用，随时间的推移自然在器物表面通体呈现一层均匀、柔亮的氧化层的特殊现象，有时也用于泛指器物表面“生”、“熟”情况与呈色情况。可以这么说，“包浆”是在时间的磨石上，被岁月的流逝运动慢慢打磨出来的，那层微弱的光面异常含蓄，若不仔细观察就很难分辨得出来。

“包浆”通常是鉴别青铜器的重要依据，当然也就会有人故意做上去，而且可以做到神似。例如：新铸的铜香炉经过不同的混合液体浸泡，然后烘烤，会出现各种呈色的“包浆”。反复浸泡、焙烧之后，甚至会出现非常美丽的厚厚“包浆”。这在近些年苏州仿“宣德炉”上被广泛应用。

4.“水银浸”

“水银浸”亦称“水银古”，也有叫“水银光”的。它是一种青铜器的自然“包浆”现象，有局部的，也有通体银白的，多见于铜镜，主要为战国到汉代时期制品，其中又以战国为多见，大多出土于中原地区。近年以“河南仿”为最高境界，几可乱真。

5.“泛金”

“泛金”与“水银浸”的情况相仿，是青铜器在特定的土壤环境中形成的特殊氧化层，也称“返金”或者“返铜”。这种现象通常只出现在刚刚铸造完成尚没有使用过就入土的青铜器上，而且几乎全部出土于河南安阳附近的商代地层中，陕西只存在个例，其他地区从未见到类似情况的报道。所以，非典型安阳类型的“泛金”器，大可直指其假。

另外还有两个常用的术语和俗语：一是“出土文物”，即从古代遗址、墓葬、窖藏、塔基、石窟寺，包括水底和沉船等处发掘、打捞、发现及盗掘出的古代文物，是相对于流传于世的瓷器、字画、家具、文玩等“传世文物”而言的。所以，不论什么时间出土的，皆可称为“出土文物”。但是，法律中对于“倒买倒卖出土文物”的界定，则是对1949年新中国成立之后“新出土”的文物而言。民国以前的“出土文物”即视同“传世文物”了。二是“品相”。评判文物的自身品质与收藏价值的外在条件之一就是“品相”，是文物行里人对于文物自身质地与完残情况综合评价的习语。以金属铸币为例，“祖钱”或“雕母”的品质注定优于脱胎而成的“母钱”，“部颁样钱”或“进呈样钱”的品质注定优于“初炉钱”，“初炉钱”则优于一般流通币。所以，在这里“品相”是一级高过一级的。

但是，除了自身品质之外，保存状况的优劣也是决定“品相”好坏的评判标准。也就是说，铸造精美的普通流通币保存如新，“品相”自然是绝好的；“雕母”若损伤严重，也会被斥为“品相”不好。

第三节 青铜器的辨伪方法

鉴定青铜器的真伪是一个复杂的问题，我们只有在长期观察、比较、研究青铜器的过程中不断积累经验，才能提高自己的鉴定能力，这就是“眼力源于多经目验”的道理。另外，还有一个直接的经验来源就是勤于翻检著录青铜器的学术著作，提高理性认识，借以跟实物验证。要善于从时间、地点、铸造、形制、铭文、纹饰、锈蚀诸方面综合考察，注意器物各方面的统一性和完整性，从中发现问题和矛盾，由此来判断器物是全伪，还是某一方面伪、某一点伪。下面我们就分类来说辨伪的情况。

一、铸造辨伪

商周时代的青铜器一般是“陶范法”铸成的，而作伪者都采用“蜡模”（失蜡）的方法来铸造伪器。因此，判别青铜器是否用“陶范法”铸造，对于确定青铜器的真伪是一个十分有效的方法。到了后代，伪器也采用了类似的铸造方法，但与古代用的“陶范法”铸造完全不同，所以伪器所呈现出的各种铸造现象与真器也大不相同。

观察是否用“陶范法”铸造青铜器的主要方法是看青铜器是否有块范对合的痕迹，也就是专业人常说的是否有“线”，简单一点说就是看一下合范处是否留有对合的范痕。在商周时代，每一件青铜容器都有块范对合的痕迹，且有一定的规格。随着时代的进步，合范的方法虽然有所改变，但是任何一件块范铸造的青铜器都难以做到在拼合的地方不露一点儿痕迹。有的器物纹饰不多，表层素面较大，合范的痕迹容易修饰，但在隐蔽处，如鼎的耳内和腹下部，还是会遗留下痕迹。

西周穆王时期·父辛爵

所谓“范线”，指的是陶范在拼合时，因微小的错位所呈现出来的痕迹。这种痕迹有明显的，也有不明显的。但作伪者不懂得这一缘由，往往把“范线”合拢的痕迹处理得非常平整、对称，其实这正是伪作的破绽

之处。

用“蜡模法”作伪时，早期的青铜伪器是根本没有任何范痕的，后期为了遮人耳目，就在模片上贴蜡片，这样在蜡片分块的对合处，就会产生微小的不接合或错位的条痕，但这种作法在青铜器上形成的范痕是凹陷的，与真器突起的范线相比，根本不相同。

当时潍县作坊伪造的青铜器，表面有的做过涂蜡处理。潍县伪品大多仿冒的是著名的重器，在相当程度上是有所相像的，再加上长期作伪经验的积累，器物表面的效果还是不错的，但是一般器壁较厚，器体普遍过重。新铸之器一般重于原器，这是伪品或仿制品通常的特点，潍县伪器也有这样的特点。产生这一情形有两个原因。首先，伪铸的青铜器没有经过长期的氧化或腐蚀，与真品埋藏在地下几千年而经过长期腐蚀是不同的。经过数千年缓慢腐蚀的青铜器，因有发气量，使表面略有膨胀，比重下降，而伪铸品没有这一过程，就显得较重。另一方面，伪器的蜡模制造都略厚于原器，仿造者往往未见原物，因而蜡胎的成型也未能如原器壁之薄，这是一个先天的毛病，因而伪铸之器的器壁一般都厚于原器。以上两方面因素叠加起来，伪品就明显地重于原器了。

伪器若系新铸，经叩击后声音清脆，犹如新铜；而经过地下埋藏较深的青铜器，铜质已属矿化，所以发音以浑浊者居多。当然，埋藏在极其干燥而又纯粹土层中的青铜器，敲击音也有甚佳的。

一般而言，商周制造青铜器时有如下特点：第一，块范拼合，事实上不能保持精确的平衡；第二，在内范、外范之间如果稍有不平衡，就会造成青铜器器壁的厚薄不匀，甚至于产生重大的铸造缺陷。为解决这一系列问题，商周时代的工匠普遍采用了厚薄相似的小块铜片垫在内外范之间，使内外范之间的空隙保持稳定和均匀，从而提高铸造水平。但是垫片的合金与原器成分不一定相同，氧化的呈色也不相同。有的垫片采用当时旧铜器的碎块，有的碎块上还带有花纹；有的垫片整块不

西周时期·窃曲瓦纹簋

明显，或者只暴露出一小角的线痕。范内的垫片在浇铜液时不可能完全融合在一起，只要细心观察，总是能够发现的。

早期的整器作伪者，不懂得青铜器的铸造方法，因此完全没有垫片。如果传世青铜器上没有任何垫片的痕迹，就可以断定是件伪器无疑了。有的铭文垫片的周围线痕很明显，在垫片处也能表现出来，作伪者在冒充这些铭文时，会把垫片墨拓的轮廓线也仿造出来，但那是在整器上的仿造，不过刻划出条痕而已，与在实物上写真的扩建片并不相同，细心鉴定的话定能察觉。

古代块范铸造的青铜器，不但表面光洁度好，而且纹饰纤毫可辨，表面很少有气孔，更不会有因铜液灌注时注不到而产生缩孔的情况。但失蜡和翻砂铸造的伪器，经常在表面出现某些砂眼，有的甚至产生缩孔等铸造缺陷。如不了解这一点，很可能错误地以为砂眼和缩孔是旧铸的特点。这种情形不论是潍县还是苏州的伪品，常有所表现。

有些青铜器的器足、耳部中间必须封有内范，但这些内范在和外范拼合时，不能采取没有支点的浮悬，必须与外范有接触点。如：鼎足的内向一面，大多有这样的接触点可找，这种接触点上或表现为一个小缺孔，或者是内外范之间插有铜片、小铜棍之类作支撑，所以也有痕迹可寻。而早期的伪器，有的与器体的结合是采用焊接的方法，做上假锈掩盖，或者在足的底部空出一大块，使内、外范结合起来，然后再用另一块铜封住，加以伪装。青铜器鉴定者对这方面铸造特征的观察也是不能疏忽的。

商周时期陶范用的范土，通常只有红、灰两色。如果有黑色的范土，一般来说就是翻砂的结果。因为在翻砂时，泥土中要放入适量石墨和有机物，这些物质经炭化后就会呈现黑色。这一方面在鉴定时也可作为参考。

二、器形辨伪

青铜器作为一类器物，在不同的时代有着不同的发展和变化规律。如鼎是流行时间最长的一类青铜器，自商代到汉代，但不同时代鼎的形状却是不同的。全面掌握各时代各类器的形制特点，是青铜器鉴别的基础。

青铜伪器从制造上可分为两类，即“直接铸造”和“拼凑改造”。

直接铸造的又可分为两种情形：第一种情形是伪器的器形和铭文均有所本，尽管模仿得并不准确，但也有一定的水平；第二种则是毫无根据的杂拼，伪作者用意在作奇，试图物以稀为贵。

西周晚期·平盖圆鼎

西周·南宫柳鼎

上海博物馆藏西周孝王元年师兑簋，高 22.5 厘米、口径 19 厘米、腹径 23.4 厘米、底径 20.4 厘米，重 4820 克。所搜集的伪器资料中的“元年师兑簋”高 22.3 厘米、口径 19 厘米、底径 20 厘米，重 5800 克。这两件器物铭文是同一篇，形制一样，外形大小非常接近，伪器比原器重 980 克。伪元年师兑簋是照原器模拟的，从铭文、锈色和表层能分辨出来，其中值得注意的是伪器重于原器。又如：所藏西周晚期史颂簋，高 26.9 厘米、口径 22.7 厘米、腹径 28.8 厘米、底径 22.5 厘米，重 9350 克。在搜集的伪器资料中的史颂簋，高 29.5 厘米、口径 23 厘米、腹径 27.7 厘米、底径 24.3 厘米，重 12.42 千克，这件史颂簋为晚清伪造，虽然作伪水平并不太高，但无疑是按照原器伪造的。值得注意的是，伪器的重量比原器超过 3.07 千克。上面已经提到，所仿的伪器重于原器，这是一个普遍现象。

颂组器是在晚清时期发现的、西周时带有长篇铭文的青铜器之一，其铭文不但长而且非常精，在所有出土的青铜中是首屈一指的。颂组器有鼎、簋、壶等，铭文极为清晰。例如：上海博物馆搜集的一件伪颂壶，经确认其铭文是参考周宣王时期的颂壶原器拓本翻铸的，但是西周时此器型是没有双耳的，而伪颂壶上却有，这只能说明作伪者根本没有见到过颂壶的图形，而是凭自己想象制作的。

拼凑改造的作伪虽是水平很低的作伪方法，但如果我们掉以轻心的话，还是会上当的。其特点就是：在旧的器物上做部分改造，让我们产生新奇感，从而谋得厚利。例如：1923 年，在山西省浑源县出土的春秋晚期晋国青铜器群中有一对四书虎显，铸作极精，一豆柄完整，而另一豆柄部缺失，但容器的形式、纹饰、大小都与完整者一致。可以确认，原来是成对的，但是后来发现的一件豆柄部被配成多节状，并且在豆容器的底部做成簋的样子，使与多节状的豆柄相通，成为不伦不类的怪器。至于商晚期方内戈，作伪者在戈的后面又加了一个镶嵌透雕鸟纹的曲内。但在各时代戈的形式中，从未见过方内与曲内可同时并存在一戈上，最后一部分显然是后加的。《商周彝器通考》中的双蛙鸟兽纹四足器，口沿两侧有一对相向跳跃的蛙，是一奇器，唯此蛙塑造的风格与器的纹饰极不一致，过于写实。其容器部分纹饰是原铸，无可怀疑，从而判定双蛙是后人所加。

也有整器全部都是拼凑的，如秦代青铜量器和衡器。因此，刻有“秦始皇二十六年”和“秦二世诏”的量器和秦权，伪造的就不在少数。例如有一伪秦始皇方斗，四面皆刻铭文，青铜表层腐蚀也有相当程度，作伪后埋入土中若无百年以上，不可能产生这样的表层。但是这件伪秦方斗的四方壁、方底及柄，都是用焊锡焊接的，柄是一件戈戟配接的，诏文字体也很浅薄，可以认为是清代中期作伪的实例。

三、铭文辨伪

自宋代开始，金石在文物中所占的地位越来越独特，青铜器上有很高经济价值的铭文自然就是金石家研究的重点之一。当时，很多收藏家对青铜器的搜集重点在铭文方面，以致晚清时期成了铭文作伪的主要时期。

要学会对铭文的辨伪，我们应先了解一下古代铭文的制作情况。商周时代青铜器铭文的铸造，是另做一块铭文范，嵌入主体内范中。有的铭文范嵌得很平整，周围没有明显的痕迹。也有嵌得较粗糙，突出于器的表面，如秦公簋、部婴器组的铭文皆是如此。对于长篇的铭文，商周时代在铸造时有的还要划好线条，也有的还要先打好格子，所以一般铭文横行或直行都比较规整，再加上在陶范上刻铭文技工技术都很高超，书写也很流利，所以当时的长篇铭文整体来说是比较规范和工整的。

铭文的制作有两种方法：第一，用范土，即范土上的铭文是阳字。铭文范上阳文在刻完后，乘湿嵌入主体范中，之后，为了避免使铭文的字口与外范接触就需修正。当时，古人也许是微作按捺，与主体范相互修正，从而造成了阳文字的上口大，而铸成的铭文有字口小底部大的感觉。当然，这只有精细的观察才能发现，同时也是铭文鉴伪的一个重要方法。第二，用另外一种作铭文方法制作的字口内具有磨砂玻璃那样均匀的无光感，字体笔划的转折处呈非常自然的圆势。当然，这只是在一部分商和西周早期的青铜器上如此。后刻的铭文有的是有所本，字体比较拘谨、呆板，字口内有或隐或显的刀凿痕。

伪刻铭文可以分为以下几种情况：

第一，整器皆伪。一般都是仿西周时代的名器。如伪作晋侯盘，将器形设计为高圈足，盘两侧兽头环耳，兽头超出口沿，腹部饰兽面纹，腹内底刻铭文550字，系篡改《尚书》、《左传》内容而成，字体仿散氏盘，又参以石鼓文，书法拙劣，这是晚清文人所造的一件伪器。另外毛公鼎传世有几种伪拓本，大貌相同，伪铭水平比晋侯盘要高得多。此器伪刻长篇铭文，只要具体核对字迹，就可看出破绽。又如普鼎，早年已毁于兵火，唯独留下数纸拓本，后世曾伪造过一些拓本。近年发现的普鼎伪器原件，其铭文行款字体伪造得颇有技巧。

西周晚期·仲姞鬲

第二，真器伪铭。即原器本没有铭文，为了售得高价而在器上伪刻铭文。因平面器物容易刻凿铭文，所以这类情况在兵器剑、戈类中比较常见。

除平面器外，大口的器形如鼎、簋之类后刻铭文也比较容易，如商晚期蛇纹簋，器物本身并无疑问，但器形、纹饰与铭文，不可能产生于同一时代，其腹内底五行铭文，乃是早期伪刻的实例。这种情况在西周时期的青铜器上最为常见，如：在西周早期鸟纹方座簋腹内底上刻有西周中期的铭文六行，风格不一致，铭文显然为赝作；有一西周早期面纹簋，腹内底铭文三行，作己侯簋，另有一西周中期己侯簋铭文，可作比较，前者铭文抄袭后者，但是用了一件西周早期形式的器。西周晚期重环纹鼎，腹内侧刻铭四行，铭文的横竖笔道都是用同一宽度的小凿子凿出来的。因此，字

口宽狭都相等，极为呆板，这也是早期刻凿伪铭的特点。西周晚期龙纹钟，伪刻兮仲钟的铭文，与原器西周晚期兮仲钟铭文可资比较。西周晚期雷纹钟，征部伪刻楚公蒙钟的铭文，与楚公蒙钟的铭文原拓，可作比较，钟的形制亦不一致。

一些小口的器要刻凿长篇铭文比较困难，早期的做法是在原器上锯片刻凿。如有一对春秋早期鳞纹壶，器内壁自口沿至颈腹处有铭文 3 行 24 个字，为仿刻，易受簋，铭文的最下面几个字，目视已经困难，经拓片后与著录校对，行款字数完全相同，但文字精神却不大一样，易受簋属西周时代，而此壶的器形和纹饰已是春秋时代，再仔细查看，发现壶的颈部有很多泥土和假锈，而腹部却很少，将泥土去除后，在壶口至颈腹间显示两道焊接痕迹，原来当时作伪者是将该器自口至颈、腹间截下一块，刻凿文字后再焊接上去的。

第三，伪器真铭。原器已残缺，有的只剩下了器的铭文部分，而古董商借此配了一个伪器，对于这种伪器，如稍粗心就会上当，因为有些铭文还曾见于著录。

第四，真铭增刻伪铭。有的器原来就有铭文，但有些古董商人为追求利润，在真铭的前后增刻了伪铭。如：镇江市金山公园内有一件西周晚期的大鼎，腹内壁铭文 12 行 133 个字，从铭文拓本来看，无论书体还是文意，均不合常规。

西周晚期·刖人鬲

又如：西周重环纹番，口沿有部分残缺后配，原有铭文已缺失，剩下“子子孙孙用享”6 个字。现在所见到的铭文，有古董商在后配的器口上加刻的“父乙册乍宝吞”六字，使真伪交杂。以上都是在原器上增刻伪铭的实例。

第五，镶嵌伪铭。这种铭文作伪方法，是将铭文刻在铜片上，在器的内壁挖一相应凹框，把铭文铜片镶上。有一件西周中期龙纹方鼎，腹内侧的铭文就是用这一方法做成的。

第六，腐蚀法。在近代，青铜器鉴定水平有所提高，后刻铭文为了避免露出刀痕，也有的用腐蚀的方法来造。方法是在青铜表面涂上一层蜡，留出文字部分，将文字用化学物质如三氯化铁、硝酸之类腐蚀后，再去掉蜡，铭文部分就会出现凹陷的字口。如西周晚期窃曲纹鼎，腹内侧有一篇伪师趁鼎铭文，在铭文笔道中没有任何凿刻痕迹，就是用腐蚀方法做的伪铭。

从历史角度出发，在鉴赏铭文时所提及的商代和西周时期的青铜器上绝大部分的铭文是用范铸的，但也有极个别是刻的。自春秋晚期起，青铜器上出现了整篇刻出的文字。原刻和后刻的铭文是能够分辨的。原刻是当时青铜器脱范后不久刻的，因为那时没有钢刀，刻铭文是用做玉器的小轮子琢磨出来的，字口比较光洁，只有琢磨痕，根本不会有点刀痕。而作伪的铭文是后刻的，一般用刀刻，长的一卜笔要刻上三四刀，肯定会留下刀刃的痕迹。另外还要指出的是：青铜器经过若干年的埋藏，表面已经生成一层氧化层，原刻和范铸的铭文，字口里也应有同样的氧化层；如在氧化层上刻字，字口上会出现爆裂的现象，有的在字口内还会露出青铜的本色。这是铭文鉴伪的另一个重要方面。需要我们注意的是，作伪者为了掩盖这一缺点，他们通常是做假锈填进字口，假锈的颜色一般是用漆调成，颜色呈自然状态。但细看质地与真锈还有区别，特别是时间一长就更易于发现了。

鉴定青铜器铭文的真伪，除了知道它各种作伪的方法外，还要懂得各个时代铭文的风格，从而可以判断书法字体结构、语汇文法等是否符合。另外，还得掌握大量的标准字形，掌握得愈多，判断也就愈正确，这些辅助的知识都需要我们不断学习、研究才能得到。

四、纹饰辨伪

任何一件青铜器的形制、花纹、铭文都具有一定风格，而这个风格正好应该符合它们所处时代的特点。比如：最简单的道理，西周中期的青铜器上，决不可能出现商代的花纹；商代的兽面纹不可能出现在西周中晚期兽蹄足鼎上；而窃曲纹、蟠龙纹类的纹饰，也不可能出现在商和西周早期的青铜器上。

20世纪初至三四十年代，殷墟青铜器和相当于殷墟时期的青铜器，以及俗称“战国式”的青铜器，大量流向欧、美、日等国。因此“满花器”和“三层花器”的作伪就悄然兴起了。其实所谓的“满花器”是指整个器都是满饰花纹的青铜器，可以分为几个大的时期，即商器、西周早期器和战国器。而所谓的“三层花器”则是指有三个层次高浮雕的青铜器，主要见于商代和西周早期铜器。一直以作伪铭为主而不善于铸造精细花纹的山东万县造赝品的作坊日渐衰落，而精于铸造精美花纹的苏州周梅谷作坊和北京地区的造伪器作坊迅速兴起，这些作伪的作坊同时也修配古玩肆的青铜器。

据载：周梅谷作坊使用失蜡法技艺远远超过潍县，非常精湛，可以伪铸出近乎殷墟出土的精美青铜器。而在北京地区的伪器作坊却发展向了另一个方向，用漆料调和色彩或用浸蚀法在伪铸的和拼凑的青铜器纹饰上做底色和铜锈，其效果几乎达到惟妙惟肖的程度。其他的一些作伪者也大体上以化学材料做底色和堆锈为主，各种做法表面效果相似，所使用的材料则各有秘法。

一般伪刻青铜器的花纹，大多是根据图录上的纹饰，再与器形相配，有时部位条件不同，就要作局部增减，有些图录本身的纹饰已经变了形，因此仿刻的就失之千里。如西周相侯簋，颈部及圈足的纹饰是仿照《西清古鉴》描绘的纹饰图像伪刻的，一望而知，与一般西周器的花纹结构完全不同。

青铜器纹饰作伪的手法比较复杂，大体上可以分为以下几个方面：

第一，整器皆伪。这样的伪器一般来说都是特别精美之器，纹饰奇异。曾有一件商周之际的方尊，纹饰富丽，结构也合乎一般规格，但在尊肩上装饰的细花纹作旋转翘起形状的兽头是西周

西周宣王时期·善夫山鼎

中晚期用于较精细的器上的特有纹饰，通过这一点显而易见这件方尊是伪器，而这种兽头纹饰正是其作伪的破绽。整器皆伪做得较精的是苏州的周梅谷作坊。上海博物馆在五十年代曾征得一批数十件周梅谷的伪铸青铜器，纹饰皆精，其破绽之处还是在于有些纹饰张冠李戴，但总体来说周梅谷作坊的水平远胜于其他地区所造的伪器，但其最大的缺陷在于线条的挺劲和细部的变化或者觉得呆滞、或者交代不清，细加审察就可发现。

第二，素面器上凿刻纹饰。这种作伪器的方法在铸造精细纹饰青铜器技术上要求比较高，而且稍有不慎，就会产生铸造缺陷而导致全盘失败，而选择素面无纹饰的器加刻花纹，这样把握性就要大得多。这类凿刻手工艺有的非常精湛，对于接触实物不多的人来说，完全可以做到以假乱真目的。因为整个器物就是商周时代的原物，只是花纹是作伪罢了。从文物保护的角度来看，此伎俩对古物的破坏性非常大。比如：据说西周早期麦方鼎，原是一件朴素无纹的方鼎，铭文曾见著录，而在方鼎第二次出现时，已经满器刻上了花纹，面目全非了。该器口沿部分的鸟纹、腹上部四顾鸟纹、下部三角蝉纹均为后刻。其主纹与地纹都是平花，腹下部的三角蝉纹，三角形的线条太规整而不自然。整个后刻花纹的氧化层与未刻花纹处的氧化层不一致，前者经过磨砺，后者尚属原来本色。在同一件器上，同一个面上，有这样两种完全不同的氧化层是不可能的。

另外，有一对商代晚期光角，原来是素器，作伪者刻上各种鸟纹，遍布器体，表面上看去做工相当精美，但原器的本来面貌却被破坏了，现将其伪刻纹饰留存的破绽，鉴定分析如下：

角的尾部，一般的是中间厚，近边处较薄，但为了凿刻花纹，先要磨去表面的氧化层，花纹刻好后还要经打磨。而在尾的边上不需要刻花纹，只要简单地磨砺一下，基本保持原来的面貌，因此形成中间薄近边处厚的反常现象。

器的外表呈现墨绿色，很光滑，似为原氧化表层，但没有一点锈痕。而器的口内及内腹却保持了真锈，真锈周围的氧化层与外表完全不同。一件器内外的氧化层不可能悬殊过大，这是因为加刻花纹后，曾用木炭反复磨擦，以致有的地方露出铜胎，经化学腐蚀处理后成为墨绿色或黑灰色，未露铜胎的氧化层，仍呈绿色。这是青铜器表层磨擦处理过的特点。

角和爵的鋬一样，有的是素的，也有在鋬上端饰一兽头。一般器所饰兽头一定会突出于鋬的表面，而此角如从侧面看，兽头厚度与鋬相当，说明这兽头是在素鋬上加刻的。为了显示兽头有突起的感觉，于是在鋬的面上与兽头间凿成斜坡。鋬内在铸造时要放铭文陶范，脱范后内向应该是毛糙的，因为这些地方是阴面，一般在脱范后不用修饰，但实物已将它磨得非常光洁，与通常一般磨砺的不同。

这角的形式相当于商代晚期。这一时期青铜器满饰花纹的特点是有层次的浅浮雕。因此，角的纹饰照理是主纹（鸟纹）高，地纹（雷纹）低，而鸟的眼睛必须突出。由于这角原是素器，是在平面上加刻花纹，因而不能产生这一效果。

商代晚期、西周早期青铜器纹饰的特点是图案中粗的线条逐渐由粗至细，在收尾处最后形成一条线向里卷曲而成地纹，而此角的粗线条与细线条都各自安置。角尾部饰鸟纹，鸟纹的尾部设计成月形，这是从未见过的，鸟冠的装饰和爪的形式都是任意设计的，为了不使整个纹饰有空隙，又在大鸟下安置一对小鸟，由于空隙地位过宽，鸟的体部就显得太肥，神态不自然，鸟的双目是用圆圈表示，而不是突出器表，说明这器是在面上伪刻的。但有的伪刻花纹，双目也会突出器表，这是用锡或铅点上去的。整个角的纹饰没有范线，这是伪刻者不知道青铜器的铸造原理使然。

整个角的纹饰是用小凿子凿成的，这样花纹的线条过于均匀，显得呆板，这也是作伪者所暴露的重要破绽之一。全部纹饰都是刻凿的做法在北京古玩肆内甚为流行，上海古玩肆也曾用此法作伪。这种纹饰作伪之器常有发现，破绽处的规律都差不多。

第三，增刻纹饰。指原器仅有简单的纹饰，若器形合适或表层坚固，作伪者就会考虑增刻花纹的可能。这种增刻纹饰的设计，绝大数都与原有的花纹相称。比如，西周中期的鸟纹尊，原本只在肩上有一条鸟带纹，中间各有一兽头，因为这件尊青铜质地尚好，作伪者在尊的颈部和腹部加刻了大面积的蕉叶纹和鸟纹，使原有的鸟带纹反而置于不重要的地位。伪刻纹饰破绽之处转移了对真器的注意力，而且这类鸟纹也正是西周中期所流行的，可见作伪的水平相当高。有经验的鉴定者，对此也难免不上其当。所以，要做好鉴定工作，还要学习很多相关的历史文化方面的知识。

第四，改刻纹饰。指器上原有极简单的纹饰，后将原线条废弃，重新改刻的一种作伪方法。比如西周早期兽面纹鬲，原来饰有简单的兽面纹，仅有双目和眉，作伪者就在这个部位，改刻了比较复杂的兽面纹。因此，在额顶及双目旁等处，都多出了好几道交代不清而又与器上纹饰无关的线条。当将此鬲清洗后，就清楚地看出了原来的线条和后刻的线条。

对于古代青铜器上增刻和改刻纹饰的鉴定方法，首先必须认真看清纹饰及其周围是否是原来的表层。这是很重要的一点，因为后刻的花纹必然要破坏原来的表层；由于花纹是刻凿的，质地较差的表层，必然会出现不同程度的爆裂；质地较好的表层，纹饰的槽口则会出现翻边或毛刺。以上两种情况都对作伪不利。因此，加刻或改刻纹饰的旧器，表层一定会作处理，处理后的表层与原来的表层绝不相同，既无原来表面的光泽，也无原来的氧化层。经过大面积打磨，再用化学方法浸泡器物，使新的表层腐蚀，加上呈色剂，显示出斑斓的绿地，以冒充旧的表层。但是打磨腐蚀的光泽与原来的不会一致。

第五，后加镶嵌物。指在原来花纹上添加镶嵌物和后刻花纹上添加镶嵌物两种作伪方法。镶嵌的物多种多样，其中有金银丝、片和绿松石等。

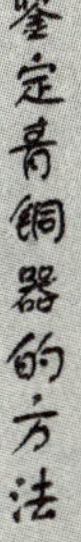

五、锈蚀辨伪

商周青铜器长期埋藏在地下，由于各地区的土质成分、地下水及墓葬内有机物腐蚀所产生的化学成分不同，这些因素作用于青铜器表层，青铜本身会起质变。表层上附着的各种铜锈，犹如矿藏一样，是一层一层长出来的，坚固致密，不易剥落。各个地区的铜器表层和铜锈很不相同，从出土的青铜器来看，一般地说，陕西地区出土的青铜器，表层保存得较好，铜质分解不严重，铜锈变化不太复杂；而殷墟、洛阳出土的青铜器，铜质层次非常复杂，如有的青铜器表层为浅绿色，附着的铜锈第一层为黑色，第二层为枣红色，第三层为绿色，第四层是土锈结合的硬块等等。总之变化很多，很复杂，铜质保存一般不佳。又如长江流域湖南、安徽等地铜质本身分解腐蚀相当严重，有的只剩下极薄的一层铜质，这种青铜器称为“半脱胎”或“脱胎”器，完全脱胎的青铜器不能保存，“半脱胎”的青铜器必需非常小心才能保存下来。脱胎的铜经分解，成为色泽较均匀的粉绿色，但是仍然保持表面光泽，这层光泽在器物出土干燥后，经小心清洗才能保持，如在器物出土时立即清洗柔软的表层，那么表面原来的光泽将不能存留。“脱胎”的青铜器大都出土在长江流域的红壤地带，湖北、安徽、江西等出土的也都是如此，但色泽有所不同。如：安徽出土的脱胎青铜器，有的地区呈灰绿或灰色，湖北出土的脱胎青铜器没有湖南的那样嫩绿。当然，同一个地区出土的脱胎青铜器，色泽也不是绝对一致。之所以

必须详细观察各地区青铜器的表层和铜锈生成情形，是因为作伪的器物或部分作伪的器物必然要用铜锈伪装，而其表层也需经各种伪装处理。但假的决不能变成真的。观察青铜器的表层和锈斑，是青铜器辨伪的一个关键。

第四节　科学鉴定法与传统鉴定法

随着社会的发展，各种高科技的技术进入了文物鉴定工作。单从这些名词如“热释光”、“碳－14”、“能谱分析”等等，足以表现出科技在文物鉴定中越来越受到专业人士的关注，而科技手段在文物鉴定中的运用，为传统的目鉴比较法提供了新的参照信息。

一般来说，“能谱分析”是将大量通过科学发掘和部分传世青铜器物作为标准器，将其元素含量按年代排序收集到数据库中，再将待鉴器物的元素含量数据与之对比，得出待鉴器物是否与标准器相符合从而得出结论，达到鉴定的目的。

还有现代科技的荧光能谱仪，可对大量青铜标准器进行能谱分析，发现成熟稳定期的器物合金配比与古代文献记载是否基本吻合。而运用这种方法的前提是科研人员采集了大量不同时期、不同用途的合金配比数据，才能总结出青铜器发展演变的历史规律。

近年来，文物鉴定界一直对科学仪器的使用存在意见分歧。其主要理由是：早期范铸法的错范痕迹和分隔内外范的垫痕与伪造的痕迹，目前的仪器还无法判断，但专家、有经验的文物工作者和收藏家只要借助肉眼或放大镜就可以判断。另外，如将古代青铜器残片融后再铸，其化学成分必定会与当时相符，而仪器很难区分。还有，古代青铜残片融化后，原锈尽失，所铸器物即为金光闪闪之新器，需千年以上才可生成的器锈只能伪造。同时，青铜器上铭文的鉴定常常成为对于有争议器物的强有力的证据，特别是数十字以上的长铭，今人很难编出未见著述而又文意通畅的铭文，也很难刻写出古意灿然、毫无造作且不出错误的古文字，这绝不是仪器可以解决的。

相比之下，传统的鉴定方法突出运用综合的知识来鉴定每一件青铜器。

首先，在自然科学方面，“青铜”是指在纯金属铜中加入锡、铅等其他金属而冶炼成的合金。我们所说的青铜器就是用合金铸成的器物。不同时期、不同用途的器物合金配比不同。在纯铜中加锡，是为了增加硬度和韧度，加铅是为了增加铜液的流动性。

其次，在历史方面，秦以前（前 21 世纪—前 221 年）是中国的青铜时代。青铜器分为礼器、兵器、生产工具及其他生活用品四类。

再次，在科技状况方面，范线与垫片是鉴别青铜器真伪的要诀之一。范线就是铸造青铜器时铜液留下的痕迹，垫片就是为了固定器壁厚度而留在器物上的小钢片。所以范线与垫片是从古代铸造技术方面来鉴别青铜器真伪的主要方法，因为这是铸造技术必然要留下的痕迹。商代早期的青铜器是不用垫片的，这与当时铸造工艺的不发达有关。

第四，在经验方面，古代青铜器由于埋藏地下历史过于悠久，自然形成的铜锈往往有好几层。常常在贴骨处是黑锈，其上一层为红锈，再之上是绿或蓝锈。辨别铜锈的真伪，关键在于看有无结晶斑。结晶斑是青铜器在地下经过上千年后，在器物表面某一点或多点上发生膨胀，造成底锈外翻，从而使器物在表面的绿锈上，呈现出褐、红、黑相间的凸斑的一种现象。迎光侧视，可见到细碎晶体光闪，此斑略高于器表，手摸有凸感。大者如钱币，小者如黄豆。而作伪者合成的假斑没有晶体光闪。因此，正确鉴别铜锈结晶斑，成为青铜器鉴定的有效方法之一。再结合器物造型、纹饰神韵、手感轻重、整体锈色等方面因素，就可以鉴别出青铜器物的真伪了。

最后还要了解青铜作伪的情况。如古铜器作假有很多的流派，如“苏州造”、“潍县造”、“西安造”和“北京造”等。它们的主要特点为：“苏州造”的用材较好，冶铜浇铸时往往加些银，使铜器的地子发亮见银白色；仿制对象以商和西周器为主，刻工精细，纹饰流畅，铭文逼真，技术精湛，流传甚广。“潍县造”的艺匠最擅长的就是刻纹饰、铭文，所作伪器一般呈熟坑状，但铸出的器物壁厚，重而压手。“西安造”十分注重器物上的铭文，假器造假铭自然不在话下，有时甚至于连一些没有铭文的真器上，也后刻铭文。“西安造”的伪器一般为度量衡器物，如秦诏版、秦量居多。“北京造”则十分讲究纹饰华丽，器型精巧，锈斑逼真，特别是“黑漆古”、“绿漆古”等，都能逼真地表现出来。“北京造”的伪器多以商周两代器物为主。

通过无数人的努力，在鉴定青铜器方面形成这样一则谚语，即“先看型，后看花，拿到手里看底下，紧睁眼，慢开口，铭文要细察，铜质（锈斑、地子）是关卡”。它的具体解释如下：

（1）先看型，就是先看器物的造型，因不同时代的器物各有其造型特征。

（2）后看花，即观察花纹，每个时代的器物都有它的主要纹饰，且和造型相辅相成。

（3）拿到手里看底下，即细看底下所留范线、网纹、铸瘤、垫片和铸补等。

（4）紧睁眼，慢开口，即先看后说，经过分析比较，然后加以判断。

（5）铭文要细察，铭文一般有固定方位，也有个别例外，有时有厚锈覆盖铭文而影响判断，故观察铭文款识时须细察。

（6）铜质是关卡，青铜器锈斑，地子是年久氧化而成，故锈质坚固，分层次，有断面，地子晴亮，这是青铜质的呈现，假锈假地则相反。因此，锈斑、地子是鉴定青铜器的关健。铸花上窄下宽，留有铸瘤及碎裂纹者必真。同样，铸铭留有范痕，而原来氧化层未动者必真。相反，如上有假锈、假地或氧化层破坏者，非仿即伪。

综上所述，可以得出如下结论：在文物鉴定工作中，以目鉴为主、科技仪器鉴定为辅，是一种科学的工作方法。文物是文化的载体，体现着人文内涵，因而对它的鉴定更多地要靠专业人员丰富的知识和实践阅历。而目鉴与科技手段相结合的方法，才是文物鉴定的正确发展方向。

第四章

名器鉴赏

大量出土的青铜器充分反映出当时社会冶炼技术、生产规模和铸造工艺的水平，成为古老文明中当之无愧的杰出代表之一。而在鉴赏这些千年古器时，其器型、花纹、铭文、冶铸工艺等无不闪耀着历史的辉煌，给人以一种视觉的冲击和心灵的震撼。

一、商代的青铜提梁卣

1994年出土于山东滕州前掌大村。此器高41.5厘米，为子母口，竖颈，圆腹，下部微鼓，圈足。器侧面附有提梁，有盖。盖顶有一菌状钮，钮顶面饰涡纹。盖、腹和圈足均饰一条双身的龙。提梁饰龙纹，两侧穿系处各饰卷角羊首。器内有铭文“史”字。此器出土时内盛透明液体，专家推测有可能是当时所贮的酒。

二、商代后期的青铜编铙

1993年在湖南宁乡出土，编铙共9件，均通体饰云雷纹，钮部有乳钉两组18枚，每组横竖各3枚。鼓部两侧各饰一兽，每件编铙都能发出一个或两个不同的乐音，组合后可演奏乐曲。像这种件数较多、体形又较小的编铙极为少见，颇有收藏价值。

三、商代后期的青铜角

1990年在河南安阳郭家庄出土。此器高21.4厘米，口有两翼，呈凹弧形分离，两翼尾早锐角；深腹，一侧有鋬；卵形底，下有三棱形尖锥实心足，足尖外撇。腹部饰饕餮纹、夔纹，两翼下饰三角纹、夔纹，云雷纹作底。鋬内有铭文“亚址”。殷墓随葬青铜酒器，一般多以觚、爵组合，此墓无爵，代之以角，共出 10 件。

四、商代妇好墓中的三联铜甗

此为商代重器，长 103.7 厘米、宽 27 厘米、高 68 厘米，乃大型祭祀及宴享时所用，因三甗联成一体而得名。其构思奇巧，前所未见。鬲呈长方形作禁状，甑为敞口敛腹，三甑内壁及双耳外侧均有“妇好”二字铭。整器纹饰简洁有序、形制独特，是研究商代青铜器文物类型学的重要史料之一。

五、商代晚期的“妇好偶方彝”

方彝为一件长体有肩附耳式，器身横长两倍于纵长，有斜肩，犹如两个方彝之组合，故人称偶方彝，是商代晚期的代表作。西周早期的方彝四壁多作弧线状，因此器腹鼓出，圈足上的缺口也就多不见了。西周中期的方彝有作直角方形的，即器的上口与底部一样大小，此为方彝的最后形式，流传较少。有盖，似屋顶形，顶两端置钮。器内有铸铭“妇好”两字。其造型凝重雄伟、纹饰精美富丽、铸造工艺高超、形制独特，为商周青铜器中的珍品。

六、商代晚期的豕尊

此座豕尊由考古工作者于 1981 年在湖南湘潭发现。尊口呈椭圆形，位于猪的背上。尊口上有盖，盖上装饰有华冠立鸟。尊的前、后肘部各有直径约 1.4 厘米的圆管孔，横穿器身，该孔可能是用来贯穿绳索以便于搬迁之用的。器物外观上比较逼真，有栩栩如生之感。器身呈站立姿势，整体比例关系与细部结构都比较精确。面比较长，两颗獠牙露在外面，具有很强的写实性，追求形似。周身纹饰复杂多变，又和谐统一。其头部施云状纹；四肢为倒立的夔纹，以云雷纹为地；颈部、腹部则是面积较大的鳞甲纹。各种纹饰的变化与配合，处理得恰到好处。以豕为尊，在我国青铜牺尊中是相当罕见的，特别是这种纹饰精美、形象逼真的富有装饰性的豕尊。

七、商周时期的四羊尊

为湖南宁乡月山铺出土。方形，大侈口，长颈，鼓腹，高圈足。全器最独特之处是在腹部四角上都铸有一大卷角羊，每羊胸与尊腹合为一体，羊足铸在圈足上，而羊首、羊角则凸出器表。尊的 4 个肩部浮雕出极为生动的 4 条龙。据专家考证，羊角与羊头均系采用了先分铸，而后再与全体铸接在一起。颈部饰有蕉叶纹。此尊器浑厚、造型雄奇、设计精巧、技艺复杂，采用了分铸、平雕、高浮雕等方法，并使全器浑然一体。其风格特点不但在同类器中独树一帜，也是商周青铜器中的奇珍。

八、西周时期的大盂鼎

大盂鼎是西周康王时期的著名青铜器，内壁有铭文，长达 291 字，为西周青铜器中所少有。其内容为：周王告诫盂（人名），殷代以酗酒而亡，周代则忌酒而兴，命盂一定要尽力地辅佐他，敬承文王、武王的德政。其书法体势严谨，字形、布局都十分质朴平实，用笔方圆兼备，具有端严凝重的艺术效果，是西周早期金文书法的代表作。

九、西周时期的宗周钟

商代的钟形乐器大多数是口部朝上，钟体用长柄支起后再敲奏；西周开始渐渐改为钟口朝下，钟柄加环悬挂而奏，成为惯见的“甬钟”形式。宗周钟便是甬钟的代表。宗周钟外形上最大的特征，是钟身两面共装饰 36 枚高突的长形乳丁纹，极尽华丽醒目。此钟音质浑厚宏亮，有宗庙庄严气概。

十、西周时期的牛首四耳铜簋

1981 年在陕西宝鸡出土。这件簋高 23.8 厘米，主要特点是 4 只大兽耳，其长耳下垂几乎及底。兽耳与器身分铸相接，4 只兽耳的上部饰牛首，两角高耸，两角间正背面各饰一小牛头，兽耳下部正中饰一小牛头，垂珥的两侧饰有对称的 1 个牛头。整器在兽耳上饰有 24 个大小牛头，可谓是装饰构思奇妙、古朴典雅。

十一、西周时期的夔纹象尊

这件象尊模拟象形，高 17.2 厘米，长 21.2 厘米，宽 10.6 厘米。象躯体腹圆而丰满，长长的大鼻子往上过头后卷曲直向前伸展，两个大象牙尖尖地露出于口外。象的全身饰满精美的纹饰，有兽面纹、夔纹、四瓣花纹，以云雷纹衬托，给人以雍容华贵之感。象鼻中空，兼为尊的流（倒酒的嘴）。在象的背上有一个椭圆形的口，口上有一盖。盖上连铸有一站立的小象为盖钮。盖上的小象造型与大象的形象一致，只是大小不一样。夔纹象尊造型取材于现实生活，而且塑造得惟妙惟肖，真实地表现了象的神态，十分生动活泼，纹饰构思也很精彩。象身以浮雕纹为主饰，加以立雕、刻雕及各种传说神话中的动物集饰于象体，更显其珍贵。

十二、西周时期的两件伯各卣

均为 1976 年在陕西宝鸡所出土。一件高 33.6 厘米，另一件高 27.5 厘米，两件卣造型相同，均为椭圆形，横置提梁，高沿盖，直口，深腹下垂，高圈足，两端置羊首，饰龙纹，中部左右各设一牛首。四条棱脊自盖至足。整器纹饰均以细雷纹为底，所饰兽面纹的羊角大而高凸，角尖翘出器表。这一对卣制作精良、装饰华丽，具有极强的立体感。

十三、西周晚期的鱼尊

这件鱼尊高 15 厘米，长 28 厘米，重 1.1 公斤。鱼身肥大中空，鱼口微张，下唇处有一细小穿孔。鱼鳃饱满，鱼背鳍处开方形口，口上置拱形方盖。以鱼之背鳍为方盖捉手，足见古人之匠心独具。为使鱼身有所附着，鱼腹下设有两两相背、双手捧腹作负重状的四个人形足。四个小人中有三人口大张，双目圆睁，头上蓄发；另一小人口紧闭，头无发。以表情夸张的四个小人做鱼尊底足，生动而富有情趣。鱼尊通体满饰线雕鳞纹，两鳃处各饰一组简化窃曲纹，以区别于鱼身。钮盖两侧盖面上各饰一组完整的线雕鱼纹，方盖的边缘各饰一龙纹，龙纹之龙头在钮盖前部交会。鱼尊纹饰简而不繁、准确精当。

十四、春秋早期的垂鳞纹铜方彝

1970 年于湖北随州熊家巷湾出土，湖北省博物馆藏。此器 32×28.4

厘米，器型与以前相比颇有变化：口呈方形，盖甚高，垂腹，两端置环状钮，圈足略外撇。器具饰垂鳞纹，为青铜器典型纹饰之一，春秋时期尤盛。

十五、春秋时代的秦公簋

外呈褐色，器上有盖，圈形把手，鼓腹，圈足。腹部有兽首双耳。器及盖均饰细小蟠螭纹。盖器同铭，盖上有54字，器身上有51字，字体与远古的石鼓文极为相近。

十六、春秋时期的嵌红铜龙纹方豆

为河南省固始县出土，河南省文物研究所藏。此器高30.5厘米，豆盘与盖呈斗状相合，深腹细柄，下铸圈足，豆有数对环钮。器表通身嵌饰红铜，为细工装饰，一改以往纹饰拘谨之风，气韵鲜明。此法始于春秋，后广为流行。

十七、春秋时期的齐侯鉴

此器高46.5厘米，敞口，鼓腹，下承圈足。侧附四兽形耳，曲颈卷尾，甚为精致，下坠饰环。器身有流行于春秋时期的典型纹饰鳞纹。整器形制规范，做工精而不繁，于古朴中略见轻灵，为其独到之处，属典型的器具。

十八、春秋时代的吴王夫差鉴

此器出自河南。夫差鉴为圆形，方唇束颈，腹下敛，平底。两侧附兽首耳，前后两面饰伏兽，腹饰为良花状变形蟠虺纹带。在造型上体现了中国雕塑艺术的进步。器两侧各有一兽首环耳，在两耳间，又有两虎前爪抓住口沿作欲饮状，伏腰卷尾，形象生动。此鉴造型雄伟、稳重、浑厚，艺术性甚高。鉴内壁上有铭文12字："吴王夫差择厥吉金，自作御鉴。"文字优美，瘦长体，字形、笔画不加修饰。文字质朴规整，线条均匀，起止尖锋，字距、行距较大，布局疏朗，已具后来小篆的雏形。器主系为春秋吴国君夫差，此器制作精美，是春秋晚期吴越青铜器中的精品，价值不菲。

十九、春秋晚期的菱形花纹戈

戈援、胡、刃部及穿下齿稍残。前锋呈三角形，援中起脊，栏侧五穿，直内中有三角形穿，援锋至内残长 19.1 厘米，胡长 13 厘米。器体镶嵌有黑白相间的菱形花纹，色彩鲜明、光洁无蚀。为安徽省青阳县庙前乡十字窑场出土的青铜兵器。

二十、战国时期的宴乐铜壶

此壶为战国时期著名青铜器。圆口，斜肩，鼓腹，圈足，侧附双耳。壶身遍饰嵌错图案，纤细精美，结构严谨，有如在器表绘画一般。仅从其水陆攻战纹饰中便可看出战国的布兵阵势，写实明细，开创了我国装饰艺术的先河，极具史料价值。

二十一、秦朝时期的秦始皇铜车马

在陕西临潼秦始皇陵出土的两乘铜车马。第一乘驾四马，车上有棚，御者为坐状。第二乘马，长 3.17 米、高 1.06 米，可以说是迄今发掘到的形制巨大、结构又最复杂的青铜器，精美绝伦，堪称奇观。这两乘车马均为青铜器铸件构成，大小与实际合乎比例，极其精巧。车马上还有不少金银饰件，通体施以彩绘。

二十二、汉代鎏金中国大宁博局纹镜

1952 年湖南长沙出土，直径 18.6 厘米，圆钮，柿蒂纹钮座。柿蒂纹间各有一兽头，外围双线方栏。方栏外饰博局纹（注：规矩形纹又名博局纹，属于几何纹类，多见于铜镜，此纹流行于汉代）。间饰神人，鸟兽纹。周边有铭文："中国大宁，子孙益昌，黄裳元吉，有纪钢。圣人之作镜兮，取气于五行。生于道康兮，咸有文章。光象日月，其质清刚。以视玉容兮。辟去不祥。"

二十三、西汉时期的"铜镜之王"

近年在山东淄博的西汉墓中还发现了一件长 115.1 厘米，宽 57.7 厘米，重 56.5 千克的长方形大铜镜，有如现代玻璃制品的穿衣镜，铜镜之大，空前绝后，堪称"镜王"。这认证了文献上所谓洛阳仁寿殿前有"方镜高五尺，向之立写人形”的记载。

二十四、三国时期的嘉禾五年镜

嘉禾是三国时期吴国皇帝（即孙权）的年号，五年即公元236年，镜以纪年而名。青铜镜呈圆形，径10.1厘米，边厚0.5厘米，重155克。镜背中框为兽面半球形钮，高0.7厘米，钮有圆孔。镜面光洁微凸，镜背纹饰较清晰。纹饰分内外两区，外区为一圈内凹的铭文带，近外缘有一周三角锯齿纹图饰，宽0.4厘米。内区饰有组合的一周图案，主体饰首尾相依的高浮雕神兽多个，动态各异，伏于圆钮周围，极富艺术感染力。

二十五、三国时期的重列式浮雕神兽镜

该镜属吴镜，圆形，正面微弧凸，直径16厘米，边缘厚0.6厘米。镜背扁圆钮，无钮座，钮外复线环绕一周。内区纹饰采用高浮雕式表现技法，以神仙和灵异瑞兽组合成主题内容。第二道复线间隔一周外区，由铭文带和流云纹带组成，缘边呈斜面。此镜的内区自上而下用鲜明的纵横线划分为5段，上段一神二侍，二兽衔座，二段并列五神，三段有东王公、西王母和二神，四段有二羽人、二神和二龙，下段正中为一头戴冕旒的神，两边各有一龙。

二十六、北魏初期的铜鎏金佛像

此像高8厘米，佛的发髻为磨光肉髻的形式。面容和煦，身着通肩式大衣，双手结禅定印。此时期造像传世较少，具有较高的收藏价值。

二十七、北魏时期的释迦牟尼佛像

此像高10.5厘米，佛像双手于脐前结禅定印，双腿盘曲结跏趺坐。身披袒右式袈裟，细密的衣纹表现出衣服的质感。头顶磨光，无发纹，肉髻较大。头光上饰莲花，舟形背光上雕十一佛表示去千佛。边缘饰火焰纹，风格朴拙。

二十八、北魏时期的铜鎏金佛立像

此像高10.5厘米，佛像面庞圆润，顶饰磨光式发髻，身着通肩衲衣。右手作施无畏印，表示施与众生安乐无畏；左手结与愿印，象征满足众生

美好祈愿。双足并立于圆台上，下承四足梯形方力座，背光为舟形，由头光与火焰纹身光两重纹饰构成，其后镌“永平四年（公元511年）岁辛卯十一月十六日王静为敬造佛像一区”。

二十九、北魏时期的一佛二菩萨立像

像高14厘米，佛陀为浅水波纹式发髻，身穿垂领广袖大衣，领口作折带纹。右手结施无畏印，左手施与愿印，双足并立。两侧的菩萨像顶饰高大巍峨。舟形背光由头光与身光二重纹饰组成。宝相花、火焰纹遒劲有力，刀法细腻精练，四足方座侧面镌刻造像缘起及功德主姓名。整像体现北魏晚期造像在形象上的“秀骨清像”和服饰上的“褒衣博带”，以及创作手法上的精细入微，更趋于写实。

三十、隋朝的观世音菩萨像

此像高15厘米，铜像的服装采用褒衣博带式。面容及发髻刻画较为简略，有古朴粗犷的气韵。舟形背光上刻有环状头光，火焰纹大而流畅，别有一种简约的韵味。四足座床上刻有年款、造像主及造像缘起。

三十一、隋朝的淮南起照神兽铜镜

此镜半球形钮，八角形钮座，其边棱皆双线。八个凸起的力块上各镌一字，内区饰东王公、西王母、四神及神兽，以双线相隔。外区饰铭文一周及十二生肖等图案，边缘饰缠枝纹一周。纹饰繁复，制作精良。

三十二、唐代的狻猊葡萄镜

此镜直径23.9厘米，为狻猊钮，内区有8只狻猊作各种姿态，隙间饰葡萄纹；外区有飞禽7只，狻猊3对，上下饰葡萄及枝叶纹。镜缘饰重瓣花，此镜纹饰交错，极其富丽，现藏于上海市博物馆。

三十三、唐代的大型蜂蝶牡丹镜

镜体硕大厚重，直径31厘米，重2.7公斤。圆形，凸棱缘，半球钮，钮下方有一簇鸡冠花，穿旁对称饰二枝上蓬的牡丹花，上有缠枝葡萄。繁花茂叶间点缀31只蜂蝶飞鸟，喧舞翔绕，趣味盎然。整个图案寓有“封牒加官、富贵绵延”喻意。

三十四、唐代的真子飞霜纹铜镜

内区以钮为中心，左侧竹林前一人坐着弹琴，右侧一鸾凤闻琴声起舞。“真子”即真孝子简称，“飞霜”是古琴渠调十二操之一履霜操的别称，纹饰是“西周尹伯奇放逐于野”的喻意。

三十五、唐代的“济南刘家功夫针铺”雕刻铜版

该铜版是我国现存最早的广告实物之一，长 13 厘米，宽 12.5 厘米，铜版上部顶端有阴刻“济南刘家功夫针铺”字样，上部中央显眼处阳文刻有白兔捣药图案，两旁文字是“认门前白兔儿为记”。铜版下部也阳刻“收买上等钢条造功夫细针”等字样。

三十六、唐代的铜鎏金释迦牟尼佛像

此像高 11 厘米，身穿袒右式僧衣，右肩覆搭偏衫边角，衣纹转折曲复自然。左手抚膝，右手施无畏印，端坐于覆莲座上，下承六角方台，镂空的舟形背光外侧饰有细密的火焰纹。佛像肉髻呈缓丘状，额宽颊丰，眉目修长，眼睑微开，鼻挺唇厚，人耳垂肩，躯体壮硕，神态祥和，着意刻画出佛家思想与世俗要求相结合的形象。

三十七、北宋时期的铜象棋

1981 年在江西安义地区发现了一副北宋时期的铜象棋，是用黄铜脱范成型。这种象棋与现代象棋不同的是：象棋的正反两面采用浮雕式手法，双向文图对应。正面楷书阳文，背面阴底阳图，如正面文为“車”，背面图即呈现出带伞盖的双轮战车造型；正面文为“炮”，背面就相应刻画出石球爆炸状图案。铜象棋每只重 60 克，直径 3.8 厘米。

三十八、宋代的菩萨像

此像高 14 厘米，面相端庄，表情宁静而略含笑意。高耸的发髻上饰有花冠，顶部安奉化佛，京缯垂落启部。胸前饰璎珞，帔帛曲折反复。大裙的衣褶生动写实，富有立体感，俨然为人间雍容华贵的女性，反映了佛教造像的世俗化。

三十九、宋代的海船纹铜镜

此镜直径为17.3厘米，镜的边沿是八瓣菱花形，镜背面布满了海浪波涛的纹样，一艘海船扬帆行驶，船头、船尾的人物清晰可见。这说明宋代海外交通贸易在当时占有重要地位，表达了人们对航海中平安顺利的企盼。

四十、辽代的菊花纹镜

此镜直径9.85厘米，圆钮，镜背呈菊花形，花瓣叠压旋转，极富动感。其中一花瓣上有金代刻款“济州录司官”及花押。

四十一、辽代的弥勒菩萨像

此像高13厘米，弥勒菩萨头戴高耸的花冠，冠上饰小塔及卷草纹饰，缯带垂于两肩，相貌和善，上半身偏长，胸前佩瓔珞，身形继承了唐代一些菩萨造像的收腰做法，自然优美。右手施说法印，左手执净瓶，衣褶刻画逼真，写实生动。花口式平面台座，莲瓣饱满。

四十二、金代的裸体小铜人

在黑龙江阿城金上京历史博物馆中现收藏有几十个小铜人。最大者高不足8厘米，重不足120克，小者高仅3厘米，重10克。人物多为悍壮的男性形象，皆裸体，并有意突出粗大的男性性器。头顶部皆铸一环，作牵挂之用。这种小铜人表现的文化内涵，一直说法不一，有佩饰说、宗教雕像说、秤砣说等等。

四十三、金代的交钞铜版

金代交钞铜版所有传世或出土者，共有四五件。这种反映金代货币制度的铜版，既有金额为拾贯的，也有金额为百贯的。河北平泉出土的伍拾贯的交钞铜版，黄铜质，版长21.9厘米，宽11.6厘米，高2.7厘米，重2600克。其设计形式、尺寸、版背形制、纹饰等均反映出了金代的风格款式。

四十四、金朝的双鱼纹铜镜

女真人的祖地河流特别多，双鱼铜镜是深受女真人喜爱而具有民族特色的用品。此镜圆钮，钮外两条鱼在水中翻滚游动：鱼张口吐泡，目圆睁，鳞纹清晰，侧身摆尾，形象生动逼真。镜背满布线条流畅细密的水波纹，双鱼出没于其中，显示出浓厚的自然情趣。

四十五、元代的都松钦巴像

都松钦巴（公元1110—1193年），其名意为“知三世”，四川甘孜新龙县人，他先后创建噶玛丹萨寺和楚布寺，被追认为黑帽系的第一世活佛。此像高13.5厘米，都松钦巴头戴全边僧帽，正中饰羯摩杵；面容寂静，身着衲衣；双手掌心向内，置于膝前，跏趺端坐于覆莲座上，造型写实传神，仪态庄严，堪称藏西地区金铜造像的佳作。

四十六、元代的铜无量寿佛坐像

像高26厘米，此尊无量寿佛跏趺坐于双层莲台上，发髻高耸于冠饰之后，面部泥金，神态垂目静穆，双手结禅定印，身佩耳当项串珠钏，帔帛于耳际绕臂而下，形成镂空的背光状。

四十七、元代的铜噶当塔

此塔高14厘米，由束腰仰覆莲座、中型塔身、多角平头、十三天、莲瓣形华盖及莲花宝珠构成。古朴的形制体现了元代噶当塔的造型特点。为西藏地区铸造。

四十八、元代的武当山小铜殿

小铜殿又称古铜殿，建于元大德十一年（公元1307年）。小铜殿原置于武当山金顶，明代因规制与武当山其他宫观不相称，故另铸大多殿，而将此小金殿移至小莲峰太和宫转展殿中。小铜殿结构简单，平面仅一间。殿壁大多铸有文字，清晰如初。小铜殿为我国现存较早的铜铸建筑物，文物价值极高。

四十九、明代的昆明金殿

昆明金殿位于云南昆明以北鸣凤山上。建于明万历三十年（公元1602年），是仿湖北武当山金殿式样铸造而成。金殿周围建砖墙保护，有城楼、宫门等建筑，统称太和宫。后来于1637年被移往大理宾川鸡足山天柱峰，毁于1666年。现在这座金殿是1671年吴三桂重铸的，高6.7米，宽和进深均为7.8米，重250吨，两层重檐屋面，为全国最大铜殿。殿内神像、饰物也全部铜铸，整座铜殿造型十分精致。

五十、明代的五台山铜殿

山西五台山铜殿建于明万历年间，坐落在显通寺内，用铜约50吨。殿高8.3米，宽4.7米，深4.5米。铜殿雕花镂空，飞翼翘角，光彩夺目。殿内四壁铸有铜佛像1万尊，精美无比。殿内供奉铜铸文殊坐狮像，铸艺高超、表情逼真，系明代铜铸佛像的珍品。

五十一、明代的岱庙金阙

山东岱庙金阙又称铜亭，建于明万历四十三年（公元1615年），长4.4米，宽3.4米。结构浑重、工艺精巧。金阙曾几易置，原放在泰山顶霞祠，清代移至泰安城岱庙灵应宫。1972年又移至岱庙后院。铜亭门窗、神像遭劫，仅存梁柱屋面。

五十二、明代的武当山金殿

俗称金顶，坐落在武当山天柱峰顶端。建于明永乐十四年（公元1416年）。重檐仿木结构，顶宽三间，高5.5米，宽5.8米，深4.2米。金殿脊饰人物禽兽全系铜铸鎏金。殿体为分件铸造，连接精密严谨，无铸凿之痕，虽经五百多年风雨雷电侵袭，至今色彩仍很绚丽，是我国古建筑及铸造工艺中的一颗明珠。

五十三、明代的铜莲花生像

像高14厘米，此像头戴宝冠，正面饰象征阴阳或理智合一的半月和太阳图形；缯带束成蝶状，耳挡较大；双目圆睁，眉弓部加刻阴线，眉间现白毫，嘴角微翘；身着僧衣，外披僧氅，右手原执金刚杵，左手托骷髅碗并应挟持天杖，跏趺端坐，莲座后錾刻梵文。整像由黄铜铸造，比例匀称，雕饰精美，宝生佛主事迹功德，主要载于密部经典，为金刚界曼荼罗五智如来之一，代表南方，能出福智万行之宝，以济众生，因而得名。此像以黄铜铸造，局部嵌银，眉毛突起，眉弓部刻阴线，袒右式大衣沿袭印度萨而那特表现手法。

五十四、明代的宣德吴邦佐造双龙镜

此镜直径 21 厘米，圆钮，无钮座。双龙夹钮对峙，口对钮珠，昂首盘曲；隙间饰四朵祥云；钮上方有铭文“人明宣德年制”六字，钮下长方栏内有铭文“工部监造吴邦佐”七字；双重三角缘；镜体厚重，制作规整。现藏于中国历史博物馆。

五十五、明代的铜缕金嵌宝石释迦三尊像

铜像高 13.5 厘米，此尊为一佛二菩萨像。主尊释迦牟尼佛两侧胁侍菩萨分别拈莲茎结说法印、与愿印。覆莲座下承束腰须弥座。像身背后饰云形背光。整像制作精美，富丽堂皇。为西藏地区铸造。

五十六、明代的铜鎏金密集金刚像

密集金刚又称密聚金刚，是藏传佛教诸本尊中较早出现的一尊，为宁玛、萨迦、噶举和格鲁四人教派所共尊。像高 16 厘米，此像三头六臂三目，主臂右手持杵，左手执铃，拥抱可触金刚佛母，其余诸手各持法轮、莲花、宝剑、摩尼宝珠等法器。金刚与佛母均戴花冠，身着天衣，严饰珠宝瓔珞，以双运相趺坐于仰覆莲台上。造型优美，工艺精湛，是难得的艺术珍品，为西藏地区铸造。

五十七、明代的铜鎏金金刚萨埵像

此像头戴宝冠，颜面端庄，略带汉族人造型特征。右手原托金刚杵（已佚），左手执铃，全跏趺坐，此像高 21 厘米，是用红铜以失蜡法浇铸而成，莲座上镌刻楷书阴识“大明永乐年施”，为明代宫廷造像，被学术界称为“永乐青铜塑像”中的精品。

五十八、明代的绿度母像

此像头戴宝冠，其上浮雕珠宝密实镶边，冠饰精美。束冠的缯结在双耳上方呈小巧的扇形，尾端上扬。耳铛大而圆，饰连珠纹、制作精致。项链由系列环饰组成，其上悬坠 3 个珠宝饰物，繁缛而精美的璎珞钏环，与波浪状的衣纹相辉映，朴素中透出华丽。左手置胸前作说法印，右手下垂至膝结施与印，掌心均持莲茎。像身略呈三折枝式，右舒坐，脚踏莲花，台座上下层各镶一周连珠，束腰内收成锐角状，莲瓣挺拔秀长，主瓣间露出底层莲瓣一角，微微上翘。此像高 19.5 厘米，是用红铜以失蜡法浇铸而成，莲座上镌刻楷下阴识“大明永乐年施”，为明代永乐宫廷造像。

五十九、明代的铜鎏金释迦牟尼佛像

像高 28 厘米，是明代宫廷御用监“佛作”所造佛像，作为给西藏地区等少数民族宗教上层人士的赏赐之物。在像身的塑造上，既符合西藏佛像的相好相准，又有内地佛像的衣纹流畅，富丽华美，同时还融会了尼泊尔造像的韵味，体现出皇室造像的雍容华贵，气度非凡。为此像为北京地区铸造。

六十、明代的铜双耳方炉

此炉炉体呈方形，四足设于四角，与炉身成为一体，方折炉耳，厚而不拙，雅而不俗。炉底篆书阳识“世古之宝”。

六十一、明代的铜鱼耳香炉

此炉是明代香炉的典型式样。双鱼耳形象灵动，底设稳重的圈足，广腹敞口，此炉身铜质内部向外闪现暗黄色。炉底楷书阳识“大明宣德年汗制”。

六十二、清代的铜出戟花觚

此器高 19 厘米，为清代仿作，敞口，粗腹，体较低，颇具商早期风格。然其颈蕉叶状纹，腹及底足饰纹繁碎，侧附扉棱，又有商晚期特征，不伦不类。与典型器相比亦显呆板，缺少神韵，作为品析赏玩之用尚可。

六十三、清代的铜蛙形双系壶

此器高 29.5 厘米，宽腹细嘴，底承圈足，肩负双系。器作蛙形，新颖独特，纹饰精细流畅，为清代佳品。

六十四、清代的铜嵌银丝盉

此器为商代风格，顶为平唇圆口，直流纸长，侧附大弧形鋬，下铸三深袋状足，器形较高。器身通体光洁，以银丝嵌饰，工艺精湛，堪称清代铜器中的佳作。

六十五、清代的嵌银丝八宝纹盘

在铜盘的内壁上，依据八字、团凤及缠枝花卉等图案，錾出细细的阴槽，再嵌入银丝。红褐色的盘体与银灰色圆转流利的线条，相映成趣，显得富丽华美。器底上嵌有银丝“石叟”名款。

六十六、清代的曼崩铜塔

曼崩铜塔位于云南西双版纳勐腊县城的河边山丘上，建于清朝。造这座独具特色的佛教铜塔，当时用银 3 万两。塔的底座呈四方形，通高 10 米，为三层圆锥形，最独特的是塔身全部用 2 厘米厚的铜皮包裹。

六十七、清代的宝云阁

在北京颐和园万寿山佛香阁西坡，建于清乾隆二十年（公元 1755 年），系清代帝后诵经念佛之场所。铜殿重檐歇山四方形，高 7.55 米，重 207 吨，殿内四面菱花隔扇门窗以及脊瓦、走兽等饰物全部铜铸而成。殿内原有佛像万尊，已于 1900 年被八国联军掠夺一空。铜殿失散的门窗于 1993 年 7 月由美国友邦保险公司无偿送还我国，并于该年 12 月安装在宝云阁上。

六十八、清代的铜鎏金五世班禅像

五世班禅法名罗桑益西（公元 1663—1737 年），是藏传佛教格鲁派大活佛，康熙帝敕其“班禅额尔德尼”封号，并颁金册、金印。此像头戴通人冠，身着藏式僧衣，右手结触地印，左手结定印捧斋钵（已佚），跏趺端坐。坐垫前后錾刻藏文题记，汉译为“南无至尊罗桑益西贝桑’。此像高 18.5 厘米，为西藏地区铸造。

六十九、清代的观世音菩萨像

此像高 94 厘米，观世音两手相叠置于腹前。头梳高髻，发髻上罩以帔帛，然后横搭于双肩上；面形长圆，神态慈和；身着曲领下重式袈裟，胸前缀璎珞，长裙飘曳，显得雍容华贵。

七十、清代的弥勒菩萨像

此像呈天男形，头戴五叶冠，发髻呈葫芦形，宽额丰颊，面容和煦；缯带曲卷于耳际，造型夸张而别致；双手当胸结说法印，肩臂两侧的龙华树枝叶阴刻法轮、宝塔图案，垂腹倚坐于须弥座上。这种善跏趺坐姿，几乎成为弥勒造像的专用姿势。此像高 21 厘米，冠饰及肩花均可拆装，为内蒙古地区锻造。

七十一、清代的铜鎏金弥勒菩萨像

弥勒菩萨是释迦牟尼佛的补储，现为兜率天的菩萨，未来将诞降世间成佛。这种双重身份使其兼具佛装与菩萨装两种形象，实乃一佛。相传我国笑口常开的布袋和尚便是弥勒菩萨的化身。此像头戴天冠，额际高广，白毫凸现，目光下敛，面容和煦；双手当胸结说法印，风空二指各捻龙华树花茎，上绕至肩，右置法轮，左奉军持。上躯袒，下着裙，细腰丰乳，肩搭帔帛，双足并立于方形台座上。冠饰、璎珞及裙带等部位镶嵌松石、珊瑚。此像高 106 厘米，由铜皮打制，分段接合而成，专家分析应是内蒙古地区锻造。

七十二、清代的铜鎏金大白伞盖佛母像

此像高 17.5 厘米，大白伞盖佛母的形象有寂静和愤怒两种，此尊是寂静相。一面二臂三目，金刚跏趺坐姿，右手施无畏印，左手当胸持伞盖（已佚），全身严饰珠宝璎珞；莲座呈鼓形，上敞下敛，莲瓣层层包裹，但较扁薄。此像应为蒙古“丹巴”体系的作品，而衣饰繁复显见受中原地区影响。

七十三、清代的铜鎏金绿度母像

此像高16.5厘米，绿度母头戴宝冠，束发前安住化佛弥陀，标志出绿度母是观音菩萨的化身。像上躯袒露，斜披络腋，璎珞钏环等饰物制作得很精巧；半跏趺坐，左手结三宝印，右手施与愿印，各牵一束莲花，右脚舒出，足踏仰莲。台座上沿饰连珠纹，莲瓣宽扁且排列规整，应为清朝初期喀尔喀蒙古风格的造像。

七十四、清代的铜鎏金无量寿佛像

藏传佛教将无量寿佛视为长寿尊来供奉，造像多以九为基数，清乾隆朝宫廷更是制作了数量巨大的无量寿佛像，此尊即是其中之一。根据台座前阴刻的“大清乾隆庚寅年制造”楷书官款推算，此像高21.5厘米，铸造于乾隆二十五年（公元1770年）。

七十五、清代的铜缕金远行佛母坐像

菩萨头戴五佛冠，宝缯呈三折状，帔帛自了两肩下垂，尾端上扬，有若祥云。左手持乌巴拉花，右手执金刚阿杵，舒坐于覆莲太台上。面容饱满，端庄妙丽，姿态优美，台座前铸有楷书阳识“大清乾隆年敬造”，近底处有阴识佛名“远行佛母”，并且背镌梵文。

七十六、清代的金刚齿菩萨像

此像为右舒坐，右手持独钴杵。头戴五叶宝冠，顶结葫芦形高发髻；面相庄严，像身圆浑粗壮。覆莲座上铸有“大清乾隆年敬造”铭款，下沿刻“金刚齿为菩萨”，像高20厘米，为乾隆时期作品。

七十七、清代的响铜钹

此钹直径8厘米，系用铜铸造而成，制作精美。在佛教中，铜钹为伎乐供养具之一，其形状如圆盘，中心穿一小孔，系以绳缕，两片互击而鸣奏，声音宏亮悦耳。

七十八、清代的铜鎏金马头明王金刚橛

金刚橛原为古印度的一种兵器，后转化为藏传佛教的重要法器，具有

降魔的作用。此器高 19 厘米，顶上有马头明王金刚的头像，锥形橛头饰有神鲸，造型奇特，堪称佳作。

七十九、清代的铜鎏金转经筒

此转经筒高 21 厘米，置于一个亭阁式的铜壳内，转经筒上有六字真言，其内也装有六字真言和其他经咒的经卷。以顺时针方向捻动铜亭顶端的经轴，即表示将经咒念了一遍。一般人也称之为摩尼筒。

八十、清代的铜鎏金金刚铃和杵

金刚铃是密教的法器之一。此铃又称为藏铃，用于督励众生精进及警觉诸佛菩萨，共有 5 种形式。杵原是古印度的一种兵器，在密教中，金刚杵象征摧灭烦恼的菩提心，是修法时的用具之一。

八十一、清代的铜鎏金覆莲塔

覆莲塔高 20 厘米，是为纪念释迦牟尼佛诞生之用。此塔由塔座、塔身和塔刹 3 部分组成。塔座为须弥式，束腰部阴刻大象等动物纹饰。负钵形塔身正面饰有“眼光门”。

八十二、清代的铜鎏金菩提塔

菩提塔是善逝八佛之二，为纪念释迎牟尼在菩提树下降魔得道，觉悟成佛。藏语称“强趣曲丹”。塔高 19 厘米，据说此塔是以影胜王所建塔为样本，13 层相轮，上有华盖，以日、月为饰，象征佛光普照，华盖两侧各垂飘带，与塔腹相连，具有藏式佛塔的风格特点。

八十三、清代的铜回纹炉瓶三事

“炉瓶三事”为旧时北京通行用语，即香炉、筋瓶和香盒。焚香时，中间陈放香炉，两旁分置瓶、盒，筋瓶放置火筋、火镰，香盒放香屑或香条，是焚香必备之物。三件器物由红铜铸造，质感温润厚实。在盒、炉、瓶、镰上依次有阳识阿拉伯文“我凭着普慈的独一的主的尊名起誓”、“万物非主，唯有真主”、“独一的主，普慈的主”、“赞主清净”等内容，这种经文的措辞及书写格式，为三四百年前所有。炉底镌篆书阳识“正德年制”。

八十四、清代的铜鎏金狮钮三足薰炉

此薰炉双狮耳，炉体略高，炉盖中心立狮钮，底呈三足，腹部四开光；内饰鎏金花卉纹。从造型特征上看，此炉应是乾隆时期宫廷造办处所铸。作工精湛，价值不菲。

八十五、清代的张鸣歧款铜雕人物故事纹手炉

此炉高 20 厘米，呈长方形，炉身四面开光雕饰人物故事纹，取法细腻，层次感强。炉底四角装饰云头纹；炉盖口沿作一周浪花形装饰，顶部网状为底，也雕有精美的纹饰，堪称精品。

第五章

青铜器的定级

青铜器的定级不等同于鉴定，二者的侧重点各有其别。鉴定着重于辨伪、断代、命名和分类等项，涉及的对象既包括真品，也包括仿制品和赝品。而定级主要是对真器的历史、艺术和科学的价值进行评估，以确定藏家的器物哪些分别是一、二、三级藏品。

1987年文化部颁发《文物藏品定级标准》通知，不但废止了原国家文物局颁发的《一级藏品鉴选标准》，而且根据《文物保护法》第二十二条的有关规定，分别界定了各级文物的内涵：一级文物为具有特别重要价值的代表性文物；二级文物为具有重要价值的文物；三级文物为具有一定价值的文物。其中凡属一、二级藏品的文物均为珍贵文物，三级藏品中需要定为珍贵文物的，应经国家鉴定委员会确认。

在随文印发以供参考的《一级文物定级标准举例》中，给青铜器制定的标准是：造型、纹饰精美，能代表一个时期工艺铸造技术水平的；有确切出土地点可作为断代依据的；铭文反映重大历史事件或重要历史人物的；书法艺术优美的；传世稀少并在工艺发展史上占有重要地位、具有科学价值的。2001年4月，文化部再次发布实施新的《文物藏品定级标准》，重申和微调了过去的标准，一级青铜器的定级标准，没有做过多的调整。

早在1992年，国家文物局就开始每年有计划、有组织地在每年春秋两季分省区进行一级文物的定级工作，并专门成立了由专家组成的青铜器专业组。据负责该组工作的著名青铜专家、故宫博物院杜廼松研究员介绍：专家们在定级时，通过对青铜器形制特征、造型风格、花纹和装饰特点、铸造技术和工艺水平、铭文内容和书体情况、铜器保存情况乃至光泽色彩程度、同一器种的多寡等等方面的鉴选，把一级品的铜器又细化为上限、中限和下限，并认定全国青铜器中属于上限的器物比例很小。同时对那些卓越超凡、脍炙人口、举世无双、有着强烈震撼力的一级品，暂定为“国宝级”青铜器，但在目前仍将其归属在一级藏品中。这样看来，有些鉴赏或收藏者著述中所谓一级品就是“国宝之最”的说法是不严密的，应予以修正。

关于“国宝级”青铜器，常常是指在一件器物上，或同时含有多角度的优势，或以一项或两项鲜明特点而独占鳌头。就一件器物而言，主要指同时具有高度历史价值、独特超凡艺术价值和高超科技价值的青铜器。

附：国宝的定级评语

1. 司母戊方鼎被定为“国宝”的定级评语

商代。相传河南安阳殷墟出土，是罕见的大型青铜器物，风格古朴典雅。在铸造上风格多范法和分铸法的运用，反映出当时生产力水平的高度发展水平，对我国青铜冶铸发展史有着重要意义，具有综合价值。

2. 司母辛方鼎被定为“国宝”的定级评语

商代。商代代南安阳殷墟妇好墓出土，是商王祖庚、祖甲为其母辛所作的祭器，书体雄劲有力，是殷墟前期青铜器断代的标准器，具有综合价值。

3. 何尊被定为“国宝”的定级评语

西周。陕西宝鸡出土，器身铸大扉棱，方形圆口，开铜尊造型的新风格。铭文记营建成周洛邑之事，可与古籍相参证，具有综合价值。

4. 大盂鼎、大克鼎被定为“国宝”的定级评语

西周。大盂鼎铭文字数可抵《尚书》中的一篇，书体雄健有力，气势磅礴，极富神采。大克鼎铸刻长铭，笔画圆润、书体畅达。两者都是西周金文典范，属大型器物，是西周铜器断代的标准器，具有综合价值。

5. 趋鬲被定为“国宝”的定级评语

西周。铸造精良，是目前所见最大铜鬲，可谓“鬲王”。所饰张口回首的大夔纹，与器物本身相和谐，表现了极强的艺术效果，具有综合价值。

6. 㝬簋被定为“国宝”的定级评语

西周。为厉王祭祀祖先的器物。是目前所见最大铜簋，重60千克。高耸的兽耳和腹与方座上的直棱纹，增强了簋的雄丽感，铭文书体整齐优美，是西周晚期金文的代表作之一，具有综合价值。

7. 壶被定为“国宝”的定级评语

西周。陕西扶风出土，通高60多厘米，造型高大雄美、器表光润、流光溢彩，铭文对研究西周礼俗有重要价值，具有综合价值。

8. 邲其三卣被定为“国宝”的定级评语

商代。较长的铭文保存了商代贵族祭典和社会生活的重要史料，是难得的珍品，是商纣王时期青铜卣的典型器，具有高度历史价值。

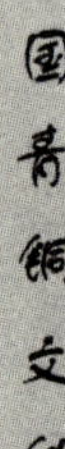

9. 小臣缶方鼎被定为“国宝”的定级评语

商代。铭文内容为赐禾稼事，以5年为限，这在商代金文中是特例，对于研究当时的政治、经济有重要意义，具有高度历史价值。

10. 卫盉、五祀卫鼎、九年卫鼎被定为“国宝”的定级评语

西周。西周中期以后，“普天之下，莫非王土”的国有土地制度变化很大，这在陕西岐山出土的这几件器物的铭文上都有记载。它们都是研究土地国有制到土地私有制历史变革的宝贵史料，具有高度历史价值。

11. 虢季子白盘、多友鼎被定为“国宝”的定级评语

西周。多友鼎铭文记录了西周王朝与猃狁战争的情况，是研究西周政治、军事和民族关系的重要史料。虢季子白盘书体优美，有很浓的小篆意味，开大篆向小篆演变的先河，具有高度历史价值。

12. 克盉被定为“国宝”的定级评语

西周。北京房山琉璃河出土，铭文中有“命克侯于匽”句，对研究西周分封制度和燕国历史有重要意义，具有高度历史价值。

13. 史墙盘被定为“国宝”的定级评语

西周。铭文追颂周初各王的功业，内容不多见，可补充和印证历史文

献，解决了学者们长期争论的一些问题，具有高度历史价值。

14. 中山王譻鼎被定为“国宝”的定级评语

战国。对研究文献记载很少的中山国史和中山国于公元前316年参加伐燕等史实，具有补充作用，具有高度历史价值。

15. 乳钉纹平底爵被定为“国宝”的定级评语

夏代。河南偃师二里头出土，造型优美、器壁均匀、古朴典雅，有高雅的审美愉悦感，还是我国青铜器早期发展史上的重要资料，具有独特超凡的艺术价值。

16. 双耳立鹿大甗被定为“国宝”的定级评语

商代。江西新干出土，形体巨大宏伟，是早期少见的圆形四足瓶，双耳立鹿，有很浓的装饰风格，具有独特超凡的艺术价值。

17. 偶方彝被定为“国宝”的定级评语

商代。河南安阳殷墟妇好墓出土，是青铜器中的新器种，实物和文献中从没见过，具有独特超凡的艺术价值。

18. 龙纹兕觥被定为“国宝”的定级评语

商代。山西石楼出土，作长扁形，与常见的椭圆形或方形的觥迥然有别，是目前仅见的器形，器盖上的龙纹古朴生动，代表了北方民族特有的魅力，具有独特超凡的艺术价值。

19. 立鸟双尾铜虎被定为“国宝”的定级评语

商代。江西新干出土，推测可能与墓主家族崇拜有关联。这种有双尾的虎，前所未见，具有独特超凡艺术价值。

20. 虎噬鹿器座被定为“国宝”的定级评语

战国。河北平山中山王墓出土，全身错金银、绚丽多彩，是青铜圆雕艺术中的一颗明珠。虎的威猛被表现得淋漓尽致，具有独特超凡艺术价值。

21. 野猪形尊被定为“国宝”的定级评语

商代。湖南湘潭出土，形象颇具野性，尊体大而重，饰有侧悬的回首夔纹，为鸟兽尊增加了新品种，具有独特超凡的艺术价值。

22. 错金云纹犀尊被定为“国宝”的定级评语

战国。陕西兴平豆马村出土，形象生动逼真，富有生命力，全身以细腻的错金云纹为装饰，是目前所见各种鸟兽尊中的上乘之作，具有独特超凡的艺术价值。

23. 莲鹤方壶被定为“国宝”的定级评语

春秋。河南博物院和故宫博物院各收藏一件，以其凝重活泼的艺术效果，令世人赞叹，具有独特超凡的艺术价值。

24. 错金银四龙四凤方案被定为“国宝”的定级评语

战国。河北平山中山王墓出土，全身满饰错金银花纹，在圆形底座上有立体圆雕四龙四凤相缠绕，设计巧妙，具有独特超凡的艺术价值。

25. 秦始皇陵铜车马被定为“国宝”的定级评语

秦代。制作工艺复杂，驭官驾驭驷马雄立，庄严肃穆、典雅大方，对研究秦代舆服制度有重要价值。

26. 长信宫灯被定为“国宝”的定级评语

西汉。优美动人，制作工艺高超，具有独特超凡的艺术价值。

27. 四羊方尊、三羊方尊被定为“国宝”的定级评语

商代。造型厚重端庄，具有高超的科技价值，纹繁缛富丽。羊头和羊角采用了分铸法，再与全器浑铸在一起。

28. 十五连盏灯被定为“国宝”的定级评语

战国。全灯如茂盛的大树，有长短不同的八节接插而成，严密稳重大方，制作技巧高超。灯枝上的猴、鸟动物惟妙惟肖，具有高超的科技价值。

29. 蟠虺纹铜禁、曾侯乙尊盘、错金银网罩壶被定为“国宝”的定级评语

东周。分别出土于河南淅川楚墓和湖北随州曾侯乙墓，某些部件采用了失蜡法，使器物细腻精美、玲珑剔透，为鬼斧神工之作，具有高超的科技价值。

30. 越王勾践剑被定为“国宝”的定级评语

战国。湖北望山出土，为吴越兵器的代表。剑身呈菱形花纹，含硫，至今光彩照人，世所罕见，具有高超的科技价值。

31. 嵌红铜狩猎纹豆被定为“国宝”的定级评语

东周。山西浑源出土。技术之精工，镶嵌狩猎纹之清晰，属上乘之作，具有高超的科技价值。

32. 宴乐渔猎、攻战纹壶被定为“国宝”的定级评语

东周。在壶腹上雕刻出多种社会生活的图像，雕刻技术高超。图案内容是研究东周时代生产和生活的重要资料，具有高超的科技价值。

33. 曾侯乙编钟被定为“国宝”的定级评语

战国。全套编钟总重量达 2500 公斤，集冶金、音乐等科学技术之大成，表明我国在战国时已经具备完整的十二乐音体系，具有高超的科技价值。

34. 鎏金银竹节熏炉、鎏金卧兽盒砚被定为“国宝”的定级评语

汉代。利用了金汞剂的科技方法，表现了非常发达的鎏金工艺，金光熠熠、瑰丽优美、造型独特，是同种工艺中的杰作，具有高超的科技价值。

第六章

青铜器的收藏

第一节 青铜器的收藏选择空间大

青铜器品种繁多，选择余地比较大。近代青铜器大到铜床，小到铜钮扣，涉及生活用品的各个方面。最常见的青铜器有香炉、铜锁、熨斗、手炉、笔架、佛像、水烟袋、壶、墨盒、盆、杯等。当时，大户、官宦人家使用的青铜器多为精工细作之物，需能工巧匠花费大量的精力和时间精心设计制作，因而收藏价值较高；而平民百姓使用的多为粗制滥造之物，工艺较差，无收藏价值。近代青铜器因品种太多，常被人们称为“杂项”，收藏者只要选择一个或两个系列，即可收藏。

第二节 青铜器的铭文摹拓

欣赏青铜铭文时多不方便，如刻铸在器物腹内，则更为困难，若能捶拓在纸上，不但可供鉴赏把玩，更可以借助拓本广布流传。收藏铜器，如能自行摹拓，自有一种无穷乐趣。

拓墨时，须选用质薄绵软的纸，用水湿纸，铺在铭文上。如用中药白发泡在开水中浸出胶汁，用毛笔刷在纸上，可使紧贴铜器，效果更好。再另用干纸盖在拓纸上，用棕毛刷轻轻扑击，使纸深入字的笔划中。干纸湿后另换一张，直到拓纸干至七八成，再用白色绸缎扎紧新棉，作成拓包，在瓷墨碟上揉匀黑墨，轻扑于拓纸上。拓时色应淡，然后再拓一层淡墨，使墨色逐渐加深，直到颜色深浅合宜。拓色分浓淡两种：重墨色如黑漆，光可鉴人，称为乌金拓；淡墨轻拓，纤毫毕现，称为蝉翼拓。等拓纸干后，轻轻揭起，铜器阴文笔迹为白色，其外全为黑色，阳文则相反。好的拓本可以艺术地再现铭文的笔势和风致，令人爱不释手，决不是照相制版成图所能代替的。

另外，也可以拓下铜器全形，操作时须将拓纸按器形分成若干块，分别捶拓，获取铜器轮廓，其技术比较复杂。

第三节 古青铜器的去锈方法

一件青铜器经过千百年沧桑变迁，往往会产生各种锈斑。这些黝黑斑斓的青铜锈使器物带有古色古香的味道，不但增加了青铜的历史悠久感，而且从“肤色美”的角度也具有一定的审美价值。

古代青铜器的锈层极其复杂，层次很多，有些锈蚀掩盖了青铜器的纹饰或铭文，甚至使器物变形，失去原貌。因此，去除那些有害的锈蚀，是青铜器保护处理的重要任务之一。

在铜锈中，铜器表面所生的薄而均匀的锈层，称为“地子锈”，是处于比较稳定状态的“无害锈”（氧化铜）。有的分为两层，底层呈土红色，上层锈色鲜艳美观，称为“脱胎锈”。长江以南出土的铜器，表面多变成“珐琅质锈”，从而使器物质地变脆。这些锈不会继续锈蚀器体，反而能保护青铜器免受进一步的腐蚀，同时增加青铜器的美观，是收藏者赞赏和搜求的对象，因此一般不必去除。如果有花纹、铭文被铜锈掩盖，可以采取局部去锈的方法处理。

但青铜器上的另外一些锈却是有害的。一种锈的学名叫氧化亚铜，另一种锈叫“粉状锈”，学名叫碱式氯化铜。它们都是青铜器在与土壤或大气中的氯化物长期接触，起化学反应而生成的。后者对青铜器的危害更大，过去被古董商人称作“糟坑绿锈”或“杨梅锈”。这种绿色粉面状锈，跟上面质地坚硬、聚结成层的无害铜锈不同，并不结体，出土后往往继续腐蚀器体，不断扩散，直至把铜胎蚀成坑洞，甚至全部毁坏，因此被称作

"青铜病"。像这样的有害锈，必须及时采取措施处理去锈。

对于有害锈及影响纹饰欣赏的铜锈，可以借鉴以下办法：

一、去除表面泥沙

去泥沙等附着物，采用15%左右的六偏磷酸钠加微量表面活性剂，浸泡物件3天左右；对厚泥沙则可与机械除锈并用。此方法不会导致原有锈层变色。

二、机械去锈

主要是使用锤子、凿子等工具进行捶打，将锈斑震落。捶打时，位置必须准确，用力要适当、均匀，以免误伤青铜器。顺序是先用锤子的尖端在锈层的边沿敲打，脱落后再逐步推进。若用刻刀，刀刃要对准锈斑，顺着青铜器的表面进行，剔锈时应注意不要划伤青铜器的表面。去锈有物理方法和化学方法。以前常用物理去锈，用刀剔除锈层。这种方法虽简便，但容易损伤原器，尤其容易损坏字的边缘，甚至剔成别字。也有用铜丝刷剔的，同样会伤及字边。有些锈层很牢固，不易剔除，可用油泥挫成长条，把锈的四周围住，用滴管滴入溶液，使铜锈软化分解，再用刀剔挖干净，并用水冲洗。要注意有时器物没有必要采取全面的去锈方法，而只需做些局部处理就可以了。

三、化学去锈

1. 用锌粉与电解质（10%氢氧化钠）溶液调成糊状涂在锈处，反应结束即可除去。

2. 用5%的小苏打（碳酸氢钠）或10%的氨水（氢氧化铵）掺在水中煮沸，青铜器浸泡其中数小时后，锈斑即可脱落，最后再用清水洗净晾干。

3. 用硫酸和重铬酸钾配制成去锈液，然后将去锈液涂抹在锈斑处，用刷子轻轻将锈斑刷去，最后用清水冲洗，效果也很好。

去锈后，须将铜器浸泡在5%的小苏打（碳酸氢钠）或者10%的氨水（氢氧化氨）等碱性溶液中，中和剩余的酸液，最后再用蒸馏水洗净，并烘干。

上述处理后，均可用稀柠檬酸浸泡，以中和碱性物质，再用纯净水清洗干净。稀柠檬酸对金属铜的作用极小，与传统方法的乙酸、盐酸等相比，更为柔和。

四、清理局部花纹

1. 可采用棉球浸碱性酒石酸钾钠敷贴的办法，然后对松软的锈层清理剔除或稀硫酸清洗。但原有的蓝、绿锈会变成砖红色（氧化亚铜）。

2. 可选择双氧水、碱性酒石酸钾钠（添加氢氧化钠）溶液、酒精调锌粉等方法局部处理，再一点点剔除。但要注意一定要进行局部处理以免影响整体锈色。

3. 局部去锈，可用毛刷沾浓醋擦拭应去锈的部位，或者将乌梅或者山楂煮熟，捣成糊状敷于锈上，用木板按实，待九成干燥后揭下，换敷几次，直至锈迹去净，再用碱性溶液中和，洗净干燥即可。

在局部去锈时，可用油泥或橡皮泥把去锈处周围围住，以免酸液损害无锈的部分。

4. 青铜器电化学去锈或电解还原去锈法，都是以物理化学的基本原理为基础。此法较适于青铜器有害锈的局部处理，尤其是对有铭文或纹饰的部位效果更佳。

五、有害锈封闭法

当有害锈尚未蔓延开来，仅有些小斑点时，先将受到腐蚀的青铜器用蒸馏水清洗干净，用酒精调氧化银成糊状剂对青铜器的腐蚀处予以填充，由化学作用对青铜器起到保护。氧化银在封闭潮湿的情况下，遇有氯化物会形成氯化银的棕褐色薄膜，氯化银保护膜与氯化亚铜充分接触，封闭了氧化亚铜在空气中的暴露面，防止了有害锈继续生成。

对氯化亚铜产生的粉状锈的处理，除封闭法外也有采用倍碳酸钠浸泡法的。在陕西，科学家们研究出在苯丙三氮唑中加入十二磷钼酸钠，制成保护剂 XF，用来处理青铜器的有害锈，还用有机硅树脂制的表面封护剂 SB2 进行表面封护。实验表明，用 XF 或 SB2 处置的青铜文物可以杜绝腐蚀气体的侵蚀，使青铜文物不受损害，原有色泽不变。或者以苯骈三氮唑为主体，氧化银为辅的综合保护，这也是迄今为止较为理想的方法之一。

第四节　青铜器的日常维护

保持青铜器原貌，是青铜器收藏保管中一个很重要的问题。青铜器在地下经过长期腐蚀氧化，质地已不坚固，特别是半脱胎青铜器，甚至比瓷器还易损，因此对青铜器进行妥善保存，防止出土后受损，对投资者来说十分重要。

出土的青铜器经常是泥锈混浊、纹饰不清，进行适当清洗是十分必要的。清洗的方法一般是：先放在水中浸泡，让泥土自行脱落，尔后用小毛刷轻轻刷洗，遇到有影响纹饰的土锈，可用小竹签慢慢剔除，切忌用铜刷或硬毛刷着力刷洗，更不能用利器清理打磨，否则会毁坏青铜器，从而失去收藏价值。

青铜器的寿命长短与其环境因素至关重要，若将青铜器置于一个相对稳定和适宜的环境中，可以阻止或延缓其自然损坏的过程。

首先，空气的温度与湿度是收藏青铜器的最基本环境因素。湿度表示的是空气的潮湿程度，绝对湿度是单位体积空气中所含的水汽量，以每一立方米空气中所含的水汽量表示。相对湿度是指在一定温度下，空气的绝对湿度与该温度下空气中水汽的最大饱和量的百分比。在不同的情况下，一般会出现不同的相对湿度。据文物保护工作者的长期测试，收藏青铜器室内温度的标准数值是 15—25℃。一些博物馆通常将存放青铜器的库房控制在 14℃左右。水是青铜器的危害者之一，空气湿度过高会使青铜器受到腐蚀，因此应在干燥的环境中存放青铜器。对收藏青铜器的处所采用自然通风和空调通风等措施，是保管收藏中的重中之重。据有关部门测试，一般存放青铜器的相对湿度在 45％—50％之间为宜，而对于生有害锈的青铜器则应隔离存放于相对湿度低于 35％的干燥环境中，再进行去锈处理。

另外，空气的污染对青铜器也有很大影响。空气中含微量的硫氧化物、氮氧化物、碳氧化物、硫氢化物等空气污染物，其中二氧化硫、硫化氢以及氯气、二氧化氮等强氧化物等对青铜器都有危害，因此要把它存放在一个干净的地方。

观赏时则要洗净双手，带上手套，以免汗液留在器物上。拿取青铜器时一定轻拿轻放，需用双手端住整个器物，切忌提抓耳、环、梁、把等部位，以免这些附近件因锈蚀而脆弱不堪，发生人为的损坏。

若不慎青铜器发生碎裂或破损，则需进行修复，可在修复之前先进行去锈工作。然后，对青铜器做细致的观察，弄清各部分的对应情况，对于细小部位可用914环氧树脂粘接；必须焊接的部位，应选择在纹饰或铭文的背面，避免损伤花纹或铭文；残缺和空洞，可以用焊锡补配或先用锡铸形配补焊牢，最后用烙铁熨平，用砂布打光，抹腻子，着色做锈。大件器物还可以加销钉（一种形状上像钉子的金属棍，横断面多呈圆形，用来插在器物中，使连接或固定，也称为销子）。铜器修复是一件技术要求极高的工作，没有经验不可贸然行事，以免损坏原器，而应该请有经验的人帮忙修复。

参考文献

1. 周倜主编：《古玩市场今昔考》，中国文联出版社，2001 年版。

2. 张光直主编：《商代文明》，北京工艺美术出版社，1999 年版。

3. 邹建华主编：《中国文物之最》，中国旅游出版社，1987 年版。

4. 韩欣主编：《中国青铜器收藏与鉴赏全书》（上、下卷），天津古籍出版社，2005 年版。

5. 马承源主编：《中国青铜器鉴赏》，上海古籍出版社，2004 年版。

6. 王仁湘主编：中华文明之旅系列丛书之《神秘瑰丽：中国古代青铜文化》，四川出版集团，四川人民出版社，2004 年版。

7.《名家谈收藏》编委会主编：《名家谈收藏》（杂项第二卷），山西教育出版社，2005 年版。

8. 文生编著：《赝品揭秘》，长城出版社，2005 年版。

9. 龙松、纪平主编：《古玩收藏指南》，河北人民出版社，1994 年版。

10. 刘东瑞、李军、刘浩主编：《文物鉴赏丛书——青铜器》（一）、（二），文物出版社，1997 年版。

11. 吴镇烽主编：《中国古青铜》，湖北美术出版社，2001 年版。

12. 陈文平主编：《中华文物古玩鉴识》，上海科学普及出版社，1999 年版。

13. 马承源主编：《中国青铜器》，上海古籍出版社，2003 年版。

14. 铁源主编：老古董丛书《古代金银铜器》，华龄出版社，2005 年版。

15. 李南书、高久诚主编：《个人收藏收集与养护知识大全》，四川科学技术出版社，2003 年版。

16. 张增祺编著：《云南冶金史》，云南美术出版社，2000 年版。

17. 刘利民主编：《青铜古器》（上、下卷），海南文宣阁出版社，2004 年版。

18. 李发贵、李勇编著：《中国古玩辨伪》，四川大学出版社，1997 年版。

19. 贾文忠编著：《文玩保养与修复》，北京出版社，2000 年版。

20. 吴永祺主编：《帝国的辉煌》，科学出版社，2002 年版。

21. 杨华主编：《2002 年古董拍卖年鉴——铜器》，湖南美术出版社，2002 年版。

22. 古董拍卖年鉴编委会编著：《2003 年古董拍卖年鉴——杂项》，湖南美术出版社，2003 年版。

23. 古董拍卖年鉴编委会编著：《2004 年古董拍卖年鉴——杂项》，湖南美术出版社，2004 年版。

24. 杜迺松编著：《中国青铜器发展史》，紫禁城出版社，1995 年版。

25. 李军主编：《中国青铜器收藏与鉴定》，中国大百科全书出版社，2001 年版。

26. 谢天宇主编：《中国古玩收藏与鉴赏全书》，天津古籍出版社，2004 年版。

27. 廖文伟、杨华、马丽主编：《古董拍卖集成——炉具》，湖南美术出版社，2002 年版。

28. 胡明刚编著：《皇家珍宝》，世界知识出版社，2004 年版。

29. 史树青主编：《中国艺术品收藏鉴赏百科》（杂项），大象出版社，2003 年版。

30. 李松、贺西林主编：《中国古代青铜艺术》，陕西人民美术出版社，2002 年版。

31. 北京文物鉴赏编委会编著：《商周青铜器》，北京美术摄影出版社，2005 年版。

32. 徐昌义主编：《中国古代青铜器鉴赏》，四川大学出版社，1998 年版。

33. 周亚主编：《中国青铜器》，五洲传播出版社，2004 年版。

34. 丁孟编著:《中国青铜器真伪识别》，辽宁人民出版社，2004年版。

35. 郭旭东编著：古代文明探索之旅丛书《青铜王都——殷商考古大发现》，2003年版。

36. 陈梦家编著:《西周铜器断代》（上、下册），2004年版。

37. 李先登编著:《中国文化史知识丛书——商周青铜文化》，商务印书馆，1997年版。

图书在版编目（CIP）数据

中国青铜文化/郭军林编著．—北京：时事出版社，2009.1
ISBN 978-7-80232-199-1

Ⅰ．中…　Ⅱ．郭…　Ⅲ．青铜器（考古）—简介—中国　Ⅳ．K876.41

中国版本图书馆 CIP 数据核字（2008）第 191564 号

出版发行：时事出版社
地　　址：北京市海淀区万寿寺甲 2 号
邮　　编：100081
发行热线：（010）88547590　88547591
读者服务部：（010）88547595
传　　真：（010）68418647
电子邮箱：shishichubanshe@sina.com
网　　址：www.shishishe.com
印　　刷：北京百善印刷厂

开本：787×1092　1/16　印张：23.25　字数：368 千字
2009 年 1 月第 1 版　2009 年 1 月第 1 次印刷
定价：35.00 元
（如有印装质量问题，请与本社发行部联系调换）